Office Book | オフィスブック | 「オフィスブック」制作グループ=編著 | 彰国社

JN295726

「オフィスブック」制作グループ

[総括]
櫻井潔
六鹿正治

[編集・執筆]
芦田智之
雨宮正弥
飯田和哉
稲垣勝
大塚淳
奥山隆平
栫弘之
亀井忠夫
栗原卓也
小坂幹
小林秀雄
小林主英
小原雅之
佐藤健
嶋田泰平
杉山俊一
鈴木悠生
多喜川健二
土屋誠
戸部芳行
中村晃子
廣瀬健
松岡昭雄
村尾忠彦
柳井崇
山下博満
山梨知彦
山本篤子
米盛和之

[日建設計・日本設計／50音順]

はじめに

1976年に『建築計画チェックリスト 事務所』という本が彰国社から出版された。この本は建築関係者・開発関係者・学生らのあいだで好評を博し、版を重ね、座右の書として長く愛されたが、そのことを記憶している人は必ずしも多くないかもしれない。当時は日本で最初の超高層ビルのいくつかが建てられていた頃で、新しい時代を切り拓く熱気にあふれていた。
――
以来三十有余年、時代は変わり、技術は進化し、社会の価値観も大きく変わった。オフィス建築は無数に建てられ、多くの新しい工夫が試みられてきた。その間、計画的・技術的側面の発展を見ただけでなく、オフィスでの就労、個人と組織、開発と環境、グレード感と質・量、コミュニケーション等多くの事項についての社会的価値観が、オフィス建築のあり方に大きな変化をもたらしてきた。
――
より具体的には、計画側の合理性や経済効率に着目した均一な環境のオフィス空間から、就労側のパーソナルな快適性や創造性・知的生産性に着目した「ワークプレイス」への視点の転換、IT化、ライフサイクルコスト、地球環境のサステナビリティ、企業の危機管理やCSRの視点等、多くの新しい事項が、オフィス建築の計画や技術に影響を与えるようになった。
――
その間、オフィス建築にかかわる知識や情報は増殖し多様化し広く存在するようにはなったが、部分的あるいは一面的な知識が散在または偏在している状態になっていた。一方で、建築・都市・開発の世界において、オフィス建築をつくることにかかわる人々、そしてそれを学ぼうとしている人々からは、アップデートされた体系的な情報が潜在的に強く求められてきたのである。
――
そういう背景の中で、現代という時代を切り取り、あわせて未来をなるべく長い視線で見据えるという基本姿勢で、総合的かつ体系的なオフィス建築の企画および基本設計の定本をつくるという試みが企図された。題して「オフィス ブック」。事業計画から建築計画にいたるまで、オフィス計画においておよそ必要と思われる事項が、誰にでもわかりやすい形で網羅されている。
――
「オフィス ブック」が新しい時代の座右の書となることを期待する。

著者識

PHOTO

パナソニック電工東京本社ビル
Panasonic Electric Works Tokyo Head Office

大日本印刷 DNP五反田ビル
Dainippon Insatsu DNP Gotanda Building

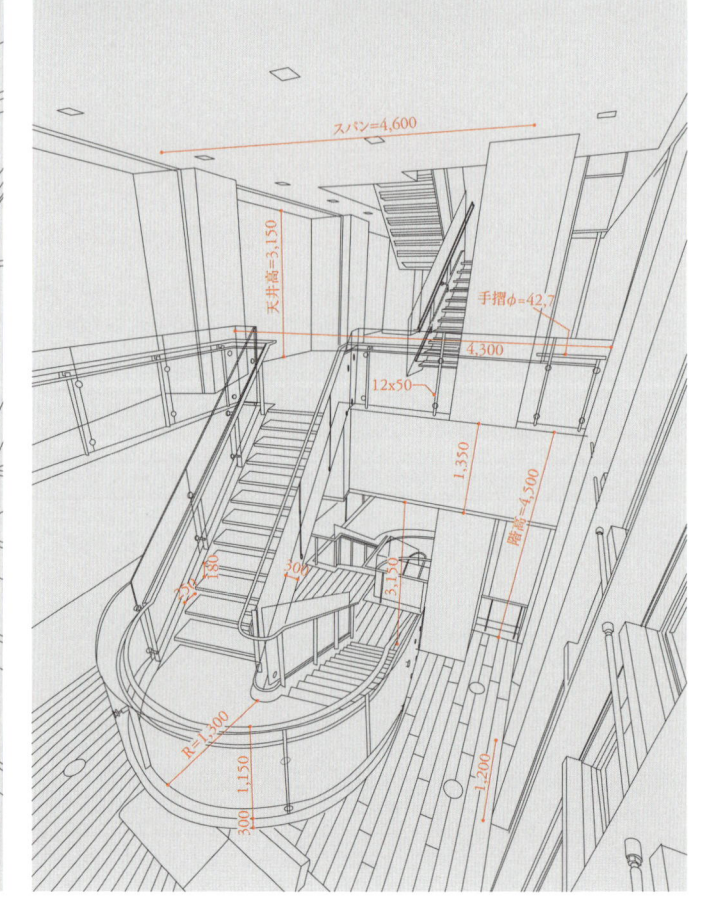

DRAWING

吹抜け空間の事例 01

日産先進技術開発センター
NISSAN ADVANCED TECHNOLOGY CENTER

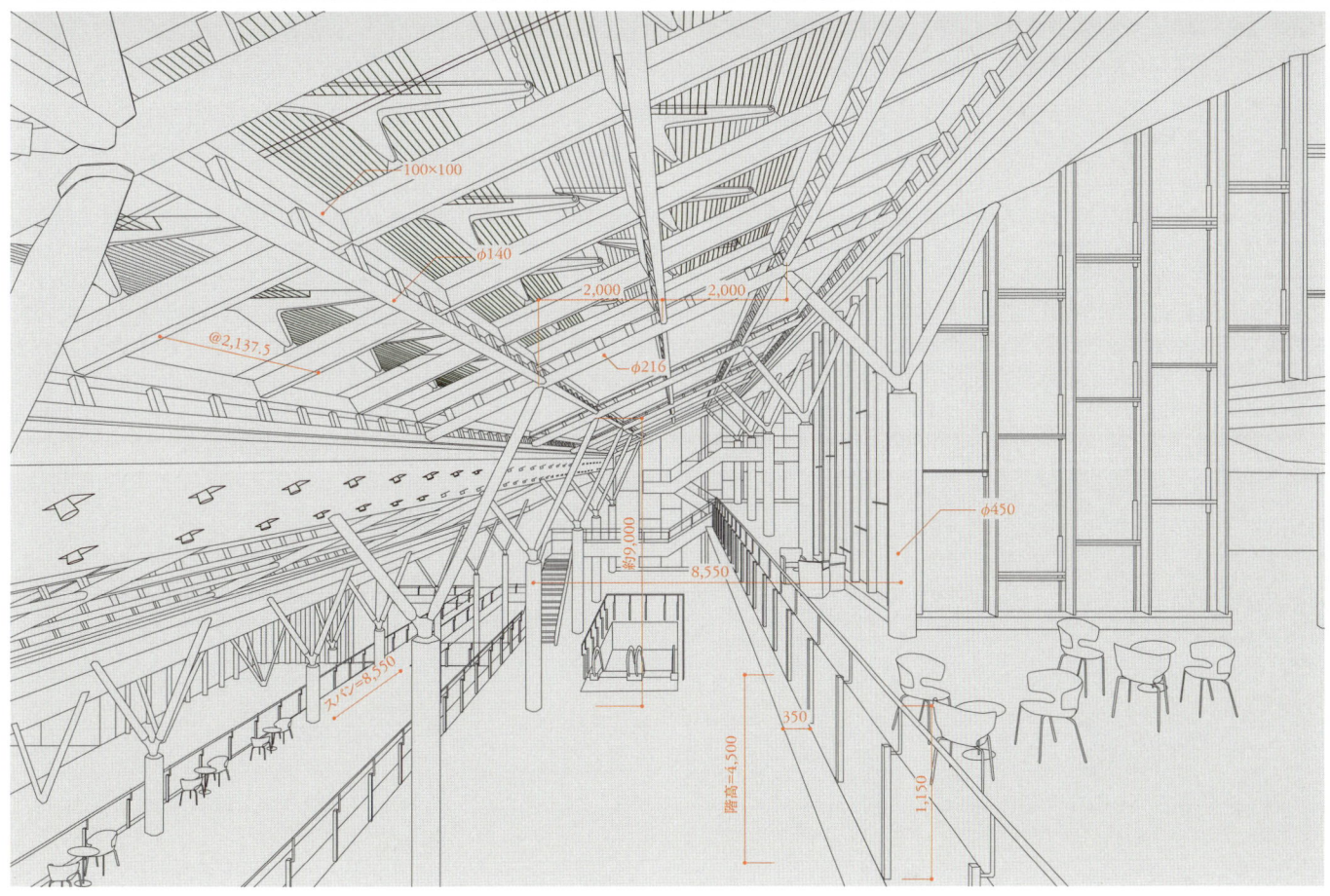

乃村工藝社本社ビル
Nomura Headquarters Building

エプソンイノベーションセンター
EPSON Innovation Center

吹抜け空間の事例 02

TG港北NTビル（アースポート）
Tokyo Gas Earth Port

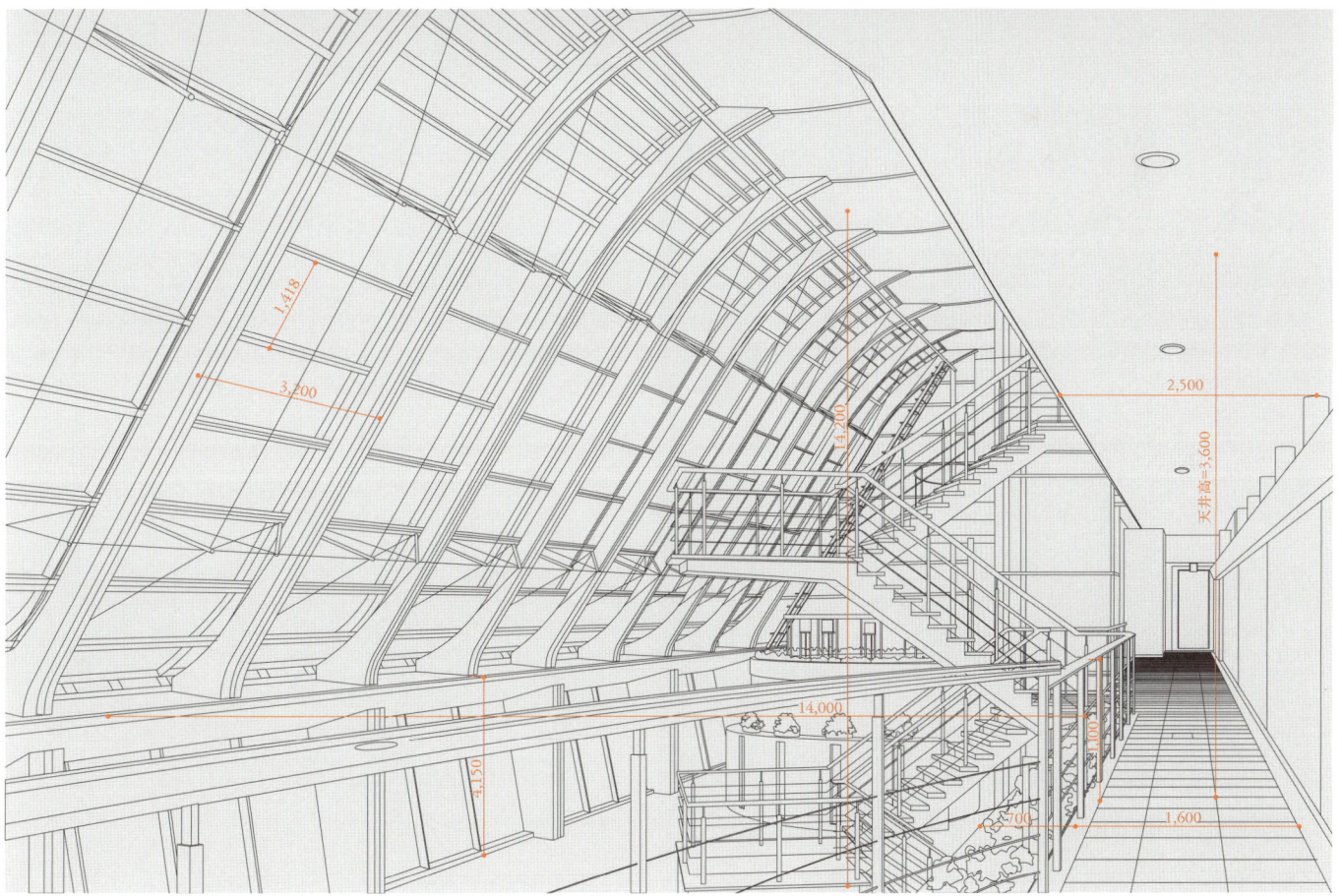

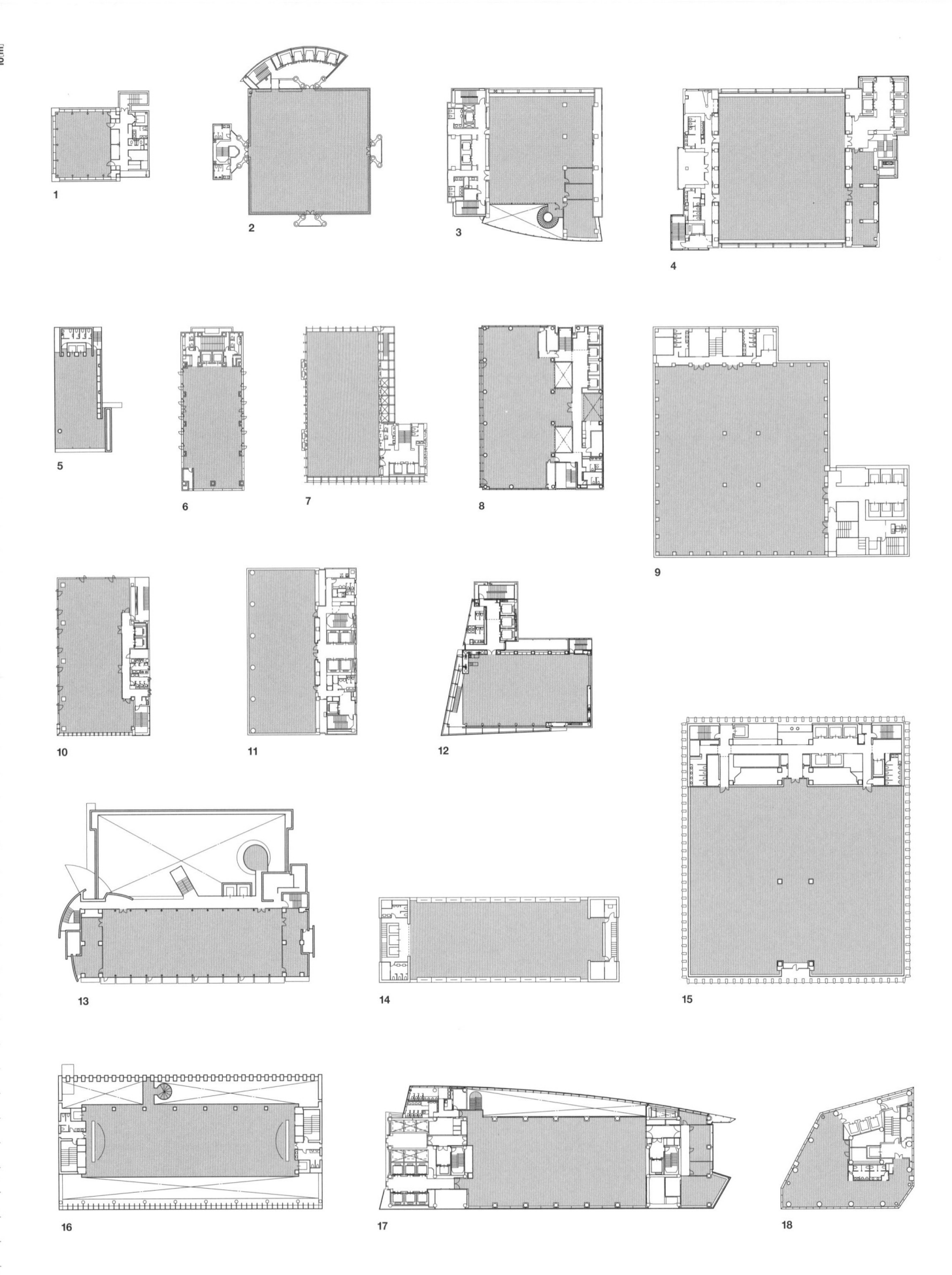

基準階プランの事例 01 | S=1/1,000

凡例：建物名称／竣工年／基準階床面積／地上階数（塔屋を除く）｜ **1**：グラスオフィスヒロシマ／2001年／264㎡／8階｜ **2**：キーエンス本社・研究所ビル／1994年／862㎡／21階｜
3：パサージュガーデン渋谷／投資育成ビル／1998年／895㎡（3, 4, 7階）／8階｜ **4**：日本アムウェイ本社ビル／1999年／1,393㎡／13階｜ **5**：ロックビレイビル／2004年／236㎡／9階｜
6：パサージュガーデン渋谷／新興ビル／1998年／389㎡／9階｜ **7**：ルネ青山ビル／2003年／594㎡／9階｜ **8**：積水ハウス九段南ビル／2002年／762㎡／10階｜ **9**：時事通信ビル／2003年／1,903㎡／14階｜
10：渋谷プレステージ／2004年／552㎡／8階｜ **11**：アルベン丸の内タワー／2007年／762㎡／25階｜ **12**：ホギメディカル本社ビル／2002年／610㎡（偶数階）／10階

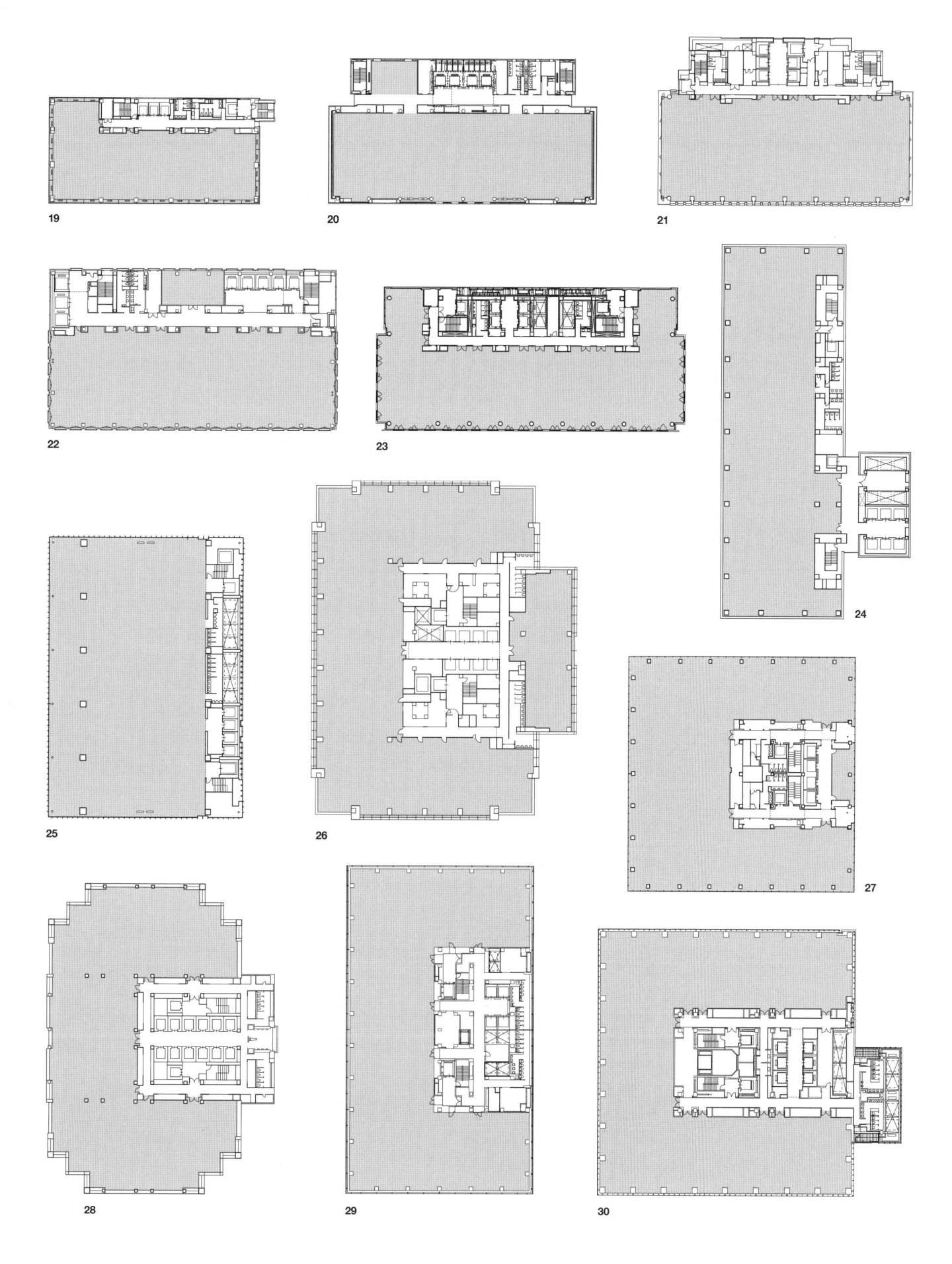

13：TG港北NTビル(アースポート)／1996年／905㎡(4階)／4階 ｜ **14**：ポーラ五反田ビル／1971年／850㎡／10階 ｜ **15**：経団連会館／2009年／2,195㎡／23階
16：ROKIグローバル本社／2005年／814㎡(4階)／4階 ｜ **17**：パナソニック電工東京本社ビル／2003年／1,429㎡(奇数階)／24階 ｜ **18**：Ao〈アオ〉／2008年／約500㎡／16階
19：浜松町エクセージビル／2001年／920㎡／12階 ｜ **20**：日建設計 東京ビル／2003年／1,432㎡／14階 ｜ **21**：東京倶楽部ビルディング／2007年／1,499㎡／14階
22：TOC有明(ウエストタワー)／2006年／3,694㎡(2棟合計)／21階 ｜ **23**：名古屋インターシティ／2008年／1,707㎡／19階 ｜ **24**：虎ノ門タワーズ・オフィス棟／2006年／2,079㎡(低層階)／23階
25：日本経済新聞社 東京本社ビル／2009年／2,169㎡／31階 ｜ **26**：丸の内ビルディング／2002年／3,110㎡／37階 ｜ **27**：パシフィックセンチュリープレイス(PCP)丸の内／2001年／2,164㎡(高層階)／32階
28：日石横浜ビル／1997年／2,126㎡／30階 ｜ **29**：赤坂インターシティ／2005年／2,376㎡／29階 ｜ **30**：ミッドランドスクエア／2006年／2,823㎡／47階

基準階プランの事例 02 | S=1/1,000

凡例：建物名称／竣工年／基準階床面積／地上階数（塔屋を除く） | **31**：竹中工務店東京本店新社屋／2004年／4,150㎡／7階 | **32**：住友不動産 飯田橋ファーストビル・ファーストヒルズ飯田橋／2000年／5,273㎡／14階
33：汐留住友ビル／2004年／4,427㎡／27階 | **34**：東京都新庁舎／1991年／約3,600㎡（中層階）／48階 | **35**：日本アイ・ビー・エム幕張事業所／1991-2009年／8,521㎡／10階

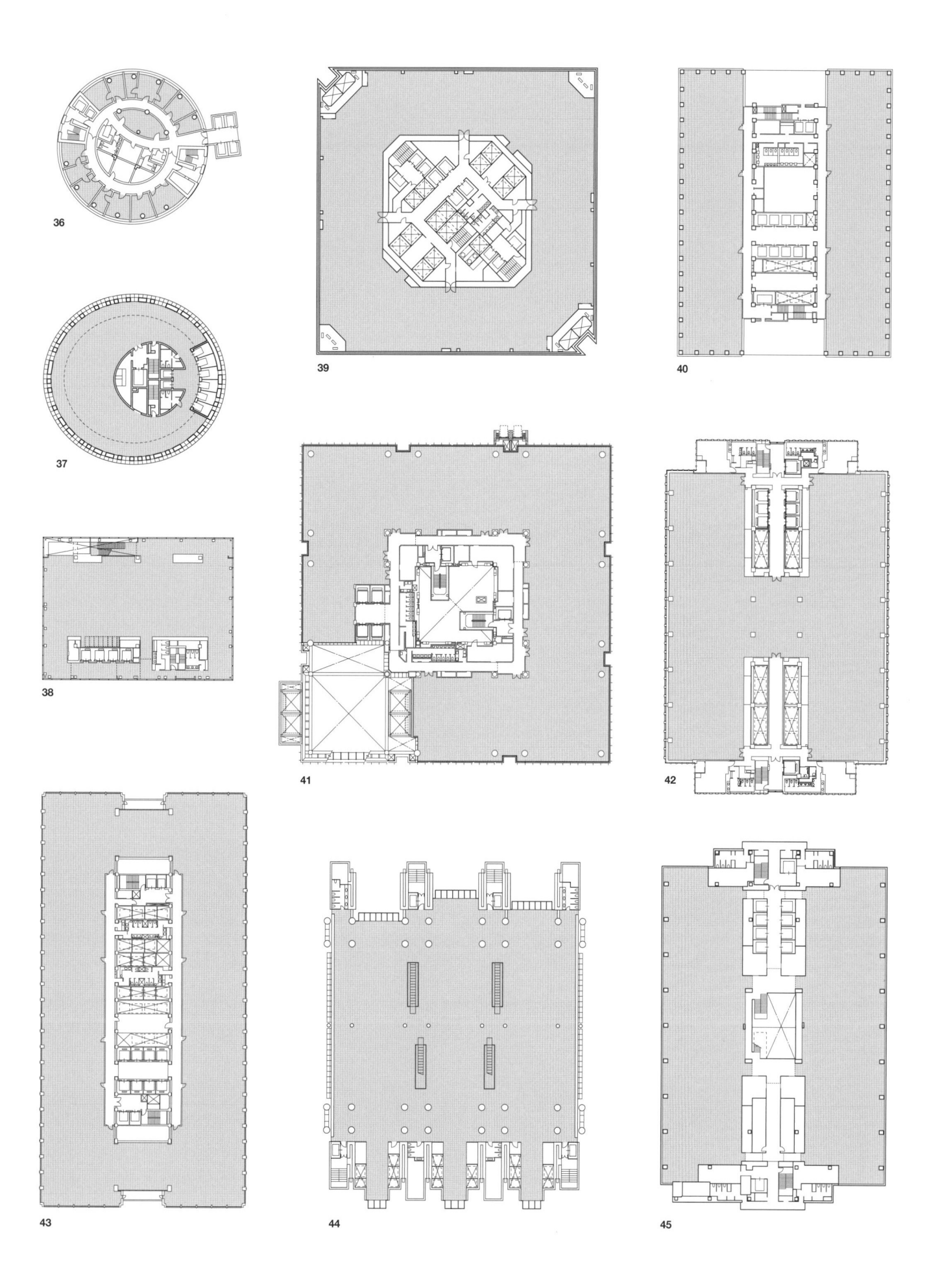

36：RWE AG 本社ビル／1997年／860㎡／29階 ｜ 37：アグバル・タワー／2005年／約1,000㎡／31階 ｜ 38：乃村工藝社本社ビル／2007年／1,078㎡（偶数階）／13階
39：上海環球金融中心／2008年／3,313㎡（最大）／101階 ｜ 40：新宿三井ビルディング／1974年／2,689㎡／55階 ｜ 41：泉ガーデンタワー／2002年／3,348㎡（低層階）／45階
42：日本橋三井タワー／2005年／3,006㎡／39階 ｜ 43：霞が関ビルディング／1968年／3,505㎡／36階 ｜ 44：香港上海銀行／1986年／3,215㎡／42階 ｜ 45：品川インターシティB棟／1998年／約3,200㎡／31階

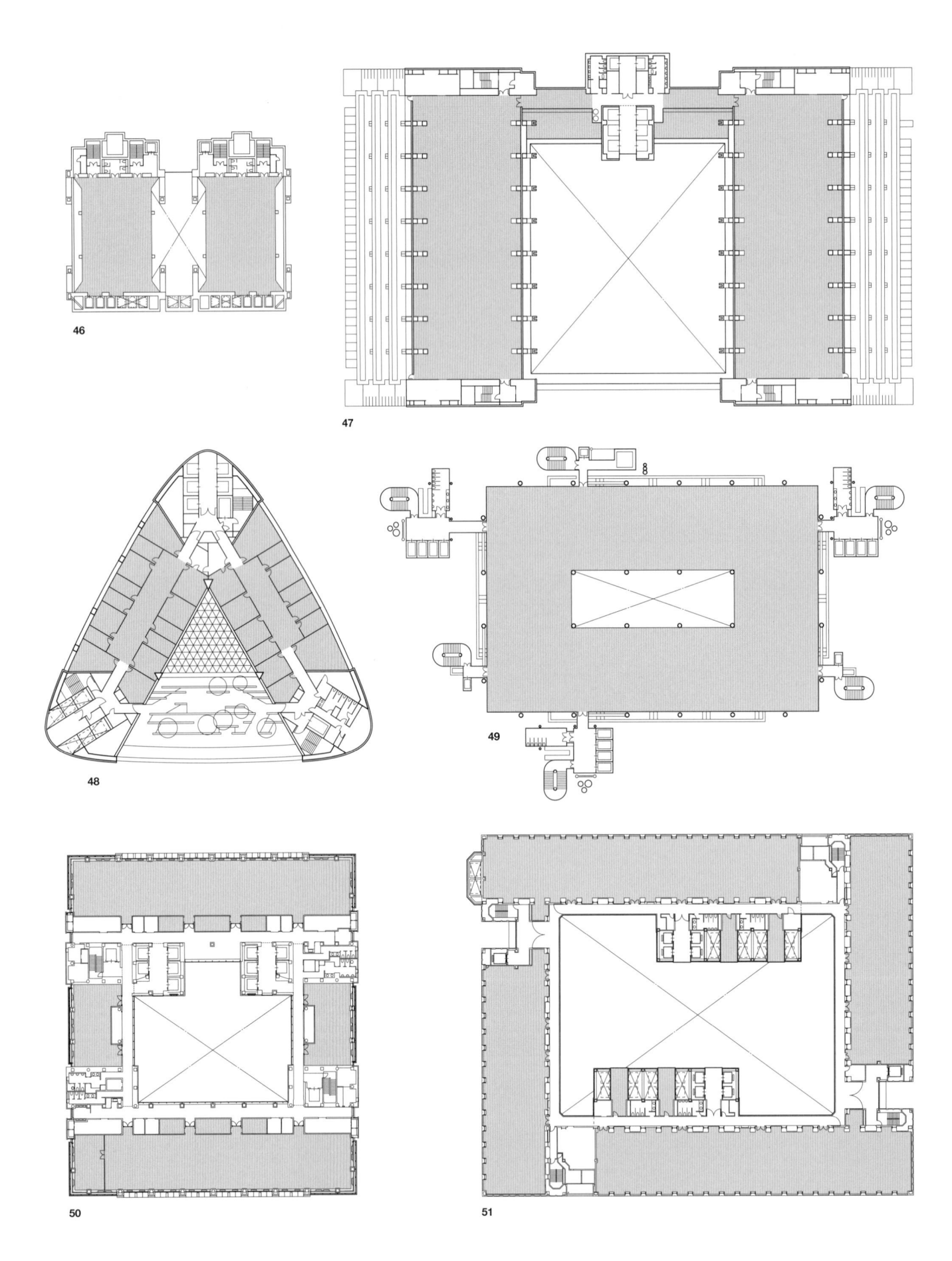

基準階プランの事例03 | S=1/1,000

凡例：建物名称／竣工年／基準階床面積／地上階数（塔屋を除く）| **46**：センチュリータワー／1991年／932㎡（偶数階）／21階
47：寺田倉庫（株）Harbor Executiveビル（旧パナソニック マルチメディアセンター）／1992年／3,631㎡／9階 | **48**：コメルツバンク本社ビル／1997年／約2,400㎡／60階

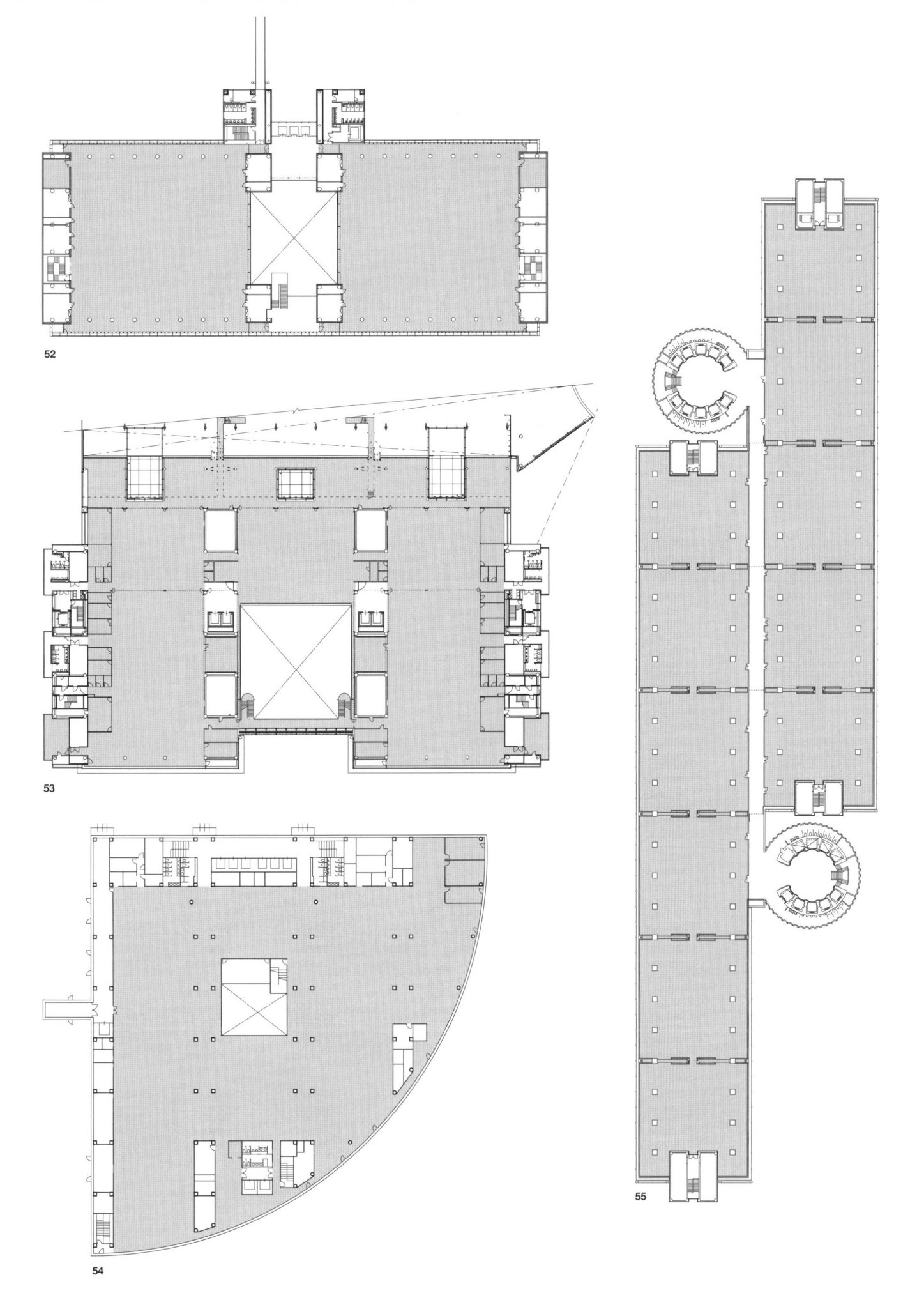

49:ロイズ・オブ・ロンドン／1986年／約3,030㎡／14階｜**50**:栃木県庁舎(本館)／2007年／3,115㎡(11-14階)／15階｜**51**:新宿NSビル／1982年／4,461㎡(低層階)／30階｜**52**:マブチモーター本社棟／2004年／3,995㎡／4階
53:日産先進技術開発センター／2007年／5,660㎡／7階｜**54**:富士通ソリューションスクエア／2003年／5,794㎡／8階｜**55**:パレスサイドビルディング／1966年／7,690㎡／9階

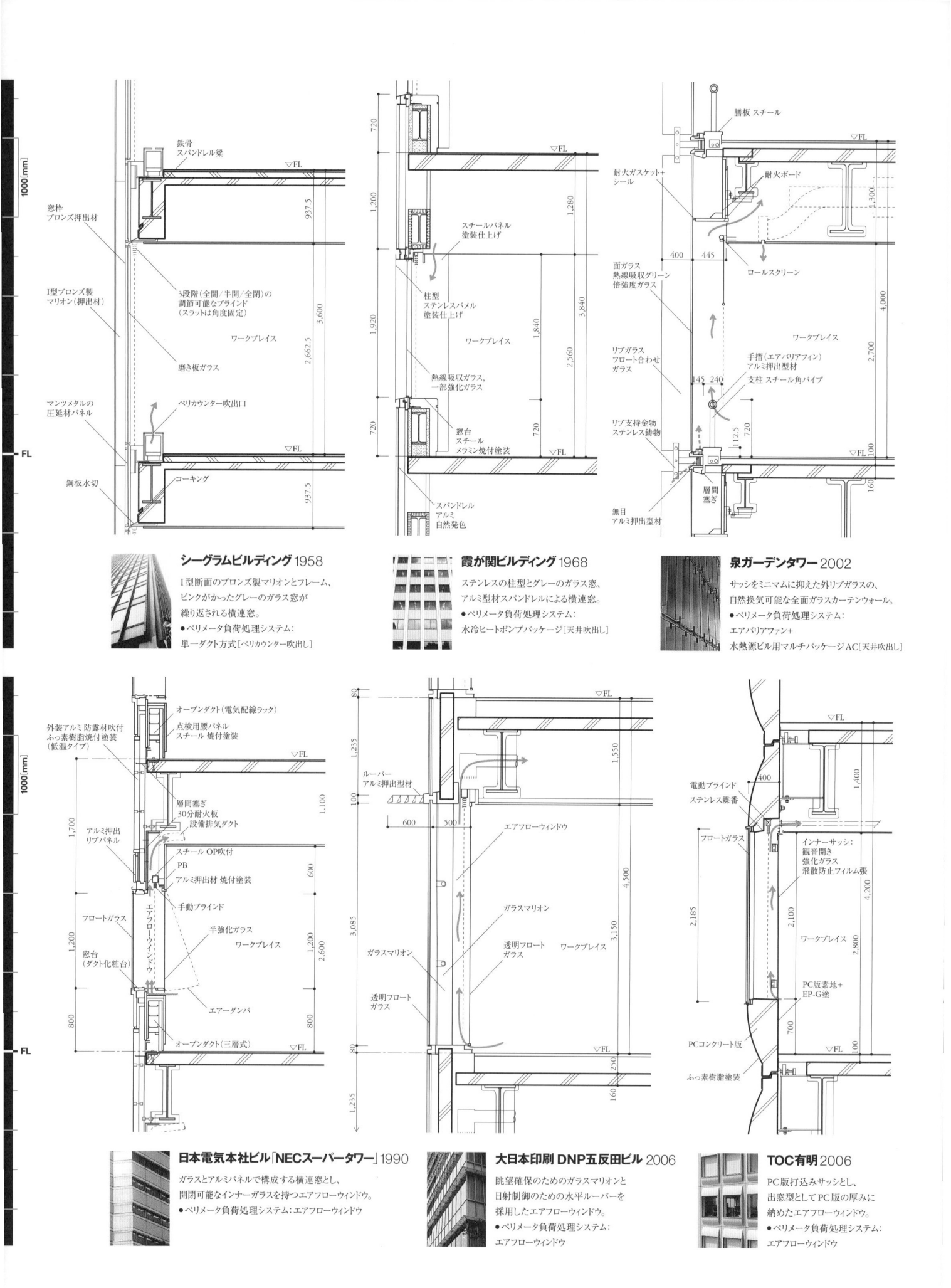

窓まわり断面の事例 01 | S=1/60

シーグラムビルディング 1958
I型断面のブロンズ製マリオンとフレーム、ピンクがかったグレーのガラス窓が繰り返される横連窓。
●ペリメータ負荷処理システム：単一ダクト方式［ペリカウンター吹出し］

霞が関ビルディング 1968
ステンレスの柱型とグレーのガラス窓、アルミ型材スパンドレルによる横連窓。
●ペリメータ負荷処理システム：水冷ヒートポンプパッケージ［天井吹出し］

泉ガーデンタワー 2002
サッシをミニマムに抑えた外リブガラスの、自然換気可能な全面ガラスカーテンウォール。
●ペリメータ負荷処理システム：エアバリアファン＋水熱源ビル用マルチパッケージAC［天井吹出し］

日本電気本社ビル「NECスーパータワー」1990
ガラスとアルミパネルで構成する横連窓とし、開閉可能なインナーガラスを持つエアフローウィンドウ。
●ペリメータ負荷処理システム：エアフローウィンドウ

大日本印刷 DNP五反田ビル 2006
眺望確保のためのガラスマリオンと日射制御のための水平ルーバーを採用したエアフローウィンドウ。
●ペリメータ負荷処理システム：エアフローウィンドウ

TOC有明 2006
PC版打込みサッシとし、出窓型としてPC版の厚みに納めたエアフローウィンドウ。
●ペリメータ負荷処理システム：エアフローウィンドウ

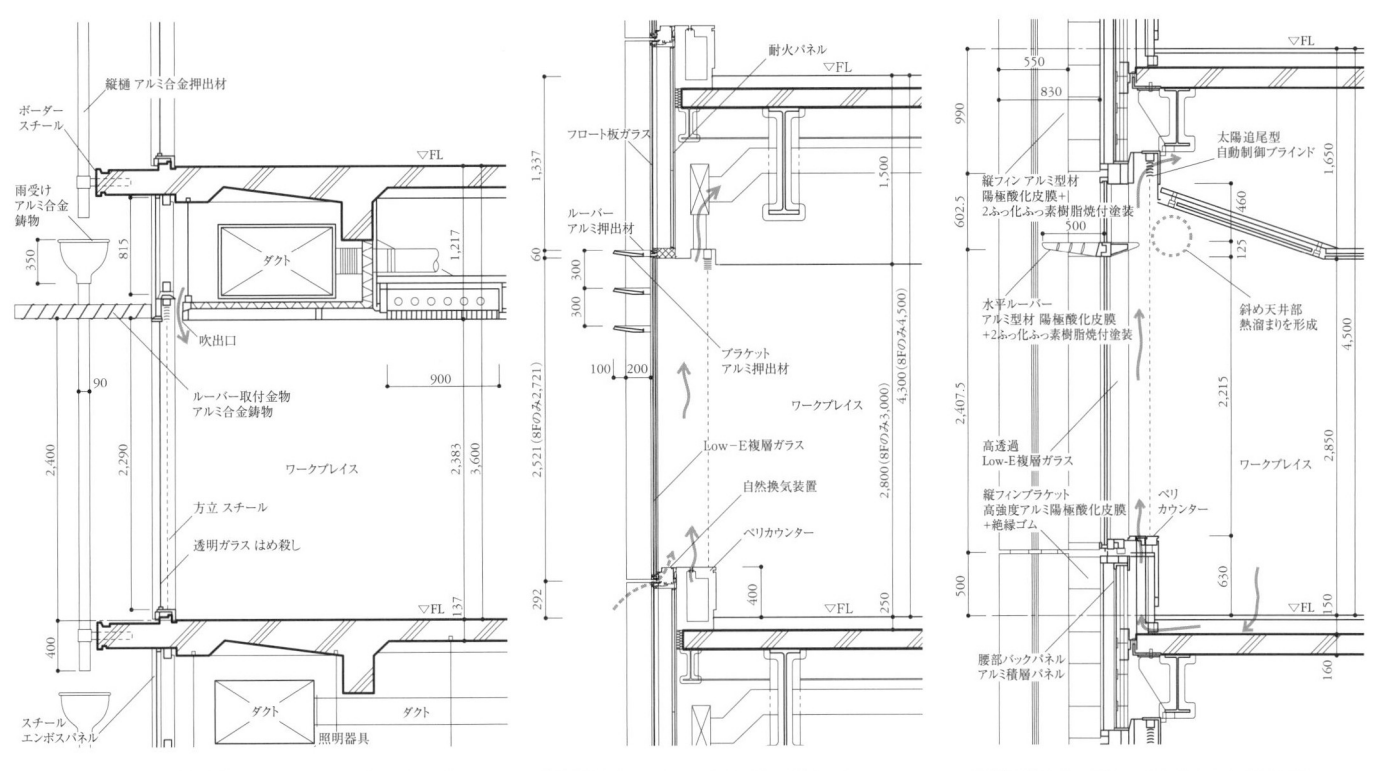

パレスサイドビルディング 1966

アルミ鋳物のサンコントロール・ルーバー。
- ペリメータ負荷処理システム：
  デュアルファンユニット［天井吹出し］

東京倶楽部ビルディング［南面］2007

PCの縦格子とアルミ型材の三段庇による日射遮蔽と、自然換気装置を組み込んだファサード。
- ペリメータ負荷処理システム：
  方位別マルチ型空調機による
  単一ダクト定風量のエアバリア方式

新丸の内ビルディング 2007

アルミ型材の縦フィン＋水平ルーバーおよび太陽追尾型自動制御ブラインドによる日射遮蔽と、エアバリアシステムを組み合わせたファサード。
- ペリメータ負荷処理システム：
  エアバリア方式＋斜め天井部による熱溜まり

香港上海銀行 1986

熱線反射ガラスとグレーガラスによる
ダブルスキン＋アルミダイキャストブレードによるサンシェード。
- ペリメータ負荷処理システム：
  ダブルスキン＋床吹出し空調

ロイズ・オブ・ロンドン 1987

外部アルミ方立によるダブルスキン部分を
換気チャンバーとして機能させ、
建物エネルギー効率に大幅に寄与している。
- ペリメータ負荷処理システム：
  ダブルスキン＋単一ダクト空調［床吹出し］

⟶ 空調空気の流れ　╌╌▶ 外気の流れ

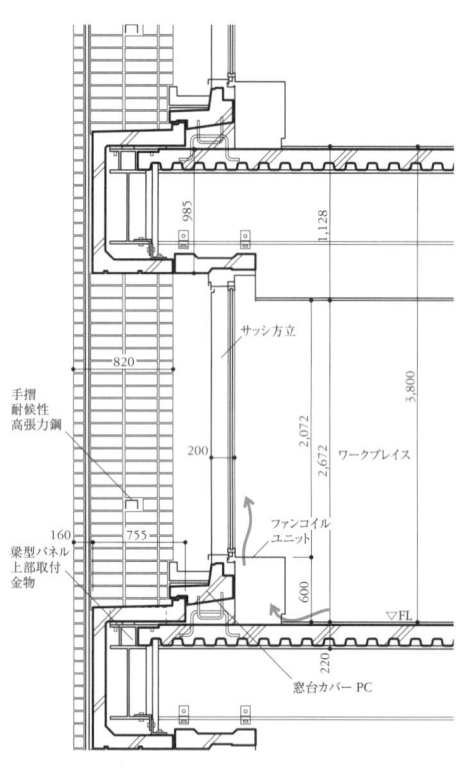

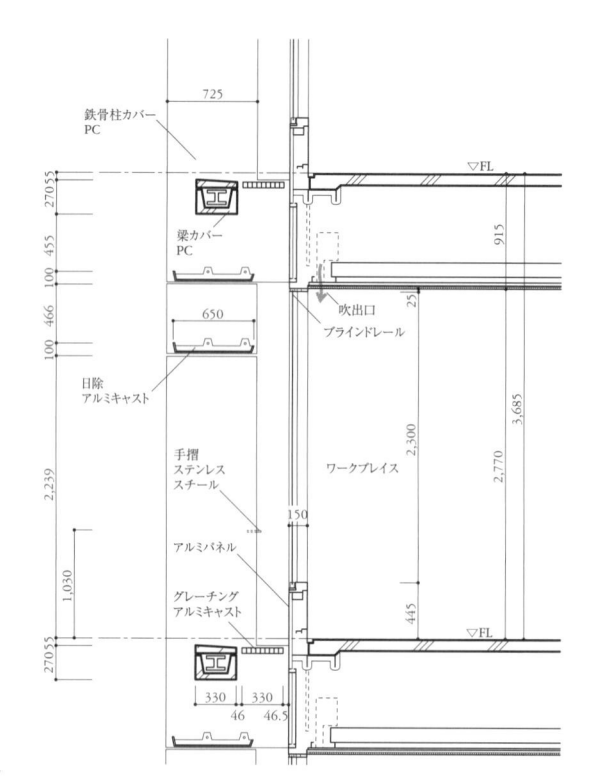

東京海上ビルディング 1974
オフィス内部を無柱空間にするよう構造体を外部に出した、れんがタイル打込みのPCファサード。
- ペリメータ負荷処理システム：
  ファンコイルユニット

AIG大手町ビルディング 1974
構造体を外部に出し、柱・梁のカバーにアーキテクチュラルコンクリートを使用したPCファサード。
- ペリメータ負荷処理システム：
  単一ダクトVAV方式［天井吹出し］

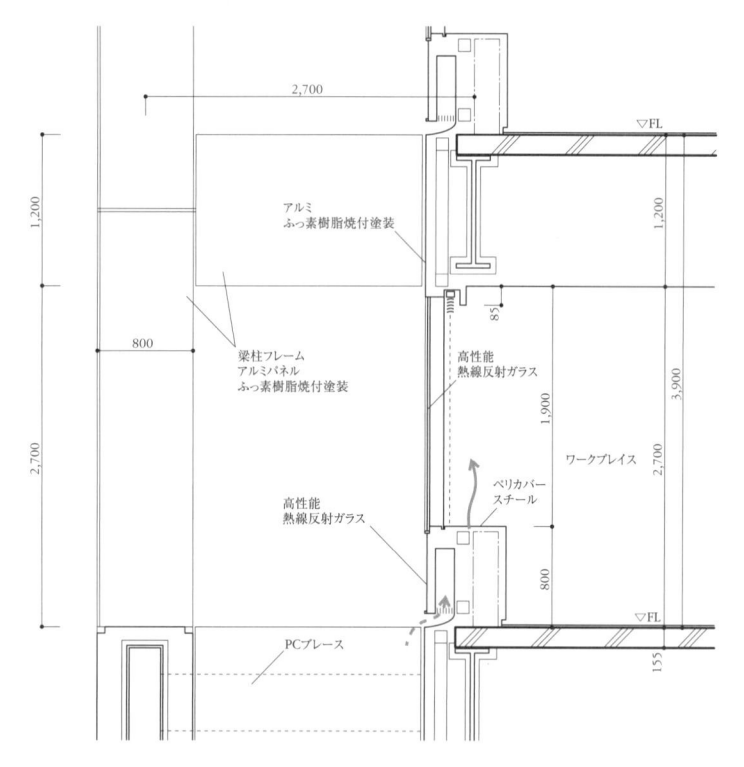

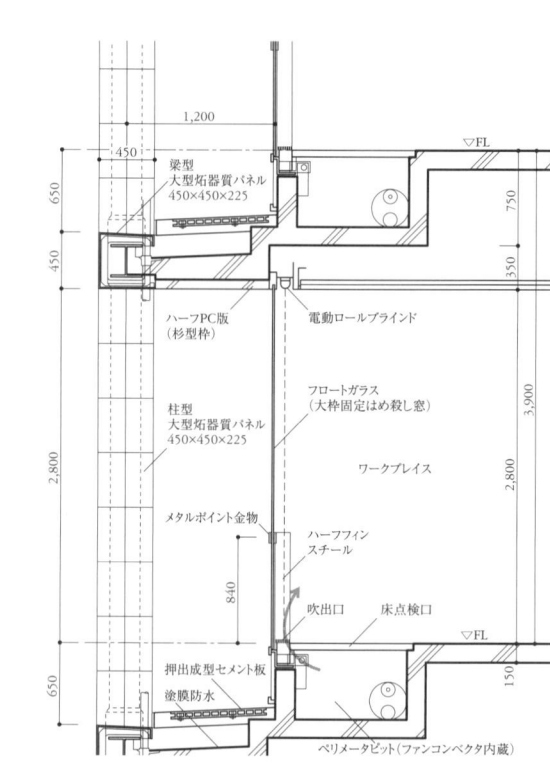

大阪東京海上ビルディング 1990
外部に出した構造グリッドにより、横長の大開口を実現したオフィス。
- ペリメータ負荷処理システム：
  ウォールスルーパッケージ

大阪弁護士会館 2006
構造体を外部に出し、還元焼成の大型陶板を使用した柱・梁の格子ファサード。
- ペリメータ負荷処理システム：
  ファンコンベクタ［床吹出し］

窓まわり断面の事例 02 | S=1/60

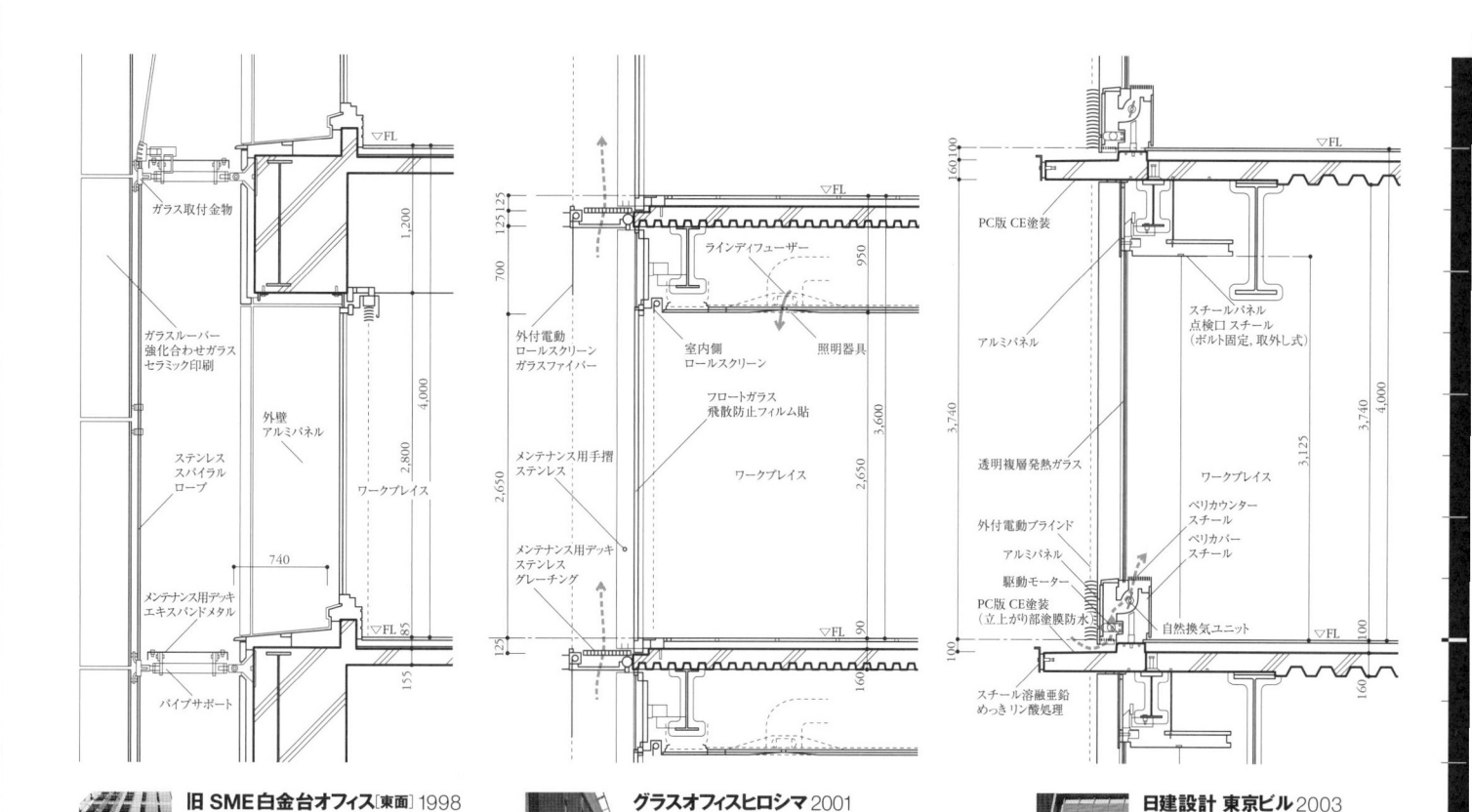

旧SME白金台オフィス［東面］1998
セラミック焼付けによりデザインされた、外付ガラスルーバー。
●ペリメータ負荷処理システム：
ファンコイルユニット［南面・西面］、
ペリメータレス［東面］

グラスオフィスヒロシマ 2001
日射エネルギー制御［約80%カット］の外付電動ロールスクリーン。
●ペリメータ負荷処理システム：
外付電動ロールスクリーン
＋ガスヒートポンプパッケージ［天井吹出し］

日建設計 東京ビル 2003
外付電動ブラインドと複層発熱ガラスの組合せによる、外部環境呼応型窓システム。
●ペリメータ負荷処理システム：
ペリメータレス

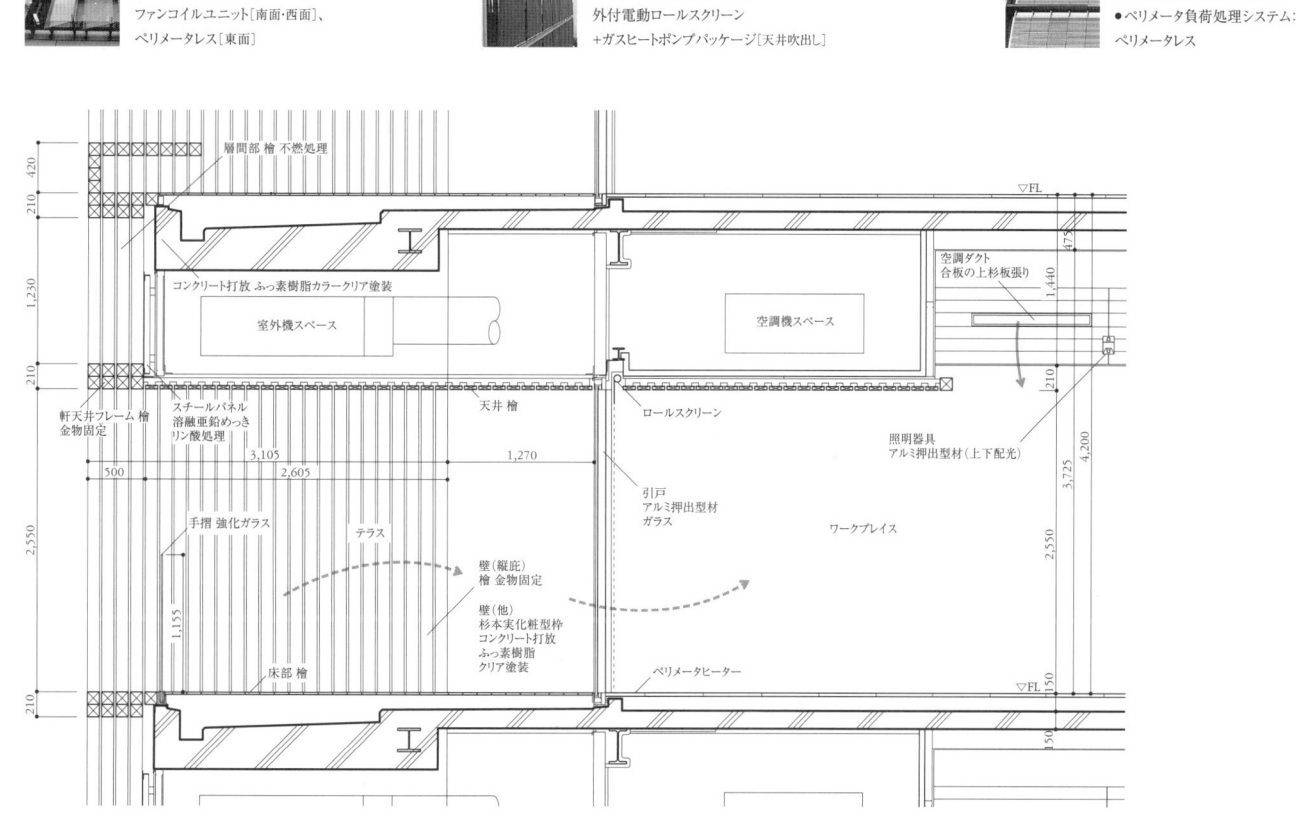

木材会館 2009
外部環境に対するバッファー空間となる、SRC柱と木格子で構成されたポーラスなスキン。
●ペリメータ負荷処理システム：ペリメータヒーター

→ 空調空気の流れ　---▶ 外気の流れ

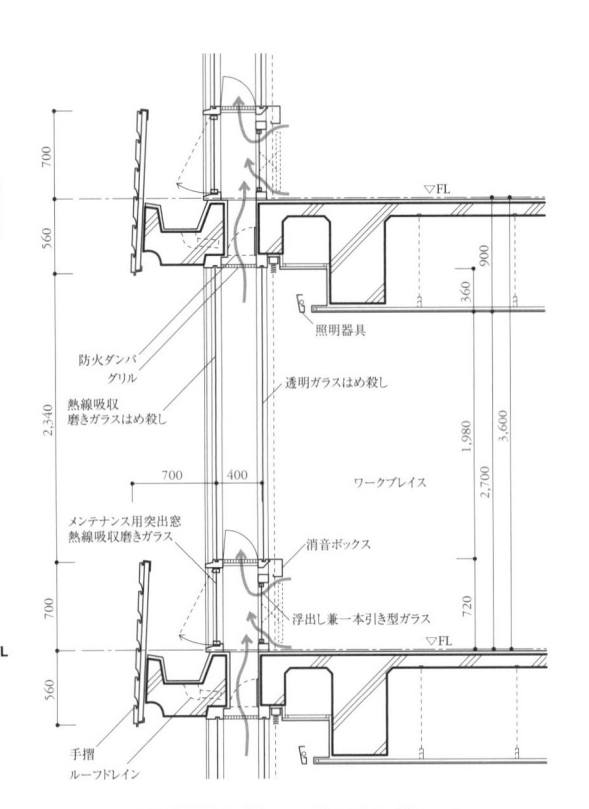

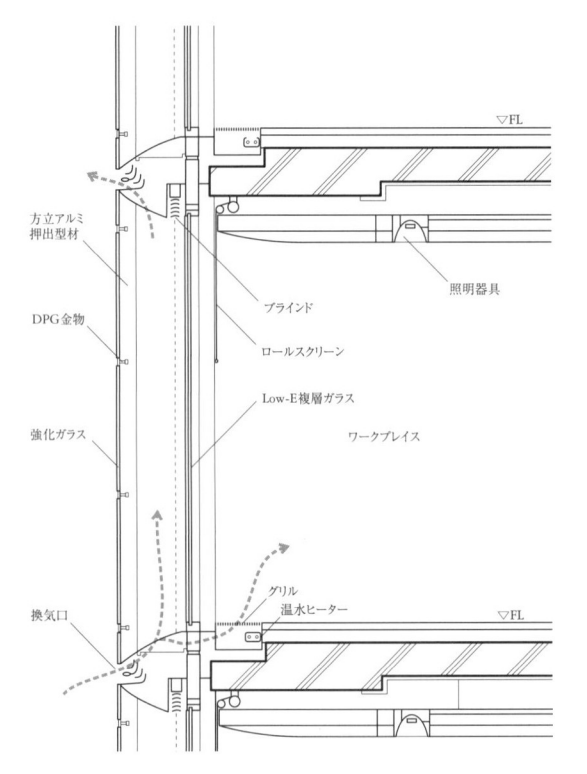

窓まわり断面の事例 03 | S=1/60

旧NCRビルディング 1962
日本初のエアフロー・ダブルスキンと自然換気を組み合わせたオフィス。
● ペリメータ負荷処理システム：
ダブルスキン［ペリメータレス］

RWE AG 本社ビル 1997
対角線状の通気システムや自然換気を実現した、透明感の高いガラス［強化ガラス+Low-E複層ガラス］のダブルスキン。
● ペリメータ負荷処理システム：
ダブルスキン［ペリメータレス］

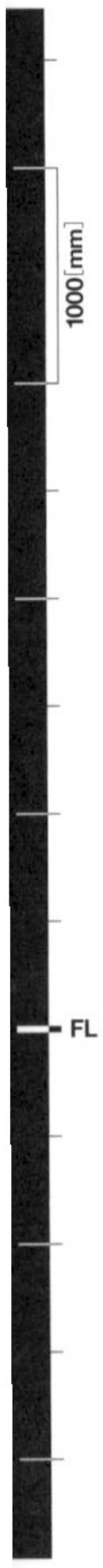

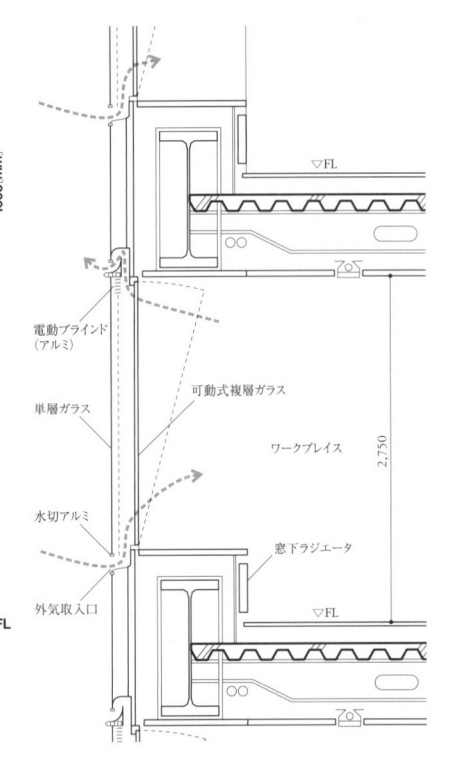

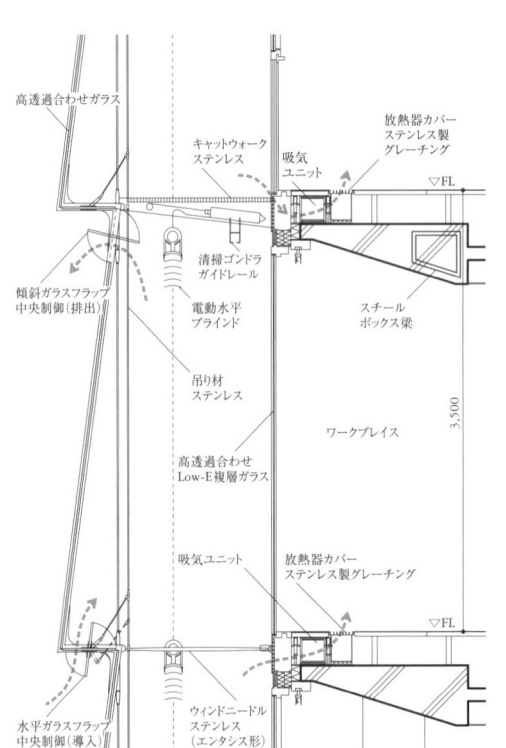

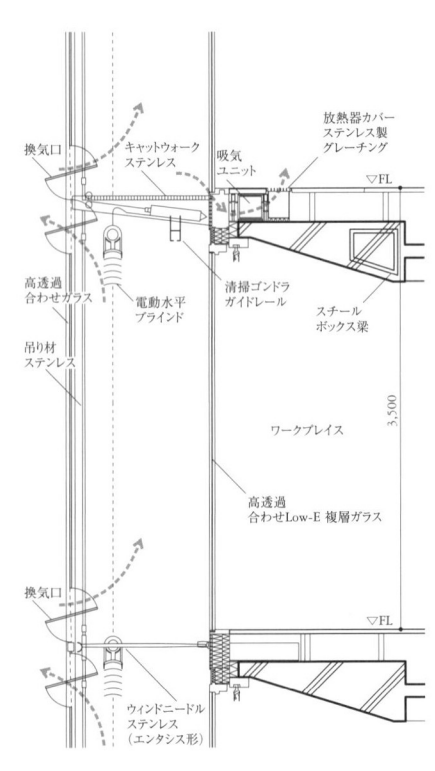

コメルツバンク本社ビル 1997
自然換気や温度調節の制御のために、電動開閉可能なインナーガラスを持つ単層型ダブルスキン。
● ペリメータ負荷処理システム：
ダブルスキン＋窓下ラジエータ

ポストタワー［南面］2003
高機能［電動ガラスフラップによる外気導入・多層キャビティ］と透明性［8度の傾斜のついたアウタースキン］を併せもつダブルスキン。
● ペリメータ負荷処理システム：
ダブルスキン＋床下コンベクタ

ポストタワー［北面］2003
高機能［電動ガラスフラップによる外気導入・多層キャビティ］と透明性［フラットなアウタースキン］を併せもつダブルスキン。
● ペリメータ負荷処理システム：
ダブルスキン＋床下コンベクタ

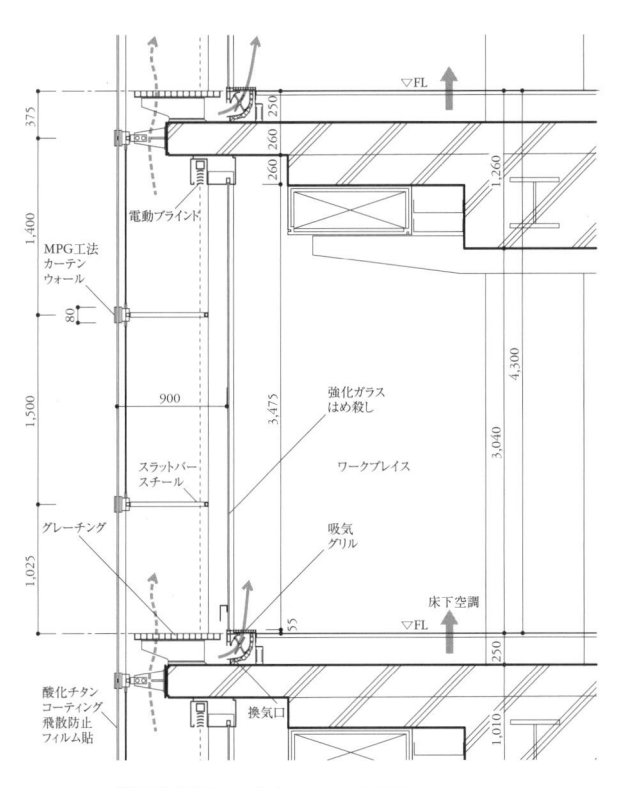

マブチモーター本社棟 2004

空気の出し入れ、居室への取込みが季節ごとに制御される、環境制御型ダブルスキン。
●ペリメータ負荷処理システム：
ダブルスキン＋ペアダクト空調［床吹出し］

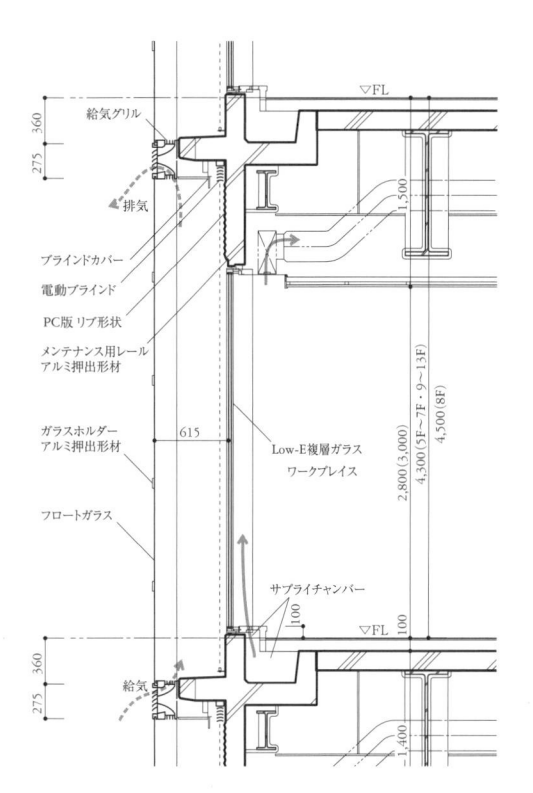

東京倶楽部ビルディング［東西面］2007

アウターはMPG方式のユニット型カーテンウォールによるシンプルなガラススクリーン。
インナーにはフルハイトの内開き型自然換気口を持つ。
●ペリメータ負荷処理システム：ダブルスキン
＋方位別マルチ型空調機による単一ダクト定風量方式［床吹出し］

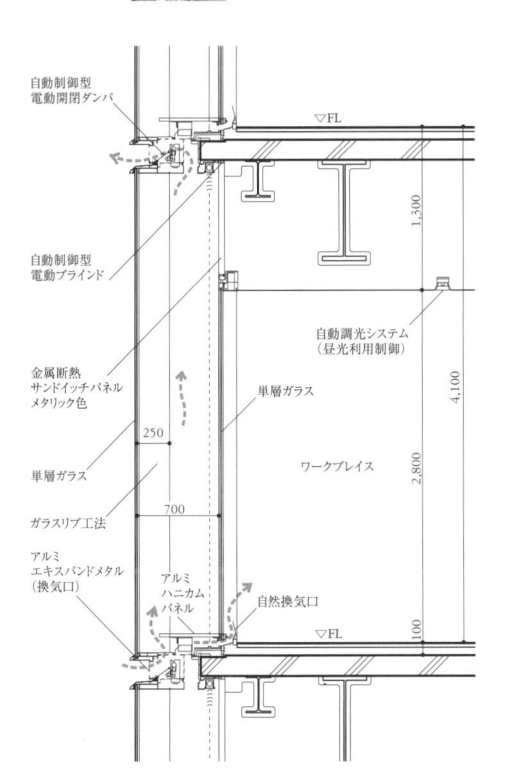

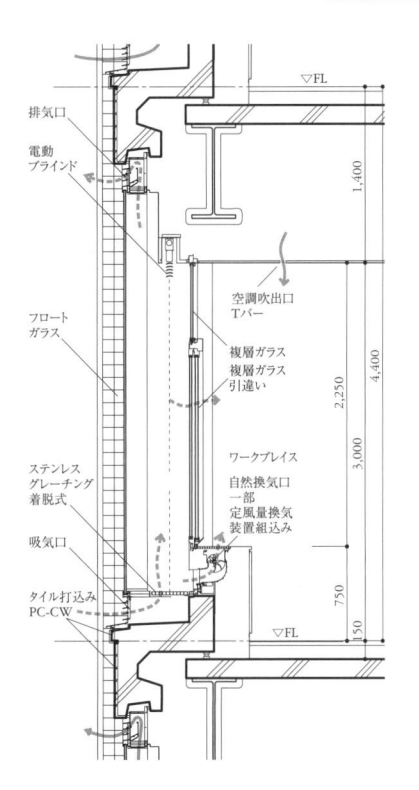

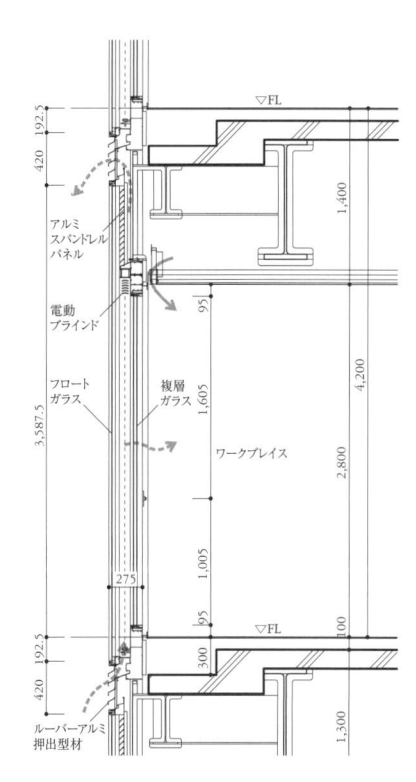

千葉県自治会館 2007

開閉ダンパを用いた高機能各階換気型ダブルスキン。
風速・ダブルスキン内外温度・降雨・照度の計測により、開閉ダンパおよび電動ブラインドを最適に自動制御。
●ペリメータ負荷処理システム：
ダブルスキン［ペリメータレス］

栃木県庁舎本館 2007

自動制御された電動ブラインドと、定風量換気装置を組み込んだダブルスキン。
インナーサッシは換気のしやすい引違い。
●ペリメータ負荷処理システム：
ダブルスキン＋単一ダクトVAV方式［天井吹出し］

名古屋インターシティ 2008

インナーを内開きとしてメンテナンスと自然換気を確保。
見込みの小さい、内外一体枠ダブルスキン。
●ペリメータ負荷処理システム：
ダブルスキン＋空冷パッケージ［天井吹出し］

⟶ 空調空気の流れ　⇢ 外気の流れ

Contents | 目次

003	はじめに
024	本書の使い方
004	吹抜け空間の事例
008	基準階プランの事例 S=1/1,000
014	窓まわり断面の事例 S=1/60
208	執筆協力・掲載作品設計者・写真・図版出典、資料文献

026 | 1 | 事業プログラム

[事業プログラム]

028	01	事業の条件
030	02	ファシリティ戦略
032	03	事業の目的・目標
034	04	事業判断のための調査
036	05	発注者の体制づくり
038	06	事業検討・実施スケジュール
040	07	設計・監理体制の構築
042	08	施工体制の設定
044	09	敷地の選定
046	10	モデルプラン
048	11	オフィス整備手法の選択
050	12	予算計画 [自社ビル建設の場合]
052	13	賃貸オフィス整備、テナント入居に関する留意点
054	14	予防保全計画の重要性
056	15	ライフサイクルを考慮した建築計画
058	16	リニューアルに関する条件の整理
060	17	事業計画書――設計条件書の作成

2 | 基本計画

分類	頁	番号	項目
[マネージメント]	064	18	オフィスの基本計画
	066	19	設計チームの編成
	068	20	設計スケジュール
	070	21	事業主とのコミュニケーション
[条件の整理]	072	22	事業主の条件の整理
	074	23	立地条件・敷地特性[1]──デザイン的コンテクスト
	076	24	立地条件・敷地特性[2]──環境要素
	078	25	景観計画とアーバンデザイン
	080	26	開発手法
	082	27	法規・行政
[全体の計画]	084	28	計画コンセプト
	086	29	ボリュームスタディ
	088	30	グレード設定
	092	31	断面構成
	096	32	配置と主動線計画
	098	33	面積構成の設定
[ワークプレイスの計画]	100	34	ワークプレイスとしてのオフィス[1]──拡張する「ワーク」の概念
	102	35	ワークプレイスとしてのオフィス[2]──多様化するオフィス形態
	104	36	ワークプレイスとしてのオフィス[3]──知的生産性をサポートする
	106	37	基準階：ワークプレイス[1]──ワークプレイスの計画
	108	38	基準階：ワークプレイス[2]──モデュールの設定
	110	39	基準階：ワークプレイス[3]──階高設定と天井計画
	112	40	基準階：ワークプレイス[4]──窓まわりの計画
[各部の計画]	116	41	基準階：共用部[1]──共用部の構成
	118	42	基準階：共用部[2]──昇降機の計画
	120	43	基準階：共用部[3]──階段・リフレッシュエリアの計画
	122	44	基準階：共用部[4]──水まわり・機械室
	126	45	エントランス計画
	128	46	会議室・厚生諸室
	130	47	役員階諸室
	132	48	駐車場計画
	134	49	屋上
	136	50	外装計画
[環境の計画]	140	51	環境デザインのコンセプトと条件の把握
	144	52	スケルトンによる基本的な環境性能の確保
	148	53	環境性能を向上させる要素技術
	150	54	広域の環境性能
[構造・設備の計画]	154	55	構造
	156	56	電気
	158	57	空調
	160	58	給排水
	162	59	想定されるリスク・災害
	164	60	防災計画[1]──設計プロセス
	166	61	防災計画[2]──防災設備
	168	62	防犯・セキュリティ
	170	63	見落としがちな重要課題
[その他の計画]	174	64	コスト計画[1]──ライフサイクルコスト：LCC
	176	65	コスト計画[2]──工事費の主なパラメーター
	178	66	概略工事工程

3 オフィスのカテゴリー別事例

180

[自社使用]
- 182 | 01 | TG港北NTビル［アースポート］
- 183 | 02 | 地球環境戦略研究機関
- 184 | 03 | 乃村工藝社本社ビル
- 185 | 04 | マブチモーター本社棟
- 186 | 05 | 日建設計 東京ビル
- 187 | 06 | パナソニック電工東京本社ビル
- 188 | 07 | 日産先進技術開発センター
- 189 | 08 | 日本電気本社ビル［NECスーパータワー］

[自社使用＋テナント]
- 190 | 09 | 大阪弁護士会館
- 191 | 10 | JTビル
- 192 | 11 | 経団連会館

[テナント]
- 193 | 12 | 渋谷プレステージ
- 194 | 13 | YOMIKO GINZA BLDG.
- 195 | 14 | Ao〈アオ〉
- 196 | 15 | 東京倶楽部ビルディング
- 197 | 16 | 名古屋インターシティ
- 198 | 17 | 泉ガーデンタワー
- 199 | 18 | 新宿NSビル
- 200 | 19 | ミッドランドスクエア

[複合建築｜他用途との複合]
- 201 | 20 | 住友不動産 飯田橋ファーストビル・ファーストヒルズ飯田橋
- 202 | 21 | 赤坂インターシティ
- 203 | 22 | 日石横浜ビル
- 204 | 23 | パシフィックセンチュリープレイス［PCP］丸の内
- 205 | 24 | TOC有明
- 206 | 25 | 日本橋三井タワー
- 207 | 26 | 新宿アイランド

| Column |

- 090 | 1 | 次世代を考えたオフィスグレードの着眼点
  ── 外資系企業のオフィス要求水準を見る
- 094 | 2 | 「分ける」から「混ぜる」── 複合化するオフィス
- 114 | 3 | 今、なぜ、不均質なオフィスを目指すのか
- 124 | 4 | どこでもオフィス
- 142 | 5 | 建築物の環境評価システムにおける海外の動向
- 146 | 6 | オフィスビルの設計における環境シミュレーション
- 152 | 7 | コミッショニング［性能検証］
- 172 | 8 | 「建物の高さ」とは？

デザイン 秋山伸＋木村稔将＋刈谷悠三＋久世健／schtücco

本書の使い方

本書は、オフィスづくりに携わる事業主（発注者）と設計者等の間で、建築の企画から基本計画までの共有知を構築する一助となるべく編まれています。

オフィスビルを計画するに当たっての基本的な流れと手続き、それに要する時間等スケジュールの大枠、それを建築計画として具体化するプロセスの体系を、1テーマを1見開きとしてわかりやすくまとめています。

———

左ページには解説文。冒頭の3行のリード文だけを読んでも要点が把握できますし、箇条書きのようなコンパクトな記述の本文は、通読・拾い読みどちらの読み方も可能です。

右ページには事例・データ等の図版。企画や基本計画に活用できる基礎的資料を揃えました。

———

全体は、企画や計画のプロセスに沿ったページ順にしてありますので、通読されると一通りのフローが把握できますし、必要なテーマのところだけを拾い読みすることもできます。

———

|2|基本計画では、ページ端部に「知的生産性」「経済」「安全」「社会性」「快適性」「環境」「都市」「コンプライアンス」「技術」の9つのカテゴリーに分類したキーワードがあり、必要なカテゴリーだけを選択的に読むときのガイドとしてご活用下さい。

本書は3つの章とコラムから構成しています。

|1|事業プログラム
計画全体のフレームを決める事業プログラムの策定において、事業に対する要求や条件を整理すべく、関係者が協働するためのロードマップとして活用できるようにまとめています。

|2|基本計画
設計者が、客観的な視点を保ちながら事業主サイドの目標・要求に応答し、与えられた制約の中で具体的な建築計画にまとめあげていくための要点を整理しています。

|3|オフィスのカテゴリー別事例
読者のプロジェクトと比較・参照できるよう、さまざまな種類と規模のオフィス事例を厳選して載せています。

コラム
時代の要請の最先端や、これから主流になるかもしれない考え方等のトピックスを紹介しています。

———

本書で採り上げた図版やデータはオフィスビルのものですが、企画や基本計画を考えるうえでの視点・切り口やプロセス等、本書の骨格をなす部分のほとんどは、他のビルディングタイプの企画・基本計画に共通するものです。建築の企画から基本計画までに携わる多くの方々の手引きとして、幅広くご活用下さい。

———

[基本計画ページ]　**A** 検討内容のテーマにより、9つの節に分類しています。｜**B** ［データ集計期間］の記載があるものは、編著者のオフィス竣工データから作成した本書独自の資料です。｜**C** これらのキーワードは、オフィスの基本計画を考える上で重要なポイントとなる切り口です。[1:事業プログラム]この章での検討は、計画上のキーワードに関連はするけれども、直接対応しないため、キーワードを記載しておりません。[2:基本計画]「マネージメント」の節での検討内容は、9つの分類を超えているため、キーワードを記載しておりません。「条件の整理」以降の節は、右ページの一覧にまとめております。

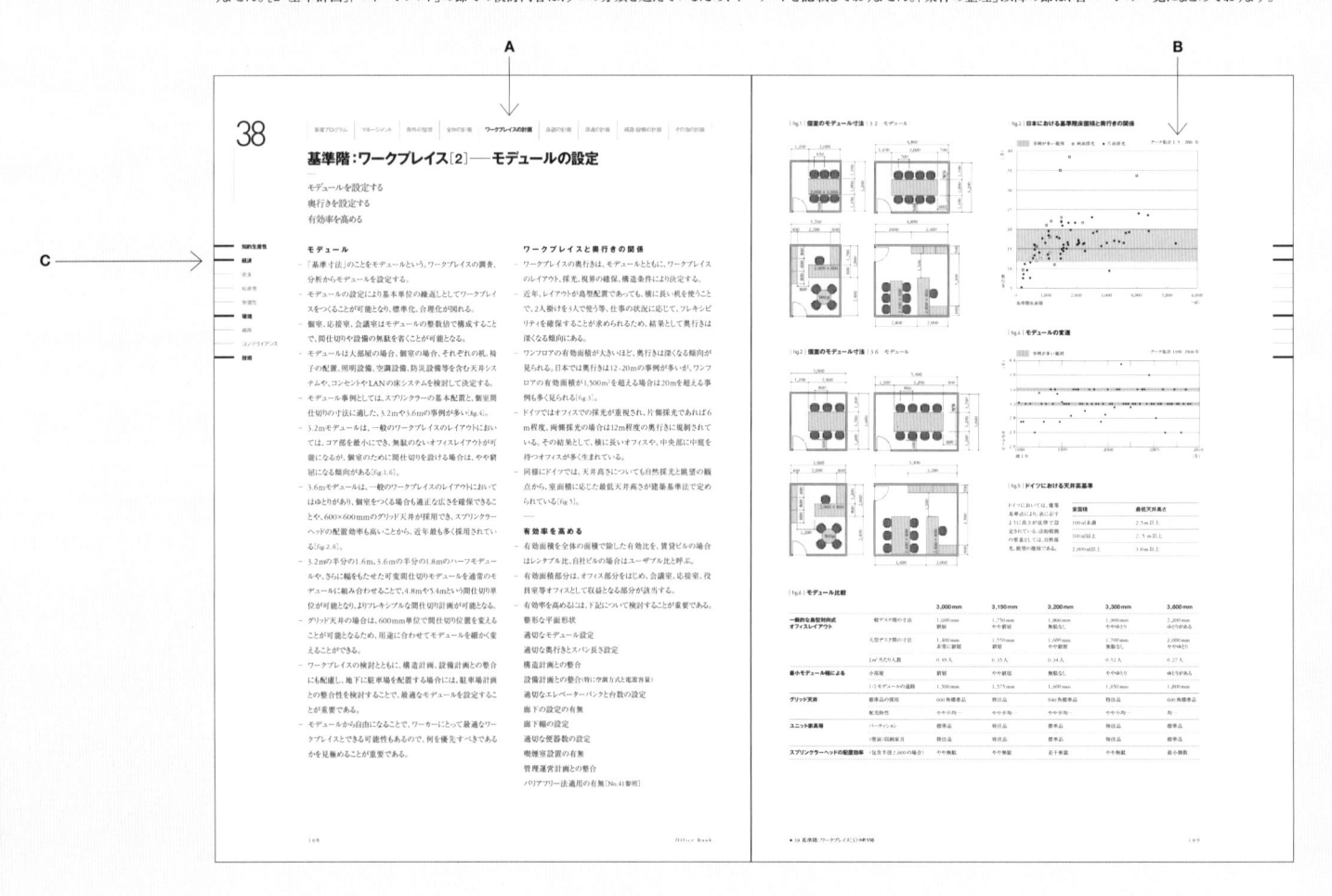

|2| 基本計画 計画上のキーワード

頁	No		知的生産性	経済	安全	社会性	快適性	環境	都市	コンプライアンス	技術
		|条件の整理|									
072	22	事業主の条件の整理	○	○	○	○	○	○	○	○	○
074	23	立地条件・敷地特性[1]——デザイン的コンテクスト				○		○	○		
076	24	立地条件・敷地特性[2]——環境要素			○	○		○	○	○	○
078	25	景観計画とアーバンデザイン				○		○	○	○	
080	26	開発手法		○					○	○	
082	27	法規・行政				○				○	○
		|全体の計画|									
084	28	計画コンセプト	○	○	○	○	○	○	○	○	○
086	29	ボリュームスタディ		○	○			○	○	○	
088	30	グレード設定	○	○		○	○				○
092	31	断面構成	○	○		○	○				○
096	32	配置と主動線計画			○	○	○	○		○	○
098	33	面積構成の設定	○	○		○		○		○	○
		|ワークプレイスの計画|									
100	34	ワークプレイスとしてのオフィス[1]——拡張する「ワーク」の概念	○				○				
102	35	ワークプレイスとしてのオフィス[2]——多様化するオフィス形態	○								
104	36	ワークプレイスとしてのオフィス[3]——知的生産性をサポートする	○				○				
106	37	基準階:ワークプレイス[1]——ワークプレイスの計画	○	○	○		○	○		○	
108	38	基準階:ワークプレイス[2]——モジュールの設定	○	○				○			○
110	39	基準階:ワークプレイス[3]——階高設定と天井計画	○	○				○			○
112	40	基準階:ワークプレイス[4]——窓まわりの計画	○	○			○				○
		|各部の計画|									
116	41	基準階:共用部[1]——共用部の構成	○		○		○	○		○	○
118	42	基準階:共用部[2]——昇降機の計画			○					○	○
120	43	基準階:共用部[3]——階段・リフレッシュエリアの計画	○		○		○			○	○
122	44	基準階:共用部[4]——水まわり・機械室	○	○			○				○
126	45	エントランス計画			○	○			○		○
128	46	会議室・厚生諸室	○		○		○				○
130	47	役員階諸室	○		○	○					○
132	48	駐車場計画			○	○				○	○
134	49	屋上			○			○			○
136	50	外装計画	○	○	○			○	○		○
		|環境の計画|									
140	51	環境デザインのコンセプトと条件の把握				○		○	○		
144	52	スケルトンによる基本的な環境性能の確保						○			○
148	53	環境性能を向上させる要素技術					○	○			○
150	54	広域の環境性能				○		○	○		○
		|構造・設備の計画|									
154	55	構造			○						○
156	56	電気			○			○			○
158	57	空調					○	○			○
160	58	給排水					○	○			○
162	59	想定されるリスク・災害			○		○				○
164	60	防災計画[1]——設計プロセス			○					○	○
166	61	防災計画[2]——防災設備			○					○	○
168	62	防犯・セキュリティ			○	○					○
170	63	見落としがちな重要課題			○		○				○
		|その他の計画|									
174	64	コスト計画[1]——ライフサイクルコスト:LCC		○			○				○
176	65	コスト計画[2]——工事費の主なパラメーター		○							
178	66	概略工事工程		○							○

知的生産性 業務の効率を上げ付加価値を生む | **経済** 経済的負担を少なくし、利益を増す | **安全** 万一の場合の安全性を確保する | **社会性** 地域の特性や企業理念を反映する
快適性 利用者の満足度を上げる | **環境** 環境への負荷を軽減する | **都市** 都市景観や街並みに貢献する | **コンプライアンス** 社会規範や企業倫理に則った企業活動を支援する
技術 建築の技術的課題を検討する

|1| 事業プログラム

- 事業プログラムとは、企業活動の主要なファシリティであるオフィスの設置と運営を
  事業の一部として進めるための指針である。
- オフィスの事業プログラムは、基本計画から設計・工事・運用・更新にいたる流れを見すえて検討される。
- 事業プログラムは計画・設計を通して具体化され、
  オフィスワーカーのみならず都市と自然の環境にも大きく影響を及ぼす。

01

| 事業プログラム | マネージメント | 条件の整理 | 全体の計画 | ワークプレイスの計画 | 各部の計画 | 環境の計画 | 構造・設備の計画 | その他の計画 |

事業の条件

事業の条件をつかみ、取りまとめる
事業の視点とオフィスの整備手法を明確にする
事業条件と建築計画のかかわりを明確にする

社会的視点の重要性

— 建築は、それが建てられる土地自体が社会性を持ったものであり、人間の生活を支える空間として都市へのまなざしを持って計画される必要がある。クライアントが求める採算至上的立場に対しては、設計者として要求を改善することもあり得る。

事業プログラムと建築計画

— クライアントの事業条件が、建築計画の条件に大きく影響を及ぼす。設計者としては、クライアント側で事業条件が整理されているかどうかを見極めることが重要である。ここではクライアント側の事業条件を「事業プログラム」と呼ぶ。

— 事業プログラムを策定し建築計画との対応関係を明らかにすることが、クライアントの意図を明確にし、後の設計業務をスムーズに進行することに繋がる[fig.1]。

事業の視点

— オフィスビルの種類は、事業プログラムの視点から大きく二つに分かれる。「自社ビルあるいはテナントとして自社使用のオフィス整備を行う視点」と「不動産賃貸事業としてのオフィスプロバイダーの視点」である。不動産賃貸事業としてのオフィス整備は、「収益性向上」と「テナント要望に応える施設性能」のバランスで事業を成り立たせるため、自社オフィス整備と比較して事業条件の見方が異なってくる。

オフィスの整備手法

[事業の視点]　　　　　　　　　　　　[オフィスの整備手法]
A:自社使用のオフィス整備　　　　　　1:新築
(A-1:自社ビル、A-2:テナント)
　　　　　　　　　　　　　　　　　　2:コンバージョン
B:不動産賃貸事業のオフィス整備
　　　　　　　　　　　　　　　　　　3:リニューアル

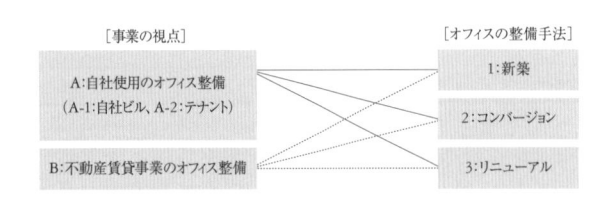

自社使用オフィスとしての重要ポイント

1｜ファシリティ戦略の明確化

— 事業プログラム——経営戦略としてオフィスに何を求めるのか。「知的生産性の向上」「事業継続性」「企業文化の表現」等。これにより、建築計画——目標耐用年数・オフィスバックアップ体制・デザインポリシー等が明確になる。

2｜オフィスに対する基本要求性能

— 事業プログラム——施設への基本要求性能のレベルの程度。「安全性」「経済性」「業務効率性」「環境対応」「セキュリティ対応」等。これにより、建築計画——「施設規模」「耐震レベル」「IT装備のレベル」「セキュリティレベル」等が明確になる。

3｜組織体制・ワークスタイルとファシリティの位置づけ

— 事業プログラム——オフィスにおける部門配置・人員配置戦略。これにより、建築計画——「要求される基準階面積」「ブロッキング計画」「スタッキング計画」等が明確になる。
　ブロッキング(Blocking)：各階でのゾーニング、平面配置計画を行うこと。スタッキング(Stacking)：多層建築物における各階へのスペース配置計画を行うこと。

4｜プロジェクトの背景把握

— 事業プログラム——プロジェクトの位置づけ：オフィスの「所有形態」「機能特性」「立地特性」「複合機能」「最新のワークプレイス動向」等[No.34参照]。これにより、建築計画——プロジェクト特性に応じたワークプレイス形態等が明確になる。

5｜事業ステップ、スケジュールの把握

— 事業プログラム——クライアントの経営状況、個別条件による。これにより、建築計画——クライアントの資金状況に応じた整備ステップ、施設整備に関する目標スケジュール等が明確になる。

6｜事業ステップに応じた必要資金の把握

— 事業プログラム——クライアントの経営状況、個別条件による。これにより、建築計画——施設整備に関する投資金額の限度が明確になる。

不動産賃貸事業オフィスとしての重要ポイント

1｜賃貸収益率の高いビル

— 事業プログラム——マーケット調査の重要性：賃料相場・テナントの要望する基準階面積・収益性向上のための専用面積比率、ライフサイクルコスト(LCC)低減化[No.11,64参照]。これにより、建築計画——基本計画の段階から採算性を意識したボリュームスタディ、LCC低減化のための工夫等が明確になる。

2｜テナント要望への対応

— 事業プログラム——オフィス性能標準の考え方。これにより、建築計画——天井高さ、電気容量、耐荷重、エレベーター待ち時間、共用部計画、駐車場計画等への反映が明確になる。

| fig.1 | **事業プログラムと建築計画の対応** |

クライアントサイドのアプローチ			→ ←		設計者サイドのアプローチ
事業の視点	クライアントの意識、経営判断項目	関連する概念、キーワード		事業プログラム	建築計画で注目すべきキーワード

1 自社ビルあるいはテナントとして自社使用のオフィス整備を行うクライアントの視点

事業基本計画

事業の視点	クライアントの意識、経営判断項目	関連する概念、キーワード	事業プログラム	建築計画で注目すべきキーワード
	ファシリティ戦略の明確化、事業計画の目的・目標の明確化	「中長期経営計画」「コアコンピタンス」「企業アイデンティティ」「企業ガバナンス」	キーワード:「知的生産性の向上」「長寿命化」「危機管理性能、事業継続性」「企業文化の表現」「コミュニケーションの誘発」「地域との共存」	ファシリティの目標耐用年数、周辺環境との調和、デザインポリシー、バックアップ体制(施設単独、施設連繋)
			基本要求性能:「安全性」「経済性」「業務効率性」「環境対応」「セキュリティ対応」	施設規模、耐震レベル、IT装備のレベル、セキュリティレベル、ゾーニング
			組織体制・ワークスタイルとファシリティの位置づけ(部門配置、組織人員数)	基準階面積、ブロッキング、スタッキング
			経営者のコンセンサス	
	プロジェクトの背景把握	オフィスの種類	所有形態、機能特性、立地特性、複合機能	プロジェクトの位置づけ
		歴史・最近の動向	最新のワークプレイス動向	プロジェクトの特性に応じたワークプレイス形態
	推進体制の構築	・事業実現可能性検討フォーメーション ・事業推進フォーメーション	発注側の体制、意思決定方法、設計者選定、設計者側の体制、調査・検討スケジュール	
	コミュニケーション手法の整備		会議体、議事録、ITツールの活用	
	事業判断を裏づけるデータ	「適正場所・規模」「コスト」	マーケット調査、ベンチマーク[No.04参照]	目標基準階面積、専用面積比率
	事業目的・目標に応じた最適立地の選定	「時間(スケジュール)」「リスク」の相関判断によるプロジェクトごとの事業検討	敷地選定、モデルプラン、簡略事業収支案	目標容積率、地盤・地質、土壌汚染等
	事業目的・目標に応じた建物規模、階構成、基準階構成の設定		開発手法	
			ボリュームスタディ	施設規模、基準階面積、専用面積比率
			用途構成	
			コアタイプ[No.37, 41参照]	
	事業ステップ、スケジュールの把握		許認可、設計、工事	施設整備に関する目標スケジュール
			設計発注方式、工事発注方式	
	事業ステップに応じた必要資金の把握		資金計画、予算	施設投資金額の限度
	周辺環境配慮のレベル設定:地域共存に関する意識		風、交通、電波…	

ワークプレイスとして投資をする目的

事業の視点	クライアントの意識、経営判断項目	関連する概念、キーワード	事業プログラム	建築計画で注目すべきキーワード
利便性・快適性の向上による「知的生産性の向上」	オフィスワークにとっての利便性	利便性	利便性が向上したかどうか、評価の基準を事業プログラム策定段階でコンセンサスを得ておく必要がある	移動手段、外部から駐車場へのアクセス、駐車場からオフィスへのアクセス、エレベーター待ち時間、オフィスビル内移動距離
	オフィスワークにとっての快適性	快適性能 専用部	快適性が向上したかどうか、評価の基準を事業プログラム策定段階でコンセンサスを得ておく必要がある	1人当たり基準面積、明るさ(必要照度)、温熱環境、騒音・振動、天井高さ
		快適性能 共用部		トイレの環境、軽飲食コーナーの有無、リフレッシュコーナーの有無、喫煙室の有無、共用部から席までの移動距離
		オフィス周辺環境		ビジネスサポート系テナントの有無、飲食サービス系テナントの有無
業務効率性の向上による「知的生産性の向上」	コミュニケーション性能	オフィスプランニング	業務効率性が向上したかどうか、評価の基準を事業プログラム策定段階でコンセンサスを得ておく必要がある	コミュニケーション機能のレベル、コンセントレーションスペースの有無、会議室の共用化
		オフィスレイアウト		無柱大空間の必要性、OAフロア、フリーアドレス化[No.35参照]の必要性

その他

事業の視点	クライアントの意識、経営判断項目	関連する概念、キーワード	事業プログラム	建築計画で注目すべきキーワード
ライフサイクルを考慮した資産保全	長寿命化		目標年数	構造計画、スケルトン・インフィル(構造体と内装・設備の分離)対応の必要性、コンバージョン(用途変更)対応の有無
	フレキシビリティの確保		企業としての資産価値、LCCの考え方	パーティション、システム天井、無線LAN、工事区分
ビル管理効率化			ビル管理方針	管理動線、BMS、BEMS[No.14参照]
災害時の社員の安全性		地震対策	事業プログラム策定段階での重要経営課題	耐震・制振・免震手法の選択、避難場所
		火災対策		一次避難場所
		落雷対策		
		帰宅経路		主要道路への移動手段

2 不動産賃貸事業としてのオフィスプロバイダーの視点(上記に加えて)

事業の視点	クライアントの意識、経営判断項目	関連する概念、キーワード	事業プログラム	建築計画で注目すべきキーワード
	賃貸収益率の高いビル	賃貸面積・レンタブル比	不動産商品としての資産価値(証券化等への流通性を含む)を考慮した望ましい建物性能標準の判断	
	テナント要望への対応	貸付仕様		想定業態、ITシステム、サーバー等の多寡、ヘビーデューティフロア[No.31参照]の有無
	建物性能に応じた適正整備コスト	発注方式		
		設備計画		将来対応スペース、ガス消火想定

02 ファシリティ戦略

| 事業プログラム | マネージメント | 条件の整理 | 全体の計画 | ワークプレイスの計画 | 各部の計画 | 環境の計画 | 構造・設備の計画 | その他の計画 |

オフィスのカテゴリーを明確にする
ワークスタイルやワークプレイスの動向をつかむ
建築計画をする上での戦略を探る

問題解決から戦略へ
- オフィス投資は、企業規模の拡大、ビルの老朽化、耐震上の課題といった「問題解決」にとどまらず、将来のワークスタイルのあり方に合わせ企業資産をいかに活用していくか、という「経営戦略」に直結する。
- オフィス機能や形態・システムに応じたカテゴリーとその最新動向を理解し、企業が投資を行う評価軸を明確にする。

オフィスのカテゴリー
- 所有形態・機能特性・立地特性・他機能の複合の有無により、建築計画のターゲットを明確にする[fig.1]。

知的生産性の向上
- オフィス整備による「業務効率性の向上」や「快適性・利便性の向上」に起因する、知的生産性向上の効果を定量的に判断することは難しい。ワークスタイルのコンセプトが明確にされ、効率的で快適なオフィス計画に反映されることが企業経営の要になっている。

コミュニケーション誘発
- 業務効率性の向上を目的として、IT化の時代においても、あらためてフェイス・ツー・フェイスのコミュニケーションを誘発するワークプレイスづくりの意向が強い。

IT活用戦略
- 企業のIT活用戦略によって、オフィス形態・オフィスシステムは今後ますます多様化していく。IT化の中のワークスタイルを深く検討する必要がある。

企業文化の表現
- オフィスビルそのものを、顧客や社会に向けた企業文化を表現する媒体として位置づけるべきである。

長寿命化
- ライフサイクルコスト、環境面への関心や義務意識が高まる中で、オフィスのフレキシビリティとメンテナビリティの向上とともに、計画的保全体制、ビルの長寿命化が望まれている。

事業継続性の確保
（BCP：Business Continuity Plan）
- 企業内各組織のあり方と併せて、非常時・災害時にも機能を維持することが求められている。事業継続性を確保することは、コンプライアンス保持やステークホルダー（株主などの利害関係者）へのアカウンタビリティに繋がる。

環境性能の向上
- 環境負荷低減・CO_2削減・省エネルギー等による総合的環境性能は、CASBEE[建築物総合環境性能評価システム、P76参照]による評価等で、オフィスビルの格づけや不動産価値に直結する時代になっている。

地域との共存
- オフィスの整備により、敷地周辺の環境やまちづくりにどうかかわっていくのか、企業として方針を明らかにする必要がある。

日本のオフィス形態の現状
- 過半が「島型対向式レイアウトに代表される大部屋型オフィス」として、20世紀初めから大きく変化していない。しかし、1990年頃から少しずつではあるが、「ブース形式セミオープン型オフィス」「ノンテリトリアルオフィス」「メガフロアオフィス」等、多様化してきている[fig.2]。

知的生産性向上とワークプレイス
- 知的生産性向上のための組織論として、19世紀末から「テーラリズム」が存在した。テーラリズムの基本は、最適化された労働者の標準作業量と時間、機能別組織である。「個人の業務単位をいかに組み立てる(配分する)か」という前提のもとに組織図が描かれ、オフィスがレイアウトされてきた。
- 1980年代後半から、知を生み出す人間として社員をとらえる「ナレッジワークプレイス」の動きが出てきた。市場のグローバリゼーションとネットワーク化が、時間・空間の枠組みを変えた。現状は、テーラリズムから人間的なアプローチによるワークプレイスへと向かう途上にある。知的生産性向上に効果的な考え方とは、組織の知識創造のプロセスをワークプレイスに埋め込み、知の質を高めることである[fig.3]。

| fig.1 | **オフィスのカテゴリー** |

分類	内容	要求条件の特徴
1 所有形態		
自社ビル型	計画時点から特定の企業/組織が自社使用の建物として計画するタイプ	要求条件が具体的に把握できる 企業CI面での要求が強く、特殊業務スペースの比率が高い
賃貸ビル型	不特定多数の企業/組織を誘致する目的で計画されるタイプ	不特定多数に対応したフレキシビリティを持つ必要がある 高効率の要求など事業的要素の比率が高い
2 機能特性		
本社型	企業/組織の中枢機能を有する 業務内容、業務形態は、企業/組織の特徴により構成が異なる	企業CI面での要求が強く、高層化される場合も多い 役員室等、特殊業務スペースの比率が高い
ブランチ型	業務対象が広域にわたる場合に分散配置されるタイプ	コンピュータールーム、金融機関のディーリングルーム等、 特殊な業務スペースを主体とする場合が多く、 特定機能に突出した設備の必要性が高い
バックアップ型	企業/組織の一部機能を集約し本社をバックアップするタイプ 業務内容、業務形態は限定される場合が多い	銀行の支店、放送局のサテライトスタジオ等、 企業/組織の業務形態の特徴を直接反映する場合が多い
研究開発型	先端企業の研究/開発部門が入居するタイプ	高度の情報化に対応した設備計画、将来へのフレキシビリティ等への要求が強い
3 立地特性		
都心型	既成業務立地地域に計画されるタイプ	本社型機能を主体とする場合が多い
郊外型	既成業務立地地域以外に計画されるタイプ サポート施設や都市インフラが少ない	バックアップ型、研究開発型の場合が多く、 サポート施設を組み込む必要がある
4 複合機能		
単機能型	業務機能のみを有するタイプ	
異種機能複合型	非業務用途と複合するタイプ	動線、防災、運営、セキュリティ、法規面での検討が重要

| fig.2 | **日本のオフィス形態の現状——ワークプレイスの多様化**

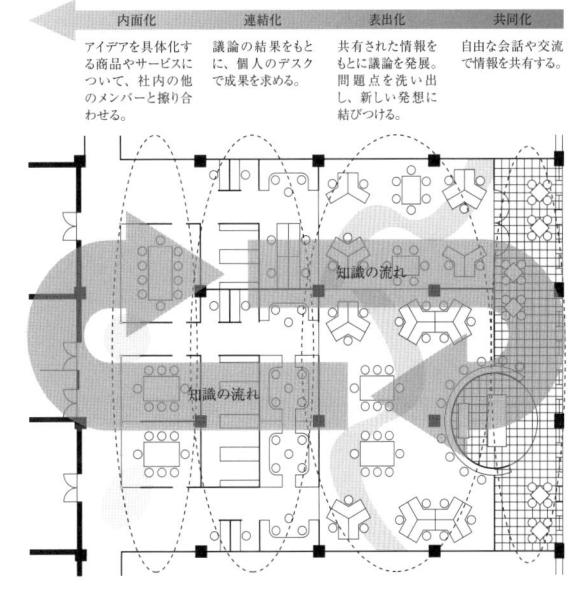

[島型対向式オフィス]
個々のオフィスワーカーの業務やワークスタイルよりも、部署ごとのまとまりや、顔と顔をつき合わせるような近接した関係を重視。スペースが狭いという事情に変化はない。21世紀に至ってもこのコンセプトを採用している例が大半を占めている。

↓ 多様化

[ブース形式セミオープン型オフィス]
個人の執務スペースにローパーティション等を設けて、ある程度プライバシーを持たせたもの。

[ノンテリトリアルオフィス]
フリーアドレス、グループアドレスといった、個人の固定した席を設けずに、共用でワークステーションを使用する方式。

[メガフロアオフィス]
オフィス・ランドスケープ型（組織間の連携を重視し、ワンフロアの大空間に部署のまとまりを配置する方式）と同様の方式。窓からの距離、温度の室内環境コントロール等の課題もある。

| fig.3 | **知的生産性向上とワークプレイス——事例**

内面化 / 連結化 / 表出化 / 共同化

アイデアを具体化する商品やサービスについて、社内の他のメンバーと擦り合わせる。／議論の結果をもとに、個人のデスクで成果を求める。／共有された情報をもとに議論を発展。問題点を洗い出し、新しい発想に結びつける。／自由な会話や交流で情報を共有する。

知識の流れ

[H社 開発プロジェクト室の事例]
知識創造のプロセスをワークプレイスに埋め込んでいる。
共同化：開発の段階に応じてさまざまな部署からメンバーが異動してくる。そこでは、開発にかかわるさまざまな問題を共有することが重要で、(顔色を見ながらの)コミュニケーションの促進が図れるような多様な場を整備している。
表出化：メンバーの頭の中にある半煮えのアイデアを、徹底した集中議論により、新しい概念として表現する。
連結化：方向づけられた概念にもとづいて、一人ひとりが自らのデスクで実作業を行っている。
内面化：分業で生まれた個人の成果を統合し、検討を加え(デザインレビュー)、製品実現に向けた擦り合わせを行っている。

03 事業の目的・目標

| 事業プログラム | マネージメント | 条件の整理 | 全体の計画 | ワークプレイスの計画 | 各部の計画 | 環境の計画 | 構造・設備の計画 | その他の計画 |

課題を明らかにし、新しく整備するオフィスに活かす
自社保有地に整備するか、新たに土地を取得するか明らかにする
基本的な設計条件を明らかにする

基本要求性能
- クライアントのファシリティ戦略が明確になったところで、「オフィスに対する基本要求性能」を明確にする必要がある。基本要求性能を検討するための評価軸が、設計条件に大きく影響を及ぼす[fig.1]。

事業継続性
- 災害時に活かしておくべきライン、バックアップすべき機能、その性能値等を明確にして、対応方針を計画に盛り込む。

立地ポテンシャル
- 自社保有地に新しくオフィスを整備するのか、新たに土地を取得するのかにより事業条件が変わる。土地のポテンシャルを把握し、全社的機能分担・配置方針を整理する。
- 都市計画上の評価、上位政策における位置づけ、開発動向、来客目的等の調査を行い、立地ポテンシャルに対するオフィス整備の方向性を明らかにする。

防犯性（セキュリティ）
- オフィスのカテゴリーにより違いがある。クライアントの組織ごとにセキュリティレベルを設定することで、基本的なゾーニングが設定される。セキュリティレベルとゾーニングの区分に対して動線計画を整理する。情報ネットワークのセキュリティについても配慮する必要がある。

環境性能・環境対応
- 環境性能として目指すレベルを、費用対効果を意識しながら明確化する。土壌・地下水汚染は、事業スケジュール・コスト・企業としてのコンプライアンスに与えるインパクトが大きい。
- 自社保有地に新たにオフィスビルを整備する場合には、事前に、調査や行政への相談・協議を行い、リスクを把握し、長期的戦略を立てておく必要がある。

安全性（現況施設、敷地、新しく整備されるオフィス）
- 複数の視点から安全性について検証を行う。社員の人命にかかわる重要な事項である。現況施設については耐震性能の調査を行い、確保すべきレベルを取り決める。建て直しをするのか、リニューアルをするのか、施設の経年による老朽化や機能面の老朽化への対応方針を整理する必要がある。
- 敷地については、「地盤状況」「地震による被害予測」「液状化危険度」「浸水危険度」等について調査を行い、立地に根本的な問題がないか確認する。オフィスのカテゴリー・現況施設の安全性・計画敷地の安全性により、新しく整備されるオフィスに求められる防災性能を明確にする。

執務環境（施設規模）
- 本社・事業所・センター等の集約化・再配置の可能性、従業員の移動数等を検証する。ベンチマーク[P35参照]による1人当たりの執務室面積、共用面積等から、施設規模を想定する。

執務環境（業務効率性）
- 知的生産性向上のために、現状の課題をオフィスワークにとっての利便性・快適性の視点から整理する。基本的な数値として、部門別従業員数・部門配置について確認するとともに、執務環境・ネットワークインフラ状況、生活環境等について確認する。

経済効率性
- 現状のオフィスにかかる費用を確認するとともに、今後の修繕・更新計画、維持管理費について確認・分析をする。
  - 自社ビルの場合：エネルギー費関係、管理費関係、今後の修繕費・更新費等
  - テナントの場合：賃料、共益費、エネルギー費等

顧客・従業員満足度
- 業務効率性に直結する指標となる。現状調査により課題を明らかにするとともに、オフィスが整備された後に改善度合いを確認するための基準とする。顧客のオフィスへの来社目的について明確にする。オフィスで業務を行う社員の職性と、オフィスワークにとっての利便性・快適性は何かを明確にする。

資産価値向上の視点
- 自社保有地について、売却処分等を含む事業性の可能性を検討する場合には、有効事業用途の検討・マーケット指標の調査・計画地の対応可能性の検討等を実施する[fig.2]。

| fig.1 | **オフィスに求められる評価軸の設定と調査項目** |

	評価軸	評価項目	評価の目的	確認・調査項目
1	本社、各事業所、センターの位置づけ再検証	全社的ファシリティマネージメント(FM)施策の確認	全社的な今後の事業方針と本社、事業所機能の位置づけを確認する。将来の動向がファシリティにどういうものを求めるか検証する。	・全社的機能分担・相関関係の確認 ・本社に求められるファシリティ特性 ・非常時のバックアップ体制の確認(一極集中の問題点) ・社員居住地分布、通勤時間 ・各施設の適正人員数
2	本社、各事業所、センターの立地ポテンシャルの再確認	本社、各事業所、センターとしての立地性の再確認	本社、各事業所、センターの位置づけを再検証する。	・都市計画上の評価 ・上位政策における位置づけ ・開発動向の調査 ・来客目的等の調査
3	セキュリティ対応の状況	セキュリティ確保の対応状況	各施設のセキュリティの対応状況について確認する。	・各施設内容を整理 ・現状の対応状況を確認 ・情報セキュリティマネージメント状況の確認(全社的ネットワークの拠点の有無等)
4	環境対応の状況	省エネ・省資源への対応、廃棄物の発生抑制、再資源化、土壌汚染の対応状況	省エネ・省資源への対応状況、廃棄物の発生抑制、再資源化、土壌汚染の対応状況について確認する。	・現状の取組み状況の確認
5	安全性の状況	[1]災害時の対応	施設の防災、災害時対策の位置づけを確認する。	・災害時対策と避難場所等の位置づけ ・事業継続性にかかわるような重要項目
		[2]耐震への対応	各施設の耐震対策状況を確認する。	・耐震診断調査の実施状況とその結果 ・実施済み耐震工事内容のおさらい
		[3]地盤調査	現状あるボーリングデータから建設可能性を検討する。	・ボーリングデータの確認、計画案との照合
6	執務環境の状況	業務スペース効率	業務効率性、今後のフレキシビリティの側面から課題を整理する。	・組織配置、部門別社員数等 ・機能別ゾーニング、分散化等の現状 ・執務スペースの現状
7	経済効率性の状況	今後の修繕、維持管理コストに関する検討と対応	これまでの経費を確認するとともに、今後の更新計画、維持管理費について確認・分析をする。	・建設工事費、累積改修工事費、残存改修費、運営費、維持管理費、光熱水費、賃借料等
8	顧客満足度・従業員満足度について	ファシリティに関する満足度合い	経営判断における重要要素	・機能性、快適性等

| fig.2 | **資産価値向上の視点からの評価軸の設定と調査項目** |

	評価軸	評価項目	評価の目的	確認・調査項目
1	有効事業用途の検討	活用可能性の検討	可処分性も視野に入れた収益可能性のある事業用途の調査を実施する。	・法規制調査 ・住宅、商業、業務等の可能性検討 ・類似開発事例の調査等
2	マーケット指標の調査	基本経済性の調査	資産有効活用の基本的経済効果を確認する。	・各事業用途のマーケット情報 ・基礎的不動産情報 ・収益還元法による資産価値判断等
3	計画地の対応可能性の検討	行政施策の方向性調査 具体経済性の調査	当該地域の行政施策に関する可能性を検証する。資産活用スキームに対する敷地、施設の対応性・経済性を検証する。	・法規制調査 ・敷地区分、段階的整備の考え方整理 ・開発負担とインセンティブの考え方整理(用途地域変更、容積率アップの可能性検討) ・都市基盤施設の具体的検討 ・土壌汚染の影響検討 ・資金調達手法、証券化等の検討 ・事業手法開発スケジュール(開発にかかる金利を含む)と採算性の検討等

04 事業判断のための調査

事業プログラム | マネージメント | 条件の整理 | 全体の計画 | ワークプレイスの計画 | 各部の計画 | 環境の計画 | 構造・設備の計画 | その他の計画

オフィスに対するニーズを把握する
類似事例・最新動向・ベンチマークの調査を行う
マーケット指標調査・グレード調査を行う

調査の流れ
- クライアントが求める性能・品質・予算でオフィスビル整備が実現できるのか、より具体的な調査・検討が必要である。クライアントのオフィスビルに関する現状を十分に把握し、プロジェクトの目的・目標を明らかにした上で、ベンチマーク等を参照し、要求性能やグレードについて共通認識を持つ必要がある[fig.1]。

クライアントのオフィスビルに関する現状把握
1｜定性的調査
1-1｜入居部門の組織特性
- 新しいオフィスビルに入居する部門はどのような組織か。オフィスビルの立地・建物の性能に影響を与える。
- 本社管理部門中心
  立地性：通常都心がメインとなるが、業態により都心にこだわらない会社もある。
  建物の性能：役員室、会議室等の充実、ヒエラルキーの明確さ、安全性・バックアップ態勢・BCP（事業継続性）機能が望まれる。
- 現業部門中心
  立地性：会社の収益の中心。業態により調査が必要である。
  建物の性能：業態により調査が必要である。
- 営業部門中心
  立地性：企画部門として都心が中心となり、販売等は全国展開をしている場合が多い。
  建物の性能：外出が多いため、1人当たり標準面積が小さく、フリーアドレス制[No.35参照]を採用している会社もある。
- ソリューション部門中心
  立地性：顧客と研究開発の間を取り持つような立地。
  建物の性能：顧客満足度の向上が望まれる。会議室の比率が大きくなる傾向にある。
- 研究開発部門中心
  立地性：顧客のニーズがダイレクトに反映される立地性の限界はどこか。
  建物の性能：1人当たり標準面積が大きく、執務環境の向上が望まれる。

1-2｜組織間近接関係調査、現状のスタッキングとブロッキング
[No.01参照]
- 現状のオフィスで組織間の関係を調査し、配置上の課題・改善点等を整理する。

1-3｜顧客・従業員満足度
- 新しいオフィスが整備された以降にどこまで改善されるか、現状満足度について調査を実施する。オフィスの整備に向け、予算掌握部門とユーザーセクション間の調整が重要となる。

2｜定量的調査
- ベンチマークと比較するために、「執務環境」や「経済性」に関する現状の数値を把握する。

オフィス整備パターンと要求性能・グレード
- オフィスのカテゴリーや整備パターンにより、実現できる性能・品質やグレードが変わる。複数の選択肢の中で、クライアントの事業目的・目標に合致させた絞り込みが必要である。
- 自社ビル新築（新たに敷地取得）：経済的負担が一番大きいが、クライアントのオフィス戦略に対し、立地性、建物の性能に関する計画自由度が一番大きい。ベンチマーク等による目標水準の設定が最も重要になる。
- 不動産事業として賃貸ビル新築：不動産会社により、独自の標準要求性能を持っているケースが多い。
- テナントとして賃貸ビル入居：立地性に関しては多くの選択の余地があるが、建物全体の性能・グレードについては制限のある中で選択しなければならない。
- 自社ビル新築（自社所有地）：現状の立地に問題がなければ、土地取得の経済的負担はない。ベンチマークによる目標水準設定が重要になる。
- 自社ビルリニューアル：経済的負担は小さい。機能改善がどこまで実現できるかの総合評価となる。

ベンチマークによる裏づけ：要求性能・品質、コスト
1｜要求性能・品質
- プロジェクト個別の目的・目標、オフィスのカテゴリー、整備パターンにより、条件を整理する。目的に合致したベンチマークとすべき国内外先進オフィス事例を調査・視察し、クライアントと設計者間の目標水準を一致させる。

2｜コスト
- 標準建設コスト、標準科目内訳比率、時差・地域補正等を調査し、予算の根拠とする。

| fig.1 | **事業判断の裏づけとなる項目と調査検討フロー**

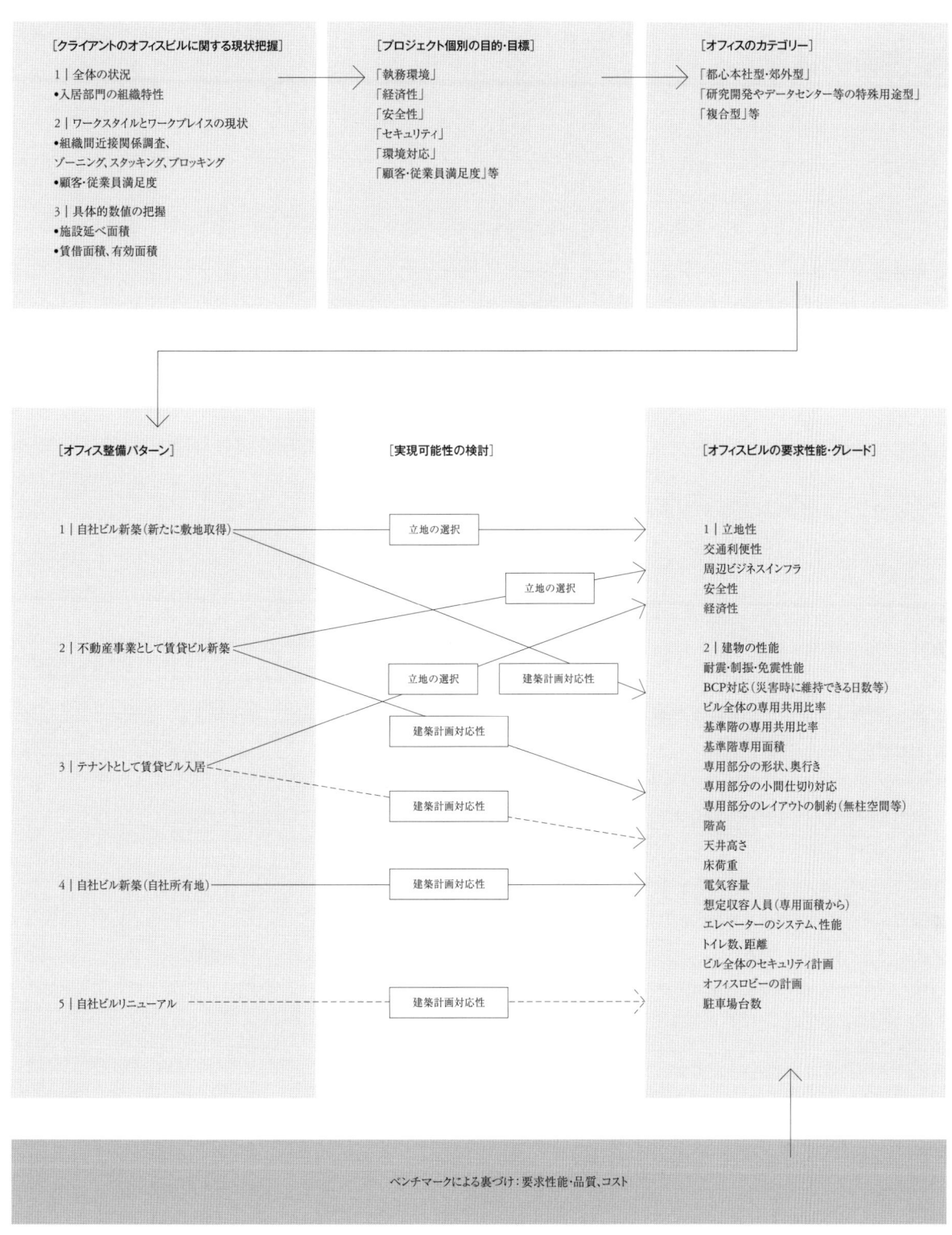

[クライアントのオフィスビルに関する現状把握]

1 | 全体の状況
・入居部門の組織特性

2 | ワークスタイルとワークプレイスの現状
・組織間近接関係調査、ゾーニング、スタッキング、ブロッキング
・顧客・従業員満足度

3 | 具体的数値の把握
・施設延べ面積
・賃借面積、有効面積

[プロジェクト個別の目的・目標]

「執務環境」
「経済性」
「安全性」
「セキュリティ」
「環境対応」
「顧客・従業員満足度」等

[オフィスのカテゴリー]

「都心本社型・郊外型」
「研究開発やデータセンター等の特殊用途型」
「複合型」等

[オフィス整備パターン]

1 | 自社ビル新築(新たに敷地取得)

2 | 不動産事業として賃貸ビル新築

3 | テナントとして賃貸ビル入居

4 | 自社ビル新築(自社所有地)

5 | 自社ビルリニューアル

[実現可能性の検討]

立地の選択
立地の選択
立地の選択　建築計画対応性
建築計画対応性
建築計画対応性
建築計画対応性
建築計画対応性

[オフィスビルの要求性能・グレード]

1 | 立地性
交通利便性
周辺ビジネスインフラ
安全性
経済性

2 | 建物の性能
耐震・制振・免震性能
BCP対応(災害時に維持できる日数等)
ビル全体の専用共用比率
基準階の専用共用比率
基準階専用面積
専用部分の形状、奥行き
専用部分の小間仕切り対応
専用部分のレイアウトの制約(無柱空間等)
階高
天井高さ
床荷重
電気容量
想定収容人員(専用面積から)
エレベーターのシステム、性能
トイレ数、距離
ビル全体のセキュリティ計画
オフィスロビーの計画
駐車場台数

ベンチマークによる裏づけ:要求性能・品質、コスト

＊ベンチマーク:それと比較することで指標となる事例

05 | 事業プログラム | マネージメント | 条件の整理 | 全体の計画 | ワークプレイスの計画 | 各部の計画 | 環境の計画 | 構造・設備の計画 | その他の計画

発注者の体制づくり

意思決定する項目を明らかにする
意思決定のための仕組みをつくる
設計者の役割を明らかにする

意思決定の重要性
- 建築計画において最も重要なことは、クライアントの意思決定がきちんとなされるかどうか、また、その内容が事業プログラムとして明確になっているかどうかである。設計者は、クライアント内部の事情を十分に理解して、事業を成功裡に導くようにアドバイザリー機能も果たす必要がある。

クライアントが意思決定をする項目
- 自社ビルの場合：自社ビルとしての要求性能、投資金額、スケジュール、リスクテイク
- 賃貸ビルの場合(不動産事業として)：賃貸ビルとしての品質、投資利回り・採算性、スケジュール、リスクテイク

意思決定フォーメーションと設計者のポジション
1｜自社ビルの場合[fig.1]
- クライアントの決裁フローを見極め、担当窓口セクションと決裁関連部署の関係がどうなっているかの整理が必要。オフィス施設投資の分析・判断について、クライアント内部だけで実施できない場合には、事業全体のコンサルタント・アドバイザリーの採用を検討する必要がある。事業実施段階においては、プロジェクトマネージャー(PM)、コンストラクションマネージャー(CM)の採用[No.06参照]を検討する必要がある。

1-1｜設計者のポジション
- 事業検討段階におけるコンサルタント・アドバイザリー、事業実施段階におけるPM・CMについては、専門業者が業務を実施する場合や設計者が兼任をする場合がある。

1-2｜事業検討段階における各コンサルタントの役割
- 「事業検討」に必要なコンサルタントと、「事業実施」に必要なコンサルタントに分かれる。クライアント側で選定できない場合には、事業検討・実施段階に必要なコンサルタントについて、PM専門業者や設計者が、必要な理由、業務仕様、業務費の見積を含め紹介する。
- アドバイザリー
  現状調査－分析・考察－フィジビリティスタディ(実現可能性の調査)の全体取りまとめ。現状課題の解決、オフィスビルとしての要求性能、投資金額、スケジュール、リスクへの対応に関する根拠整理と方針取りまとめ。各コンサルタントのディレクション。
- 設計者
  ボリューム検討によるフィジビリティスタディ。基本計画の策定。事業実施段階の業務委託費用の根拠を整理。
- 都市計画コンサルタント
  都市計画手法採用の可能性検討。行政との事前相談による実現可能性の検討。都市計画事前相談－正式協議－手続の事業全体の中でのスケジュール設定、根拠の明確化。ボリュームスタディのための条件整理。事業実施段階の業務委託費用の根拠整理。
- 敷地測量、地質調査
  敷地の測量と測量図の作成。地質調査。
- 環境アセスメント
  環境アセスメントの事業全体の中でのスケジュール設定、根拠の明確化。事業実施段階の業務委託費用の根拠を整理。
- 土壌汚染調査
  土壌汚染調査、対策工事のスケジュール、コストの予測。事業実施段階の業務委託費用の根拠を整理。
- 耐震診断
- 既存建物解体費調査
- 埋蔵文化財調査

2｜賃貸ビルの場合（不動産事業として）[fig.2]
- クライアントの任意の資産について賃貸ビルで収益を上げるか、発注者が不動産事業を営んでいるかにより、フォーメーションが異なってくる。前者の場合には、事業規模と事業の複雑さによるが、デベロッパーのような事業代行機能や、事業全体のPM機能の採用等を検討する必要がある。後者の場合には、発注者の中にデベロップメント機能を内包しており、ビルディング事業部門が投資利回りや採算性の検討を、建設部門が事業着手以降の品質、コスト、スケジュールについてコントロールを行っているケースが多い。

特別な発注者体制
- 再開発事業やSPC事業(不動産証券化のため特定目的会社＝SPCを組織して行う建設事業)の場合、事業者や出資者に施工会社が参画しているケースもある[fig.3,4]。

| fig.1 | **大手民間企業の意思決定機構事例──自社ビル建設の場合**

[発注者側]

役員会（最終事業判断）

↓

FM、CRE委員会（会社の資産全体を扱う）、プロジェクトごとの委員会等

*CRE：企業が所有している不動産に関する戦略

- 調達担当部門
- 財務担当部門

発注者FM担当セクション（担当別、工事項目別の分科会を組織することもある）

- 環境管理担当部門
- 入居事業部門

事業全体にかかわるコンサルタント
→インハウスアドバイザー
→プロジェクトマネージャー（PMr）
（設計者が兼任するケースもある）

[コンサルタント]
不動産鑑定
建物診断

設計者

[コンサルタント]
都市計画
再開発
敷地測量
地質調査
交通量調査
環境アセスメント
土壌汚染

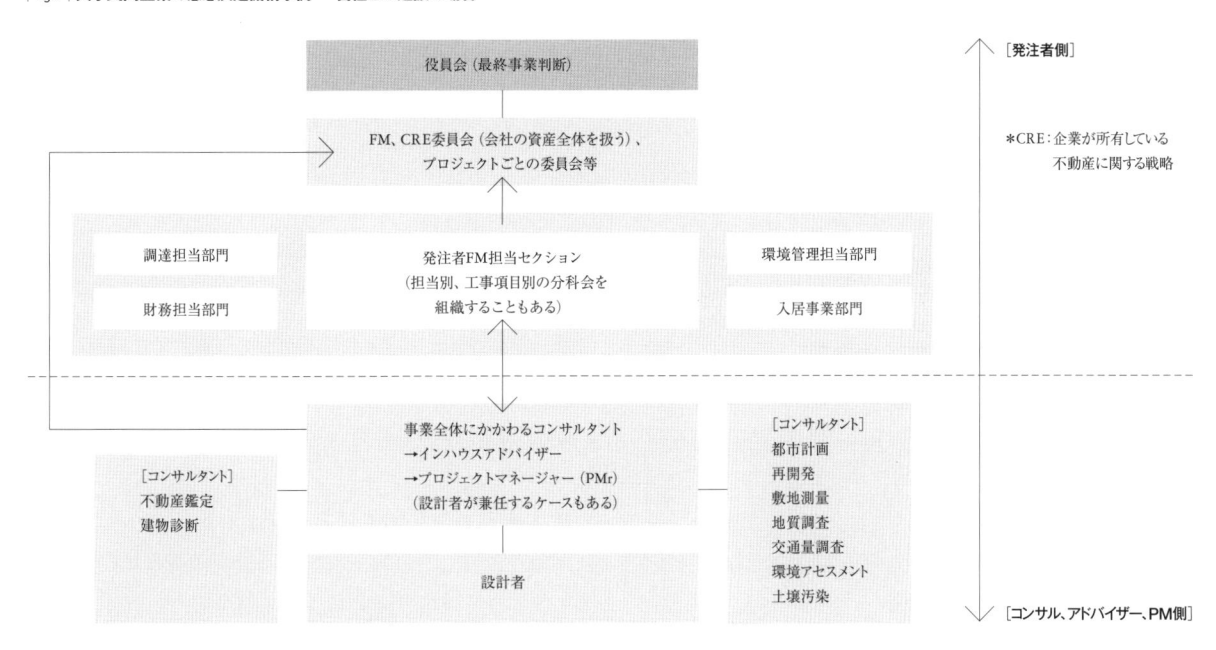

[コンサル、アドバイザー、PM側]

| fig.2 | **不動産事業プロジェクトの場合の意思決定機構事例──賃貸ビル建設の場合**

[発注者側]

役員会（最終事業判断）

- 財務担当部門
- ビルディング事業部門（事業企画、採算性判断）
- 建設発注部門（品質、コスト、スケジュール）

[コンサルタント]
不動産鑑定
建物診断

設計者（コンサルタントについては発注者自らがディレクションを行う場合がある）

[コンサルタント]
都市計画
再開発
敷地測量
地質調査
交通量調査
環境アセスメント
土壌汚染

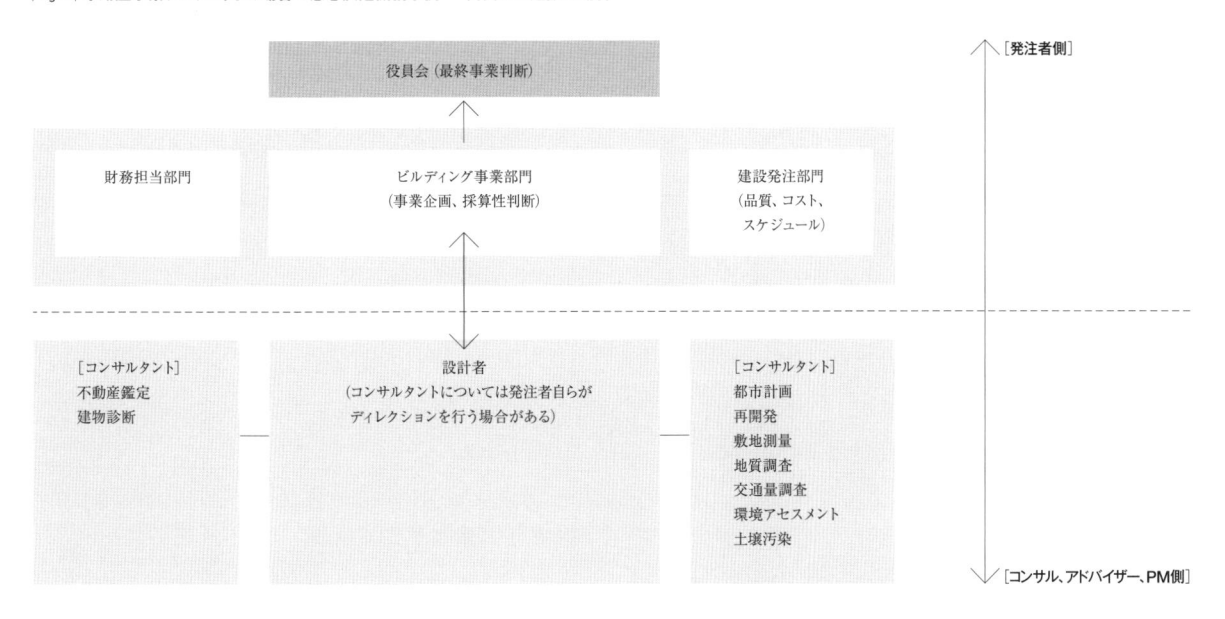

[コンサル、アドバイザー、PM側]

| fig.3 | **再開発事業の場合の意思決定機構事例**

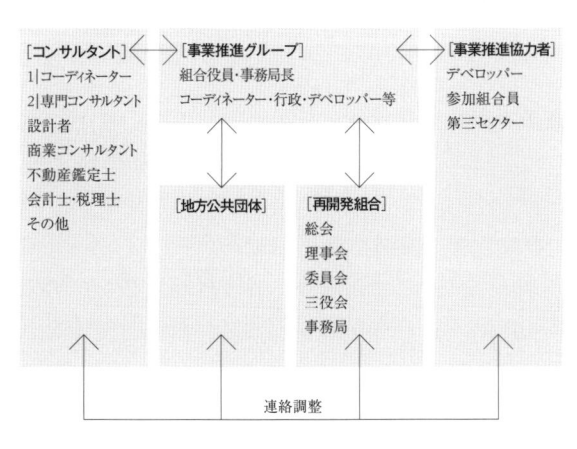

[コンサルタント]
1｜コーディネーター
2｜専門コンサルタント
設計者
商業コンサルタント
不動産鑑定士
会計士・税理士
その他

[事業推進グループ]
組合役員・事務局長
コーディネーター・行政・デベロッパー等

[事業推進協力者]
デベロッパー
参加組合員
第三セクター

[地方公共団体]

[再開発組合]
総会
理事会
委員会
三役会
事務局

連絡調整

| fig.4 | **SPCを組成する場合の意思決定機構事例**

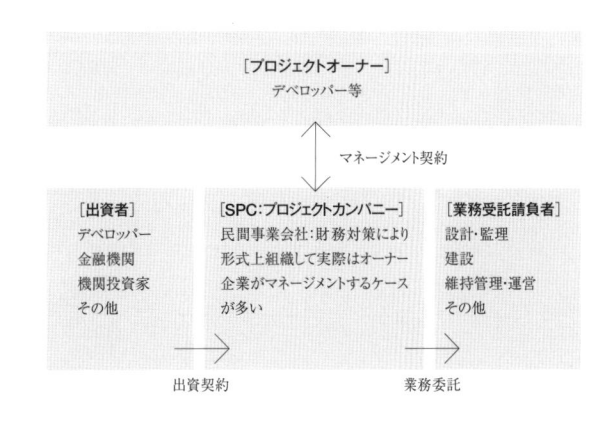

[プロジェクトオーナー]
デベロッパー等

マネージメント契約

[出資者]
デベロッパー
金融機関
機関投資家
その他

[SPC：プロジェクトカンパニー]
民間事業会社：財務対策により形式上組織して実際はオーナー企業がマネージメントするケースが多い

[業務受託請負者]
設計・監理
建設
維持管理・運営
その他

出資契約　　業務委託

06

事業プログラム | マネージメント | 条件の整理 | 全体の計画 | ワークプレイスの計画 | 各部の計画 | 環境の計画 | 構造・設備の計画 | その他の計画

事業検討・実施スケジュール

判断のポイントを明らかにする
スケジュールの根拠を明らかにする
資金が必要となるタイミングを明示する

プロジェクトの序盤での検討の効果

- プロジェクトの序盤に多くの課題を整理・解決しておけば、事業に着手する前にオフィス整備の必要性・投資コスト・スケジュール・リスクに関する判断が明確になり、事業着手以降の手戻り等の、ロスが小さくなる。また、準備すべき社内体制、コンサルタント体制等が明確になり、効果的にプロジェクトを推進できる。
- プロジェクトの序盤に適正な費用・人員・日数をかけることは、全体の費用対効果を大きくすることに繋がると言われている。

クライアント判断ポイント [fig.1,2]

1 | オフィス整備の必要性の判断（概略検討・判断）

- コンサルタントに委託をして、投資コスト、スケジュール、リスク等について概略の判断をする。コンサルタントにかかる費用については、クライアント内部のFM体制の充実度合い、従前に内部でどこまで現状調査を実施しているかによる。

2 | 関係行政庁との事前相談を踏まえた具体判断（具体検討・判断）

- 都市計画手法の採用可能性、土壌汚染、環境アセスメント、開発行為等、コスト・スケジュール・規模にインパクトがある項目について、関係行政庁との事前相談を踏まえ、より現実的な事業の判断を行う。

3 | 事業着手の判断

- 都市計画・環境アセスメントに関する正式事前協議・手続着手、入居部門の仮移転・従前のオフィスビル解体着手、土壌汚染の調査・対策工事着手、建築計画（基本計画－実施設計）着手に関する投資コスト・スケジュールに関する具体判断。

4 | 着工の判断

- 建設、監理に関する投資コスト・スケジュールに関する判断。

マネージメントサイドスケジュール

- クライアントの立場に立って、コンサルタントを取りまとめながら事業の可能性を検討し、事業着手が決まれば事業全体のマネージメントとともに、設計や施工内容の品質・コスト・スケジュール面についてマネージメントやアドバイスを行う。

1 | アドバイザリー（事業検討・判断段階）

- 事業条件の整理とともに最適な設計条件を設定する。現状調査－分析・考察－実現可能性の検討を踏まえ、クライアントに判断してもらうための複数のファシリティプランを提案する。

2 | プロジェクトマネージメント（PM）、コンストラクションマネージメント（CM）（事業着手－事業終了）

- 事業全体にかかわるマネージメントと建築にかかわるマネージメントとの区分が必要である [F-1]。建築にかかわるマネージメントについては設計、発注、施工、運用のそれぞれのステップで業務を行う場合と、事業期間全体を通じて業務を行う場合がある。

許認可関係スケジュール

- 事業スケジュールに大きなインパクトのある項目について、工程予想とその裏づけについて整理をする。
  - 都市計画事前相談・協議・手続
  - 土壌汚染調査－対策工事
  - 環境アセスメント [P.76参照]

施工者選定スケジュール [fig.3]

- クライアントにとって、施工者選定は、建物の品質とともに投資額が決定される重要な段階である。実施設計図書作成、設計概算見積、建築確認申請、着工等のスケジュールを見極め、発注方式・施工者選定方式の検討や選定そのものの期間を全体スケジュールに組み込んでおくことが必要である。
- 発注方式・施工者選定方式については、クライアントの過去の慣習によって実施されるケースも多いが、設計者として、より望ましい方針を提案し支援していく必要がある。

F-1: PM業務とCM業務の区別

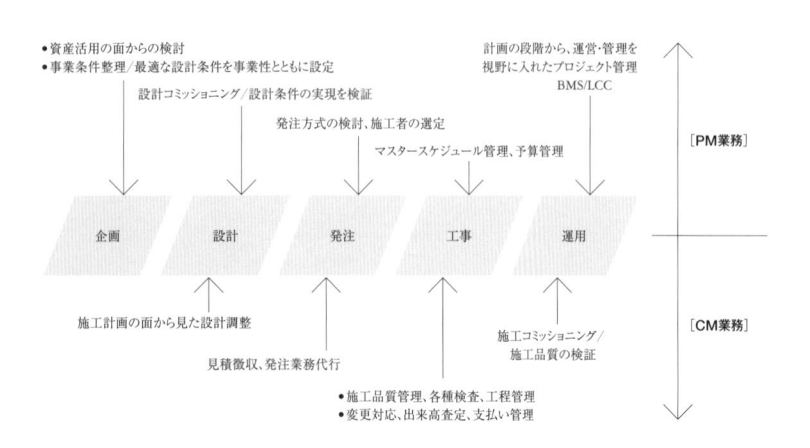

- 資産活用の面からの検討
- 事業条件整理／最適な設計条件を事業性とともに設定
- 設計コミッショニング／設計条件の実現を検証
- 発注方式の検討、施工者の選定
- マスタースケジュール管理、予算管理
- 計画の段階から、運営・管理を視野に入れたプロジェクト管理 BMS/LCC

[PM業務]

企画 → 設計 → 発注 → 工事 → 運用

- 施工計画の面から見た設計調整
- 見積徴収、発注業務代行
- 施工品質管理、各種検査、工程管理
- 変更対応、出来高査定、支払い管理
- 施工コミッショニング／施工品質の検証

[CM業務]

| fig.1 | **事業検討／事業判断／事業実施──マスタースケジュール：自社ビルの場合**

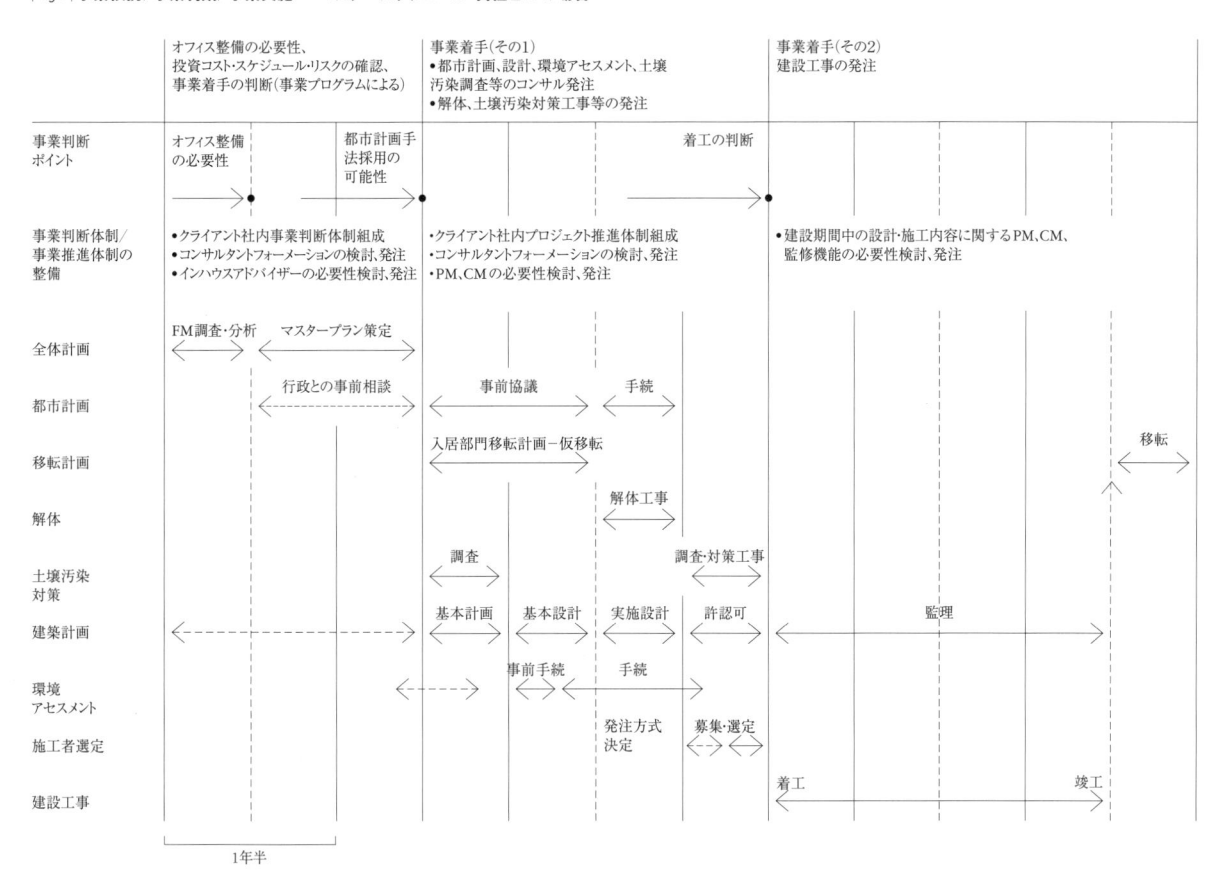

	オフィス整備の必要性、 投資コスト・スケジュール・リスクの確認、 事業着手の判断（事業プログラムによる）	事業着手（その1） ●都市計画、設計、環境アセスメント、土壌 　汚染調査等のコンサル発注 ●解体、土壌汚染対策工事等の発注	事業着手（その2） 建設工事の発注
事業判断 ポイント	オフィス整備 の必要性　／　都市計画手 法採用の 可能性	着工の判断	
事業判断体制／ 事業推進体制の 整備	●クライアント社内事業判断体制組成 ●コンサルタントフォーメーションの検討、発注 ●インハウスアドバイザーの必要性検討、発注	●クライアント社内プロジェクト推進体制組成 ●コンサルタントフォーメーションの検討、発注 ●PM,CMの必要性検討、発注	●建設期間中の設計・施工内容に関するPM,CM、 　監修機能の必要性検討、発注
全体計画	FM調査・分析　マスタープラン策定		
都市計画	行政との事前相談	事前協議　手続	
移転計画		入居部門移転計画−仮移転	移転
解体		解体工事	
土壌汚染 対策		調査　調査・対策工事	
建築計画		基本計画　基本設計　実施設計　許認可	監理
環境 アセスメント		事前手続　手続	
施工者選定		発注方式決定　募集・選定	
建設工事			着工　　　　　　竣工

1年半

| fig.2 | **事業判断スケジュール──FM調査・分析：自社ビルの場合**

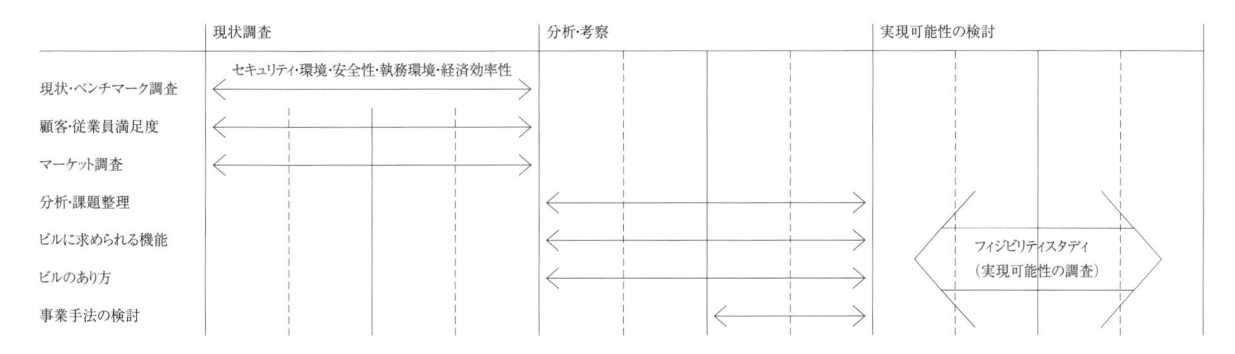

	現状調査	分析・考察	実現可能性の検討
現状・ベンチマーク調査	セキュリティ・環境・安全性・執務環境・経済効率性		
顧客・従業員満足度			
マーケット調査			
分析・課題整理		←──→	
ビルに求められる機能		←──→	フィジビリティスタディ （実現可能性の調査）
ビルのあり方		←──→	
事業手法の検討		←──→	

| fig.3 | **見積合せ・技術提案評価方式による施工者選定フロー・スケジュール**

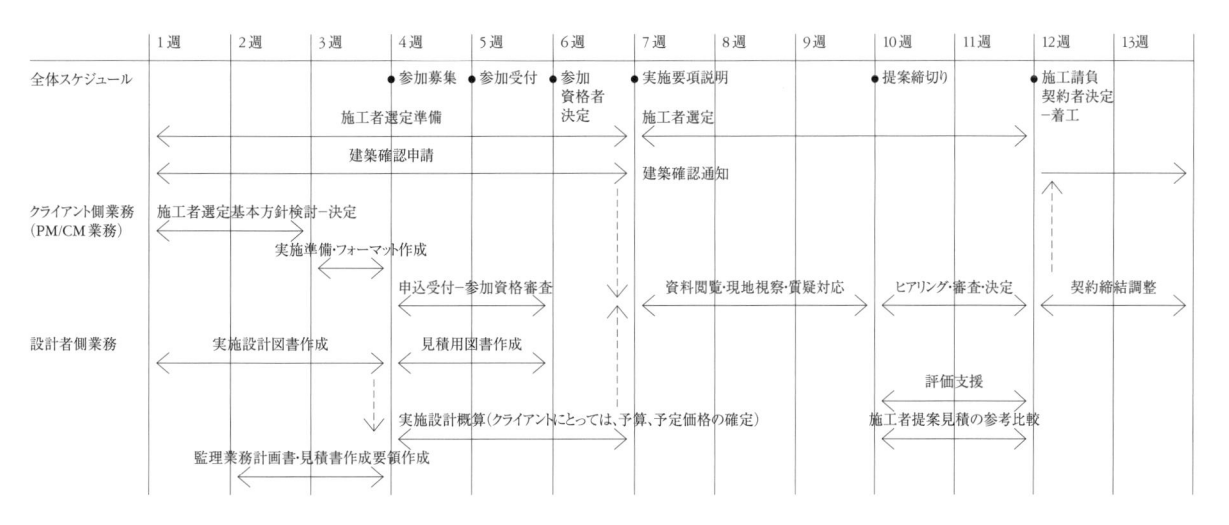

	1週	2週	3週	4週	5週	6週	7週	8週	9週	10週	11週	12週	13週
全体スケジュール				●参加募集	●参加受付	参加資格者決定	●実施要項説明　施工者選定			●提案締切り		●施工請負契約者決定−着工	
	施工者選定準備												
	建築確認申請						建築確認通知						
クライアント側業務 （PM/CM業務）	施工者選定基本方針検討−決定												
		実施準備・フォーマット作成											
				申込受付−参加資格審査			資料閲覧・現地視察・質疑対応			ヒアリング・審査・決定		契約締結調整	
設計者側業務		実施設計図書作成		見積用図書作成						評価支援			
					実施設計概算（クライアントにとっては、予算、予定価格の確定）					施工者提案見積の参考比較			
		監理業務計画書・見積書作成要領作成											

●20:設計スケジュール →P.68 ｜ 66:概略工事工程 →P.178

07 設計・監理体制の構築

| 事業プログラム | マネージメント | 条件の整理 | 全体の計画 | ワークプレイスの計画 | 各部の計画 | 環境の計画 | 構造・設備の計画 | その他の計画 |

設計・監理体制の方式ごとの特性を理解する
事業プログラムに合った設計・監理体制をつくる
事業プログラムに合った方式で設計・監理者を選ぶ

設計・監理体制の方式
— クライアント内部のファシリティマネージメント体制の充実度合い、事業規模、オフィス以外の機能の複合、スケジュール、投資コスト等により、どのような設計・監理体制を構築するか、事業プログラム検討の段階から整理が必要である。

1｜設計・監理一括方式 [fig.1]
— 基本設計を担当した者が実施設計を担当し、施工期間中は監理業務を行う方式。クライアントが求める建物をクライアントに代わって設計し、その意志を施工者に伝えるのが、設計者の役割である。また、監理者の重要な業務は、設計図通りに工事が行われていることの確認であり、第三者性の視点が求められる。クライアントにとっては、設計・監理の本来の意味から、最も有効な方式であるといえる。

2｜その他の方式
2-1｜設計JV方式 [fig.2]
— 基本・実施設計に関して、工区別、工種別、比率別等で複数の設計事務所が共同企業体を組成して設計業務を実施する方式。

2-2｜基本設計——性能発注方式 [fig.3]
— 基本設計完了段階で、クライアント側で準備された性能に関する詳細な設計条件書と基本設計図書により施工者選定を行う方式。通常であれば設計責任および設計品質確保の意味から施工者選定後の実施設計、監理業務は基本設計を担当した者が行う。

2-3｜監修方式 [fig.4]
— 設計者、監理者があらかじめ選定されている場合に、設計・監理の内容がクライアントの要求通りに適切に対応されているかを、クライアントの代理者として第三者がチェック、確認する方式。

設計・監理者の選定
1｜特命方式
— 特定の設計者に初めから設計を依頼する方式。

2｜コンペティション方式（公募または指名設計競技方式）
— クライアント側から明確な提案条件（敷地、計画条件等）が提示され、設計者候補側から提案された案の内容により、案とともに設計者が選定される方式。クライアント側、提案者側双方に相当な負担がかかることもあり、競技を実施する狙いを明確にしておく必要がある。提案条件づくりには、外部のコンサルタントの協力を仰ぐことが一般的である。

3｜プロポーザル方式（公募または指名）
— クライアントが設計者候補に対して、設計の運営体制・過去の作品・当該建築に対する考え方等の書類を提出させ、面接により設計者を選定する方式。「設計報酬申告＋プロポーザル方式」として価格面の競争が設計者選定の大きな要因になるケースもあり、設計品質を落とさない形での選定が望まれる。

4｜資質評価方式（Quality Based Selection）
— クライアントが、複数の候補者に、資質評価の資料となる資質表明書の提出を求め、評価基準に沿って順位を決め、最も良い候補者と条件等を協議して決める。設計者は選定の段階で設計案を作成するといった負担を負うことはなく、手続に要する手間や時間はプロポーザル方式より少なくて済む。

5｜設計料入札方式
— 設計料の価格入札により設計者を選定する方式。価格面の競争のみにより設計者が選定される。設計品質を落とさない方式での選定が望まれる。

クライアント側から見た性能発注方式
1｜性能発注方式A（基本設計完了後施工者選定、性能発注）
— 基本設計を担当した者が実施設計・監理を担当する。
— メリット
 望まれる性能は確保できる。バランスの中でコスト、スケジュールが担保できる。全体事業スケジュールを短縮できる可能性がある（鉄骨等の早めの調達、敷地の管理を早めに施工者に引き渡すことで着工前の準備を実施できる等）。
— デメリット
 施工者がコスト削減による採算をあまりにも重要視した場合に、施設の品質を十分に確保できない場合がある。

2｜性能発注方式B（基本設計完了後実施設計者・施工者選定）
— 施工者が実施設計を担当する。監理業務は基本設計者が第三者監理として実施するケースが多い。実施設計者と施工者が同一体であることで、牽制効果が期待できない。設計責任がどこまでになるのか曖昧になり、上記「方式A」になる傾向が強い。

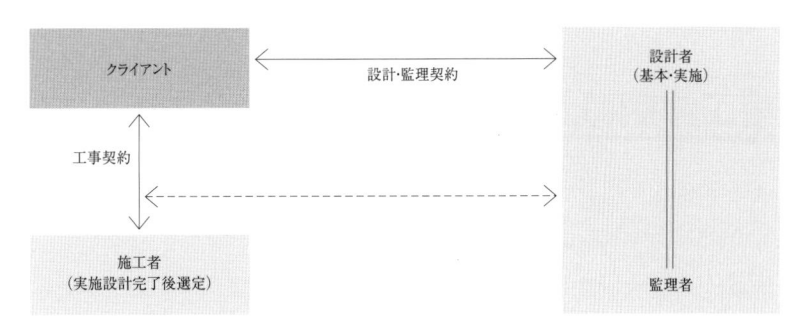

| fig.1 | **設計・監理一括方式（一般方式）**

- 設計者−監理者への継続発注により、クライアントの建設意図が施工者に明確に伝達され、より確実に施工品質（スケジュール・コストを含む）として繋げていくことが可能。
- 監理者は、第三者性の視点で業務を行うことが重要となる。
- 設計責任が明確になる。

```
クライアント ←─設計・監理契約─→ 設計者（基本・実施）
    ↑                                    ‖
  工事契約                                ‖
    ↓                                    ‖
  施工者     ←─────────────────→      監理者
（実施設計完了後選定）
```

| fig.2 | **設計JV方式**

- 得意とする分野が異なる設計者で、共同企業体（JV）を構成する。
- 大規模・複合用途で採用されるケースがある。

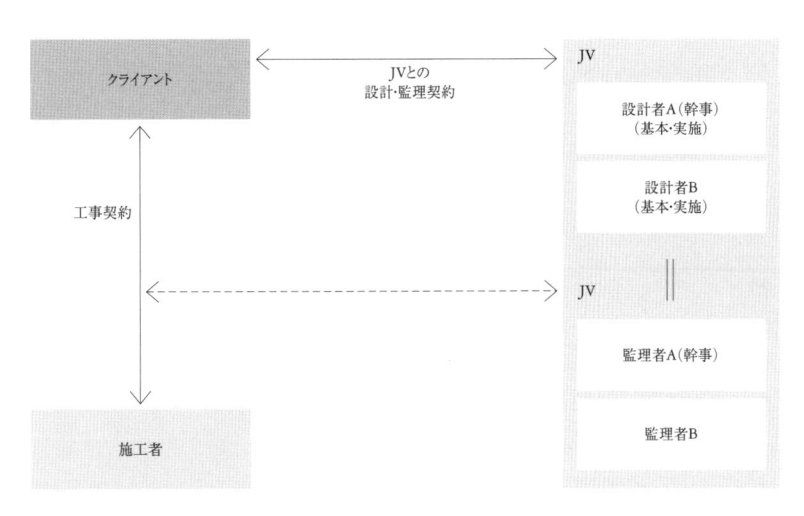

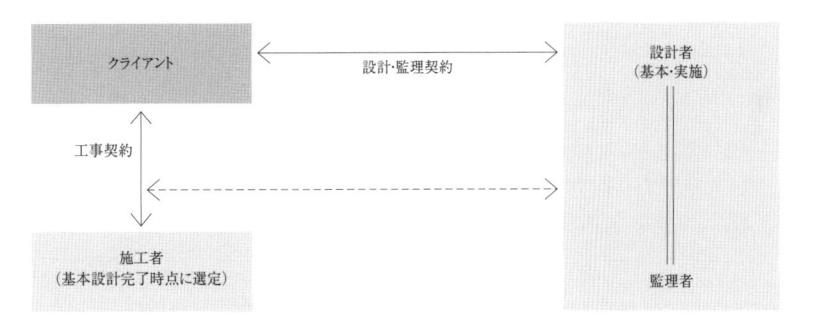

```
クライアント ←─JVとの設計・監理契約─→ JV
    ↑                              ├ 設計者A（幹事）（基本・実施）
  工事契約                          └ 設計者B（基本・実施）
    ↓                              JV
  施工者     ←──────────────────→  ├ 監理者A（幹事）
                                    └ 監理者B
```

| fig.3 | **基本設計──性能発注方式**

- 事業性が求められる案件ではこの方式が多くなっている。
- 基本設計を担当した者が実施設計・監理を担当する。
- クライアント側に相当のマネージメント能力、経験が必要。
- 基本設計段階で設計の内容を固める（性能発注ができる）までの、クライアント側の即決体制と設計側との密度の高い打合せが必要。
- 設計者側にも相当のマネージメント能力が必要となる。

```
クライアント ←─設計・監理契約─→ 設計者（基本・実施）
    ↑                                    ‖
  工事契約                                ‖
    ↓                                    ‖
  施工者     ←─────────────────→      監理者
（基本設計完了時点に選定）
```

| fig.4 | **監修方式**

- 監修者は、建築士法で定める建築士の法的責任を負うことはできない。
- 監修者以外の設計者、監理者が行う業務に関し、第三者の立場から適切な助言、指導を行い、プロジェクトの品質の向上とリスクの回避を行う。

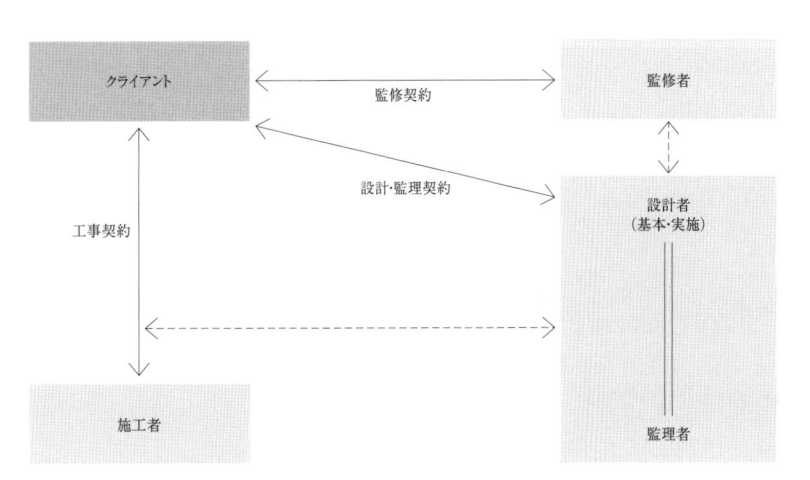

```
クライアント ←──監修契約──→ 監修者
    ↑            ↘                ↕
  工事契約         設計・監理契約  設計者（基本・実施）
    ↓                              ‖
  施工者     ←─────────────→   監理者
```

● 08：施工体制の設定 →**P.42** | 19：設計チームの編成 →**P.66**

041

08 施工体制の設定

事業プログラム｜マネージメント｜条件の整理｜全体の計画｜ワークプレイスの計画｜各部の計画｜環境の計画｜構造・設備の計画｜その他の計画

施工体制の方式ごとの特性を理解する
事業プログラムに合った施工体制を設定する
事業プログラムに合った施工者選定方式を設定する

施工体制の検討

- 発注方式に明確な使い分けの基準や根拠があるわけではない。クライアントそれぞれの事情や考え方、発注慣習によるところも大きい。プロジェクトの規模、重要性、時間的な余裕等により、「品質・コスト・スケジュールが確実に守られること」「競争原理が機能する仕組みづくり」の両面から発注方式の組合せを構築する必要がある。

1｜設計・監理と施工との関係[fig.1]

1-1｜設計施工分離方式

- 設計図書を作成したのち、クライアントが設計図書を前提に施工者を選定する方式。設計者と施工者の責任区分が明確になる一般方式。
- メリット
  用途・規模に応じて専門性の高い設計者を選定することができる。
  設計者と施工者の牽制効果が期待でき第三者性を持って計画内容の説明責任が果たせる。
  設計変更時の対応体制がより明確。
  設計者——監理者への継続した発注により、設計の条件をよりダイレクトに施工品質（スケジュール・コストを含む）に繋げていくことが可能。

1-2｜設計施工方式

- 施工者（建設会社）に設計業務を含めて発注する方式。
- メリット
  設計施工分離方式と比較し、設計段階における前倒調達等、全工程の短縮ができることもある。
- デメリット
  設計段階（設計変更も含む）において、設計者と施工者の牽制効果を期待できず、第三者性を持たせることが難しい。

2｜施工発注方式[fig.2]

2-1｜施工一括発注方式

- メリット
  コスト、工期、品質に関する責任の所在が明確。
  発注業務の簡素化が図れる。
  各工事間の取合い調整を元請工事業者に任せることができる。
- デメリット
  専門工事ごとのコスト管理ができない。
  下請業者の工事は、工事内容、費用共に割振り的になりがちである。

2-2｜施工分離発注方式

- メリット
  工事の性格によって得意とする分野を任せることができる。
  専門工事ごとのコスト管理ができる。
  各専門工事業者が適正な費用で、適正な工事を担当できる。
- デメリット
  各工事間の取合い調整が煩雑になり、責任の所在が不明確になりがち。品質管理の分散化に伴い、トータルでの所定の品質管理が難しい。全体のマネージメント機能が重要になる。
  全体の安全管理、工程管理について建築専門工事業者が担当する必要がある。
  各工事に関する条件を、詳細に明示する必要がある。

2-3｜コストオン方式

- クライアントは元請工事業者の管理下に各指定専門工事業者を指定金額で発注。各指定専門工事業者の管理にかかわる間接工事費（コストオン経費）を元請工事業者に上乗せして発注。各専門工事施工に伴うリスクは各専門工事業者が負うが、工期などの工事全体のリスクは元請工事業者が負う。コストオン経費について事前の合意が必要となる。

施工者の選定

1｜特命発注方式

- クライアントと施工者間の信頼関係をもとにして、設計途中あるいは設計着手前に施工者を決める方式。

2｜競争入札方式（指名・一般）

- 価格競争によるため施工者選定が透明となる。契約価格が比較的低く抑えられる。

3｜見積合わせ・技術提案方式（総合評価方式）

- 施工管理の品質と価格を総合的に評価する方式。評価項目例としては以下の通り。「見積」「総合工程」「海外調達および管理計画」「工事計画・工事管理計画」「組織体制」「主要要員の経歴」「安全衛生管理計画」「環境対応計画」「保険に関する計画」「VE（バリューエンジニアリング）提案」等。

| fig.1 | **設計・監理と施工との関係**

[設計者の役割]
建築は元来、注文生産であるため、クライアントの求める建物を、
クライアントに代わって設計し、施工者にその意図を伝える。
建築は建てられる土地自体に社会性を持っており、
また、利用者にとって生活を支える空間としても
社会性の強いものである。クライアントは目的が明確で、
品質の高い建物を安く早く求める傾向にあるが、
設計者は社会的責任を持った立場として
クライアントの要求を改善することもあり得る。

[監理者の役割]
設計者が作成しクライアントの承認を得た設計図書をベースに
施工内容の監理を行い、施工品質・コスト・スケジュールについて
クライアントの意図通りに完工するよう対応する。
施工段階における設計変更については、
監理者が窓口となって調整を行う。

[施工者の役割]
要求された建物を設計図書に示された品質を満足させ、
所定の工期内で完成させる。
施工品質・コスト・スケジュールについて、施工管理を行う。

| fig.2 | **施工発注方式**

施工一括発注方式

- クライアントは、元請工事業者に建築工事、
  各設備工事を一括して発注する。
- 各設備業者は、元請工事業者の下請会社として
  請負契約を締結する。
- 工事全体のリスクはすべて元請工事業者が負う。

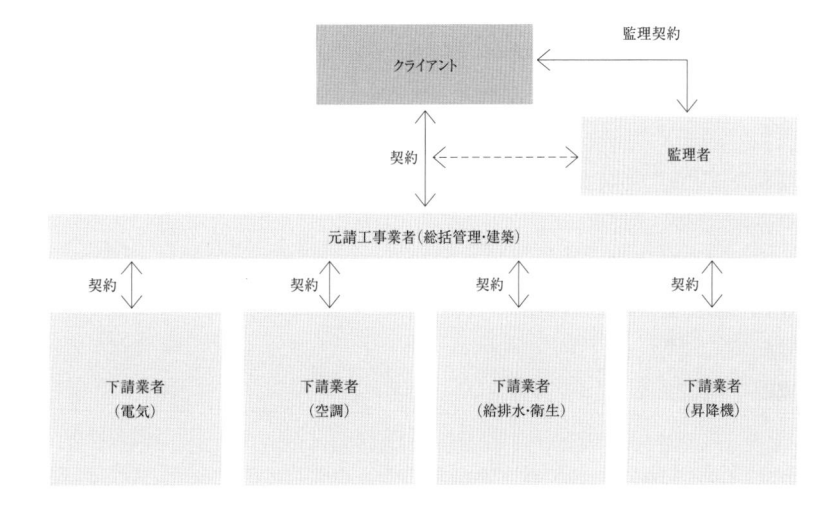

施工分離発注方式

- クライアントは、建築工事、各設備工事を分離して
  各専門工事業者に発注する。
- 公共工事の一般的な発注方式。
- 各専門工事内容の実績等に応じて
  競争入札等が可能になる。
- 各専門工事に伴うリスクは各専門工事業者が負うが、
  分離発注の監督責任はクライアントが負う。

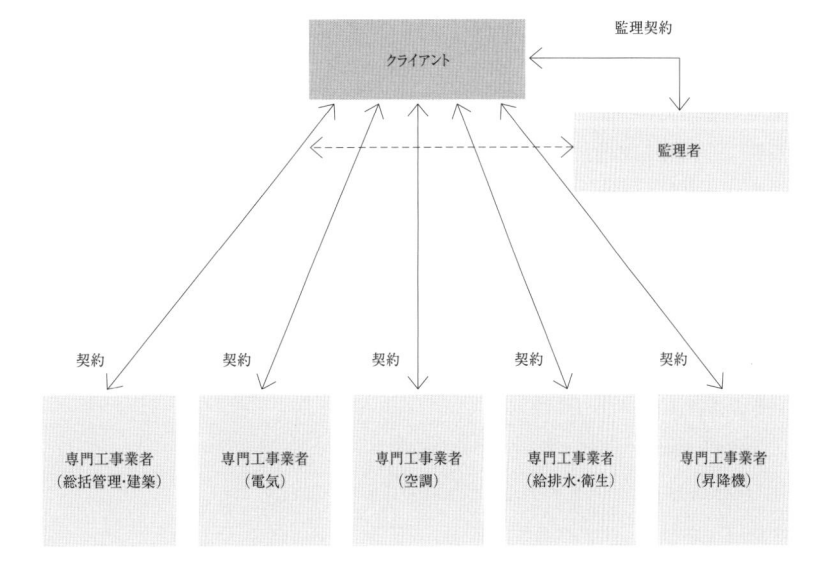

●06:事業検討・実施スケジュール[fig.3] →**P.37**

09 | 事業プログラム | マネージメント | 条件の整理 | 全体の計画 | ワークプレイスの計画 | 各部の計画 | 環境の計画 | 構造・設備の計画 | その他の計画

敷地の選定

敷地選定のための評価軸を明らかにする
候補地の法規制と不動産指標をつかむ
事業の目的・目標に即しているかを検討し、評価する

敷地選定の考え方
- すべての条件をクリアする敷地を選定することは困難であることが多い。クライアントのファシリティ戦略を前提として、評価軸の中で優先順位をつけて敷地を選定する。

1 | 自社ビル敷地の評価 [fig.1]

1-1 | 計画対応性
- 「事務所用途」も建築可能な用途地域、中高層建物の建築が可能な地域であること。
- 「事業の目的・目標」や「ファシリティ戦略」に合致した敷地規模、敷地形状、道路条件等となっていること。
- 所要の施設規模が確保できる敷地であること(法令上の規制(高さ制限、日影規制、風致地区、その他地区計画など)との整合性の確認が必要)。
- 搬出入動線等に十分に対応できる道路条件を備えていること。

1-2 | 交通利便性
- 社員の居住エリアに大きく影響を与えず、通勤時間も許容範囲であること。
- 鉄道やバス等公共交通機関でアクセスしやすい場所であること。鉄道最寄駅からは徒歩圏内であり、わかりやすいルートであること。
- 顧客の来訪のしやすさが確保されていること。
- 社内他事業所との時間距離が許容範囲内であること。

1-3 | ビジネスインフラ
- 周辺にビジネスに効果のある集積があること。
- 周辺にビジネスをサポートするような、食事関連施設、宿泊施設、銀行、ビジネスサプライ関連施設等の集積があること。

1-4 | 安全性
- 安全で強固な固い地盤であること。
- 地震に対し、建物被害の少ない地域であること。
- 活断層の影響が小さい地域であること。
- 土砂災害や液状化の発生の危険性が低い地域であること。
- 土壌汚染の対策が完了している土地であること。
- 集中豪雨による浸水に対して安全な立地であること。
- 広域避難ルートが確保されている立地であること。

1-5 | 経済性
- 土地取得や借地に関する費用が予算以内であること。
- 土地取得と賃貸ビル入居の費用比較がなされていること。
- 土地取得が、新しいオフィス開設に間に合うタイミングであること。

1-6 | 総合評価
- 上記評価軸で複数候補地を総合的に評価する。すべての条件をクリアする敷地を取得することは難しい。クリアできなかった条件でも、ビジネスサポート関連施設の複合化、耐震性能の向上、ワークスタイルに対応する施設規模の設定など建築計画の中でカバーすることが可能な場合があることを念頭に敷地を選定すべきである。

2 | 賃貸ビル敷地の評価(不動産事業として)
- 取得しようとしている候補地に関する事業採算検討を行う。既存および計画中の業務施設の集積状況、主要テナントビルの賃貸状況(賃貸条件、空室率等)を調査するとともに、敷地が立地する都市のオフィス需給状況の経年変化を調べ、オフィスビルとしての収益性を検討する。
- オフィスビルとしてのマーケット調査を行う。
- 候補地の法規制等を調査し、オフィスビルのボリュームスタディを行う。
- ボリュームスタディにおいては、オフィスビルのグレードとして、有効率、基準階専用面積・専用共用比率、専用部分の形状、天井高さ・階高、オフィスロビーの計画、駐車場台数、地下計画等に留意する。
- 土地取得から着工ー竣工ー開業までのスケジュールを想定し、資金支出額・タイミングを設定する。
- 金利は景気の動向に大きく左右され、かつ事業収支に与えるインパクトが大きいため、過去の相場を十分に調査した上で設定して行う。
- 建設費、設計・管理費、金利、税金、近隣対策費用、その他開発関連費用を初期投資額として事業収支計算を行い、開発利益、投資利回り、将来のキャピタルゲイン等がクライアントの望む水準に達しているかどうか判断し、逆に土地代の最高限度を模索する。
- 候補地の土地価格が事業計画に見合うかどうか、総合的に評価する。

| fig.1 | **自社ビル：敷地の評価－選定**［金融系本社ビルの事例］

評価軸		内容	候補地A	候補地B	候補地C	候補地D
1	計画対応性					
	遵法性	・「事務用途」も建築可能な用途地域 ・中高層建物の建築が可能な地域	○ 用途地域上「事務所」用途は建築可能。	△ 用途地域上「事務所」用途は3,000m²まで建築可能。具体化を進める場合は、関係行政庁との協議が必要。	△ 用途地域上「事務所」用途は2階および1,500m²まで建築可能。具体化を進める場合は、関係行政庁との協議が必要。	× 第二種風致地区内で、建物最高高さの限度が15mであり、オフィス建設の実現可能性は低い。
	「ファシリティ戦略」や「オフィス建設の目的・目標」に敷地規模、敷地形状、道路条件等が合致しているか。	必要な床面積を建築計画上確保できるか	○	△	△	×
		オフィス機能特性に応じた立地か	○ 本社型機能に適している。	△ 本社型では中途半端。	△ 本社型では中途半端。	× 研究開発サテライト向き。
		企業文化の表現にふさわしい立地か	○ 超高層により可能。	△ 本社型では中途半端。	△ 本社型では中途半端。	○ 郊外環境型としては可能。
		新しいワークスタイルにふさわしい立地か	△ 文化的施設からは離れている。	○ サテライト・モバイル対応可能。	○ サテライト・モバイル対応可能。	○ サテライト・モバイル対応可能。
2	交通利便性					
	社員の通勤 顧客の来訪のしやすさ		○ 最寄駅からは徒歩5分、路線バスの運行ルートも整備され、アクセスは良好。	○ 最寄駅からは徒歩4分である。路線バスの運行ルートは少ない。	○ 最寄駅からは徒歩9分、路線バスの運行ルートも整備され、アクセスは良好。	△ 最寄駅からは徒歩6-8分である。路線バスの運行ルートは少ない。
	社内他事業所との時間距離		△ 金融中心街からは外れる。	△ 許容範囲	△ 許容範囲	○ データセンターに近く便利。
3	ビジネスインフラ					
	ビジネスそのものに関するインフラ		△ 金融中心街からは外れる。	△ 金融中心街からは外れる。	△ 金融中心街からは外れる。	△ 金融中心街からは外れる。
	ビジネス支援に関するインフラ		△ 足元に食事関連施設が少ない。	△ 足元に食事関連施設が少ない。	△ 足元に食事関連施設が少ない。	△ 足元に食事関連施設が少ない。
4	安全性					
	・地盤、液状化、活断層、浸水 ・土壌汚染 ・広域の避難ルート		○ ・揺れやすさは震度6強−1、地域危険度は3で、区内のほとんどの地域と同レベルである。 ・土砂災害危険性、液状化危険性、浸水危険性はない。	△ ・揺れやすさは震度6強−1、地域危険度は3で、区内のほとんどの地域と同レベルである。 ・土砂災害危険性、液状化危険性はない。 ・浸水危険性は最大深さ1.0-2.0mと想定されている。	△ ・揺れやすさは震度6強−1、地域危険度は4で、区内の一般の地域に比べ、やや高いレベル である。 ・土砂災害危険性、液状化危険性、浸水危険性はない。	× ・揺れやすさは震度6強−2、地域危険度は最大5で、区内でも特に高いレベルである。 ・土砂災害危険性はない。 ・液状化危険性は低いものの、区内の他の地域よりは高めである。 ・浸水危険性は最大深さ2.0m以上と想定。
5	経済性					
	・敷地取得等にかかるコスト ・取得可能なスケジュール		△ ・取引事例、公示価格は予算より高い。 ・既存施設の閉鎖（○○年度予定）が条件。	○ ・予算範囲内 ・既存施設の閉鎖（○○年度予定）が条件。	○ ・予算範囲内 ・すぐ取得可能	○ ・予算範囲内 ・すぐ取得可能
総合評価			○ 金融集積からは離れる点、スケジュール・コスト面については予定外であるが、安全性が高い敷地であり、超高層で企業文化も表出できる本社に適した候補地である。ビジネス支援関連施設については、計画上ビルの足元で複合させる必要がある。	△ コスト面では予定内であるが、本社としての立地・建設可能規模が中途半端である。浸水危険性がありBCP（事業継続性）上はリスクがある。	△ コスト面では予定内であるが、本社としての立地・建設可能規模が中途半端である。地震の影響がありBCP上はリスクがある。	× スケジュール・コスト面では予定内であるが、本社として必要な床面積を確保できず不可。

10 モデルプラン

| 事業プログラム | マネージメント | 条件の整理 | 全体の計画 | ワークプレイスの計画 | 各部の計画 | 環境の計画 | 構造・設備の計画 | その他の計画 |

事業の目的・目標に沿った条件・グレードを設定する
建設可能な建物ボリュームをチェックする
複数のケーススタディを行い比較する

モデルプランの目的
- モデルプランは、オフィスビル建設の目的や要求される機能、規模等をもとに、さまざまな実現可能性を検討するために候補敷地に当てはめてみる仮のプランということができる。要求性能・グレードに対し実現可能なレベルを明らかにでき、クライアントとのやりとりの中で条件を明確なものにできる。モデルプラン作成の目的としては、以下の3つの視点がある。
  - すでに保有している土地で、自社ビルや不動産事業としての賃貸ビルの可能性を検討するもの
  - 不動産事業として取得しようとしている候補地の、事業採算を試算する場合に検討するもの
  - 自社ビルを新築するための敷地を選定する場合に、クライアント側である程度のオフィスビルの規模やビルとしての要求性能を取りまとめるもの

要求性能参考指標
- クライアントの意向にかかわる以下の参考指標は、オフィスビルのカテゴリー、規模、他用途との複合、ビル高さ(超高層を含む)等により大きく変わる。プロジェクトの特性に応じて、適切なベンチマーク[P.35参照]を参考とすることが重要である。

1｜面積の定義と分類[fig.1]
- 国内において、オフィスビルの各種面積について、さまざまな名称と定義が使われている。モデルプランを策定するときに、クライアントと設計者間で齟齬が発生しないように、統一しておく必要がある。
- クライアントは、「執務室面積」や「ワークステーション面積」については指標を持っているが、会議室・応接室、打合せコーナーや接客コーナー等の「業務支援室面積」、リフレッシュルーム、リフレッシュコーナー等の「生活支援室面積」の具体的指標を持っていないケースが多い。知的生産性向上を目指すワークプレイスとして必要な規模を設定する意味から、モデルプラン計画時点での各種面積の定義と分類をきちんと整理しておく意義は大きい。

2｜有効率、基準階有効率
- 有効率とは、オフィスビル全体の有効面積比率のことである。基準階有効率とは基準階の有効面積比率のことである。
  - 自社ビルの場合は、共用部分も専用的に使用することができるため、有効率は賃貸ビルほど高く設定されない傾向にある。研究開発やデータセンター等の特殊用途ビルの場合は、適切な事例をベンチマークとして選択し、比較検討することが望ましい。
  - 賃貸ビルの場合は、有効面積(貸室面積)が収益部分になるので高く設定されることが多い。

3｜1人当たりオフィス面積、執務室面積[fig.2,3]
- 自社ビルの場合は、既存オフィスの状況を調べ、ベンチマークを参考にしながら今後のファシリティ戦略を加味し、適正な数値を設定する。ビル全体の性能に大きく影響を与えるだけではなく、予定する社員数を収容できるかどうかの基準になる。
- 賃貸ビルの場合は、統計データやベンチマークを参考にしながら設定する。ビル全体の性能に大きく影響を与える。テナントが想定以上の人数を入居させた場合、エレベーターの稼動、空調・換気の効果に影響を与えるので、幅を持ってシミュレーションすることが必要となる。

4｜基準階有効面積
- 自社ビルの場合は、組織間相関関係により所要部門が同じフロアに配置できる面積かどうかをチェックする必要がある。この内容が、ブロッキングやスタッキングに繋がっていく。
- 賃貸ビルの場合は、立地によって、テナントが1フロアで使用したい面積のニーズを調査する必要がある。

5｜執務室の奥行き
- 自社ビルの場合は、今後のファシリティ戦略を加味した組織のオフィス内レイアウトによって望ましい奥行き寸法が変わるので、事前の調査が重要となる。また、室内採光と室内からの景色の見え方がオフィス環境に大きく影響を与えるため、席から窓までの距離が重要な条件となる。
- 賃貸ビルの場合は、統計データやベンチマークを参考にしながら設定する。ワークプレイスが片側採光か両側採光かで、望ましい奥行き寸法が変わる。最近は、ワークプレイスの自由な利用を図るため、奥行きを深く求める傾向にある。

6｜階高と天井高さ
- 階高は、天井高さと天井ふところ寸法から決められる。自社ビルのほうが賃貸ビルよりも天井高さに余裕のある場合が多い。天井高さには、OAフロア分の余裕を見込んでおくことが必要である。

| fig.1 | **オフィスビル面積に関する分類と評価指標**

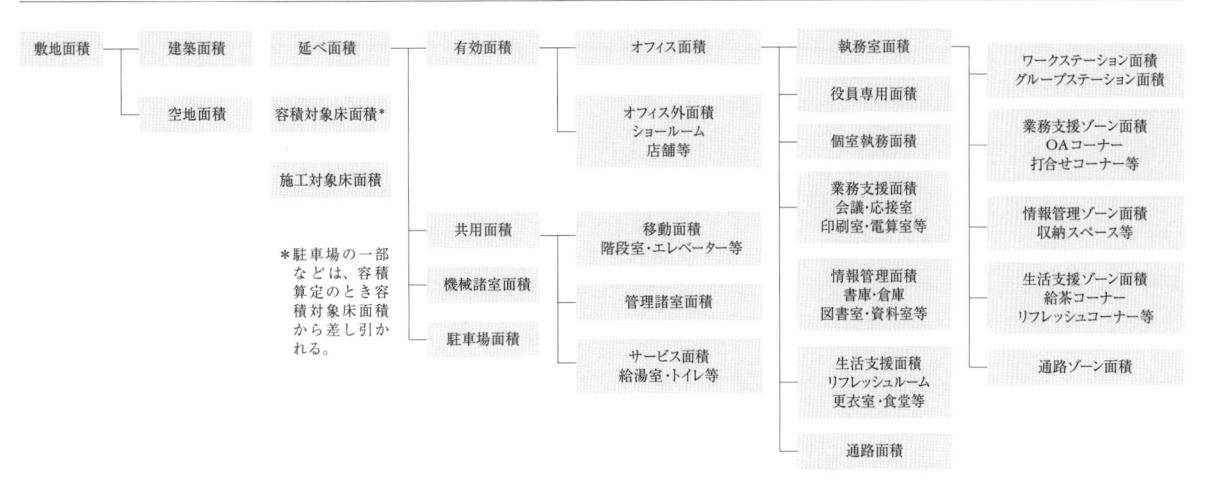

面積分類

```
敷地面積 ─┬─ 建築面積
          └─ 空地面積

延べ面積 ─┬─ 容積対象床面積*
          └─ 施工対象床面積

有効面積 ─┬─ オフィス面積 ─┬─ 執務室面積 ─┬─ ワークステーション面積／グループステーション面積
          │                │               ├─ 業務支援ゾーン面積／OAコーナー／打合せコーナー等
          │                │               ├─ 情報管理ゾーン面積／収納スペース等
          │                │               ├─ 生活支援ゾーン面積／給茶コーナー／リフレッシュコーナー等
          │                │               └─ 通路ゾーン面積
          │                ├─ 役員専用面積
          │                ├─ 個室執務面積
          │                ├─ 業務支援面積／会議・応接室／印刷室・電算室等
          │                ├─ 情報管理面積／書庫・倉庫／図書室・資料室等
          │                ├─ 生活支援面積／リフレッシュルーム／更衣室・食堂等
          │                └─ 通路面積
          └─ オフィス外面積／ショールーム／店舗等

共用面積 ─┬─ 移動面積／階段室・エレベーター等
          ├─ 管理諸室面積
          └─ サービス面積／給湯室・トイレ等

機械諸室面積
駐車場面積
```

*駐車場の一部などは、容積算定のとき容積対象床面積から差し引かれる。

評価指標

[敷地活用評価]
建ぺい率 = 建築面積 / 敷地面積
容積率 = 容積対象床面積 / 敷地面積

[有効率]
有効率 = 有効面積 / 延べ面積
基準階有効率 = 基準階有効面積 / 基準階床面積

[オフィス面積評価]
1人当たりオフィス面積

[スペース配分評価]
配分率 = 執務室面積 / オフィス面積

[執務室面積評価]
1人当たり執務室面積

[ワークステーション面積評価]
配分率 = ワークステーション面積 / 執務室面積

ワークステーション：オフィスワーカーが仕事をするための最小の機能を持つ単位。個人の机を中心とした、必要なものの一揃え（FM推進連絡協議会による）。

| fig.2 | **オフィスおよび執務室の1人当たり面積の推移――所有形態別**

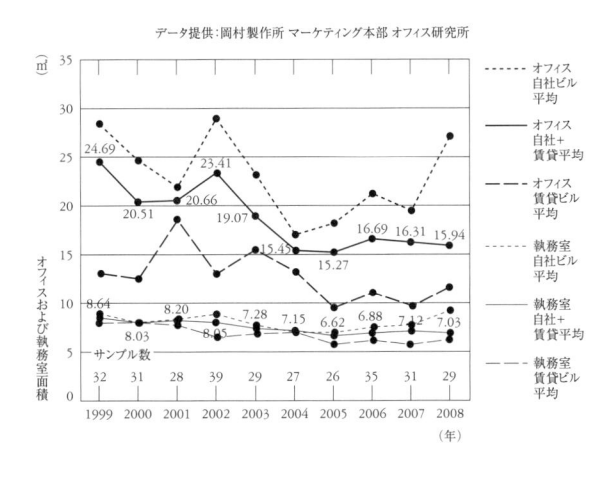

データ提供：岡村製作所 マーケティング本部 オフィス研究所

年	1999	2000	2001	2002	2003	2004	2005	2006	2007	2008
オフィス自社+賃貸平均	24.69	20.51	20.66	23.41	19.07	15.45	15.27	16.69	16.31	15.94
執務室自社+賃貸平均	8.64	8.03	8.20	8.05	7.28	7.15	6.62	6.88	7.12	7.03
サンプル数	32	31	28	39	35	27	34	35	31	29

凡例：オフィス自社ビル平均／オフィス自社+賃貸平均／オフィス賃貸ビル平均／執務室自社ビル平均／執務室自社+賃貸平均／執務室賃貸ビル平均

| fig.3 | **オフィスの在籍者数［席数］と執務室面積の相関図**

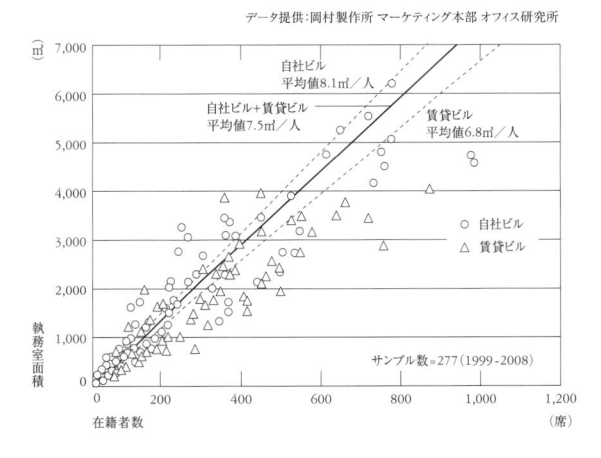

データ提供：岡村製作所 マーケティング本部 オフィス研究所

自社ビル 平均値 8.1㎡／人
自社ビル+賃貸ビル 平均値 7.5㎡／人
賃貸ビル 平均値 6.8㎡／人

○ 自社ビル　△ 賃貸ビル
サンプル数＝277（1999-2008）

横軸：在籍者数（席）0〜1,200
縦軸：執務室面積（㎡）0〜7,000

| fig.4 | **モデルプラン検討段階での参考指標例――賃貸ビルの場合**

分類	項目	内容
建物全体計画関連	耐震・制振性能	重要度係数1.25
	階高	天井高さと梁成による
	電気容量	50-70VA/㎡
	地下のボリューム	全体の建設費を考慮した場合、どこまで地下を使わない計画にできるか
	駐車場台数	まずは附置義務台数で検討
	トイレ数、距離	各階に男女別。専用部からの歩行距離50m以内
	保全・大規模改修のしやすさ	電気・機械設備のメンテナンスは専用部に入らず、階段を使わずに実施できること
面積関連	有効率	ビル全体の専用比率：60-70%
	基準階有効率	65-80%
	基準階専用面積	1,000㎡以上
	1人当たり執務室面積	10㎡前後［fig.2］
執務室の形態性能関連	専用部分の形状、奥行き	整形、奥行き15-20m
	天井高さ	2,800-3,000mm
	床荷重	500N/㎡以上
	専用部分の小間仕切り対応	約300㎡ごとに間仕切りが可能であること
	専用部分のレイアウトの制約	柱の制約を受けないようにする。各階の隅部に役員室が設置可能な計画とする
設備性能関連	エレベーターのシステム、性能	平均運転間隔 約40秒以内、5分間輸送能力11-15%程度
	ビル全体のセキュリティ計画	ロビーにセキュリティゲート、各階エレベーターホールにカードリーダー付き自動扉

11 オフィス整備手法の選択

事業プログラム | マネジメント | 条件の整理 | 全体の計画 | ワークプレイスの計画 | 各部の計画 | 環境の計画 | 構造・設備の計画 | その他の計画

新築かリニューアルか賃貸ビル入居かの判断をする
機能性向上の限界を検討する
ライフサイクルコストと費用対効果を検討する

自社オフィスの整備手法
- クライアントが自社オフィス整備の検討を行う場合、新築するのか、自社ビルのリニューアルを行うのか、あるいは賃貸ビルに入居するのかの比較検討が必要になる。

新築とリニューアルの比較
- 機能性の向上度合いとライフサイクルコスト（以下LCC）との費用対効果により総合評価を行う。

1｜機能性向上の限界比較［F-1］
- クライアントの「ファシリティ戦略」「事業の目的・目標」の各項目に対し、新築とリニューアルで、それぞれ機能性向上がどこまで実現できるのか明らかにする。

F-1 機能性向上の限界比較（新築－リニューアル）

	新築による機能性向上	リニューアルによる機能性向上の限度
安全性	最新の耐震性能を組み込むことができる	耐震性能の向上には限度がある
ユニバーサルデザイン（ノーマライゼーション）	計画の段階から踏み込んだ工夫が可能	改善できない点がある
執務環境	適正規模・IT化・フレキシビリティ向上等の対応が可能	性能向上には限度がある
セキュリティ 環境対応 顧客、従業員満足度	必要水準に応じた性能確保が可能	必要水準に応じた性能確保が可能

F-2 機能性向上の限界比較（自社ビル－賃貸ビル）

	自社ビル新築による機能性向上	賃貸ビル入居による機能性向上の限度
安全性	最新の耐震性能を組み込むことができる。非常時のバックアップ性能について、要望を実現することが可能	ビル自体の性能により、クライアント側の工夫は困難。バックアップ性能については限度がある
ユニバーサルデザイン（ノーマライゼーション）	計画の段階から踏み込んだ工夫が可能	ビル自体の性能により、クライアント側の工夫は困難
執務環境	適正規模・IT化・フレキシビリティ向上等の対応が可能	適正性能のビルを選択すれば、クライアント側の工夫は可能
セキュリティ 環境対応 顧客、従業員満足度	必要水準に応じた性能確保が可能	適正性能のビルを選択すれば、クライアント側の工夫は可能

2｜LCCの比較［fig.1,2］
- 条件設定

  LCCの累計スタート年の設定。
  耐用年数の設定－建替え時期の設定。
  ライフサイクルのカウント期間の設定→クライアントの経営的判断による。
  新築施工期間、リニューアル施工期間の設定。
  着工、竣工までのランニングコストの設定。
  初期投資費用、竣工以降のランニングコストの設定。

- 結果の見方

  新築とリニューアルにより、どこまでランニングコストの差が出るのか見極めが必要。10年後の評価か、20年後の評価か、LCCの考えに大きな違いが出る。経営的判断が必要である。

新築と賃貸ビル入居の比較
- 機能性の向上度合いとLCCとの費用対効果により総合的な評価を行う。

1｜機能性向上の限界比較［F-2］
- クライアントの「ファシリティ戦略」「事業の目的・目標」の各項目に対し、新築と賃貸ビルへの入居で、それぞれ機能性向上がどこまで実現できるのか明らかにする。

2｜LCCの比較
- 条件設定

  LCCの累計スタート年の設定
  耐用年数の設定－建替え時期の設定
  ライフサイクルのカウント期間の設定→クライアントの経営的判断による。
  新築施工期間の設定。
  着工、竣工までのランニングコストの設定。
  初期投資費用、竣工以降のランニングコストの設定。
  オフィスビル賃借期間の設定。
  保証金、賃借料、その他費用の設定。

- 結果の見方

  LCCの比較だけでなく、「自社資産計上」と「経費計上」の決算上の違いが発生するため、クライアントの判断が必要となる。

| fig.1 | **新築とリニューアルの比較：ライフサイクルコスト比較の条件設定──ライフサイクルのカウント期間を今後20年間と設定**

新築：新オフィス計画開始 → 現オフィスを使用（7年間）→ 新オフィス竣工 → 13年間のメンテナンス

リニューアル：リニューアル計画開始 → 現オフィスを使用（計算の便宜上、居ながら改修方式に設定）（3年間）→ リニューアル（機能性向上）工事完了 → 16年間のメンテナンス → 築65年で全面建替え → 1年間のメンテナンス

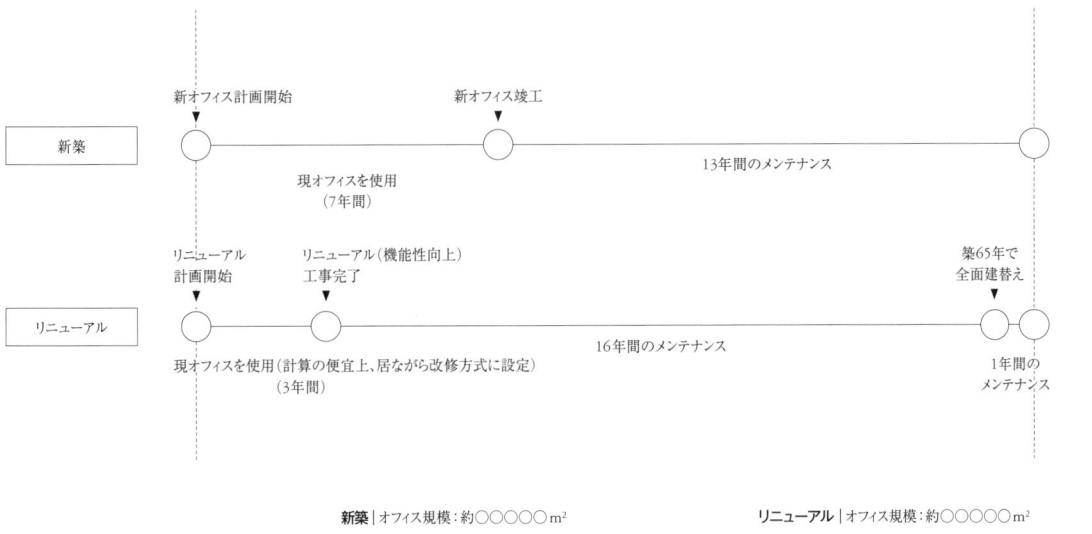

	新築｜オフィス規模：約○○○○○m²	リニューアル｜オフィス規模：約○○○○○m²
初期段階の費用	約○○○○○百万円（新築工事費用）	約○○○○○百万円（リニューアル工事費用）
ランニングコスト	約○○○○百万円（新築後○○年）	約○○○○百万円（リニューアル後○○年）
修繕費用	約○○○○百万円（新築後○○年）	約○○○○百万円（リニューアル後○○年）
維持管理費用	約○○百万円／年	約○○百万円／年

| fig.2 | **新築とリニューアルの比較：ライフサイクルコスト比較の結果──ライフサイクルのカウント期間を今後20年間と設定**

新築のライフサイクルコスト／リニューアルのライフサイクルコスト

新築整備費用／新オフィスの維持管理費・修繕費を計上／改修工事費用／将来の改築費用／築65年

凡例：修繕費（累計）／光熱水費・保全費（累計）

（単位：年目）　新築工事竣工まで現オフィスの維持管理費・修繕費を計上／リニューアル工事竣工まで現オフィスの維持管理費・修繕費を計上

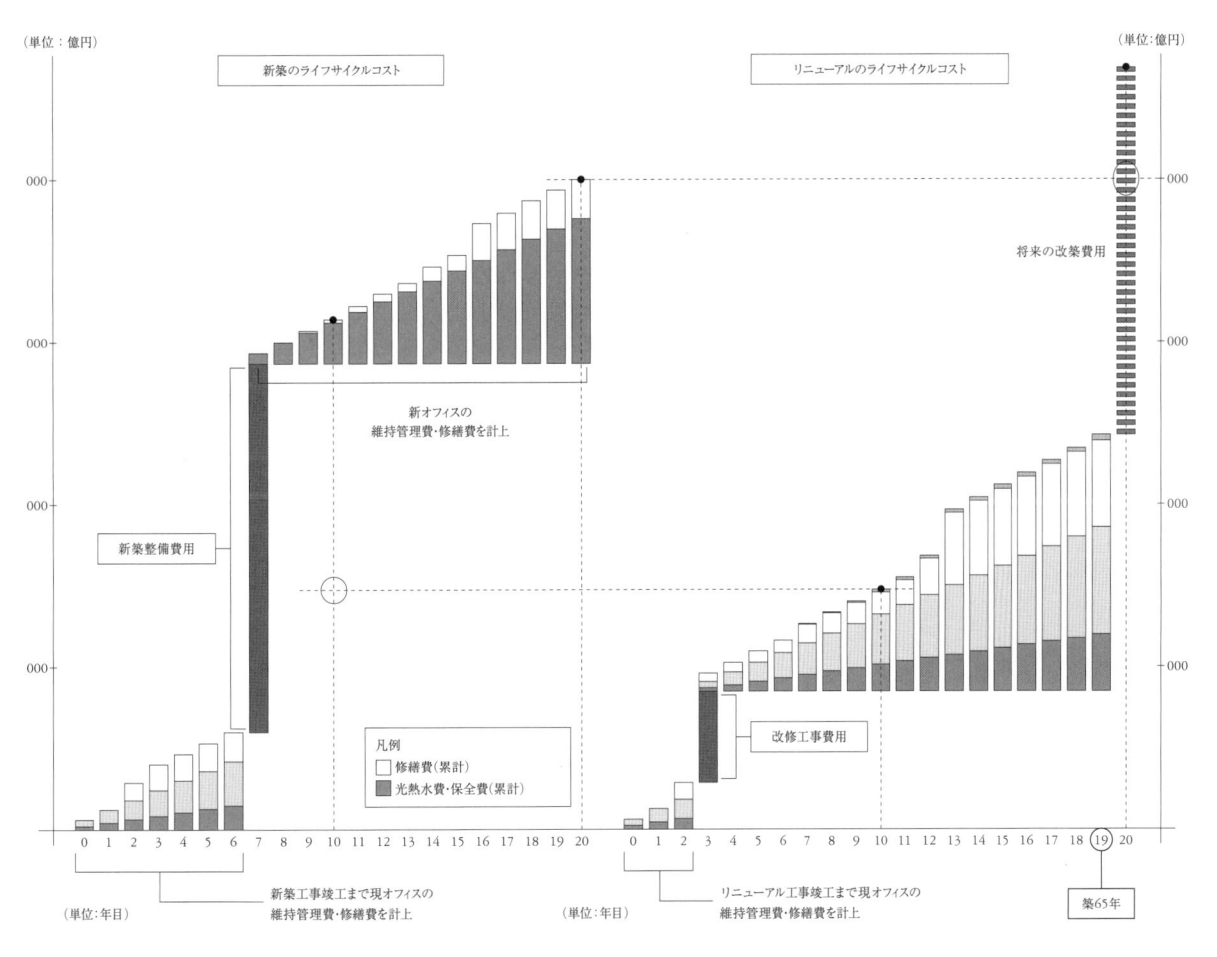

● 12 予算計画［自社ビル建設の場合］→ P.50 ｜ 13 賃貸オフィス整備、テナント入居に関する留意点 → P.52 ｜ 14 予防保全計画の重要性 → P.54
15 ライフサイクルを考慮した建築計画 → P.56 ｜ 16 リニューアルに関する条件の整理 → P.58 ｜ 64 コスト計画［1］→ P.174 ｜ 65 コスト計画［2］→ P.176

12

事業プログラム | マネージメント | 条件の整理 | 全体の計画 | ワークプレイスの計画 | 各部の計画 | 環境の計画 | 構造・設備の計画 | その他の計画

予算計画[自社ビル建設の場合]

タイミングに応じた資金需要を確認する
事業判断のポイントを明らかにする
事業評価内容により建築計画へのフィードバックを行う

初期投資総事業費と建設関連費用

− オフィスビル建設にかかる費用は初期投資総事業費の一部である。クライアントの事情をよく調査した上で事業費全体のアドバイスを行う。総事業費についてコンセンサスを得て、設計・監理関連業務予算の承認を得る。

総事業費の算出

1 | 事業検討段階にかかる費用

− オフィスビルの規模や敷地特性により異なるが、大規模開発の場合は、都市計画手法の採用による事前相談や、土壌汚染対策と費用の検討、環境アセスメントに関する事前調査等検討段階から多額の費用を要する。
− 建築計画の検討に関する費用は、いまだオフィスビルの内容・規模が設定されていないために、人件費等の積上げによる予算となる。

2 | 事業着手段階[1]にかかる費用 [fig.1]

− クライアント側からすれば、設計関連費用やその他コンサルタント費用の資金が必要となるため、事業着手の第一ステップということができる。
− 基本計画は、人件費の積上げによる予算となる。
− 設計関連費用については、標準業務の費用根拠となる告示等をベースとして、その他の標準外業務について予算を確保しておかなければ、クライアントの事業推進に支障が発生する。
− クライアント内部でオフィスビル整備に関する品質・コスト・スケジュール・リスクに関する判断能力に不安がある場合は、PM・CM業務[No.06参照]の委託について併せて検討する必要がある。
− コンサルタントの採用が必要な場合は予算にカウントする。

3 | 事業着手段階[2]にかかる費用 [fig.1]

− 設計者がアドバイスできる項目と、クライアント自らが判断する項目に分けられる。
− 建設費については、事業検討段階においては他事例の建設単価を時差補正した形で予算の参考とし、基本設計や実施設計の完了段階で実施する試算が施工者選定前の最終予算の根拠となる。
− 設計・監理費用については、告示等をベースとする場合が多く、実態に応じて監理者の現場常駐費用をカウントする。

総事業費やスケジュールに大きく影響する要因

1 | 土壌・地下水汚染調査−対策

− 調査結果により、土壌・地下水汚染対策工事費はオフィス建設費を上回る可能性があり、総事業費に与えるインパクト、クライアントのコンプライアンスにかかわる影響が非常に大きい。自社所有地で新たにオフィスビルを整備する場合には、事前に調査や行政への相談・協議を行い、リスクを把握し長期的戦略を立てておく必要がある。
− 地下水汚染対策に関しては、対策後のモニタリング期間が数年に及ぶ可能性もある。事業全体のスケジュールに与えるインパクトも大きく、汚染の可能性がある場合は事業検討段階で十分に条件を詰めておく必要がある。

2 | 都市計画に関する事前相談−事前協議−正式手続

− オフィスビルの整備に当たり都市計画手法を採用する場合には、容積率や公共への負担等が、最終的には都市計画決定まで正式確定しないことをクライアントに理解してもらう必要がある。事業検討期間中の事前相談段階においては、獲得できる容積率や公共への負担は「可能性の範囲」でしかない。クライアントにとっては「可能性の範囲」での事業着手判断になるが、確度を上げるためには専門的都市計画コンサルタントに委託をすることが望ましい。

3 | 環境アセスメント

− オフィスビルの開発規模等によって各自治体の環境アセスメント[P.76参照]条例に抵触する場合は、事業全体のスケジュールに大きく影響を与えるため留意が必要である。基本計画や基本設計の内容をどこでクライアントが承認するか、事前の現況調査をどの時点で行うかがポイントとなる。
− 上記都市計画決定までのフロー・スケジュールとも関連性があるため、行政との事前相談が重要になる。

4 | 埋蔵文化財

− 地中に埋蔵文化財がある可能性が高い場合には、試掘を含めた調査が必要になる。調査報告書を教育委員会等に報告する必要があり、埋蔵物の内容が重要なもので広範囲に及んだ場合はスケジュールと事業費に及ぼす影響が大きい。

| fig.1 | **自社保有地における、事業ステップごとの事業検討・推進関連費用＆設計・監理関連予算整理（事例）**

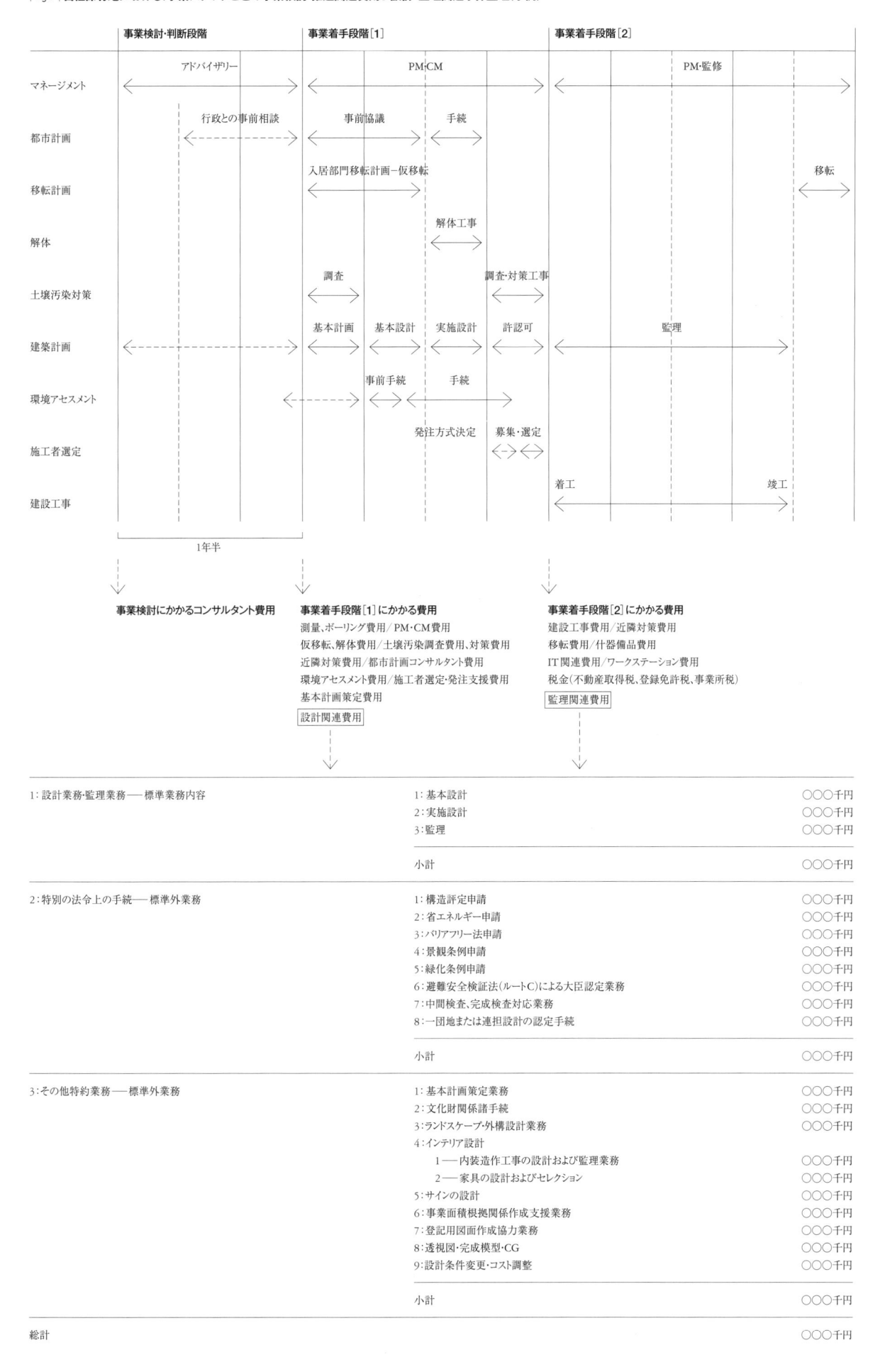

	事業検討・判断段階	事業着手段階[1]	事業着手段階[2]
マネージメント	←―― アドバイザリー ――→	←―― PM・CM ――→	←―― PM・監修 ――→
都市計画	←―― 行政との事前相談 ――→	事前協議　手続	
移転計画		←―― 入居部門移転計画―仮移転 ――→	移転
解体			解体工事
土壌汚染対策		調査	調査・対策工事
建築計画	←―――――→	基本計画　基本設計　実施設計　許認可	監理
環境アセスメント	←―― ――→	事前手続　手続	
施工者選定		発注方式決定	募集・選定
建設工事			着工 ――→ 竣工

1年半

事業検討にかかるコンサルタント費用

事業着手段階[1]にかかる費用
測量、ボーリング費用／PM・CM費用
仮移転、解体費用／土壌汚染調査費用、対策費用
近隣対策費用／都市計画コンサルタント費用
環境アセスメント費用／施工者選定・発注支援費用
基本計画策定費用
［設計関連費用］

事業着手段階[2]にかかる費用
建設工事費用／近隣対策費用
移転費用／什器備品費用
IT関連費用／ワークステーション費用
税金（不動産取得税、登録免許税、事業所税）
［監理関連費用］

1：設計業務・監理業務――標準業務内容	1：基本設計	○○○千円
	2：実施設計	○○○千円
	3：監理	○○○千円
	小計	○○○千円
2：特別の法令上の手続――標準外業務	1：構造評定申請	○○○千円
	2：省エネルギー申請	○○○千円
	3：バリアフリー法申請	○○○千円
	4：景観条例申請	○○○千円
	5：緑化条例申請	○○○千円
	6：避難安全検証法（ルートC）による大臣認定業務	○○○千円
	7：中間検査、完成検査対応業務	○○○千円
	8：一団地または連担設計の認定手続	○○○千円
	小計	○○○千円
3：その他特約業務――標準外業務	1：基本計画策定業務	○○○千円
	2：文化財関係諸手続	○○○千円
	3：ランドスケープ・外構設計業務	○○○千円
	4：インテリア設計	
	1――内装造作工事の設計および監理業務	○○○千円
	2――家具の設計およびセレクション	○○○千円
	5：サインの設計	○○○千円
	6：事業面積根拠関係作成支援業務	○○○千円
	7：登記用図面作成協力業務	○○○千円
	8：透視図・完成模型・CG	○○○千円
	9：設計条件変更・コスト調整	○○○千円
	小計	○○○千円
総計		○○○千円

13 賃貸オフィス整備、テナント入居に関する留意点

事業プログラム｜マネージメント｜条件の整理｜全体の計画｜ワークプレイスの計画｜各部の計画｜環境の計画｜構造・設備の計画｜その他の計画

賃貸事業として将来の体制を想定する
テナントとして入居する場合の将来の体制を想定する
内装管理室の必要性を判断する

テナント内装工事に関する留意点
- ビルオーナーからの工事区分の提示にもとづきテナントの内装設計が行われることを考えると、スケジュール管理の点から、建物仕様については建物の企画プラン作成の段階で方針を固めておく必要がある。

貸方基準書の整備
- 大規模な賃貸オフィスビルにテナントが複数入居する場合、ビルオーナーがテナントとの工事上の負担区分に関する考え方を明示するために貸方基準書を策定し、契約締結の際、これにもとづき必要な内装工事の負担範囲について協議する場合がある。

1｜目次例
- 施設概要
- 工事区分の考え方（区分の定義、A工事設計者・施工者、B・C工事にかかる内装管理室の設置、原状回復の内容）
- 設計・施工スケジュール表
- 設計上の遵守事項
- 共通設計基準（想定1人当たり専用面積、間仕切り、標準仕上げ、防災・防火区画、物品搬入寸法、天井伏、機械設備・電気設備工事区分、システム概要（通信、BMS、BEMS→P54参照、セキュリティ等）、エレベーター性能等）
- テナント側から提出する図書のリスト
- テナントに遵守してもらう手順・手続・承認系統
- テナントに遵守してもらう引越し搬入手順
- 詳細工事区分説明書

2｜工事区分の定義（例）
- A工事（甲工事）
  ビルオーナーの費用負担で設計・施工する工事。内装および設備の標準仕様。
- B工事（乙工事）
  A工事の内装・設備仕様を変更する工事。テナントの費用負担でビルオーナー指定業者が設計・施工・監理を行う。
- C工事（丙工事）
  A工事の内装・設備の仕様の変更を伴わない工事で、テナントの費用負担によりテナント側で設計・施工を行う。ただし、設計・施工に関してはビルオーナーの承認を要する。家具・什器等の単体ものの搬入・設置工事等も含む。

内装管理室の整備［fig.1, 2］
- 大規模な賃貸オフィスビルにおいてテナントが複数入居する場合にビルオーナー側で設置する。B、C工事の設計・施工を円滑に進め、調和の取れた施設を完成させるために総合的な管理（デザイン、スケジュール、諸官庁申請）を行う。ビルオーナーとしては、内装管理室にかかる費用について事業費に組み込んでおく必要がある。
- 内装管理室は、B工事に関する設計・監理、工事内容に関して管理するとともに、C工事に関する承認作業を行う。また、本工事の設計・監理、工事内容との調整を行う。
- 内装管理室を効果的に機能させるためには、ビルオーナーとテナント間の賃貸借契約、本工事に関するビルオーナーと設計監理者間の設計監理委託契約、本工事に関するビルオーナーと工事請負者間の工事請負契約において、その位置づけを特記しておく必要がある。

テナント側の対応
- テナントとしては、自社のファシリティマネジメント（FM）戦略を展開できる好機になる。入居を検討し内装設計を開始する前に、FM戦略を策定しておくことが先々の設計をぶれないものにすることに繋がる。
- テナントは、貸方基準書の一部である工事区分表を考慮して内装にかかる工事費用を算出し、入居にかかる全体費用・スケジュール等を把握した上で、具体的な入居交渉となり賃貸借契約締結へと進んでいく。入居が大規模なもの、特殊な用途である場合等は、テナント側においても大掛かりなプロジェクト体制を採る必要が出てくる［fig.3］。

区分所有ビルの計画に関する留意点
- 所有者間の資産持分に関する公平性を保つために、配置を含めた効用比（専用面積当たりの不動産価値の比率）・面積比率等に建築計画の配慮が必要となる。
- 将来の資産登記を見越して、専有部分、全体共用部分の明確な資産区分ができる計画が求められる。設備系のルートに関する資産区分についても明確にする必要があるため、専門の不動産鑑定士、土地家屋調査士をコンサルタントとしてプロジェクトチームに加えておく必要がある。

| fig.1 | **テナント内装工事に関する契約体系と内装管理室の位置づけ**

ビルオーナー

賃貸借契約 — テナント

管理 — 内装管理室
(ビルオーナーの担当者)
(維持保全主体の担当者)

(支援スタッフ)
マネージャー
法適合確認
技術、品質

C工事 設計監理委託契約 / B工事 設計監理委託契約

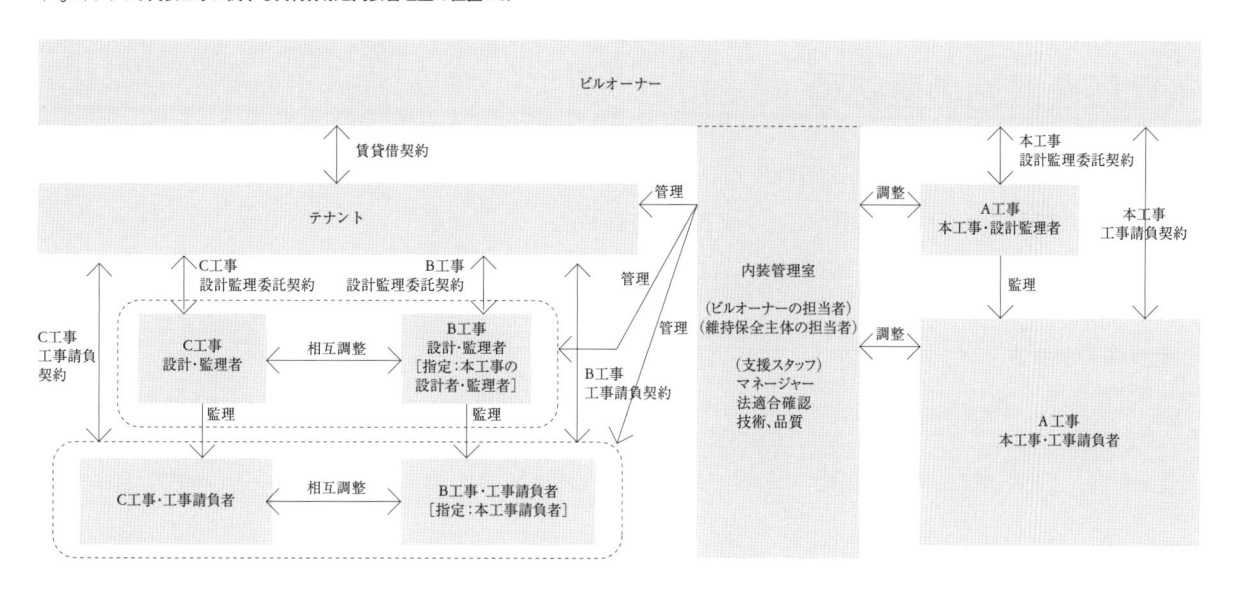

C工事 設計・監理者 ←相互調整→ B工事 設計・監理者[指定：本工事の設計者・監理者]

C工事 工事請負契約 / B工事 工事請負契約

C工事・工事請負者 ←相互調整→ B工事・工事請負者[指定：本工事請負者]

調整 — A工事 本工事・設計監理者
本工事 設計監理委託契約
監理
調整 — A工事 本工事・工事請負者
本工事 工事請負契約

| fig.2 | **内装管理室の構成イメージ**

統括の管理責任者

個別テナント 渉外マネージャー

設計の管理チーム

テナント窓口マネージャー
(設計の管理：総括)
本工事関係者との調整担当

- 法規遵守担当(諸官庁折衝)
- 建築エンジニア
- 構造エンジニア
- 電気エンジニア
- 空調エンジニア
- 衛生エンジニア

工事の管理チーム

テナント窓口マネージャー
(工事の管理：総括)
本工事関係者との調整担当

- 工事コスト関連マネージャー
- 工事管理エンジニア

| fig.3 | **テナント内装工事に関するテナント側のプロジェクト体制イメージ**

テナントのプロジェクトチーム

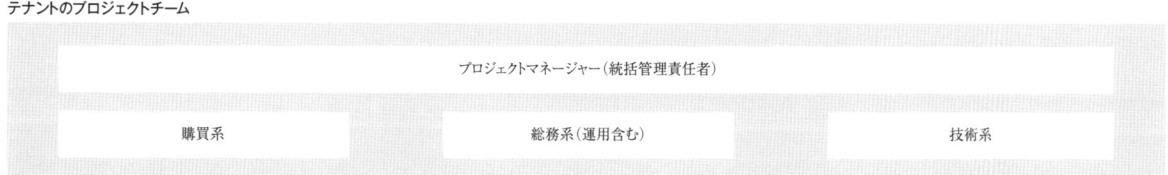

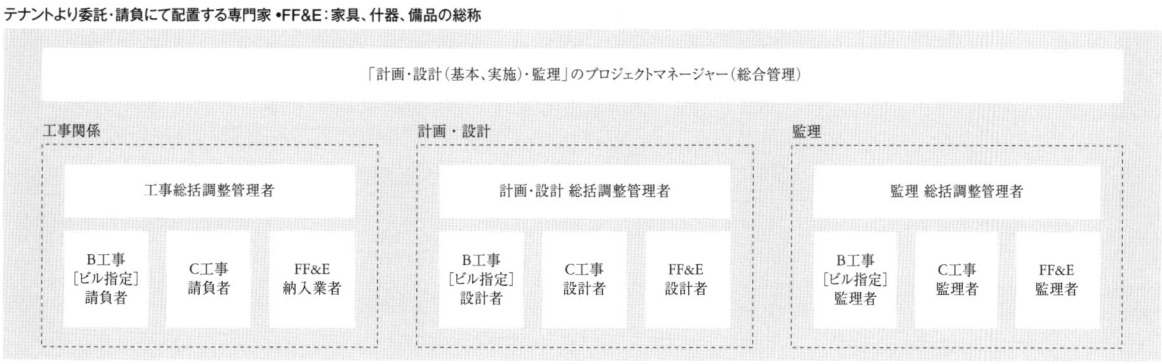

プロジェクトマネージャー(統括管理責任者)

| 購買系 | 総務系(運用含む) | 技術系 |

テナントより委託・請負にて配置する専門家 ●FF&E：家具、什器、備品の総称

「計画・設計(基本、実施)・監理」のプロジェクトマネージャー(総合管理)

工事関係
工事総括調整管理者
- B工事[ビル指定]請負者
- C工事請負者
- FF&E納入業者

計画・設計
計画・設計 総括調整管理者
- B工事[ビル指定]設計者
- C工事設計者
- FF&E設計者

監理
監理 総括調整管理者
- B工事[ビル指定]監理者
- C工事監理者
- FF&E監理者

14 予防保全計画の重要性

| 事業プログラム | マネージメント | 条件の整理 | 全体の計画 | ワークプレイスの計画 | 各部の計画 | 環境の計画 | 構造・設備の計画 | その他の計画 |

予防保全の考え方について理解を得る
資産価値を維持していくために、長期保全計画を立案する
保全計画と建物診断結果を総合的に判断し、改修を実施する

予防保全の考え方

- 事後保全的な修繕・更新の対応を予防保全的な方針に転換し、建物全体の機能劣化が起こる前に修繕・更新工事を実施し施設の耐用年数を延ばして、結果としてライフサイクルコストの縮減を図る考え方。オフィスビルの運用段階において重要な考え方であり、クライアントの理解を得ておく必要がある。

長期保全計画（修繕・更新計画）[fig.1,2]

- 予防保全の立場に立って、長期保全計画を策定する。長期保全計画とは、建物の中・長期にわたり発生する修繕・更新内容とその費用を算定・予測するものである。クライアントの立場から、将来の支出予測や建物の性能評価を目的として新築建物の竣工時に長期の修繕・更新計画を策定するケースが増えている。
- 将来の修繕・更新費と、その必要となる時期を予測して資金の準備をしておく必要がある。オフィスビルの修繕・更新費用はライフサイクルコスト全体の約30％を占めるという試算がある。

施設保全管理システム

- 将来の改修計画に関しては、修繕・更新を含む維持管理・保全履歴データによる現状把握が重要になる。オフィスビルの竣工以降、施設保全管理システム（BMS、BEMS）を装備するかどうか、事前に検討をしておくことが必要である。施設保全管理システムの特長としては、「保有オフィスビルの一元管理ができること」「維持管理・保全履歴データの蓄積により、確度の高い将来計画を立案できること」「ライフサイクルコストの計算ができること」である。

建物診断

- 長期保全計画に沿って建物診断を行い調査結果により必要であると判断された場合、現状把握を踏まえ、建築、機械設備、電気設備等に関し改修設計を行い、予算と調整の上、修繕・更新工事を行う。建物診断の概要は以下の通りである。
  - 1次診断：主に建築・設備の劣化診断で、目視レベルで実施される。定期的な建物診断はほとんど1次診断レベル。
  - 2次診断：1次診断で判明した不具合の部位をさらに精密に見る場合や、省エネルギー診断のようにより高度な診断を実施する場合のもの。

計画的保全のフロー

- 計画的保全の標準的フロー[F-1]は以下の通りになる。既設のオフィスビルであっても長期保全計画がない場合は、保全履歴を調査・ヒアリングし建物診断を実施すれば立案が可能である。
  - 竣工時に長期保全計画を策定。
  - 定期的に建物診断を実施し、実際の建物の保全状態を反映させ、その都度長期保全計画の内容を修正していく。
  - 判明した不具合箇所は、適時、修繕・更新を実施する。
  - 修繕・更新履歴は長期保全計画にフィードバックしていく。
  - 長期保全計画と建物診断結果を総合的に判断して、大規模改修を実施する。

F-1 建物の計画的保全のモデルフロー

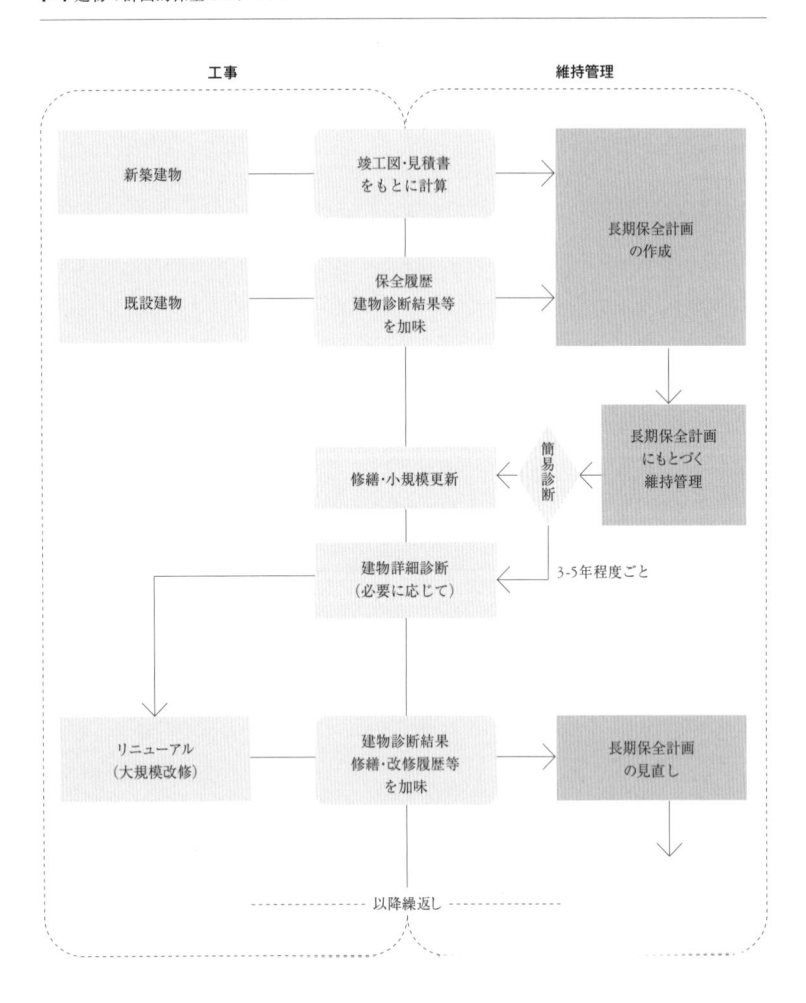

fig.1 建物のライフサイクル

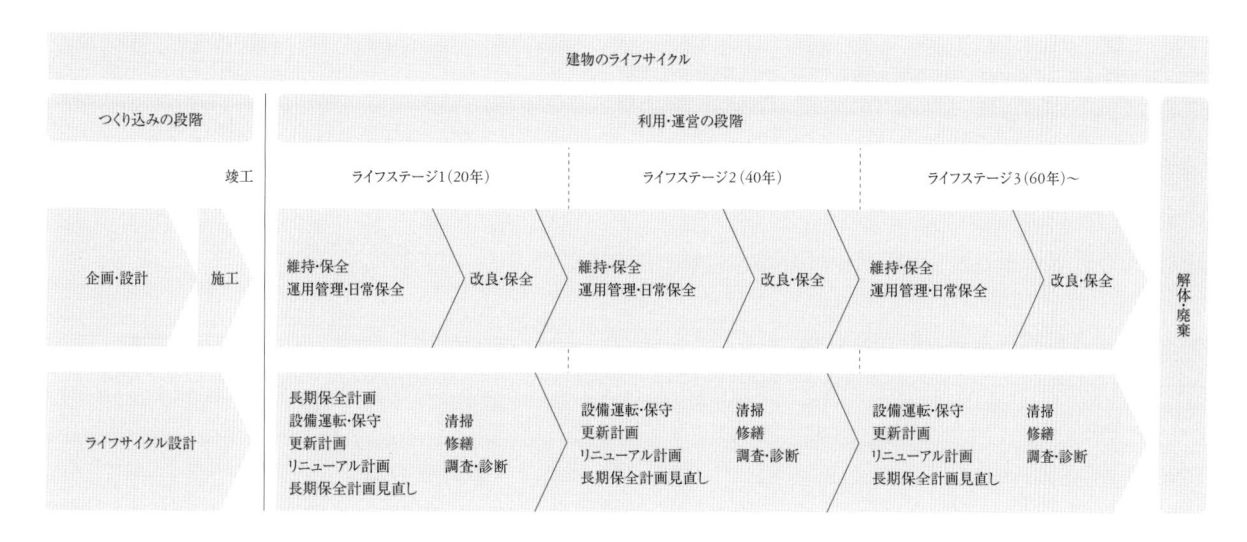

つくり込みの段階		利用・運営の段階						解体・廃棄
	竣工	ライフステージ1（20年）		ライフステージ2（40年）		ライフステージ3（60年）〜		
企画・設計	施工	維持・保全 運用管理・日常保全	改良・保全	維持・保全 運用管理・日常保全	改良・保全	維持・保全 運用管理・日常保全	改良・保全	解体・廃棄
ライフサイクル設計		長期保全計画 設備運転・保守 更新計画 リニューアル計画 長期保全計画見直し	清掃 修繕 調査・診断	設備運転・保守 更新計画 リニューアル計画 長期保全計画見直し	清掃 修繕 調査・診断	設備運転・保守 更新計画 リニューアル計画 長期保全計画見直し	清掃 修繕 調査・診断	

fig.2 修繕・更新工事の一般的考え方

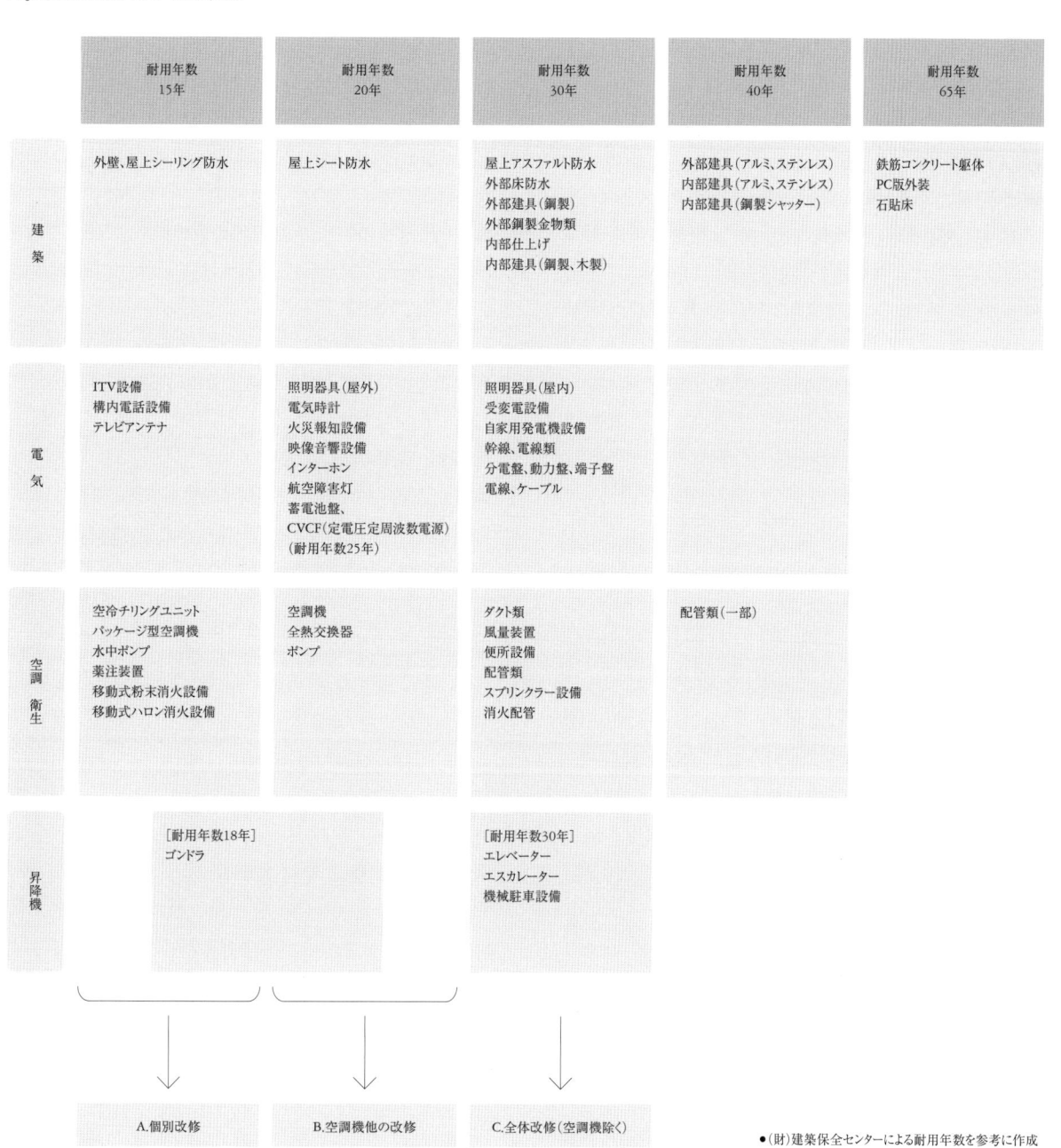

	耐用年数 15年	耐用年数 20年	耐用年数 30年	耐用年数 40年	耐用年数 65年
建築	外壁、屋上シーリング防水	屋上シート防水	屋上アスファルト防水 外部床防水 外部建具（鋼製） 外部鋼製金物類 内部仕上げ 内部建具（鋼製、木製）	外部建具（アルミ、ステンレス） 内部建具（アルミ、ステンレス） 内部建具（鋼製シャッター）	鉄筋コンクリート躯体 PC版外装 石貼床
電気	ITV設備 構内電話設備 テレビアンテナ	照明器具（屋外） 電気時計 火災報知設備 映像音響設備 インターホン 航空障害灯 蓄電池盤、 CVCF（定電圧定周波数電源） （耐用年数25年）	照明器具（屋内） 受変電設備 自家用発電機設備 幹線、電線類 分電盤、動力盤、端子盤 電線、ケーブル		
空調・衛生	空冷チリングユニット パッケージ型空調機 水中ポンプ 薬注装置 移動式粉末消火設備 移動式ハロン消火設備	空調機 全熱交換器 ポンプ	ダクト類 風量装置 便所設備 配管類 スプリンクラー設備 消火配管	配管類（一部）	
昇降機		［耐用年数18年］ ゴンドラ	［耐用年数30年］ エレベーター エスカレーター 機械駐車設備		

A. 個別改修　　B. 空調機他の改修　　C. 全体改修（空調機除く）

● （財）建築保全センターによる耐用年数を参考に作成

15 ライフサイクルを考慮した建築計画

事業プログラム | マネージメント | 条件の整理 | 全体の計画 | ワークプレイスの計画 | 各部の計画 | 環境の計画 | 構造・設備の計画 | その他の計画

- 劣化の種類と求められる性能を明らかにする
- 将来の改修計画を意識した建築計画を行う
- 運営・維持管理の視点からの要求条件を建築計画に盛り込む

ライフサイクルの視点からの建築計画 [fig.1]
- 建築計画は、建物全体の耐用年数や各構成要素の寿命に大きな影響を与える。長寿命で修繕・更新コストの小さい建物を計画する必要がある。

劣化の種類
- 建物、あるいはそれを構成する要素の劣化は以下に種別される。
- 社会的劣化：使用用途の変化や要求される機能・能力が当初の想定以上となることによる劣化
- 経済的劣化：修繕費が多大となり継続利用コストが更新コスト以上となることによる劣化
- 物理的劣化：建物の躯体・仕上げ材・設備機器等の劣化
- 一般的には物理的寿命をむかえる前に、社会的劣化・経済的劣化に起因して建替えが決定されることが多い。そのため、建物全体の長寿命化を図るためには、「建物のスペックに余裕を持たせること」「価値観の変化や使用用途の変更に対するフレキシビリティを持つこと」「部分的な修繕・更新に対する配慮が十分なされていること」が重要となる。イニシャルコストの増加を伴うことであり、クライアントの理解が不可欠となる。

求められる性能
- ライフサイクルを考慮した場合、オフィスビルに求められる性能は以下の通りとなる。
- 更新性能：建物全体の寿命の間に多くの部材や機器を更新する必要がある。更新性が悪いと取替え作業に多くの手間や無駄な費用がかかってしまう。建築計画の段階から将来の取替えを考慮して、無駄な出費を抑えるようにしておく必要がある。
- 耐久性能：イニシャルコストのみではなく、ライフサイクルコスト[No.11, 64参照]を比較して耐久性の高い材料を使用する。
- 可変性能：将来の建物の使用勝手の変化に耐えられるように、階高・床荷重等に余裕を持たせておく。
- 保全性能：維持管理段階での点検・清掃等の作業がしやすいように配慮をしておく。維持管理にかかる費用を削減することに繋がる。
- 省エネルギー、省資源：基本的に建物の方位・形状や屋根・外壁・ガラス等の断熱性能を検討することに加え、エネルギー消費量を比較し効率の良い設備機器やシステムを採用することが必要。機器やシステムは省エネに関する技術革新が著しいため、どの時点で採用を判断するかが重要なポイントとなる。

将来の改修計画の想定 [fig.2]
- 将来の改修計画を想定して、建築計画を行っておく必要がある。改修計画は、「改修時期」「仮移転や移転の方式」「仮移転・移転スペースの位置・規模」により大きく左右され、建築計画にも影響を与える。
- 改修時期：竣工後20年目前後に空調機械を中心とする改修時期が訪れる。竣工後30年目前後に訪れる全体改修と分割して工事を行うか、竣工後25年目前後に一括で工事を行うか整理が必要。
- 仮移転や移転の方式：入居部門が仮移転をして改修工事を行うか居ながらで改修工事を行うか、スウィングして改修工事を行うか、整理が必要。
- 仮移転・移転スペースの位置・規模：事務室や機械設備・電気設備の移転先について位置や規模の整理が必要。

仮移転・移転方式の定義
- 仮移転方式：いずれかの場所に仮移転スペースを整備し、入居部門あるいはテナントが仮移転を実施、改修後に元居た場所に戻る方式。
- 居ながら改修方式：入居部門がまったく仮移転・移転することなく改修を行う方式。
- スウィング改修方式：移転スペースをオフィスビル内に確保し、入居部門がフロアを変えて移転し、空いたスペースを改修する方式。元の入居部門は移転先に行ったきりであり、元居た場所には戻らない。

運営・維持管理上の要求条件 [fig.3]
- 企画の段階より、オフィスビルの運営・維持管理の基本方針について整理がされていることが重要である。その方針により、「セキュリティ計画」「中央監視室と防災センターの配置」「業務支援施設や生活支援施設の配置」「維持管理に必要なスペース・諸室の配置」等建築計画に関する条件が整理される。

| fig.1 | **ライフサイクルの視点からの建築計画**

[戦略] ←――――――――――――――――→ [手法]　　　●:適性が高い | ○:適性が低い

基本性能		[1] 長く使う (保全への対応)	[2] 新しく使う (変化への対応)	[3] 安く使う (LCCへの対応)	具体手法例
更新性能	躯体と設備の分離	●	●	●	スケルトン・インフィル[P.29参照]、設備機器・特高受変電設備の移転スペース・取替えルート、配管更新等の余裕スペース
	部位部材間の分離	●	●	●	
耐久性能	耐用年数への配慮	●	●	●	構造体の計画、外装材・配管等に耐久性のある材料を使用、設備機器:交換の容易な部品・シンプルな機器構成・耐用年数の違う機器や部材を混在させない
可変性能	平面・高さのゆとり	●	●	○	階高・天井高さ・床荷重等の余裕、予備スリーブの設置、ワークプレイス内に構造体が出ない計画、システム天井
	間仕切り変更対応	●	●	○	
保全性能	保全の簡便性	●	●	●	庇等の計画、高所メンテナンスへの対応
	メンテナンス通路の確保	●	●	●	
省エネルギー・省資源	建物外皮の高断熱化	○	○	○	アトリウムやペリメーターゾーンの自然換気・夜間外気取入れ、屋上緑化、庇等の計画、自然採光
	自然エネルギーの利用	○	●	●	
	省エネシステム・高性能機器	○	○	●	効率の良い設備機器の採用

| fig.2 | **将来の改修計画の想定**

[フロアの分類]
- 基準階ワークプレイス対応
- 特殊階ワークプレイス対応

・基準階については、改修計画についてパターン化が可能。
・特殊階については個別対応の改修計画。

[仮移転・移転方式の選択]

1 | 事務室
- 「仮移転改修方式」
- 「居ながら改修方式」
- 「スウィング改修方式」
→ 「仮移転・移転スペース:オフィスビル内」
　「仮移転・移転スペース:敷地外」
　「仮移転スペース:敷地内新設」

2 | 機械設備・電気設備
「移転方式」→「移転スペース:オフィスビル内」
　　　　　　　「同一室内での更新」

[位置・規模]
・ワークプレイスの仮移転・移転スペースの位置、規模の想定
・機械設備・電気設備の移転スペースの位置、規模の想定

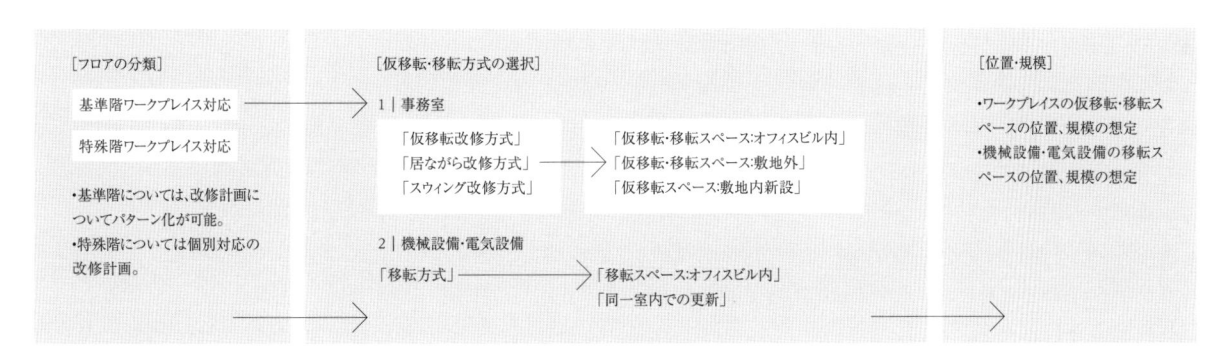

| fig.3 | **運営・維持管理上の要求条件**

運営・維持管理の内容		要求条件例
全般共通	目的の理解と実現	プロジェクトの目標耐用年数、運用目的についての運営・維持管理の基本方針
		目標耐用年数と比較して短い耐用年数のシステム・部材などについて、その保全を容易にするためのスペース・予備などを適正に確保
	運営・維持管理体制	運営維持管理体制のあり方(契約体制を含む)
		運営・維持管理に必要なスペースおよび諸室の設置・運用のあり方
		管理用諸室(作業事務室・休憩室・控室・宿泊室など)の利便性を配慮した設置計画
保全関連	劣化対策	建物本体のライフサイクル内での修繕・更新が必要な部位や設備の特定により、最適改修単位を策定
		最適改修単位について、改修周期・金額の明確化による大規模改修基本計画の策定
	省エネルギー対策 作業効率・安全	部位や設備の改修時に道連れ工事(本工事から派生する関連工事)が最小化できる計画の策定
		実施評価に基づく省エネルギー、高効率設備への転換計画の策定
		保全作業の効率および安全に配慮した設備の設置場所、レイアウト計画の策定
	建物対策・防災	エントランスロビーなど、吹抜け部分の高所作業に対して、安全を配慮した建築構造および設備設置計画の策定
		受変電室の上部や周辺に給配水管を設けない計画
維持管理関連	運転監視と防災	設備の運転監視業務と防災業務の効率的連繋を目指した中央監視室と防災センターの設置位置の計画
	エネルギー管理	省エネルギー対策を念頭に置いたエネルギー管理の考え方
	セキュリティ管理	入退管理、セキュリティシステム計画
運営関連	業務支援	受付・応接室・会議室のサービス、運営と配置計画
		郵便・宅配便の範囲、集配、取扱い方
	生活支援	駐車場利用に関する考え方
		食堂・喫茶・自販機サービスの考え方と配置および設備計画

16 リニューアルに関する条件の整理

| 事業プログラム | マネージメント | 条件の整理 | 全体の計画 | ワークプレイスの計画 | 各部の計画 | 環境の計画 | 構造・設備の計画 | その他の計画 |

調査・診断を行い、施設の劣化への対応を検討する
利用者や社会的ニーズの変化への対応方針を検討する
将来機能をどこまで先取りした改修方針とするか検討する

補修と改修

- 経年により建物の機能レベルは年々低下していくが、社会の建物機能に対する要求水準は年々高くなっていく。そのギャップを埋める行為として、低下した機能を元のレベルまで回復する行為を「補修」、その時点の社会的要求レベルまで機能を高め、さらに将来機能の先取りをして新たな価値を付加する行為を「改修」と呼ぶ。ここでは、「補修」「改修」両者を合わせたものを「リニューアル」と呼ぶ[F-1]。

リニューアルを実施する目的、対象の明確化

- 賃貸ビルであれば、賃貸オフィスとしての商品価値の向上が目的となり、自社ビルであれば、長期にわたる資産の保全が目的となる。クライアントの意図やプロジェクトにより、「安全性の確保と向上」「老朽化更新」「利便性向上・性能改善」「イメージアップ」の優先順位が変わってくる。
- 建物診断や入居者へのアンケートを踏まえて、メインコンセプトを決定する必要がある。環境負荷の低減や省エネ、ユニバーサルデザインに関する対応がビルの価値に大きく影響を与える時代になっている[fig.1]。

F-1 リニューアルの概念

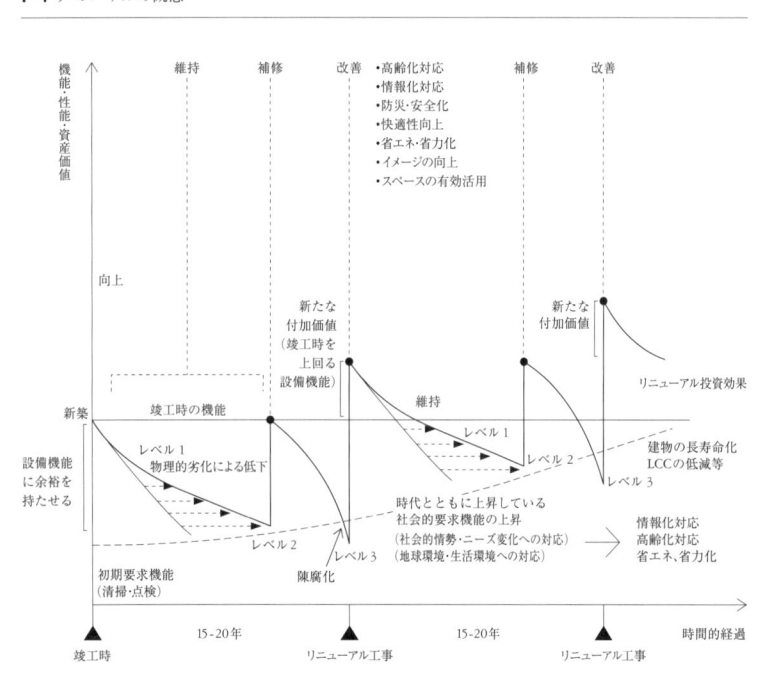

1｜安全性の確保と向上

- クライアントのコンプライアンスにもかかわってくる項目であり、最優先での検討が必要である。
- 現行法令適合水準への改善（既存不適格建築物の増築等については、基本的には現行法令が遡及適用されるが、全体計画認定を用いて遡及適用が猶予される場合もある）、BCP（事業継続性）対応（電力の確保、給排水機能の確保）、防犯対応（現状把握と改善）、アスベスト対応、長周期振動地震に対する耐震性能の向上等。

2｜老朽化更新

- 的確な維持管理がなされているかどうか、中長期的に管理費用の増大が予測されるかといった具体的な判断が必要であり経済的リスクも抱えている。

2-1｜耐用年数到来対応

- ビルの将来の使用可能年限について目標を設定し、本リニューアルがどのサイクルに当たるかを明確化
- 建物診断等からの改修完了目標年の設定

2-2｜フレキシビリティとメンテナビリティの向上

- 長期的に耐用性のある施設として機能を向上
- 機器・配管等の更新に関する柔軟性、建物や設備の保全のしやすさの向上

3｜利便性向上・性能改善

- 自社ビルの場合は業務効率性・快適性の向上に繋がり、賃貸ビルの場合は収益向上の大きな要素となる。環境負荷の低減・省エネ、ユニバーサルデザイン[No.41参照]は、今後、企業や不動産事業者にとって必ず対応すべき項目である。

4｜イメージアップ

- 自社ビルの場合は顧客へのアピールとともに業務快適性の向上に繋がり、賃貸ビルの場合は収益向上の大きな要素となる。
- ワークプレイスの内部だけではなく、ビルの外装、ロビー・エントランス等の足元まわり、廊下・トイレ等の基準階共用部のリニューアルもビルの資産価値向上に大きく繋がる。

リニューアル設計に関する留意点

- リニューアル設計は既存建物の現状把握を十分に実施する必要があり、計画工事内容が所定の工期内に収まるかどうか施工者との協議も必要となる。十分な設計予算の確保が必要となる。

| fig.1 | **リニューアルを実施する目的の整理と主要検討課題** |

リニューアルを実施する目的 → 検討・計画対象

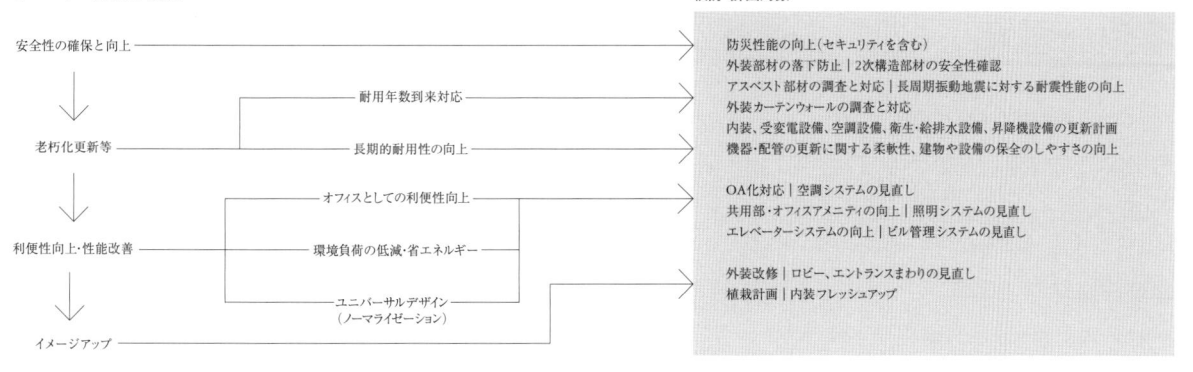

- 安全性の確保と向上
- 老朽化更新等
  - 耐用年数到来対応
  - 長期的耐用性の向上
- 利便性向上・性能改善
  - オフィスとしての利便性向上
  - 環境負荷の低減・省エネルギー
  - ユニバーサルデザイン（ノーマライゼーション）
- イメージアップ

検討・計画対象：
- 防災性能の向上（セキュリティを含む）
- 外装部材の落下防止｜2次構造部材の安全性確認
- アスベスト部材の調査と対応｜長周期振動地震に対する耐震性能の向上
- 外装カーテンウォールの調査と対応
- 内装、受変電設備、空調設備、衛生・給排水設備、昇降機設備の更新計画
- 機器・配管の更新に関する柔軟性、建物や設備の保全のしやすさの向上
- OA化対応｜空調システムの見直し
- 共用部・オフィスアメニティの向上｜照明システムの見直し
- エレベーターシステムの向上｜ビル管理システムの見直し
- 外装改修｜ロビー、エントランスまわりの見直し
- 植栽計画｜内装フレッシュアップ

| fig.2 | **オフィスビルリニューアル事例** |

建物名称		Aビル（賃貸ビル）	Bビル（賃貸ビル）	Cビル（賃貸ビル）
竣工年		1960年代後半	1990年代当初	1970年代半ば
階数		地下3階／地上36階	地下3階／地上40階	地下3階／地上55階
改修年		1989年-1994年	1994年-1997年	1996年-2000年
改修の目的		・賃貸オフィスとしての商品価値向上 ・安全性確保、設備面（空調・電気）の機能・グレードを改修時の水準に発展・拡充	・賃貸オフィスとしての商品価値向上 ・快適な環境の提供、機能性の向上、サービス機能の向上	賃貸オフィスとしての商品価値向上 設備性能の向上、安全性の確立
各設備等の改修内容	基準階執務スペース内	システム天井に変更、壁塗装、入口扉改修、床仕上げをタイルカーペットに、OAフロアはオプション対応	天井塗装、壁塗装	天井全面改修、OAフロアの設置、ブラインド更新
	電気	・既存特高受電室内空きスペース+一部拡張スペースで新設切替え ・地下2階および13階機械室階内に新サブ電気室、屋上にキュービクルを増設して切替え	・機械室空きスペースに特高新設 ・サブ変電設備は空きスペースに仮設変電所を設けて更新 ・竪幹線はシャフト内空きスペースに新設して切替え	電気室内での設備更新
	熱源設備	・機械室内での熱源設備更新（熱源設備はDHC——地域冷暖房システムとして設置） ・中間階機械室は、空調システムの変更（セントラルから各階個別へ）に伴い、不要設備機器撤去スペースを利用して更新	・熱源設備更新。機械室スペースに余裕あり ・空調機は仮設の空調機を設置して順次更新。機械室スペースに余裕あり	地域熱源を利用しており、ビル内の更新は不要
	空調方式（インテリア）	ゾーンごとのセントラル空調から各階個別方式に変更	ゾーンごとのセントラル空調方式	ゾーンごとのセントラル空調から各階個別方式に変更
	OA電源容量	15 VA/m² → 45 VA/m²（100 V）	15 VA/m² → 50 VA/m²	30 VA/m² → 50 VA/m²
	衛生設備	全面更新（竪管も含め更新）	全面更新（竪管も含め更新） 竪管は新設して切替え	全面更新（竪管も含め更新）
改修方法		「施設内仮移転改修方式」：敷地内に仮オフィスをつくり、テナントを一時的に仮移転させた	「居ながら改修方式」：週末を利用、空調停止なしで1フロアごとに工事	「スウィング改修方式」：空室階から着手。テナントはリニューアルが完了した階に順次移転
環境面、安全・安心面での機能向上	環境負荷低減／設備改修	空調システムの省エネ化 節水型トイレ	空調システムの省エネ化 節水型トイレ	空調システムの省エネ化 節水型トイレ 照明器具をHf化
	他	なし	太陽光発電装置80kW	なし
	安全・安心／ユニバーサルデザイン	身障者対応エレベーター 身障者用トイレ導入 身障者用スロープ設置	サイン工事（和英併記）	身障者対応エレベーター 身障者用トイレ導入 サイン工事
	防災性	エレベーターの管制運転機能の導入 エレベーターホールの防火区画化 現行消防法への適法化	エレベーターの管制運転機能の導入 テナントサーバー用非常用発電機の増設	エレベーターの管制運転機能の導入 吸引排煙を加圧排煙に変更 現行消防法への適法化

●14 予防保全計画の重要性→P.54

17 事業プログラム | マネージメント | 条件の整理 | 全体の計画 | ワークプレイスの計画 | 各部の計画 | 環境の計画 | 構造・設備の計画 | その他の計画

事業計画書──設計条件書の作成

ファシリティ戦略を取りまとめる
事業判断結果を取りまとめる
事業プログラムにおける設計条件を取りまとめる

事業計画書

- クライアントの事業着手判断のよりどころとするため「事業計画書」を作成する[fig.1]。

1｜基礎調査編

- クライアント内部、特に経営者間で「課題は何か」「オフィス整備の動機」に関する共通認識を得る上で重要なポイントである。基礎調査が実施されていれば、事業着手が先延ばしになっても再び遡って課題の調査・検討を行うロスを省くことができる(時差補正は必要)。

2｜ファシリティ戦略編

- 基礎調査で得られた課題解決の方針を受け、事業着手の判断を得やすいようにポイントを簡潔にまとめることが重要である。事業計画のベースとなる位置づけである。

3｜事業計画編

- 事業着手のための基本計画の位置づけ。

設計条件書

- より良い設計者を選定し、クライアントの計画意図を明確に伝えるため、要求性能水準を明らかにした「設計条件書」を作成する[fig.2]。事業計画書の一部として施設に求められる性能を明らかにする。

1｜全体方針

- 設計者がクライアントの事業目的・目標を十分汲み取れるように記載する。
- 「上位計画−法規制」「周辺状況−敷地条件」「施設整備方針」「施設の基本的性能基準」等。

2｜具体条件

- クライアント側の具体的な性能条件について記載をする。ない場合には設計段階でのロスが発生するリスクが大きい。
- 「動線計画−モデルプログラム」「各室面積表−各室性能表−床荷重表」「セキュリティレベル表」「特殊負荷一覧表」「概略予算」「予定工程表」等。

ファシリティプランの例（方向性の選択肢）[F-1]

- クライアント側の経営者が判断しやすいように、規模・コスト・スケジュールについてポイントだけをまとめる。メリット・デメリットを整理し、最も推薦する案についての可否を問う。

F-1 ファシリティプランの例

選択肢案	概要	基礎情報	施設整備費・スケジュール(容積率を最大活用したケース)	メリット・デメリット比較			その他
				老朽化・耐震の課題解決	拡張可能床(フレキシビリティ)	従業員への影響	
A	既存建物をリニューアルし継続使用	敷地面積：○○○m² 容積率：○○○% 許容延べ面積：○○○m² 現状延べ面積：○○○m² 拡張可能延べ床：○○○m²	投資額：約○○○億円、期間：約○年 (新築延べ面積：○○,○○○m²) 大規模修繕・設備更新費等 約○○億円 耐震補強 約○○億円 新築 約○○○億円/○年	耐震○ 老朽化△ 残る部分あり	○	○ なし	・使い勝手がさらに悪化 ・耐震補強の居ながら工事は困難
B	① スクラップ＆ビルド 現行法規内で建替え	敷地面積：○○○m² 容積率：○○○% 許容延べ面積：○○○m² 現状延べ面積：○○○m² 拡張可能延べ床：○○○m²	投資額：約○○○億円、期間：約○年 (新築延べ面積：○○,○○○m²) 準備期間 −/○年 I期工事 約○○○億円/○年(建物竣工) II期工事 約○○○億円/○年(建物竣工) 解体他 約○○○億円/○年 ※期間は土壌対策含む(土壌対策費は別途)	○ 段階的に解決	○	○ なし	・整備期間中の機能維持に工夫が必要
	② 都市計画手法を活用した再開発 容積率割増し後建替え	敷地面積：○○○m² 容積率：○○○% 許容延べ面積：○○○m² 現状延べ面積：○○○m² 拡張可能延べ床：○○○m²	投資額：約○○○億円、期間：約○年 (新築延べ面積：○○,○○○m²) 準備期間 −/○年 I期工事 約○○○億円/○年(建物竣工) II期工事 約○○○億円/○年(建物竣工) 解体他 約○○○億円/○年 ※期間は土壌対策含む(土壌対策費は別途)	○ 段階的に解決	◎	○ なし	・整備期間中の機能維持に工夫が必要 ・入居人員増に伴い、街としてのキャパシティに課題が発生 ・事務所規模拡大に伴い、企業としての集中リスクが高まる ・他拠点の整理によるコストダウンが可能
C	移転して新規展開 某所での土地取得を想定	敷地面積：○○○m² 容積率：○○○% 許容延べ面積：○○○m² 現状延べ面積：○○○m² 拡張可能延べ床：○○○m²	投資額：約○○○億円、期間：約○年 (新築延べ面積：○○,○○○m²) 準備期間 −/○年 施設整備費 約○○億円/○年(建物竣工) (土地購入費 約○○○億円)	◎ 一度に解決	△	× 通勤への影響	・開発型証券化の可能性が高い

| fig.1 | **事業計画書の目次例**

事業計画書			
	基礎調査編	1	全社的機能分担・配置、立地ポテンシャル
		2	バックアップ機能
		3	セキュリティ・防災対応
		4	施設老朽化の状況
		5	安全性の状況
		6	環境対応の状況
		7	執務環境
		8	経済効率性
		9	従業員満足度
		10	地域社会との共存
		11	資産価値
		12	市場調査(賃貸ビルの場合)
	ファシリティ戦略編	1	経営者へのヒアリング (オフィスに望む機能・コンセプト、知的生産性を向上させるようなアイデア、ファシリティのあり方)
		2	オフィスのあり方
		3	ファシリティプラン 複数案 (方向性の選択肢:既存建物のリニューアル継続使用、スクラップ&ビルド、都市計画手法を活用した再開発、移転して新規展開)
	事業計画編	1	プロジェクトに対する事業の目的・目標
		2	事業推進体制
		3	計画地基礎指標
		4	設計条件書
		5	建築計画企画案 (配置計画の考え方、マスタープラン素案、事業全体スケジュール建替えステップ、フェーズごとの概算投資金額、面積表)
		6	事業収支計画(賃貸ビルの場合)
		7	総合評価
		8	今後の進め方

| fig.2 | **設計条件書の目次例**

1	上位計画−法規制: 上位計画等における計画地の位置づけを明確にし、関連法規制の一覧を示す。
2	周辺状況−敷地条件: 周辺の開発動向、敷地の所在、地積、道路状況、地質、給排水・電気・ガス等の周辺インフラ整備状況等を示す。
3	施設整備方針: 事業目的より、建築計画の基本方針を示す。
4	施設の基本的性能基準: 環境保全性、安全性、機能性(情報化対応等)、経済性等を示す。
5	動線計画−モデルプログラム: 基本的棟配置、階別配置、組織間の相関関係、構造の考え方、執務室内レイアウトの考え方、応接の考え方、 役員室・会議室の考え方等を示す。
6	各室面積表−各室性能表−床荷重表: 各室の建築性能、電気設備性能、機械設備性能等を示す。
7	セキュリティレベル表: アクセス者の特性に応じ、アクセスの可能・不可能・許可が必要等の分類でセキュリティレベル一覧を示す。
8	特殊負荷一覧表: 電気機器、パソコン等オフィスに持ち込む機器が明確な場合は一覧を示し、 各室・施設全体の電気負荷容量設定の参考とする。
9	概略予算
10	予定工程表

● 20 設計スケジュール→**P.68** | 23 立地条件・敷地特性[1]→**P.74** | 24 立地条件・敷地特性[2]→**P.76**
27 法規・行政→**P.82** | 32 配置と主動線計画→**P.96** | 33 面積構成の設定→**P.98** | 62 防犯・セキュリティ→**P.168**

2 | 基本計画

- 事業プログラムに反映された事業主の意志を、具体的な形とするための設計条件として整理する。
- 知的生産性・経済・安全・社会性・快適性・
  環境・都市・コンプライアンス・技術などの視点を持って計画する。
- 基本計画で、オフィスの基本的な性能(ワークプレイスの質)と
  環境に対する方針(周辺地域や都市への影響)が決定づけられ、基本設計へと引き継がれる。

知的生産性
経済
安全
社会性
快適性
環境
都市
コンプライアンス
技術

オフィスの基本計画

基本計画書はオフィス計画の全体骨格となる
基本計画書で決定された内容は後戻りできないことばかり
基本計画書の目次が計画全体のあらましを示す

基本計画とは
- 事業主からの要件、敷地条件、設計意図等が総合的に融合されたものがオフィス建築として最終的に立ち上がる。基本計画はその計画の基本骨格を決定する。

コンセプト
- コンセプトとは設計意図のエッセンスであり、事業主に説明するためだけのものではなく、設計者自らが設計をしていく上で、その内容を確認するための「指針」である。
- 言葉とスケッチの組合せの場合、言葉だけの場合もあり、あるいはスケッチだけの場合もあり得るが、内容を単純化し、設計者のアイデアが明確に浮彫りになるように作成することが肝要。

配置図
- 建築と敷地全体、さらには周辺との関係を示す、最も重要な図面の一つ。
- 都市空間と関連する機能を具体的に記載し、建築の使われ方が一目でわかるように情報を整理する。スケール・方位・道路あるいは隣地・周辺街区との関係、敷地における建築の位置、出入口の位置等を明記する。
- 特に大規模オフィスについては、周辺環境への影響も大きいため、都市計画的観点からの広域の配置図を使った検討も必須である。

一般図（平面・立面・断面）
- 平面図・立面図・断面図からなる、建築の全体概要を示す図面である。
- 平面図においては動線の骨格・開口部の位置等が明確にわかるように表現する。断面図についてはその計画の空間的特徴を最もよく表現できる部位を選ぶ。立面図については、建築の基本的プロポーションや、開口のデザインなど、基本的な姿を確認する。

構造
- バランスの良い柱・耐震要素の配置によって、耐震的にも安全で、経済的であり、機能にも適合した構造計画が重要である。

設備
- 電気設備・空調設備・給排水設備はグレード設定に直接かかわる重要要素であり、省エネ、快適性、管理のしやすさを十分考慮して設定される必要がある。賃貸ビルにおいては、他事例との比較を十分に行い、賃貸マーケットにおける競争力をよく確認することが重要だが、自社ビルにおいては、その会社独自の理由から求められる機能や空間があるため、事業主自身の設定スペックがより重要となる。

法規
- 詳細設計に移行する段階になって、建築計画の基本的骨格を変更せざるを得ないようなことにならないように、法規チェックリストを活用する。申請スケジュールも確認しておく。

グレード・工事費
- 建築設計のグレードと工事費は、初期の段階から事業主と十分協議して進める必要がある。
事業主より設計条件として与えられる場合がほとんどであるが、類似例を参考にすることでまずは全体のバランスをつかむことが重要である。
- どのように予算を使うのかと考えることもデザインの重要な一部である（コストデザイン）。

面積
- 自社ビル、賃貸ビルにかかわらず、面積算定はプロジェクト全体の事業性を左右する内容のため、基本計画時における各種面積設定は重要である。法規的な面積（延べ面積、容積対象面積）だけではなく、有効率にかかわる専有面積（オフィスとして利用可能な面積）を算定することが重要。

イメージパース（模型写真）
- 建築、敷地全体を表現する、一枚の絵、あるいは模型写真。一枚の絵や模型が語る建築の全体像の提示は計画初期に特に重要である。単に事業主への説明のためではなく、設計者自らが確認するためにも重要な手段である。

| fig.1 | 基本計画の取りまとめのフロー

[criteria] → [strategy] → [design]

社会条件
- 法規 → 計画コンセプト
- 開発条件 → イメージパース
- 景観 → 配置図
- → 平面図
- 社会トレンド → 立面図
- → 断面図
- 敷地形状 → 外構図

プロジェクト条件
- 用途 → 面積表
- グレード → 法規チェックリスト
- 工事費 → 構造形式
- → 給排水方式
- 地域文化 → 空調方式
- 気候条件 → 電気設備方式

strategy図中ラベル: shape / idea A / art / idea B / volume / operation / idea C / nature / eco / activities

- 社会条件やプロジェクト条件を、設計者の頭の中でさまざまに組み替える
- 異なる条件が重なり合い、新しいアイデアとして生まれる
- そのアイデアを各々のデザイン・機能として具体化する

● 22 事業主の条件の整理→P.72 | 23 立地条件・敷地特性[1]→P.74 | 24 立地条件・敷地特性[2]→P.76
27 法規・行政→P.82 | 28 計画コンセプト→P.84 | 31 断面構成→P.92 | 32 配置と主動線計画→P.96 | 33 面積構成の設定→P.98
55 構造→P.154 | 56 電気→P.156 | 57 空調→P.158 | 58 給排水→P.160 | 64 コスト計画[1]→P.174 | 65 コスト計画[2]→P.176

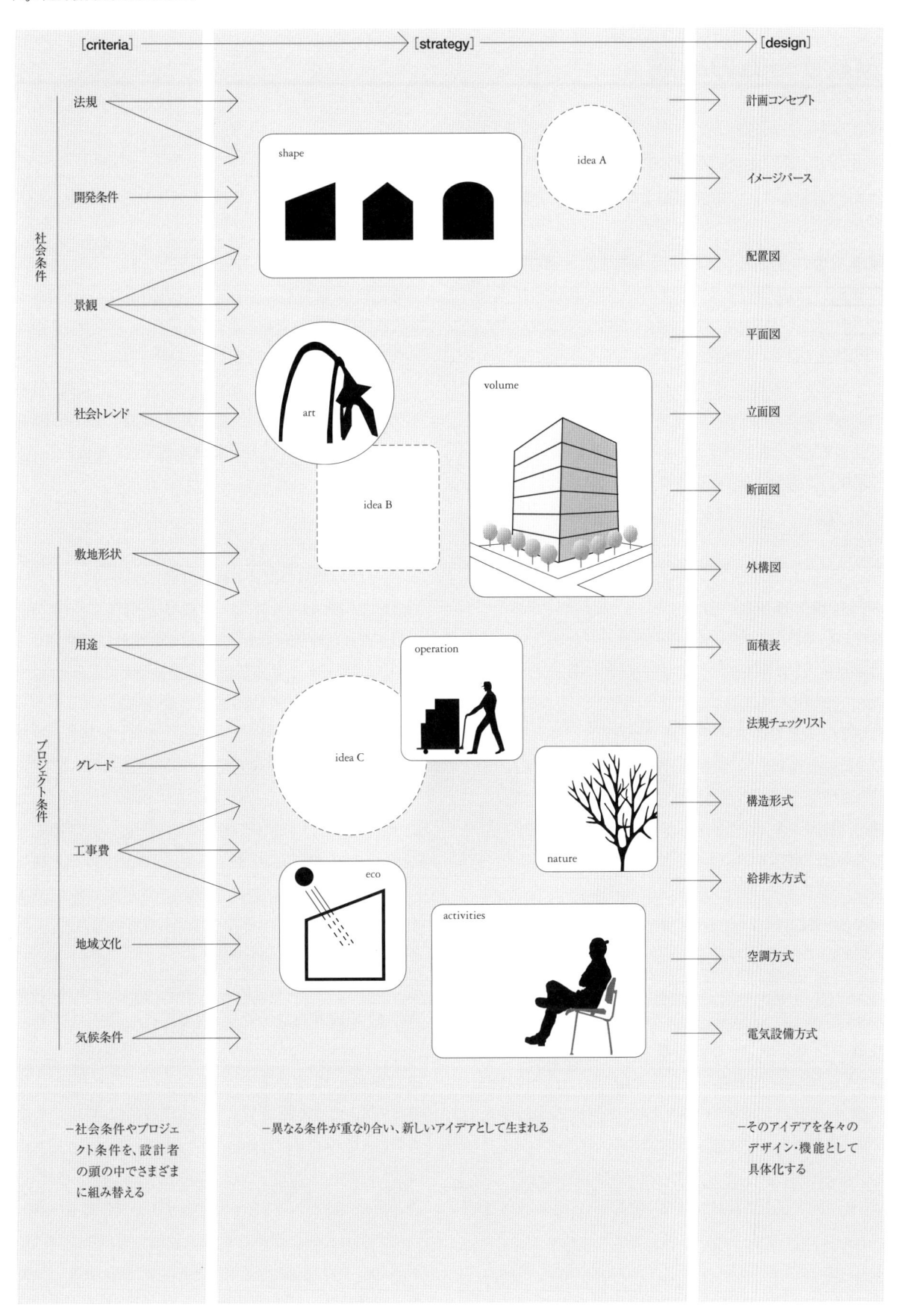

065

19 | マネージメント

設計チームの編成

建物規模、計画内容、設計スケジュールに応じてチームを編成する
業務分担、責任範囲、契約形態を明確にする
外部コンサルタント等が必要であるか検討する

建物規模とスケジュールに応じたチーム編成
- 設計チームを決める大きな要素は、建物規模、計画内容（賃貸ビルか自社ビルか、複合用途か単一用途か、複雑な手続きがあるか等）、コンセプト、目標とする全体スケジュールである。
- 基本計画後の設計は、配置や全体イメージ、基本仕様を決める基本設計、建設するための仕様書や図面を作成する実施設計、設計者が施工者に設計意図を伝え、設計図書の品質の実現を確認する監理の3つの段階があるが、それぞれの段階に応じて、適切なメンバーと人数を決める必要がある[fig.2]。

専門技術事務所との連携
- 意匠設計者のみを擁する建築設計事務所の場合は、構造設計事務所、設備設計事務所等の専門技術事務所とチームを組むことが必須となる[fig.1]。
- この場合、意匠設計事務所からそれぞれの専門技術事務所に設計の一部を再委託するのが通常である。また、成果品としての模型やパースを外部の専門会社に委託する場合がある。他の会社や事務所に委託する場合は、あらかじめ業務分担・責任範囲・報酬等の取決めをすることが必要である。
- 意匠設計事務所のチーフ（狭義のプロジェクトマネージャー）は、事業主との窓口およびチーム内のまとめ役のみならず、外部コンサルタントを含めた設計チーム全体をまとめ上げる能力が求められる。

外部コンサルタントとの連携 [fig.1]
- 自社ビルの場合の役員階等の特殊内装、広い外構がある場合等、インテリア、ランドスケープ、ライティング（照明）、外装デザイン等の専門デザイナーを起用することもある。
- 設計作業も複雑化し、大規模なプロジェクトにおいては、ファシリティマネージャー、防災、都市計画、環境アセスメント、土木等各種のコンサルタントと協働する機会が増えている。
- 特に、オフィスを単なるスペースとしてとらえるのではなく、経営戦略としてワークプレイスのあり方、仕事の進め方から考えていく場合はファシリティマネジメントの役割が重要である。

設計事務所の規模
- 設計事務所によっては、意匠、構造、設備部門を内部に有する総合設計事務所があり、さらに一部の専門コンサルタントを内部に有する設計事務所も存在する[fig.1]。
- 総合設計事務所の場合も、それぞれの役割ごとに独立した専門家として、相互の責任・業務範囲とプロジェクトの目標を明確にすべきことは、各専門技術事務所との連携の場合と同一である。

設計JV（Joint Venture）
- 設計JVとは、複数の設計組織が協働し、特定のプロジェクトのために組織された設計チームのことをいう。
- 小規模な設計事務所であっても、適切な設計JVを組織することによって、それぞれの事務所の得意分野を合わせて、それぞれの不足するリソースを補うことができる。
- 事業主の意向や地域性によっては、大都市に拠点を持つ設計事務所と地元の設計事務所がJVを組む場合もある。
- 大規模なプロジェクトの場合は、総合設計事務所同士、あるいは総合設計事務所とアトリエ事務所等でJVを組む場合がある。
- これらの場合、設計内容に応じた役割分担、あるいは建物別の役割分担、あるいは合同で設計チームを組む等、さまざまな場合が考えられるが、それぞれの事務所の能力に応じたチーム編成と責任・業務範囲とプロジェクトの目標を明確にした上で、技術力と法的な責任能力がある設計事務所を、全体のまとめ役とすることが必要である。

確認申請上の設計者
- 確認申請上の設計者は、建築士法に定める設計者としての法的責任を負わなければならないので、特に設計JVを組む場合は誰が確認申請上の設計者かが極めて重要である。設計フェーズごとに役割が変わっていく場合でも、確認申請上の設計者は、実施設計を取りまとめた設計者となることが多い。
- 平成20年11月施行の改正建築士法にて、構造設計一級建築士、設備設計一級建築士が創設され、それぞれの責任分担が明確になった。それまでは意匠設計者が設計責任を代表してきたが、各専門技術設計者の責任の所在を明確化するものである。

| fig.1 | **建物規模によるチーム編成の事例**

最小の設計チーム

意匠設計専門の事務所の場合は、構造、設備等の専門技術事務所とチームを組むことになる。一方、意匠、構造、設備部門を内包する総合設計事務所の場合は、多くの場合組織内での設計チーム編成が可能。

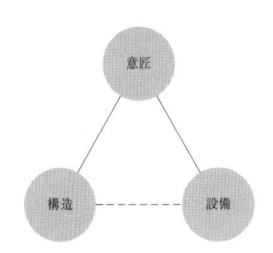

グラスオフィスヒロシマ

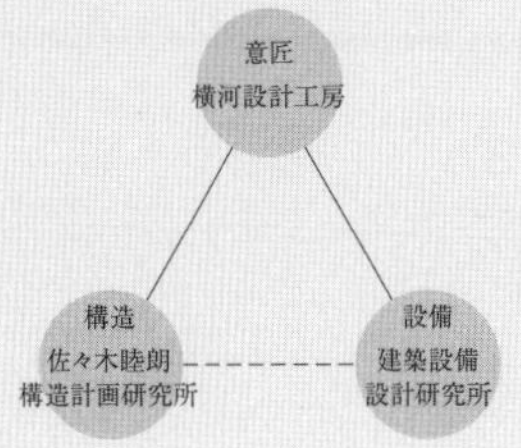

外部コンサルタントとの連携

建物規模の巨大化、内容の複雑かつ高度化等に伴い、さまざまな分野の専門家と連携した設計体制が必要なプロジェクトが増えている。図に示した専門コンサルタントは一例にすぎず、それらの中から必要に応じてチームを組むことになる。

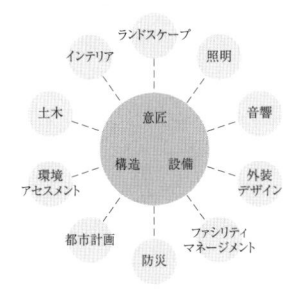

汐留シティセンター

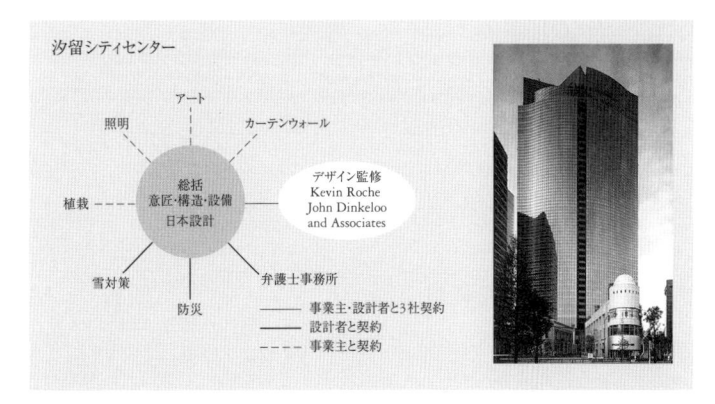

大規模な総合設計事務所の場合

専門コンサルタントを内包している大規模な総合設計事務所の場合、部門間の情報・意思伝達が比較的スムーズに行われる。それぞれが独立した専門家でありながら総合的な対応が可能である。

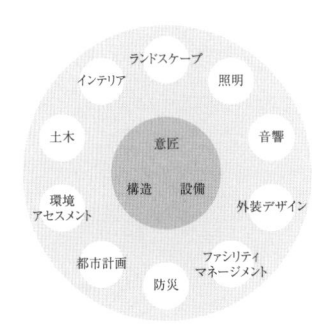

ミッドランドスクエア

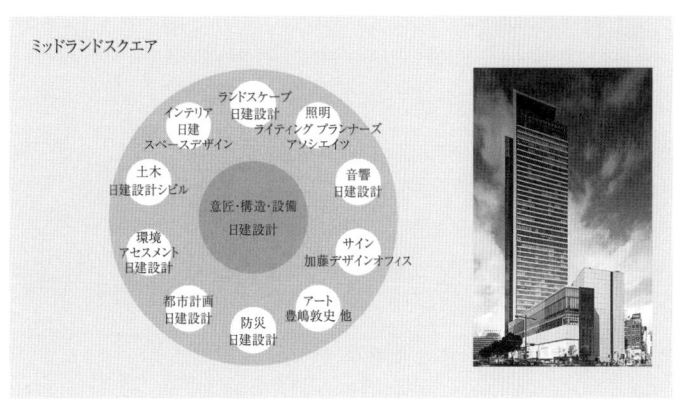

| fig.2 | **設計の各段階におけるマンパワーの事例**

実施設計の段階で最もマンパワーが必要なことが読み取れる。
下段の総合設計による賃貸ビル2の事例は設計者による監理に重点を置いた事例。

賃貸ビル1(一般法規・延べ面積2,300m²・2003年竣工) — 累計 ■設計 ■構造 ■設備 ■監理 □積算その他

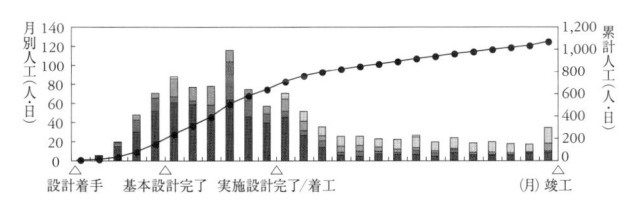

賃貸ビル2(総合設計・延べ面積29,700m²・2004年竣工) — 累計 ■設計 ■構造 ■設備 ■監理 □積算その他

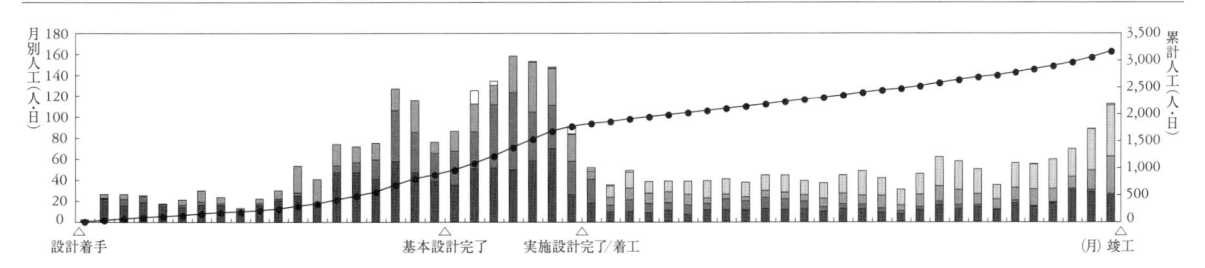

20 | 事業プログラム | **マネージメント** | 条件の整理 | 全体の計画 | ワークプレイスの計画 | 各部の計画 | 環境の計画 | 構造・設備の計画 | その他の計画

設計スケジュール

事業主とスケジュールを共有する
クリティカルパスを見極めて、スケジュールづくりを行う
許認可申請の情報を収集して、スケジュールに組み込む

設計期間
- プロジェクトの初期段階において、基本計画・基本設計→実施設計→着工のスケジュールを、設計者が専門的な立場から協力し、事業主とスケジュールを共有することが必要である。
- 設計にかかる期間は、プロジェクトの特殊要因によって大きく左右される[fig.1]。

クリティカルパスの把握 [fig.1]
- 設計プロセスの中で必要なタスクを抽出し、あるタスクに対して必要とされる見込みの時間と、次のタスクへ進むために決定すべき項目の関連を見出す。
- それらを時間軸に沿って流れを検証し、全体が最短となるように組み直すことによって、目標とするスケジュールを見出すことができる。
- このとき、全体の期間を決定している流れがクリティカルパスである。このスケジュールを適切に管理することが、プロジェクト全体の進捗を管理するために極めて重要である。

マスタースケジュールと個別スケジュール
- 複雑な手続のあるプロジェクトや、長期にわたるプロジェクトでは、着手から完成に至るマスタースケジュールとは別に、短いスパンに限って必要な手続を抽出した、あるいは、申請手続のみを抽出した個別スケジュールを作成したほうが、目標を立てやすく進捗を確認しやすい。

基本計画・基本設計
- 基本計画おいては条件の整理を行う。
- 基本設計においてはプラン、外装、構造形式、設備システム等を検討し、建物のほぼすべての基本仕様・性能を決定する。

実施設計
- 実施設計段階では、基本設計に沿って、積算、契約、建設するための図面を作成する。
- デザイン、各性能・仕様の詳細検討を行い、施工者が施工方法を検討し詳細な見積書を作成できるよう、具体的な材料や工法を図面や仕様書で示す。
- 建設工事費[No.65参照]をもれなく見積を行うことができる図面とする。通常、この段階が設計者にとって最も人手と時間を要する段階である。

許認可と設計スケジュール [fig.2]
- 大規模開発においては、許認可のタイミングによって設計スケジュールが規定され、許認可スケジュールがクリティカルパスとなる場合が多い。
- 適用する開発手法の検討[No.26参照]とともに、必要となる許認可手続について、その全容把握と許認可時点で求められる設計の精度、手続に要する期間を事前に関係行政庁と打合せの上、確認しておくことが必須である。
- 特に、構造評定と確認申請のように、一つの手続の前に別の手続を済ませなければならない場合を洗い出しておくことが必要である。

工事発注方式
- 設計プロセスの中で、いつ施工者を決定(工事発注)するかは設計スケジュールを策定する上で重要である[No.08参照]。
- 発注方式により、作成する発注用図面の体裁、まとめ方が異なる場合がある。
- 特に、基本設計発注といわれる性能発注の一形態のような場合、通常の基本設計図書に付加すべき図面や書類が必要となるので、この期間を適切に見込んでスケジュールを策定する必要がある。

建設工期
- 工期に大きく影響を与える要因を確認し、設計条件として把握しておくことが必要である。
- 基本計画の段階では、計画建物の詳細な建設工期についての設定には限界がある。
- この時点では、地下階数、地上階数や規模、構造形式等に関する類似例の実績工期を参考に設定することになる。

| fig.1 | **設計手法によるスケジュールの比較**（表中においてグレーで示したルートがクリティカルパス）

一般法規

一般法規で確認申請のみの場合。
クリティカルパスは、実施設計の進捗で決まる。

総合設計（＋構造評定）

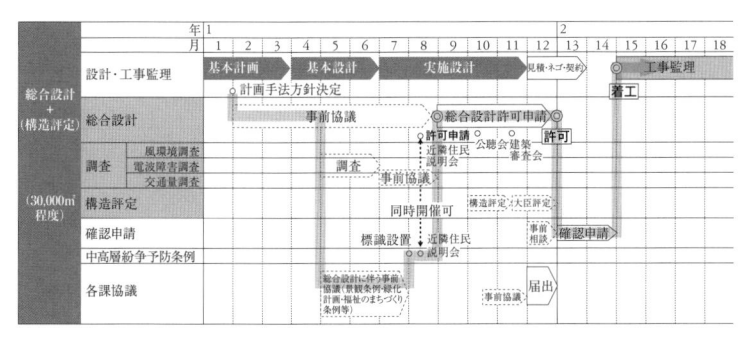

総合設計の場合。基本計画段階から行政との協議が必要で、クリティカルパスはこの協議に左右される。
この場合、構造評定は総合設計許可申請中に行えるので、クリティカルパスにはならない。

地区計画（＋構造評定）

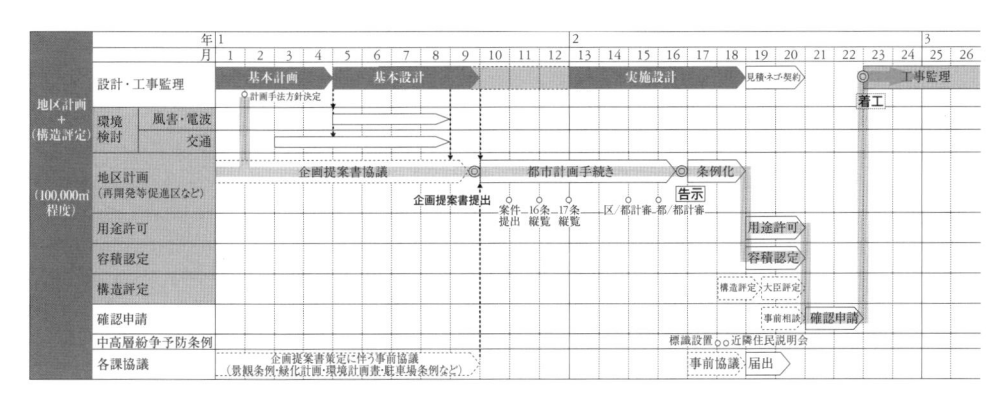

地区計画の場合。基本計画以前にも行政との協議が必要。都市計画手続がクリティカルパスとなり、
条例化以降は建築基準法の容積認定、用途許可等から、確認申請がクリティカルパスとなる。この場合も構造評定はクリティカルパスにはならない。

地区計画＋環境アセスメント（＋構造評定）

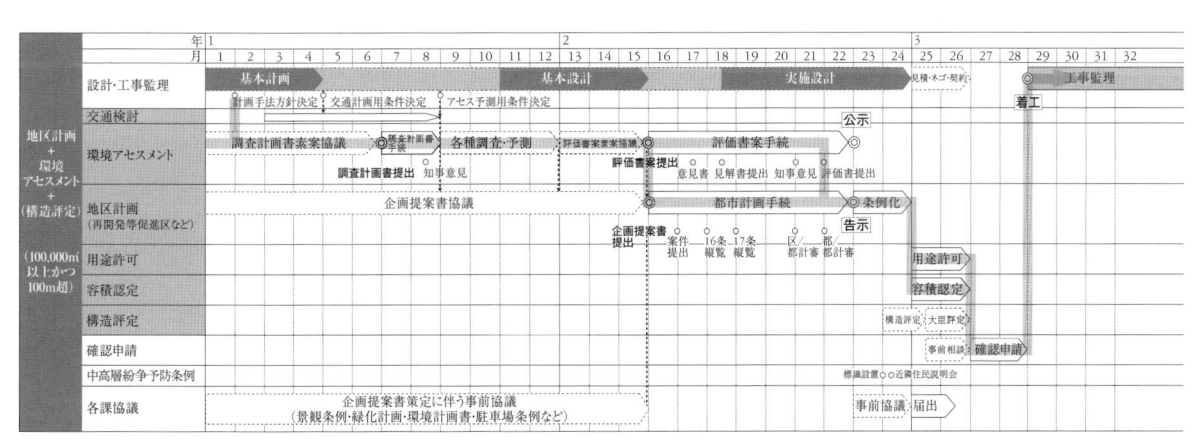

地区計画に加え環境アセスメントを行う場合。
基本計画段階で概略のボリュームを決定し、風洞実験、電波障害調査等の環境アセスメントを始めなければならない。

| fig.2 | **建物規模と設計スケジュール**（基本設計＋実施設計）

基本計画段階は含まない。
物件によって大きくばらつきがあるが、一定の相関関係は見て取れる。

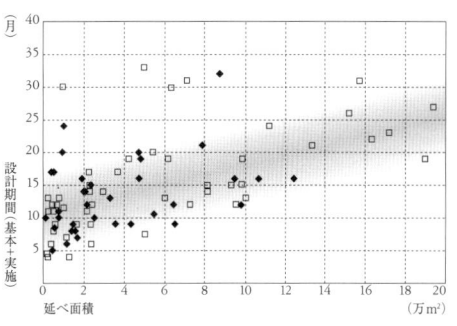

データ集計 1995-2008年

◆ 自社ビル　□ 賃貸ビル

21 事業主とのコミュニケーション

事業プログラム | **マネージメント** | 条件の整理 | 全体の計画 | ワークプレイスの計画 | 各部の計画 | 環境の計画 | 構造・設備の計画 | その他の計画

事業主の意思決定方法を確認する
事業主と設計者が、すみやかに意思疎通、情報共有ができるようにする
基本設計書で、すべての基本仕様を決定し、事業主の確認を得る

意思決定方法の確立
- すべてが社長等のトップの決裁となる場合、担当者からその上司、さらにその上司へと段階を経て合意を得なければならない場合等、事業主によって意思決定方法はさまざまである。最初に、プロジェクトにおける最終意思決定者の確認と、意思決定や承認までのプロセスおよびルート・予定必要時間の確認を行う必要がある。
- 協議の過程において、事業主側の意思決定に重要な役割を担うキーマンを見極めることが重要である。

会議体・打合せ体制の設定
- プロジェクトごとの特性に応じた設計条件を初期の段階に抽出、的確に案を提示するとともに、事業主との合意事項、検討・確認事項をスケジュール化する[fig.1]。
- このスケジュールにもとづき、意思決定や承認の時期設定、必要十分な会議体・打合せ体制(出席者)・開催頻度の設定を行う。

連絡方法・各書式の設定
- 会議体・打合せ体制が確立した段階で、事業主・設計者双方の担当窓口を決定し、連絡方法を確立する。
- 会議録の書式を確認し、記録のチェック承認体制を確立する。会議・打合せ資料の書式は、基本設計書等最終成果品をイメージしたものを初期段階から使用することで、まとめやすいものとなる。

打合せの進め方
- 事前に全体のスケジュールと会議テーマを定めて共有し、テーマを持って事業主と設計者が打合せを行うと有効である。
- 事業主が専門家でない場合は、事例や比較によってわかりやすい資料を作成し、意思決定をしやすくする[fig.2]。

情報の共有と制限
- 設計プロセスにおいて、事業主と設計者、事業主内、設計者内でのスムーズな情報共有が重要である。
- 情報共有には会議体のみならず、書類による連絡、外部サーバーを使った電子情報による等さまざまな手法が考えられるが、機密保持のためには情報の制限が必要となる。

重要事項説明
- 平成20年11月施行の改正建築士法において、建築士事務所の開設者に対して、設計・工事監理契約が締結される際には、契約締結前にあらかじめ建築主に対して、作成する設計図書の種類、工事監理報告の方法、一部の業務を再委託する場合の計画、設計監理に従事する建築士の氏名等の重要事項説明を行うことが義務づけられた。

基本設計書
- 基本設計は、建物のほぼすべての基本仕様・性能を決定し、その後の実施設計のもとになるものなので、この後に事業主の要求と齟齬が生じた場合は手戻りになり、全体スケジュールに影響する場合もある。
- 基本設計書はできるだけ専門家でなくともわかりやすいものとするべきであり、事業主との合意事項を記録として残すことが重要である[fig.3]。

概算書
- 基本設計最終段階で概算書を作成し、工事費が事業主の予算に沿っているかどうかを確認し、事業主との合意を得ておく必要がある。
- 本工事と別途工事の区分を明確にしておくことや、一括や分離等の発注条件を明確にしておくことも重要である。
- 長期間にわたるプロジェクトでは、その間の工事費の変動等の経済状況の変化にも注意が必要である。

実施設計図書
- 工事費を見積り、施工を行うための施工図・製作図のもとになる設計図書であり、見積要項書、質疑応答書、特記仕様書、設計図、標準仕様書等からなる。
- 設計の最終成果物として、事業主の確認を得る必要がある。事業主が実施設計図書を読み解くことができる専門家を擁する場合でも、設計者側で基本設計図書との齟齬がないかを精査することが必要である。

| fig.1 | **設計段階に応じた事業主との協議事項**

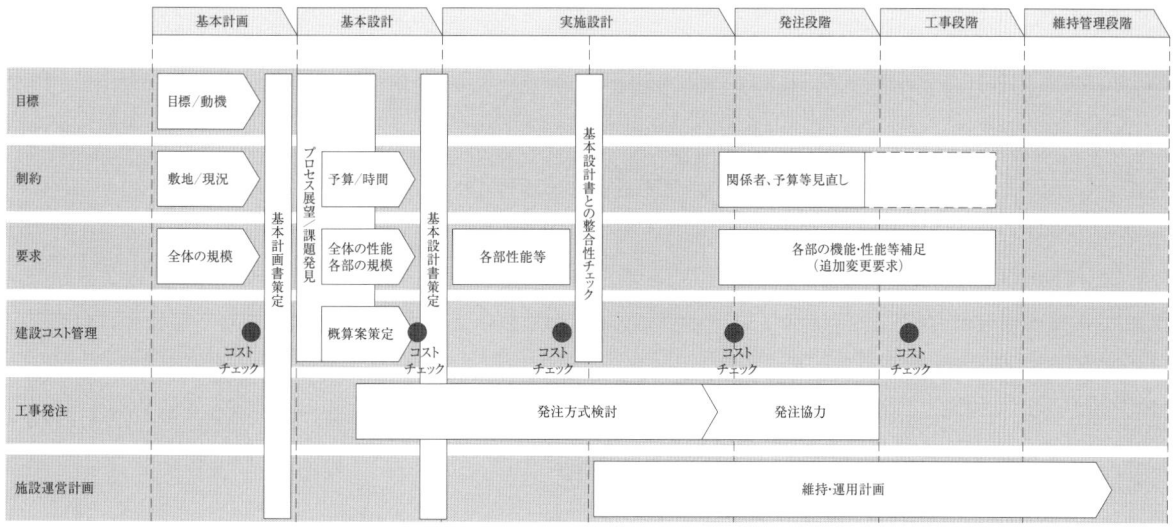

●基本設計段階における概算書は数量の積上げによるものではない

| fig.2 | **事業主とのコミュニケーションツールの例**

| fig.3 | **基本設計完了時に発注者と合意すべき項目――下線は基本計画で合意すべき項目**

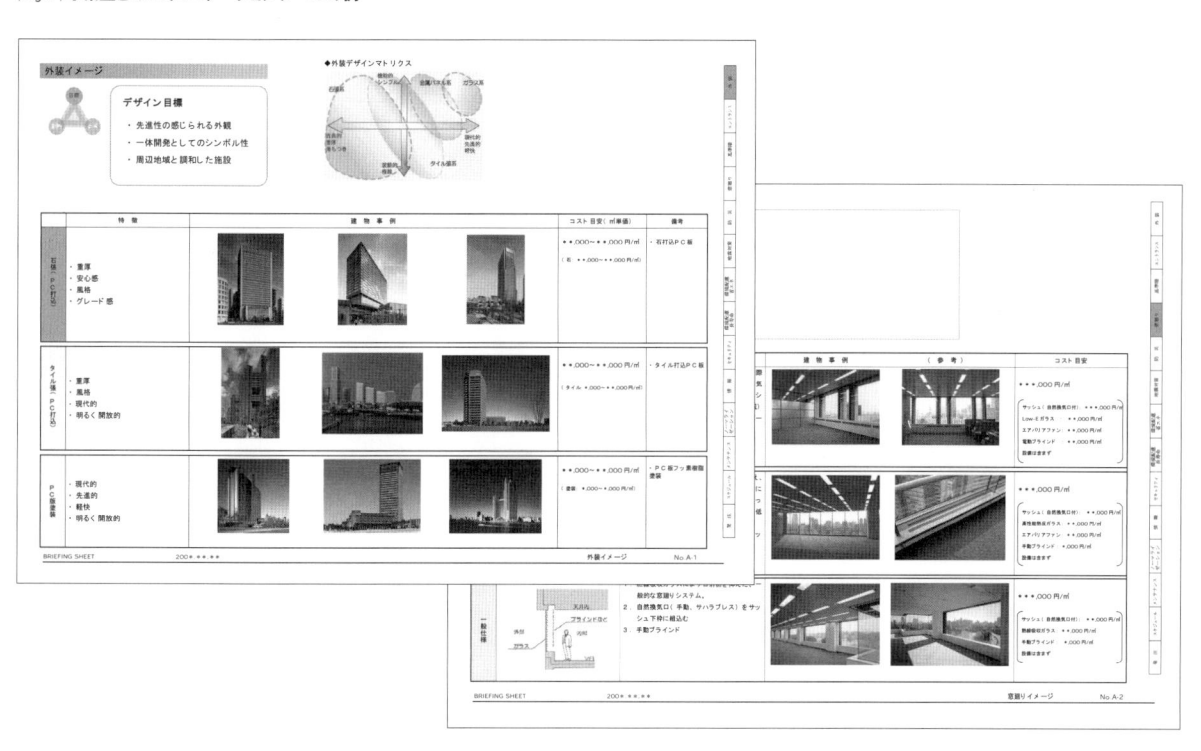

1:基本方針
<u>1-1 設計の基本方針</u>

2:配置計画
<u>2-1 配置計画</u>
<u>2-2 動線計画</u>
<u>2-3 断面構成</u>

3:建築計画
3-1 オフィス基準階計画
3-2 エントランス階平面計画
3-3 断面計画
3-4 エレベーター計画
3-5 基準階水まわり計画
3-6 セキュリティ計画
3-7 外観デザイン計画

3-8 内装計画
3-9 ゴミ処理計画
3-10 特殊階の計画
3-11 駐車場計画
3-12 外構計画
3-13 メンテナンス計画

4:構造計画
<u>4-1 地盤概要および基礎計画</u>
4-2 構造設計条件
<u>4-3 耐震グレードの設定</u>
4-4 居住性に対するグレードの設定
4-5 架構計画

5:電気設備計画
<u>5-1 電気設備設計条件</u>
5-2 受変電設備
5-3 発電機設備
5-4 幹線設備
5-5 動力設備
5-6 電灯・コンセント設備
5-7 通信・情報設備
5-8 テレビ共聴設備
5-9 インターホン設備
5-10 監視カメラ設備
5-11 防災設備等
5-12 避雷・接地設備
5-13 入退室管理設備
5-14 駐車管制設備

6:空調設備計画
<u>6-1 空調設備設計条件</u>
6-2 空調設備
6-3 換気設備
6-4 排煙設備
6-5 自動制御設備

7:衛生設備計画
<u>7-1 衛生設備設計条件</u>
7-2 給水設備
7-3 給湯設備
7-4 排水設備
7-5 衛生器具設備
7-6 消火設備
7-7 ガス設備

8:昇降機計画

9:環境配慮の基本方針

付図
 設計概要
 外観パース
 平面図
 立面図
 断面図
 面積表
 スケジュール
 概算

22

| 事業プログラム | マネージメント | 条件の整理 | 全体の計画 | ワークプレイスの計画 | 各部の計画 | 環境の計画 | 構造・設備の計画 | その他の計画 |

事業主の条件の整理

事業主の条件を「目標」「要求」「制約」の視点で整理する
事業主と設計者でどの条件に対して責任を持つかを明確にする
事業主の条件を設計者の視点で実現可能な条件にする

- 知的生産性
- 経済
- 安全
- 社会性
- 快適性
- 環境
- 都市
- コンプライアンス
- 技術

事業主の条件の整理 [fig.1]
- 事業主の設計条件を受けて、設計者としてその条件を具体的に整理する必要がある。
- 設計条件の項目は大きく、「目標」「要求」「制約」の3つのカテゴリーに分類すると整理しやすい。
- 設計条件に関して、事業主と設計者のどちらが情報に責任を持つかを合意しておく必要がある。

1｜目標
- 「目標」は事業主の事業目標であり、建物の新築や改修そのものではなく、これを利用して得られる事業利益、効率の改善、コーポレートイメージの向上等である。
- 設計者が事業主から提示を受けるだけでなく、設計者の視点での目標を提案し、事業主の理解を得る場合もある。

2｜要求
- 「要求」とは、建物規模や備えるべき性能等である。
- 賃貸ビルの場合は、事業主から建物の性能についての細かい条件を提示される場合が多いが、自社ビルの場合は、一般に事業主にとって極めて希な事業であり、諸条件を設定すること自体が基本計画の作業となる。

2-1｜所有形態・管理形態の要求
- 単独所有、区分所有等の所有形態、運営管理の方法により、配棟計画・オフィス階数・設備システム等が異なる場合がある。

2-2｜必要機能の要求
- 事業主から提示された条件が不十分な場合、アンケートやヒアリングによって必要機能と必要面積を整理し、事業主との共通理解にしていく必要がある。
- 大規模な建築の場合は、専門のファシリティマネージャーに委託して調査を行うことがある。

2-3｜構造・設備性能の要求
- 構造居住性能、電気容量、照度、温湿度条件等の具体的な提示がない場合は、いくつかの段階的なグレードを提示し、事業主の決定を仰ぐ必要がある。

3｜制約
- 「制約」は、敷地の制約、時間的な制約、工事費の制約に分類することができる。

3-1｜敷地の制約
- 敷地の地積測量、現況測量、インフラ調査、土質調査は、事業主にて用意すべきものであるが、調査範囲や方法については設計者から助言する場合がある。
- 土地の所有関係についても、事業主から情報を得ておかないと、いわゆる赤道(里道:道路法の認定外道路)、青道(河川法の適用または準用がない水路)等、思わぬ制限を見落とすことがある。
- いわゆる法42条2項道路(現に建築物が立ち並んでいる幅員4m(6m区域内は6m)未満の道で、特定行政庁が指定したもの)で道路中心線が確定していなかったり、位置指定道路(法42条1項5号:私道で幅員が4m以上あり、かつ、令144条の4に規定された一定の基準に適合する道で、特定行政庁から位置の指定を受けたもの)の場合は、一見接道しているように見えても道路と敷地の間に民地があったりするので、注意が必要である。
- 法規制については、基本的には設計者が責任を持って調査すべきことであり、どのような規制があるかは、その土地の所轄行政庁に問い合わせる必要がある。
- その他、交通輻輳地や鉄道に近い敷地では、交通量調査や騒音測定が必要な場合がある。

3-2｜時間的な制約
- 設計者が事業主から建物の完成年月日の提示を受けることが原則であるが、できるだけ早く完成させるよう依頼を受けることもある。
- ただし、必ずしも事業主の意向通りに進むわけではなく、設計者から実行可能なスケジュールを提案し、理解を得なければならないことがある。

3-3｜工事費の制約
- まずは事業主から設計者に目標とする予算が提示され、その予算が適切であるかどうか議論しておく必要がある。
- 道路整備等の敷地外に要する費用や、高低差、土壌汚染等、敷地の特殊要因に起因する工事費は見落としがちなので注意が必要である。

| fig.1 | 標準設計条件 | | | ◎:責任主体 ○:助言 |

項目			提示する主体 事業主 / 設計者	備考
目標				
	事業の目的(象徴性、賃貸効率)		◎ / ○	設計者の考えた目標を事業主に提案する場合もある。
	事業によって得られるメリット (市場優位性、業界優位性)		◎ / ○	
	事業による波及効果 (地域貢献、ユーザーサービス)		◎ / ○	
要求				
所有形態・管理形態	単独所有、区分所有		◎ / ○	事業主の条件を、設計者にて精査する。
	管理形態		◎ / ○	
必要機能	建物規模		◎ / ○	
	収容人員		◎ / ○	
	駐車台数		◎ / ○	
	必要諸室と面積		◎ / ○	
	諸室の構成と関連性		◎ / ○	
	諸室のグレードと性能		◎ / ○	
	セキュリティレベル		◎ / ○	
	特殊性能		◎ / ○	
構造・設備性能	構造設計条件		◎ / ○	
	耐震グレード		◎ / ○	
	電気設備設計条件(電気容量、照度条件等)		◎ / ○	
	機械設備設計条件(温湿度条件等)		◎ / ○	
制約				
時間	基本設計完了時期		◎ / ○	スケジュールを、設計者にて実現可能かどうか精査し、事業主と共有する。
	実施設計完了時期		◎ / ○	
	発注時期		◎ / ○	
	着工時期		◎ / ○	
	竣工時期		◎ / ○	
工事費	予算	建設工事費	◎ / ○	事業主が提示する予算を、設計者にて実現可能かどうか精査する。
	敷地外に要する費用	道路施設関連	◎ / ○	
		インフラストラクチャー	◎ / ○	
	敷地内の特殊要因	高低差	◎ / ○	特殊要因によるコストアップに繋がることがある。
		土壌汚染	◎ / ○	
		既存解体	◎ / ○	
		地中障害	◎ / ○	
		鉄道近接	◎ / ○	
敷地	敷地概要	敷地面積	◎ /	事業主にて地積測量を行う。
		アクセス	○ / ◎	
		接道状況	○ / ◎	建築基準法42条2項道路、位置指定道路に注意が必要。
		土地所有者関係(公図、土地調書)	◎ /	赤道、青道、私道の所有形態に注意が必要。
	インフラストラクチャー	電力	◎ / ○	埋設物調査は設計者の助言のもとに事業主が行う。
		通信	◎ / ○	
		上水	◎ / ○	
		下水	◎ / ○	
		ガス	◎ / ○	
	その他	近隣状況	◎ /	近隣の反対があれば、要因を明らかにして、個別調整を行う。

項目			提示する主体 発注者 / 設計者	備考
制約				
敷地	法規制	都市計画	都市計画区域	◎	原則として設計者が責任を持って調査する。地方によって異なるので、所轄行政庁に赴いて調べるのが最も確実な方法である。
			用途地域	◎	
			防火指定	◎	
			地区計画	◎	
			都市計画道路	◎	
			容積率	◎	
			建ぺい率	◎	
			その他の指定	◎	
		形態制限	道路斜線	◎	
			隣地斜線	◎	
			北側斜線	◎	
			高度地区	◎	
			壁面後退	◎	
			日影規制	◎	
		その他の規制	開発行為	◎	
			緑化	◎	
			駐車場	◎	
			駐輪場	◎	
			排水	◎	
			騒音・振動	◎	
			雨水流出抑制	◎	
			消防設備	◎	
			電波伝搬障害	◎	
			埋蔵文化財	◎ / ○	
			航空制限	◎	
			景観	◎	
			カーボンマイナス	◎	
	地勢	敷地現況測量	道路幅員	◎ / ○	設計者の助言のもとに事業主が行う。
			地盤高さ	◎ / ○	
			境界石	◎ / ○	
		土質調査	支持地盤	◎ / ○	設計者の助言のもとに事業主が行う。
			地下水位	◎ / ○	
			液状化調査	◎ / ○	
			地盤沈下予測	◎ / ○	
		土壌汚染調査	法定汚染物質	◎	
			地歴	◎	
		既存建物・地中障害物		◎	撤去する場合は、地下埋設物(インフラ等)に注意が必要。
	気候・環境	降雨		○ / ◎	その地域の降雨量に応じて雨水排水を計画するために必要。
		降雪(雪害対策、融雪対策)		○ / ◎	
		気温		○ / ◎	空調の温湿度設定、空調方式の決定に必要。
		台風		○ / ◎	
		風向		○ / ◎	自然換気、飲食店舗等の排気の臭気対策に影響する。
		雷		○ / ◎	避雷、誘雷の計画に必要。
		塩害		○ / ◎	空調の室外機の塩害性能、サッシ等の金属部の仕様に影響する。
		河川(ハザードマップ)		○ / ◎	防潮堤のレベル設定等の防御方法が必要。
		鉄道近接		◎ / ○	鉄道が近接している場合、仮設工事のコストアップに繋がることがある。
		交通量		◎ / ○	交通量の大幅な増加が想定される場合は事業主が調査を行う。
		電波障害		◎ / ○	電波障害が想定される場合は、事業主が調査を行う。
		大気汚染		◎ / ○	
		騒音		◎ / ○	騒音が懸念される場合は設計者の助言のもとに事業主が騒音調査を行う。

● 01 事業の条件→P.28

立地条件・敷地特性［1］——デザイン的コンテクスト

計画地の都市的コンテクストを読み込む
コンテクストの要素を整理し、詳細に把握する
コンテクストの流動性をとらえる

都市的コンテクストの重要性
- 都市は、建築や土木構造物をはじめとする物理的な要素と、人々の営みを生み出す生活的な要素が有機的にまとまったものといえる。
- ここで取り上げる建築は「オフィス」であるが、多くの都市は圧倒的な量のオフィスで成り立っていることも確かである。人々が築き上げてきた都市の歴史的・文化的な意味を読み込むことは、「オフィス」計画のスタートであり、都市の魅力づくりにも繋がる重要な課題である。
- 魅力的な都市づくりのためには、景観法や、容積割増しのための条件としての都市計画も重要である。

要素を整理・分類して把握する
- 都市や街は多種多様要素から構成されており、それらは複雑な因果関係を持っている。分析の対象は物理的な要素と非物理的な要素に大別されるが、これらをより細かく整理し把握するために、「自然軸」「空間軸」「生活軸」「地歴軸」に分類して把握する。

1｜自然軸［fig.1］
- 地形、温湿度条件、風、日照、河川や海のような水の要素、緑等を取り上げる［No.24参照］。
- その土地にしかない要素もあれば、そこにしかない組合せとしての自然景観も考えられ、計画する建築により、その土地の持つ自然を活かせる方法を検討する。
- 都市の環境要素をとらえる上でも環境問題やエコロジーを考えることは重要である。

2｜空間軸［fig.2］
- 都市空間を構成する要素である建築物、空地の有無、スケール感、交通機関・道路等の土木構造物、また都市軸や群としての建築等を取り上げる。
- 建築を計画するに当たって、都市のスケール感に配慮し、周辺環境との調和を図るために、空間軸の視点が特に重要である。

3｜生活軸［fig.3］
- 都市ごとに特徴のある人々の活動の様子、交通規制、周辺行事等を取り上げる。
- 利用者が計画地へ訪れるまでに日常的に通るルートをくまなく調べる方法は、敷地周辺の特徴をよく理解できる。
- 人々の動きに特に敏感となり、計画地に何度も足を運び、日々の微細な変化にも着目して観察することが大切である。
- 生活要素のような非物質的な要素では季節や曜日、時間帯によっても変化することが多く、繰り返し時間をかけて分析することも有効である。

4｜地歴軸［fig.4］
- その土地の歴史、自然のなりたちや都市として構成されてきた変遷を取り上げる。
- 古くからの街並みや通り、歴史的建築物や遺構等文化的なコンテクストは計画の手がかりや検討の要素となる。それらを読み取り、計画に取り込み活かすことが重要である。
- 調査は研究機関の資料で確認できるものから、直接計画地にまで足を運んで確認しなくてはならない場合もある。

コンテクストの流動性
- 都市的コンテクストは時間・空間の関係から常に流動的であることを忘れてはならない。
- わずかな数時間単位の変化から一日、一年、何十年と長期にわたるまで、都市は時間と密接な関係がある。日常的な表情の変化から都市の大規模な変化までを想像することができる。
- 空間利用の変化から、人々を取り巻く社会的環境や人々のアクティビティが変化することがある。
- 開発の進む都市では特に顕著に見られる土地利用や規制の改正から、都市の建築ボリュームそのものが変化することもある。
- 計画においては、過去の継承や周辺環境への調和という視点だけではなく、未来に向けた発展性も十分に考慮しなくてはいけない。
- 事業計画においては、「オフィス」という機能にこだわりすぎず、常にその土地の持つ社会的状況の変化を見据えて、将来対応が柔軟にできる工夫（複合用途等）を考慮することも必要である。

fig.1 自然軸──チェックリスト／展開事項

地形	☐ 地形上の位置 ☐ 土地の起伏 ☐ 地形の変遷 ☐ 地形の特徴	
水	☐ 水辺の位置 ☐ 水辺の形状 ☐ 水辺の変遷 ☐ 水辺の特徴	
緑	☐ 緑の位置 ☐ 緑の分布 ☐ 緑の変遷 ☐ 緑の種類と特徴	
自然景観	☐ 水と緑の位置関係 ☐ 水と緑の対象地の位置関係 ☐ 自然景観の特徴 ☐ 自然生態系や気候等	

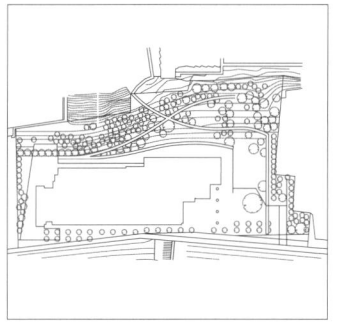

事例／住友不動産三田ツインビル西館／ラトゥール三田
地形の変遷を読み取り、土地の起伏を再生する計画。

復元・緑化された自然を計画地内のランドスケープとして取り込む。

fig.2 空間軸──チェックリスト／展開事項

交通	☐ 交通ネットワークの構成 ☐ 交通のまとまり ☐ 交通の変遷 ☐ 交通の特徴	
建物	☐ 建築群のスケール感 ☐ 立面と断面の関係 ☐ 建築群の変遷 ☐ 建築群の特徴	
空地	☐ 空地の分布 ☐ 空地の断面 ☐ 空地の変遷 ☐ 空地の特徴	
空間構造	☐ 都市軸 ☐ ランドマークの存在 ☐ 平面的構成 ☐ 立体的な特徴	

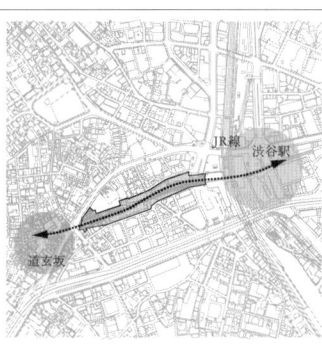

事例／渋谷マークシティ
縦列に並んだ建物内を貫通するプロムナードを形成。

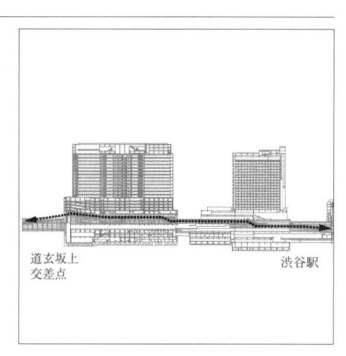

渋谷駅から道玄坂上に至る新たな都市回遊の経路を設けることで都市空間との一体化を図る。

fig.3 生活軸──チェックリスト／展開事項

人	☐ 地域住民の様相 ☐ 生活動線 ☐ 計画地へのアプローチ ☐ 人口等の変遷	
もの	☐ 生活関連施設の分布 ☐ 表出した生活道具等 ☐ 土地利用の変遷	
動き	☐ 日常的な活動 ☐ 非日常的な活動 ☐ 都市の動向	
生活風景	☐ 生活空間のまとまり ☐ 生活動線の特徴 ☐ 特徴的な生活風景	

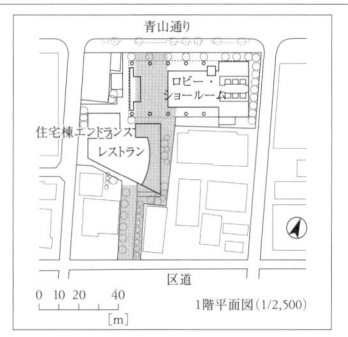

事例／TK南青山ビル、南青山ガーデンコート
既存の生活動線を計画地内に内包している。

ピロティ空間にすることで、既存の生活動線との一体化を図る。

fig.4 地歴軸──チェックリスト／展開事項

地域の歴史	☐ 文献資料 ☐ 古地図	
景観要素の変遷	☐ 水辺の変遷 ☐ 緑地の変遷 ☐ 道路網の変遷 ☐ 市街地の変遷	
空間構造の変遷	☐ かつての空間構造 ☐ 空間タイプの変遷 ☐ 将来の空間構造	
土地の歴史	☐ 土地と施設の歴史 ☐ 施設の歴史変遷 ☐ 過去の姿	

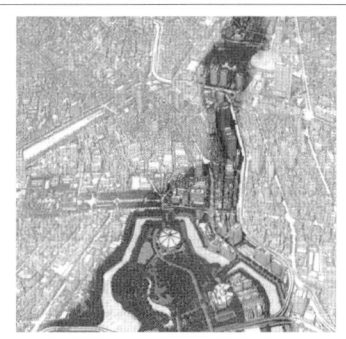

事例／飯田町アイガーデンエア(I-GARDEN AIR)中央街区。歴史的に残された皇居や後楽園の緑に着目し、それらをネットワークする構想。(画・立川博章)

ネットワーク要素の一部として計画された緑の道。

| 事業プログラム | マネジメント | **条件の整理** | 全体の計画 | ワークプレイスの計画 | 各部の計画 | 環境の計画 | 構造・設備の計画 | その他の計画 |

立地条件・敷地特性[2]──環境要素

計画建物による周辺への影響を最小限に抑えるように客観的に把握する
適切な対策を講じることにより、周辺との良好な共存関係をつくる
CASBEE等の評価ツールを用いて、計画初期より環境マネジメントに取り組む

知的生産性
経済
安全
社会性
快適性
環境
都市
コンプライアンス
技術

気候・大気汚染
- 環境悪化の原因の一つとして、設備機器から排出される粉塵や排気ガス、排熱があるため、関連法規等を確認する。
- これらの低減には、計画地の気候を調査し[fig.1]、PAL(年間熱負荷係数)計算[No.40参照]等を用いて日射熱負荷の流入を抑え、併せてCEC(エネルギー消費係数)計算等により最適な設備機器・システムを選定することがベースとなる。

日照阻害・光害
- 自治体の条例等により定められる用途地域ごとの日影規制があるが、実際の周辺建物の状況に即して検討を行う。たとえば住宅等に隣接する場合は、日影図等[fig.1]を用いて、方角に対する適切な建物配置や建築形状・外装材等を検討し、計画による日照阻害をできるだけ軽減する必要がある。
- 室内から外へ漏れる照明や、広告物、熱反射ガラスや鏡面仕上げによる反射率の高い外装材からの反射光によるグレア等の光害についても、計画時から想定し、事前に整理しておく。

風害
- 季節ごとの卓越風の方向を考慮し、好ましい建物配置や形状を想定し、風向きに対する立面の見付面積や周辺建物との隣棟間隔を検討する必要がある[fig.1]。
- 大規模開発では必要に応じて風環境シミュレーションや、風洞実験[fig.1]等を行い、計画建物の建設に伴う発生風や周辺建物との複合による風環境への影響評価を確認する。
- 実際の防風対策として植樹、建物低層部の形状の工夫、庇等の設置がある[fig.1]。また、建物配置や外構の工夫により、「風の道」を形成することで、高層ビル群によるヒートアイランド現象の緩和を目指した事例もある[fig.1]。
- 計画建物に作用する風圧力に対する安全性を確認する。

雨水
- 都市化の進展により舗装面等の不浸透域が拡大し、雨水の地下浸透量が減少しているため、透水性舗装等により地下水保全に努めたい。
- 大雨による河川の氾濫や、短時間の集中豪雨に対処するため、自治体が作成する洪水ハザードマップ上の水位や冠水履歴の調査が必要である[fig.1]。
- 建物に降った雨を直接下水へ流出することによる2次的洪水被害のおそれを軽減するために、地下ピットを利用した雨水槽等に一時的に貯水する。

交通への負荷
- 駐車場の計画に際し、敷地と幹線道路との位置関係や、台数増による周辺の交通負荷についても整理する[fig.1]。
- 車路出入口は、交差点からの距離や、一方通行等の条件によって大きく左右される。駐車場の規模により所轄行政庁や警察への事前確認を行う。
- 駐車場台数が増えることで違法駐車の抑制に繋がる一方で、周辺交通において渋滞等の新たな問題が発生する可能性もあるため、事前調査が必要である。

インフラの影響と対策──騒音・振動・電波障害
- 主に電車、地下鉄、高速道路からの騒音対策がある。音源の位置や向き等を把握した上で、防音・振動性能の検討が必要となる。また、地下鉄と近接した計画地の場合、振動・共振対策が必要となる場合がある[fig.1]。
- 中高層建築物が地上波デジタル放送や衛星放送・無線電波を遮蔽・反射してしまう場合があるので、周辺への障害の影響が予測される範囲を事前に確認し、対策の有効性を確認する。電波障害対策費は、影響範囲の大きさによって事業計画に影響を与えることもあるので注意したい。

環境性能評価と環境影響評価
- 都市や建物の環境性能を評価するツールとしてCASBEE((財)建築環境・省エネルギー機構による、建築環境総合性能評価システム。Comprehensive Assessment System for Built Environment Efficiency)がある。計画の初期段階から環境評価をマネジメントすることにより、環境要素や計画による影響の把握を的確に行うことができる。
- 大規模開発等での環境への影響の事前調査として、環境アセスメント(その事業が環境に与える影響の予測と対策に対する総合的評価。事業計画、評価結果を公表する)がある。地方によっては条例化され独自の評価制度もあるので注意したい。

| fig.1 | **オフィスビルにおける環境要素**

熱

日本の気候区に対応
外装の断熱性能[①]
適切な設備仕様の選定
雪害/つらら対策

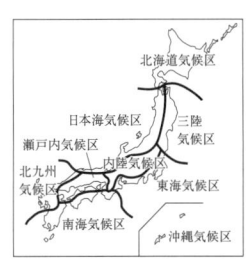

気候区

光

建築物の形状および配置
周辺への光害
西日対策[②]

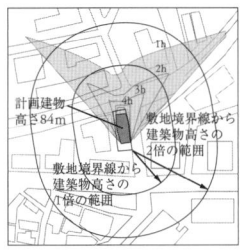

日影図

雪

頂部避雷設備[③]
外装の側避雷対策[④]

雨水

雨水の地下浸透量の確保[⑤]
浸水時の防潮対策[⑥]
地下電気室等への雨水浸水対策[⑦]
雨水流出抑制槽[⑧]
屋根雨水処理[⑨]

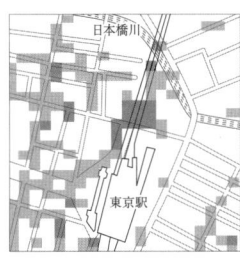

ハザードマップ

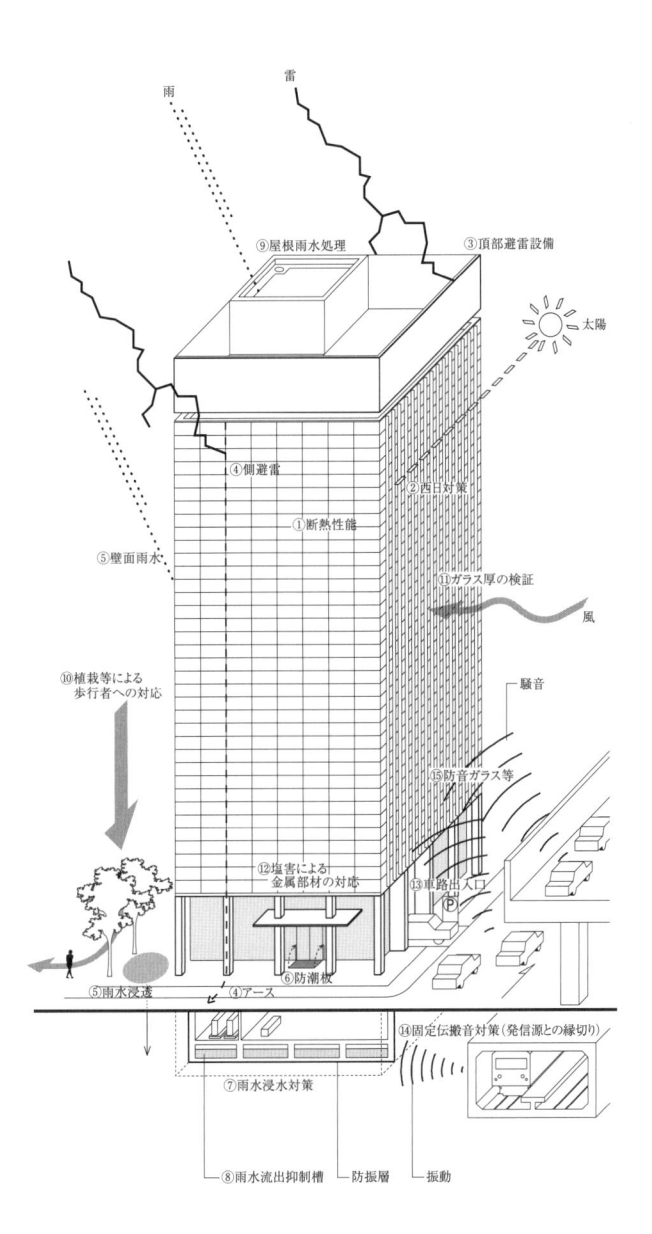

交通

車路出入口の位置[⑬]
駐車台数の整理による交通負荷への対応

振動

固体伝搬音対策[⑭]

音

外部騒音対策/防音ガラス等[⑮]

雨　雷
⑨屋根雨水処理　③頂部避雷設備
太陽
④側避雷　②西日対策
①断熱性能
⑤壁面雨水　⑪ガラス厚の検証
風
⑩植栽等による歩行者への対応
騒音
⑮防音ガラス等
⑫塩害による金属部材の対応
⑬車路出入口
⑥防潮板
⑤雨水浸透　④アース
⑭固定伝搬音対策(発信源との縁切り)
⑦雨水浸水対策
⑧雨水流出抑制槽　防振層　振動

風

夏の主風向、卓越風への対応
建築物の形状および配置
隣棟間隔
植栽等による歩行者への対応[⑩]
ガラス厚の検証[⑪]
卓越風による塩害[⑫]

模型を利用した風洞実験

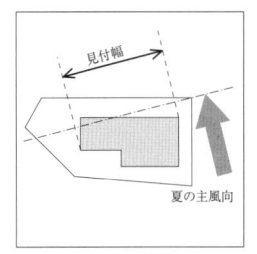

見付幅のとらえ方

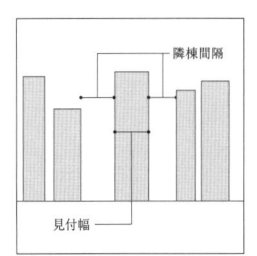

主風向に直交する断面

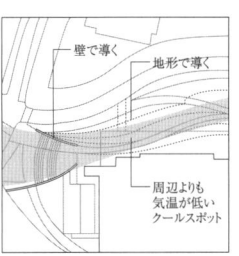

風の道(大崎ThinkPark Towerの例)

風の道(大崎ThinkPark Towerの例)

電波障害

電波の遮蔽または反射

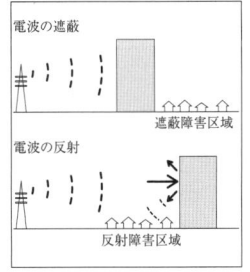

電波障害

| 25 | 事業プログラム | マネージメント | **条件の整理** | 全体の計画 | ワークプレイスの計画 | 各部の計画 | 環境の計画 | 構造・設備の計画 | その他の計画 |

景観計画とアーバンデザイン

周辺との関係やその土地の歴史・風土から、デザインの基本方針を探る
上位計画に沿った景観への配慮と、その具体的提案をまとめる
社会的視点を持ち、配置・形態・色彩の検討を行う

知的生産性
経済
安全
社会性
快適性
環境
都市
コンプライアンス
技術

景観計画の方針づくり

- 自然や歴史と調和した美しい街並みや風景を創造することで、その地域にふさわしい景観づくりへと繋げていくことは重要である。また、歴史的な街並みの魅力は、私たちが将来へ引き継いでいかなければならない大切な財産でもある。周囲の環境や、歴史、街並み等を調査し、その土地の文化・風土を理解したデザインの基本方針を立てることが課題となる。
- 都市において、個性を競うあまり建築の形態や色彩に統一感のないものや、原色の広告物が氾濫し雑然とした状況も見受けられ、良好な景観が阻害されている場合もある。オフィスビルの計画においても、美しい街並みや風景を創造することを意識し、地域の歴史的価値を活かし「調和」を図り、これからの時代に合った調和を「創出」する試みは、地域を活性化させる上で重要である。
- 都市にふさわしい落着きや風格といった魅力的な都市景観は地域ブランドの向上へと繋がり、建築の資産価値を高めることにもなる。

法規制を知る

- 行政により、景観法にもとづく景観形成基準や、景観条例にもとづく行為指針等が定められている。それらの調査を行い、社会的な視点を持って景観に配慮した計画を行う必要がある。地域特有の基準、詳細な規制が定められているので、建築計画に際してはその基本理念を理解し、規制にもとづいた、整備・保全を図る必要がある。

法的手続の流れ

- 行政手続は企画・提案段階から景観に関する協議を求めているので、申請フローやスケジュールを押さえることも重要となる。地域によっては、都市計画・事業計画手続に入る前に、景観事前協議(外観パース、景観シミュレーション、スタディ模型、色彩計画等の提出)が必要となる。
- 都市計画決定や許認可を伴うような大規模プロジェクトは、周囲に与える影響が大きいことから、大規模建築物等景観形成指針が定められ、周辺市街地との調和を考慮した計画の立案が求められている。

景観関連法規制で求められるポイント

- 景観関連法規制で求められるポイントを、以下に記す。

1｜形態・配置
- 開放感が得られるような隣棟間隔の確保
- 道路等公共空間との関係づくりに配慮
- 周辺建築群とのスカイライン形成への配慮[fig.1-1-1]
- 周辺の主要な眺望点からの見え方に配慮
- 隣接する建築物との壁面位置を配慮[fig.1-1-2]
- 建築ボリュームによる圧迫感を感じさせない工夫
- 屋根、屋上設備機械等は、周囲からの見え方に配慮
- 付帯構造物(バルコニー・工作物等)と建築本体との調和
- 建築の中低層部に緑化空間を創出
- 周辺環境に配慮した外装材の使用

2｜歴史・文化
- 歴史的・文化的景観資源と調和した景観保全[fig.1-2]
- 敷地内の「歴史的に重要な遺構・残すべき自然」を活かす工夫

3｜空地・緑化
- 隣接するオープンスペースとの連続性に配慮[fig.1-3]
- 利用しやすいアメニティ空間(ベンチや照明・植栽等を設えた休憩スペース)の確保
- 夜間の景観に配慮
- 敷地内の積極的な緑化、潤いのある空間の創出
- ベンチや照明灯は建築との統一性に配慮
- 屋外広告物の建物壁面との比率等の規制

4｜色彩・素材
- 周辺環境に配慮した外壁・屋根の色彩計画[fig.1-4]
- 自然環境に配慮し、自然との調和色を使用
- 地域固有の自然素材の使用
- 電照規制(間接光照明とする等)

| fig.1 | 景観誘導の内容

景観要素	手法	事例
1｜形態・配置 [スカイライン形成への配慮] 周辺の建築物群とのスカイラインの調和 周辺への圧迫感を軽減する配置計画	スカイライン形成のガイドライン[1-1-1]	みなとみらい地区のスカイライン
[壁面線の統一等街並みの連続性に配慮] 歴史的な31m(百尺)のスカイラインを表情線として継承 開放感が得られるような隣棟間隔を確保	壁面位置の制限[1-1-2]	丸の内地区の31mライン
2｜歴史・文化 歴史的・文化的な景観資源と調和した景観保全 庭園等の文化財からの眺望を阻害しない規模や高さを検討	景観誘導イメージ[1-2]	東京駅丸の内駅舎(復元後のイメージ:東京都景観計画)
3｜空地・緑化 周囲に開かれたオープンスペースを設置 緑の景観が連続する配置計画	緑化されたオープンスペース[1-3]	大手町の水辺緑化計画
4｜色彩・素材 周辺環境に配慮した外壁・屋根の色彩計画 地域固有の自然素材を使用 自然環境との調和 例1:原色に近い高彩度の色彩は避ける 例2:空や樹木の緑や石などの自然色を使用 例3:暖色系で低彩度の色相を基本とする	色彩基準と明暗の使い分けのイメージ[1-4]	みなとみらい地区の色彩計画

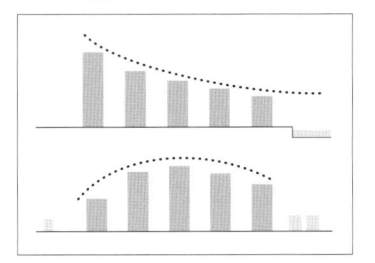

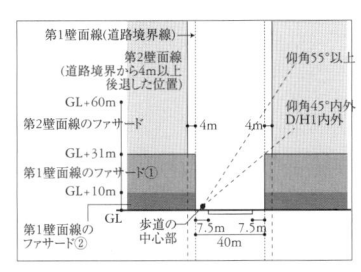

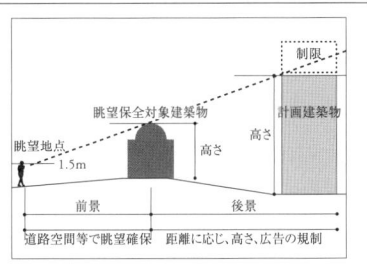

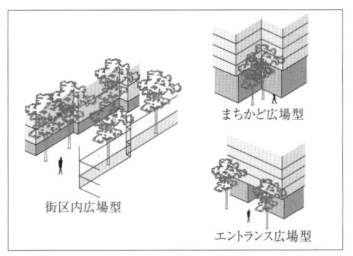

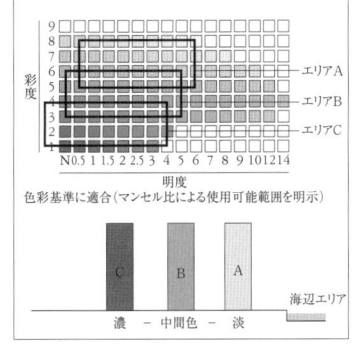

26

事業プログラム | マネージメント | 条件の整理 | 全体の計画 | ワークプレイスの計画 | 各部の計画 | 環境の計画 | 構造・設備の計画 | その他の計画

開発手法

複数の開発手法で比較検討して、目的に合った手法を選ぶ
開発手法が事業スケジュールに及ぼす影響を明らかにする
行政協議に向けて、許認可のための条件を整理する

知的生産性
経済
安全
社会性
快適性
環境
都市
コンプライアンス
技術

敷地調査
- 開発手法を利用するために、計画地の適用要件（指定地域・規模・形態・接道）や用途地区・指定容積等を調べる必要がある。
- 開発手法の選択に当たっては、事業および計画の目的や敷地の特性、スケジュール等を十分考慮する必要がある。

総合設計制度 [fig.2]
- 一定規模以上の敷地を有し、敷地内に一定の空地を確保することによって、市街地環境の整備改善に寄与する手法である。

高度利用地区 [fig.3]
- 細分化した敷地等の統合を促進し、防災性能を向上させ、合理的かつ健全な高度利用を図る手法である。
  市街地再開発事業は高度利用地区内等で行うことになっているため、市街地再開発事業と併せて定めることが多い。

特定街区 [fig.4]
- 原則として都市基盤の整った街区において、有効な空地の確保や壁面の位置の制限等により、良好な環境と健全な形態を備えた建物を建築し、市街地の整備改善を図る手法である。

再開発等促進区を定める地区計画 [fig.5]
- 低・未利用地等において、都市基盤と建築物を一体整備し、土地利用の転換を図る手法である。街区ごとに順次地区計画を定める等、段階的に再開発を進めることができる。

都市再生特別地区
- 緊急経済対策の一環とした時限立法により、既存の都市計画法等の制限によらない民間活力を活用する手法である。
- 都市再生緊急整備地域内において、既存の用途地域等にもとづく用途、容積率、高さ等の規制を適用除外とした上で、自由度の高い計画を定めることができる。

開発手法を用いたプロジェクトの例

●下記に示す「再開発地区計画」の制度は、2002年の都市計画法改正により「再開発等促進区」に再編された。

	名称	所在地	敷地面積 (㎡)	基準容積率＋割増し容積率(%)	階数 (地上/地下)	高さ (m)	用途	備考
特定街区	クィーンズスクエア横浜	神奈川県横浜市	44,406.48	600＋300＝900	36/5	171.8	オフィス・ホテル・ホール・商業施設・事務所・駐車場・DHC施設	左記階数・高さはクィーンズスクエアA棟
	日本橋三井タワー	東京都中央区	14,375.28	718＋500＝1,218	39/4	194.69	事務所・ホテル・店舗・駐車場	重要文化財特別型
	丸の内ビルディング 三菱商事ビルディング	東京都千代田区	15,337.06	1,000＋300＝1,300（全体街区）	37/4 21/3	179.02 114.836	事務所・店舗・ホール・駐車場	
総合設計	丸の内オアゾ	東京都千代田区	23,767.14	1,000＋272.78＝1,272.78	28/4	158.85	事務所・店舗・ホテル・駐車場・DHC施設	左記階数・高さは日本生命丸の内ビル・業務商業育成型連担建築物制度と併用
	パシフィックセンチュリープレイス（PCP）丸の内	東京都千代田区	6,382.87	900＋252.88＝1,152.88	32/4	149.8	事務所・ホテル・店舗・駐車場	業務商業育成型 一団地認定と併用
	赤坂サカス （赤坂五丁目TBS開発）	東京都港区	33,095.74	499.82＋68.53＝568.35	39/3	179.3	事務所・店舗・劇場・共同住宅・駐車場	市街地住宅総合設計 一団地認定と併用
	赤坂インターシティ （赤坂1丁目計画）	東京都港区	8,019.9	430.91＋287＝717.91	29/3	134.8	事務所・住宅・店舗・駐車場	市街地住宅総合設計 敷地整序型土地区画整理事業
高度利用地区	赤坂ガーデンシティ （赤坂4丁目薬研坂北地区 第一種市街地再開発事業）	東京都港区	6,888.97	434＋196＝630	20/2	105.9	事務所・店舗・駐車場	地区計画・高度利用地区 第一種市街地再開発事業
再開発地区計画	六本木ヒルズ	東京都港区	57,199	都市計画決定前許容容積率317.26% →都市計画決定後許容容積率840.0%	54/6	238.05	事務所・ホテル・劇場・放送センター・駐車場	左記階数・高さは六本木ヒルズ森タワー
	晴海アイランドトリトンスクエア	東京都中央区	61,058.71	418＋352＝770	45/4	194.90	事務所・店舗・ホール・自動車整備工場・展示場・変電所・DHC施設・駐車場	左記階数・高さはオフィスタワーX
	泉ガーデン （六本木一丁目西地区 第一種市街地再開発事業）	東京都港区	23,868.51	394→見直し相当容積率544 544＋211＝755	45/2	201	事務所・ホテル・店舗・公益施設・共同住宅・美術館・展示ギャラリー・駐車場	左記階数・高さは泉ガーデンタワー
	霞が関ビルディング 東京倶楽部ビルディング （霞が関3丁目南地区B地区）	東京都千代田区	16,301.14	910＋40＝950	37/4 14/1	147 85.5	事務所・店舗・駐車場等	連担建築物制度と併用
都市再生特別地区	Think Park（大崎西口E東地区）	東京都品川区	18,850	300＋450＝750	30/2	140	事務所・店舗・駐車場等	再開発等促進区と併用
	北品川五丁目第1地区	東京都品川区	36,000	300＋422＝722（地区平均）	30/2	143	事務所・商業施設・住宅・地域コミュニティ施設・作業場・駐車場他	再開発等促進区と併用 左記階数・高さはA1棟

| 開発手法 | 基本要件（敷地）——東京都の例 | 制度のイメージ例 |

fig.1 | 一般法規による開発

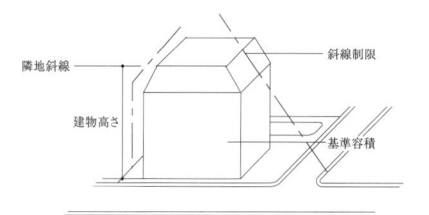

（図：隣地斜線、建物高さ、斜線制限、基準容積）

fig.2 | 総合設計制度

緩和できる事項［建築基準法による特定行政庁の許可］
- 容積率
- 道路斜線制限
- 隣地斜線制限
- 第一種・第二種低層住居専用地域における高さの限度

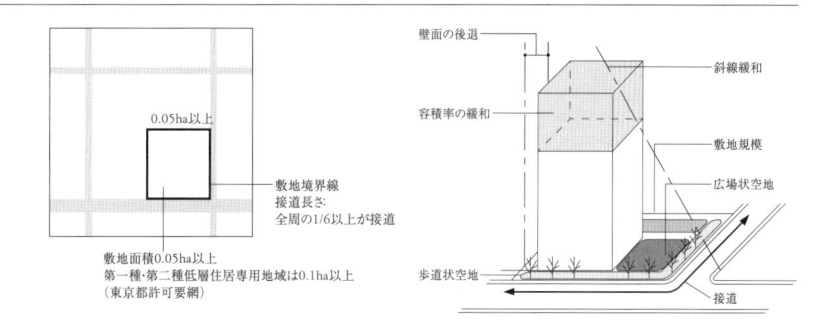

敷地面積0.05ha以上
第一種・第二種低層住居専用地域は0.1ha以上
（東京都許可要綱）

敷地境界線
接道長さ:
全周の1/6以上が接道

（図：壁面の後退、斜線緩和、容積率の緩和、敷地規模、広場状空地、歩道状空地、接道）

fig.3 | 高度利用地区

都市計画にて定める事項
- 容積率の最高および最低限度
- 建ぺい率の最高限度
- 建築面積の最低限度
- 壁面の位置の制限

緩和できる事項
［都市計画決定および建築基準法による特定行政庁の許可］
- 容積率
- 道路斜線制限
- 東京都の場合地区内は日影規制の対象区域から除かれる

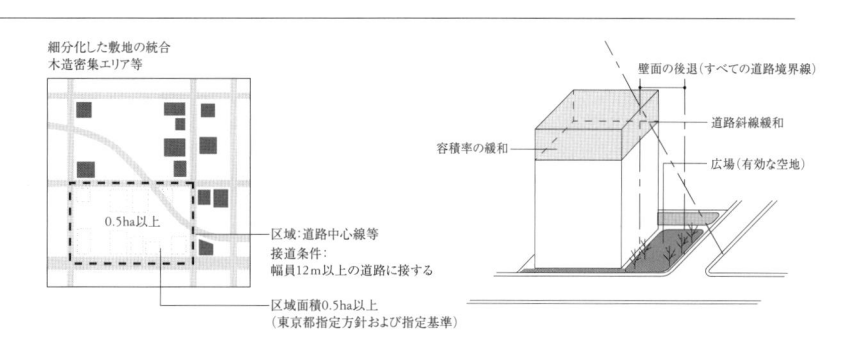

細分化した敷地の統合
木造密集エリア等

0.5ha以上

区域：道路中心線等
接道条件：
幅員12m以上の道路に接する

区域面積0.5ha以上
（東京都指定方針および指定基準）

（図：壁面の後退（すべての道路境界線）、容積率の緩和、道路斜線緩和、広場（有効な空地））

fig.4 | 特定街区

都市計画にて定める事項
- 容積率の最高限度
- 高さの最高限度
- 壁面の位置の制限

緩和できる事項［都市計画決定］
- 容積率
- 建ぺい率（別途、有効空地率で制限）
- 道路斜線制限　・隣地斜線制限
- 絶対高さ制限
- 日影規制

都市基盤の整った街区

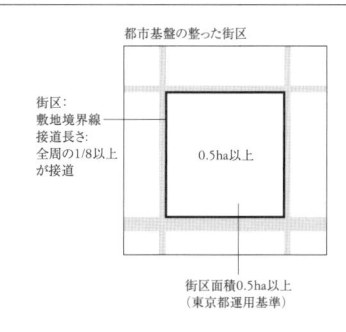

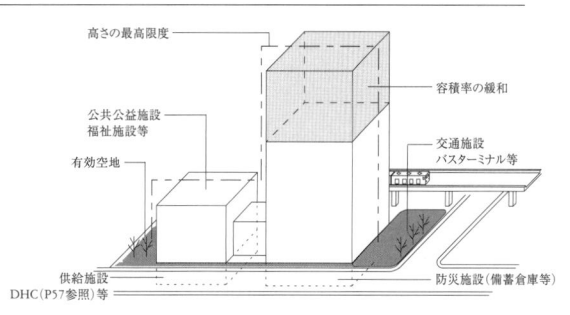

街区：
敷地境界線
接道長さ:
全周の1/8以上
が接道

0.5ha以上

街区面積0.5ha以上
（東京都運用基準）

（図：高さの最高限度、容積率の緩和、公共公益施設・福祉施設等、有効空地、交通施設・バスターミナル等、供給施設 DHC(P57参照)等、防災施設（備蓄倉庫等））

fig.5 | 再開発等促進区を定める地区計画

都市計画にて定める事項
- 再開発等促進区
  土地利用に関する基本方針
  道路、公園等の2号施設の配置および規模
- 地区計画の目標
  整備・開発・保全に関する方針
- 地区整備計画
  地区施設の配置および規模、
  用途の制限、容積率の最高限度または最低限度、
  建ぺい率の最高限度、壁面の位置の制限、
  高さの最高限度または最低限度等のうち必要な事項

緩和できる事項
［都市計画決定および建築基準法による特定行政庁の許可・認定］
- 容積率　・建ぺい率（別途、有効空地率で制限）
- 第一種・第二種低層住居専用地域における高さの限度
- 道路斜線制限　・隣地斜線制限　・用途規制
- 東京都の場合、地区内は日影規制の対象からは除かれる

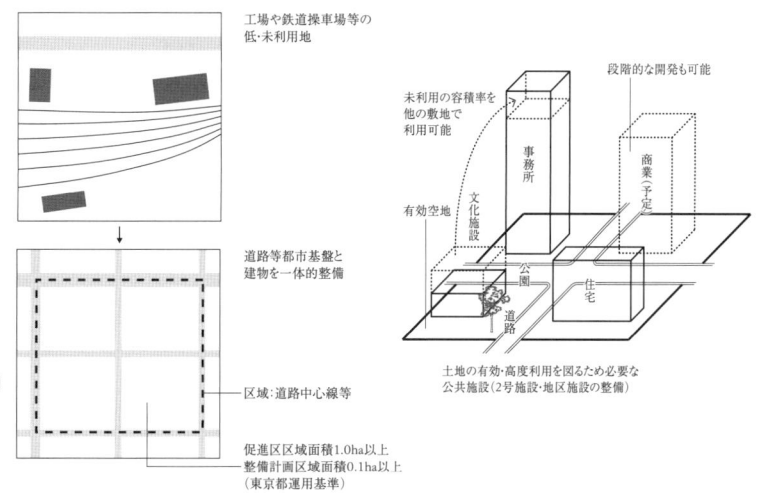

工場や鉄道操車場等の
低・未利用地

↓

区域：道路中心線等
道路等都市基盤と
建物を一体的整備

促進区区域面積1.0ha以上
整備計画区域面積0.1ha以上
（東京都運用基準）

（図：段階的な開発も可能、未利用の容積率を他の敷地で利用可能、事務所、商業（予定）、文化施設、有効空地、公園、道路、住宅、土地の有効・高度利用を図るため必要な公共施設（2号施設・地区施設の整備））

● 06 事業検討・実施スケジュール→P.38 ｜ 20 設計スケジュール→P.68 ｜ 27 法規・行政→P.82

27 法規・行政

事業プログラム | マネジメント | **条件の整理** | 全体の計画 | ワークプレイスの計画 | 各部の計画 | 環境の計画 | 構造・設備の計画 | その他の計画

計画地の形状、寸法、規制を調べる
常に最新法令を確認して、コンプライアンスを実践する
外形、床面積、用途の規定は基本計画で押さえる

- 知的生産性
- 経済
- **安全**
- 社会性
- 快適性
- 環境
- **都市**
- **コンプライアンス**
- 技術

基本計画と法規
- オフィスビルの計画に先立って、関連法規を適切に抽出し、それに即した検討を行うことが必須である。
- ここでは計画の後戻りがないよう、プロジェクトの初期段階で整理すべき関連法に絞り込んで整理した。
- 特に都市計画決定を要する開発手法や再開発事業等は認可までに長い期間を要するため、全体の事業スケジュールと合わせて整理が必要である。

物理的条件の調査 [fig.1]
- 測量図には、面積測量、地盤面の高低測量、真北測量があり、計画地の情報として「面積」「高低差」「方位」が必要となる。計画初期の段階においては測量を行っていない場合が多いが、計画の手戻りにならないよう早期に測量を行うことが望ましい。測量を行う際には、敷地境界確定(官民、民民)を行い、敷地面積を確定する。
- 「敷地面積」は、計画すべての基準となり、特に条例関係(緑化条例等)は敷地面積によって基準が異なる場合が多いので注意が必要である。
- 「高低測量」の基準点に法的な制約はないが、T.P.(東京湾平均海面)のように公的な基準を使用することが望ましい。
- 日影規制の北は「真北」となる。地域によって異なるが、真北と磁北は東京では約7°異なる。
- その他、計画地内にある既存建物を残す場合は、その位置関係を測量することが必要である。

都市計画図
- 各行政区域内の都市計画の内容を示した地図で、市街化区域、市街化調整区域、地域地区(用途地域、特別用途地区、高度利用地区、特定街区、美観地区等)が記載されている。地域によっては、インターネットでの閲覧も可能だが、最新の計画図を行政窓口で確認することが望ましい。
- 都市計画図では、計画道路、日影規制(建築基準法、以下、建基法・56条の2)、建ぺい率(建基法・53条)、容積率(建基法52条)の都市計画で定めた数字等も確認することができる。

特定行政庁等に行く
- 許認可申請項目とそのスケジュールの確認を行う。
- 接道条件は、容積率、用途等を確定する条件となる。
- 道路幅員は各道路管理者の道路台帳で確認する。
- 計画地周辺における計画道路についても確認する。
- 各行政庁の条例関係はインターネットでも入手可能だが、計画の初期の段階において行政窓口で最新の状況を確認するべきである[fig.2]。

申請スケジュール
- 大規模開発においては、許認可のタイミングによって設計スケジュールが規定される。つまり、許認可スケジュールがクリティカルパスとなる場合がある。
- 適用する開発手法の検討とともに、必要となる許認可手続について、その全容と手続に要する期間を、事前に関係行政庁に確認しておくことが必須である。

建築許可・認定 [fig.3,4]
- 「許可」とは、法令によって規制されている事項について、特定行政庁が適法にこれを行うことを許可する行政行為を言い、許可するかどうかは特定行政庁の裁量に委ねられる。
- 一般に、他者との利害関係が発生する場合が多いので、「公聴会」「審査会」等の同意を必要とするものが多い。
- 「認定」は、建築基準法にもとづき、認定の条件を満たすとして特定行政庁が認めるため、原則として建築審査会等の同意は必要としない。
- 許可・認定に関する申請は、確認申請に先行して行わなければならない。

計画規模による法規制
- 建物の高さ、階数、面積等によって、関連法上の規制される基準が異なる。
- 非常用エレベーターの設置(高さ31m以上)、特別避難階段の設置(地下3階以下、地上15階以上)等は、建物の有効率への影響が大きいため、事業計画と合わせて、建物規模を検討する必要がある[fig.5]。

fig.1 | 計画地について確認すること

[主な確認事項]
地域地区規制
高度地区、高さ規制
各種条例
附置義務駐車台数

周辺環境の確認 / 公園 / 隣地境界 / 敷地境界規制の確認 / 隣地境界 / 既存建物 / 真北の確認 / 道路境界 / 道路境界 / 敷地面積の確認・地盤高さ・高低差の確認 / 交差点・横断歩道確認 / 特別高圧電線(送電線) / 接道条件・道路種別・道路幅員の確認

fig.2 | 特定行政庁等で配布されるチェックリスト(例)

- □ 駐車場の附置義務[駐車場条例]
- □ 公道の幅員・境界・水路等について
- □ 都市計画道路
- □ 都市計画公園・河川等
- □ 鉄道線路に近接する建築計画等
- □ 公共下水道台帳の閲覧
- □ 特別高圧電線(送電線)
- □ 景観まちづくり
- □ 地区計画区域内の建築等
- □ 住宅の附置義務
- □ 細街路拡幅整備事業
- □ 中高層建築物の紛争予防
- □ 身障者・高齢者等に対応した建築物整備
- □ 省エネ計画
- □ 開発許可
- □ 雨水流出の抑制[雨水流出抑制施設の設置に関する要綱]
- □ 緑化[緑化条例]
- □ 駐輪場の附置義務
- □ 再利用対象物および廃棄物の保管場所の設置
- □ 増圧直結給水設備設置の事前協議
- □ 排水設備計画届出書(下水道)[下水道条例]
- □ 特定業務施設の周辺環境の保全
- □ 電波伝搬障害(マイクロウェーブ)[電波法]
- □ ビル管法[建築物における衛生的環境の確保に関する法律]
- □ 埋蔵文化財(遺跡)
- □ 建設資材のリサイクル[建設工事に係る資材の再資源化等に関する法律]
- □ 特殊建築物等の定期調査報告制度
- □ 騒音・振動の規制
- □ 看板・日除け等[屋外広告物条例][道路法]
- □ 住居表示(実施地域のみ)
- □ 土壌汚染対策

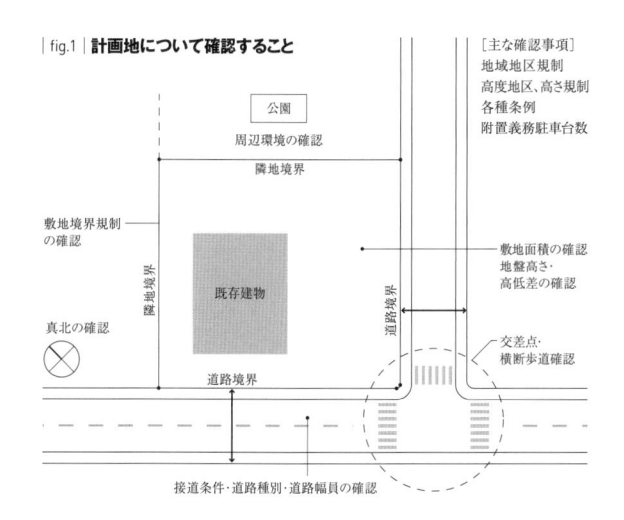

fig.4 | 建築認定等を必要とする項目

	認定等事項	関係条文
認定	原形を再現する建築物の適用除外認定	▶建法3-1-4
	道路内建築制限の緩和認定	▶建法44-1-3
	第一種・第二種低層住居専用地域内の高さ制限の緩和認定	▶建法55-2
	高架工作物内の建築物の高さ制限の緩和認定	▶建法57-1
	景観地区内の制限の緩和認定	▶建法68-5
	地区計画区域内の制限の緩和認定(再開発等促進区等)	▶建法68の3-1~3 ▶建法4-1 ▶建法68の5-4-1,2 ▶建法68の5の5
	総合的設計による一団地認定	▶建法86-1 ▶建法86-2 ▶建法86の2-1 ▶建法86の6-2
	全体計画の認定	▶建法86の8
	延焼防止上支障がない旨の認定	▶建令115の2-1-4
	計画道路等を前面道路とする認定	▶建令131の2-2
	壁面線指定に係る高さ制限の緩和認定	▶建令131の2-3
	構造方法または建築材料の認定	▶建法68の26

fig.5 | 高さによる規制

高さまたは階数	規制内容	法令等
100m≧	緊急離発着所設置(ヘリコプター用)	建住指発14
60m≧	大臣認定(構造) 航空障害灯の設置	建法20-1 航空法51
15階	特別避難階段の設置 歩行距離の強化	建令122-1 建令120
11階	高層区画	建令112の5-7項
31m≧	非常用エレベーターの設置 防災センターの設置 電波障害区域の規制	建法34の2項 建令20 電波法
20m≧	構造計算適合判定(RC等の場合)	建法20-2
6階	2以上の直通階段の設置	建令121-6イ
5階	避難階段の設置	建令122-1
10m≧	日影規制の適用	建法56の2
3階	第二種住居地域の事務所規制 防火区画(竪穴区画) 非常用進入口 排煙設備	建法48 建令112-9 建令126の6,7 建令126の2-1
B2階	避難階段の設置	建令122-1
B3階	特別避難階段の設置	建令122-1

fig.3 | 建築許可を必要とする項目

許可事項	関係条文	公聴会	審査会
敷地の接道義務の特例許可	▶建法43-1	×	○
道路内の建築許可	▶建法44-1-2 ▶建法44-1-4	× ×	○ ○
壁面線の指定	▶建法46-1	○	○
壁面線の指定を超える建築物の建築許可	▶建法47	×	○
用途地域内の用途外建築物の建築許可	▶建法48-1~13	○	○
計画道路を前面道路とする許可	▶建法52-10	×	○
壁面線指定に係る容積率の緩和許可	▶建法52-11	×	○
容積率制限を超える建築物の建築許可	▶建法52-14-1 ▶建法52-14-2	× ×	○ ○
壁面線指定に係る建ぺい率の緩和許可	▶建法53-4	×	○
建ぺい率制限の適用除外許可	▶建法53-5-3	×	○
日影による中高層建築物の高さ制限の緩和許可	▶建法56の2-1	×	○
特例容積率適用地区内の高さ制限の緩和許可	▶建法57の4	×	○
高度利用地区内の建築物の適用除外・緩和許可	▶建法59-1-3、59-4	×	○
総合設計制度による制限の緩和許可	▶建法59の2-1	×	○
都市再生特別地区内の容積率等制限の緩和許可	▶建法60の2-1-3	×	○
特定防災街区整備地区内の建築物の緩和許可	▶建法67の2-3-2、67の2-5-2、67の2-9-2	×	○
景観地区内の建築物の緩和許可	▶建法68-1-2、68-2-2、68-3-2	×	○
再開発等促進区内等の制限の緩和等	▶建法68の3-1、68の3-2,3,4	×	○
一の敷地とみなすこと等による制限の緩和許可	▶建法86-3 ▶建法86-4	× ×	○ ○

建法:建築基準法 | 建令:建築基準法施行令 | 建住指発:建設省住居局/建築指導課発令

28

事業プログラム | マネージメント | 条件の整理 | **全体の計画** | ワークプレイスの計画 | 各部の計画 | 環境の計画 | 構造・設備の計画 | その他の計画

計画コンセプト

計画のコンセプトを示し、関係者で共有する
プロジェクトを推進する力となるキーワードを抽出する
コンセプトを、具体的な目標にブレークダウンしていく

―― 知的生産性
―― 経済
―― 安全
―― 社会性
―― 快適性
―― 環境
―― 都市
―― コンプライアンス
―― 技術

計画の目的・設計の目標
- オフィスの設計の前提となる計画コンセプトの構築に当たり、オフィス建築の目的と実現のための方針を整理する必要がある。
- 事業主の事業方針と計画の背景を踏まえ、設計の目標設定を行う。
  - 事業主の方針：ビルの性質（自社・賃貸・複合等）、経済性、知的生産性、象徴性等[No.2,3参照]
  - 計画の背景：社会的背景[立地、周辺街区との物理的関係、地歴等歴史的関係等：No.23参照]、環境性[地球環境、地域環境、自然環境、景観等：No.24参照]

目標達成のための設計方針とコンセプト
- 機能面等確実に実現すべき一般解としての事項と、その計画の特殊解、付加価値的事項を組み立て、コンセプトを作成する。

コンセプトのフィードバックと再構築
- これらと同時に検討案を作成。そのプロセスの中でコンセプトをフィードバック→検討案再構築→コンセプトフィードバックを行い、コンセプトとアウトプットの一体化を行う。

共有すべきキーワード
- コンセプトを実現するために共有すべき、プロジェクトのキーワードを整理する。

1｜知的生産性
- 豊かなコミュニケーションを誘発する空間
- 情報技術の活用

2｜経済
- イニシャルコスト・ランニングコストの削減
- 長寿命建築によるライフサイクルコストの削減
- 事業計画に見合った専有面積・レンタブル比の設定
- 賃貸ビルの商品性

3｜安全・安心
- 日常の安全性能（セキュリティ・バリアフリー）
- 災害時の安全性能（地震・火災・水害・台風等）
- BCP（事業継続性）

4｜社会性
- 地域や建築の持つ歴史・文化・風土の特性を活かす
- 周辺施設との連携や周辺住民との合意形成
- ユニバーサルデザイン
- 企業姿勢の表現、魅力的なイメージ形成と顔づくり

5｜快適性
- アメニティの向上
- 良好な室内環境（音・光・熱・空気・衛生・振動）

6｜環境
- 地球温暖化対策を踏まえた低負荷建築
- 省エネルギー・省資源・ライフサイクルCO_2削減
- 周辺地域のための外部空間環境形成

7｜都市
- 街の景観形成要素としての顔づくり
- 街の将来像を見据えた計画・地域貢献のあり方

プロジェクトを牽引するテーマ
- 事業主の事業形態や計画の背景、事業主と設計者による価値観の共有から、プロジェクト固有のテーマが導き出される。
- これらが関係者をまとめプロジェクトを牽引するテーマとなり、プロジェクト推進の原動力になる。

コンセプトシート
- 上記をまとめたコンセプトシートを作成し、プロジェクト参画者全員のイメージの共有化、プロジェクトの進行・合意形成のスムーズ化を図る。

コンセプトの実例
- オフィスビルを中心とした計画は、都市開発規模のものから、個別・固有の敷地における小規模なものまで幅広いスケールで、また機能面では、自社ビルのように独自の価値観が反映されるケースや、賃貸ビルのように普遍性が求められるケースがあり、それぞれのプロジェクトにおいて個別の解答が求められる。
- 右に、さまざまな背景の中で現代のオフィスプロジェクトでキーワードとなる、環境・都市・歴史・ワークプレイスの4点を主要テーマとした事例を紹介する[fig.1-4]。

| fig.1 | **環境をテーマにしたコンセプトの事例**

［地球環境戦略研究機関］
- 環境親和型建築のプロトタイプ → 敷地のポテンシャルを最大利用
- ワークスペースの眺望を開く → 大きな弧を用いた平面
- 自然の力を無駄なく活かす → 外装による自然光利用・卓越風を活かした自然換気

［アクロス福岡］
- 都市に「山」をつくる（天神中央公園との一体化） ┐
- 都市を緑で冷やす（花鳥風月をテーマとした屋上緑化）┤→ ステップガーデン
- 複合する機能を一つに繋ぐ（動線と空間の骨格） ┐→ アトリウム
- 内部空間に光を取り込む（トップライトとハイサイドライト）┘

| fig.2 | **都市をテーマにしたコンセプトの事例**

［泉ガーデンタワー］
- 「21世紀の街」 → 光のタワー
- 賑わいと自然の調和 → 地形を利用した地下からの緑あふれる連続空間
　　　　　　　　　　　街に開かれた縦動線
- 周辺の街並みとの調和 → 分節されたボリュームの連続

［六本木ヒルズ］
- 都市のプロトタイプ → 文化都心
- 複合・集積型の都市 → 業・住・宿・商・楽・文による24時間都市
- 「田園都市」の垂直展開 → オープンスペースと超高層

| fig.3 | **歴史をテーマにしたコンセプトの事例**

［日本橋三井タワー］
- 重要文化財と調和する → 保存と開発の両立
- 正統性を引き継ぐ → シンメトリー、正面性の重視
- 世紀を超える → 変化への対応、Timelessなデザイン

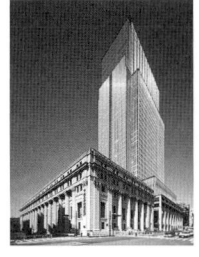

［丸の内パークビルディング・三菱一号館］
- 歴史と融合する → 丸の内最初のオフィスビル・三菱一号館(1894年施工)を
　　　　　　　　　　元の位置に復元し、
　　　　　　　　　　街の文化交流拠点を担う美術館への活用
- 街区の特徴を継承する → 三菱一号館の復元により、軒高15mの明治期の景観を再現
- 街区全体の環境創出 → 三菱一号館バックヤードを中庭として整備。
　　　　　　　　　　　　ヒートアイランド対策、地域冷暖房の再構築

| fig.4 | **ワークプレイスをテーマにしたコンセプトの事例**

［乃村工藝社本社ビル］
- クリエイティブワークプレス → 個々人の多様性を受け入れ、活かす空間
- 記憶の継承 → 旧本社の空間構成に倣い新しい空間に再構成
- コミュニケーション → 立体的に繋がるミーティングスペース

［日産先進技術開発センター］
- クリエイティブ → 五感を刺激するオフィス
- コミュニケーション → 偶発的対話を誘発する空間構成
- クロスファンクション → フレキシブルで見通しの良い大空間

29

| 事業プログラム | マネージメント | 条件の整理 | **全体の計画** | ワークプレイスの計画 | 各部の計画 | 環境の計画 | 構造・設備の計画 | その他の計画 |

ボリュームスタディ

計画の目的にふさわしいボリューム(形態)を探す
計画容積と計画地の条件の整合をチェックする
周辺との関係や、景観上の観点から計画を評価する

知的生産性
経済
安全
社会性
快適性
環境
都市
コンプライアンス
技術

ボリュームスタディの目的

- 建築の形態はさまざまな法規制の中で制限を受けているが、ボリュームの構成は、検討の方法によって大きな差が生じる。さまざまな視点からの検討の中から事業コンセプトや設計コンセプトに最もふさわしい形態を見出すことが、ボリュームスタディの最大の目的となる。
- コンセプトに繋がる項目には下記のような要素がある。
  敷地周辺状況(隣地との関係・住宅の有無等)[No.23, 24参照]
  街並みとの調和・景観[No.24, 25参照]
  敷地へのアプローチ(車・人)[No.24, 32, 45参照]
  基準階フロアの大きさと建物の高さ[No.26, 29, 38参照]
  ワークプレイスの向き[No.37, 38参照]
  ワークプレイスの有効率[No.10, 33, 38参照]
  構造形式[No.55参照]
  建築の外観[No.50参照]
  エントランスの構えと外構[No.45参照]
  建設コスト[No.65参照]

容積率の設定と緩和

- 建築のボリュームは、基本的には都市計画法(用途地域)、建築基準法(接道幅員による容積設定等)で規制され、指定容積率が設定されている。
- 計画規模や敷地条件の検討により、都市計画法の地区計画・再開発等促進区・高度利用地区・特定街区等の都市開発諸制度や建築基準法の総合設計制度適用等、特殊な許認可を要する制度を採用することで、周辺環境に寄与しながら容積率制限の緩和を受ける手法がある[No.26, 27参照]。
- 行政庁によっては附置義務住宅制度を制定している場合もあり、開発手法の選定が容積率設定のキーとなる。
- 行政庁により、バリアフリーに対応する部位の容積緩和[No.41参照]や、緑化による容積緩和が設定されている場合もある。

高さ制限

- 計画敷地に対する高さ制限となる規制に、建築基準法上の斜線制限と日影制限、自治体による絶対高さ制限や斜線制限がある。
- 斜線制限には道路斜線制限と隣地斜線制限、北側斜線制限がある。
- 建築基準法上の斜線制限については天空率(令135条の5)による緩和規定があり、建築の形態を調整することで、斜線制限を超えて計画することも可能となる。
- 計画地の隣地または周辺地域が日影規制の指定地域となる場合は、日影規制を検討する必要がある。
  その他、事前調査が必要なものとして、航空法による高さ規制、電波法の規定によるマイクロウェーブの電波伝搬路による高さ規制等がある。
- 近年では、行政庁内で各地域のまちづくりを想定し、地区計画による高さ規制を施行する動きがある。
- これらの規制は、許認可を要する都市開発諸制度の適用を受けることで緩和される場合もあり、採用に当たっては関連する行政庁との事前確認が必要となる。

壁面後退・壁面線指定

- 壁面後退・壁面線の指定においては、一般設計の場合は高さ制限の検討による後退距離のほか、行政庁の地区計画による街並み形成のための規制があり、周辺環境を勘案して壁面線を定めることが望ましい。
- 都市開発諸制度を採用する場合は、高さや容積率等が緩和される一方で、落下物曲線による壁面のセットバックや、周辺環境に寄与する公開空地(歩道状空地、貫通通路、広場状空地等)を条件とされることが多い。

日影規制

- 計画敷地および隣接の地域に日影規制がない場合でも、計画建物の影が落ちる地域に日影規制がある場合は影の落ちる地域の規制を受けるので、計画の際は周辺地域も含めた注意が必要となる。
- 大規模開発で、数棟にまたがる住居施設等を計画する際は、自己日影にも注意して隣棟間隔や建築形状を設定する。
  特殊な許認可を適用するケースの場合、計画敷地に日影規制がない場合でも自己日影に関する指導を受けることがあるので、行政庁との確認が必要となる。
- 日影図の作成に当たっては真北の測定が必要となるので、敷地測量等と合わせ、早期に測定しておくことが望ましい。

| fig.1 | ボリュームスタディの例

計画する建築ボリュームを制限する法規条件の検討について、仮想敷地を設定し、極端な形状を例に示した。
同じ条件下でも、低層案・中層案・高層案が可能となり、事業条件・設計コンセプトに最適な建築形状を探すための手法の整理が重要となる。

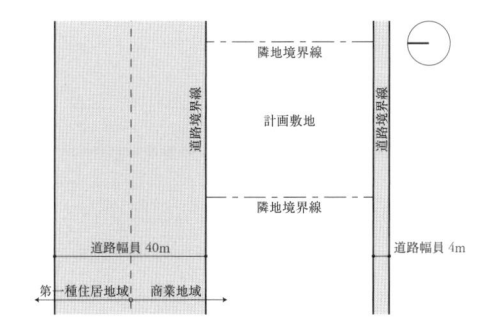

仮想敷地条件

建ぺい率	80%
容積率	600%
用途地域	商業地域
敷地面積	1,760㎡
用途	オフィス
道路幅員	北 40m 南 4m

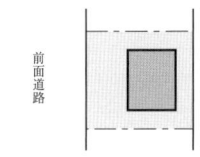

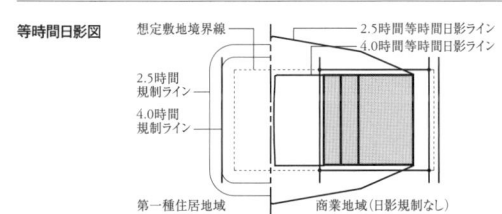

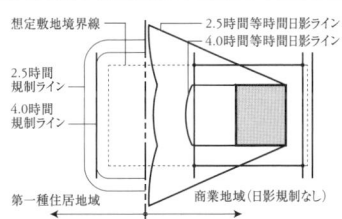

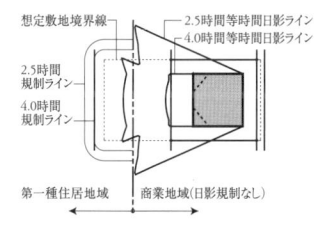

項目	プランA	プランB	プランC
基準階プランとボリュームタイプ	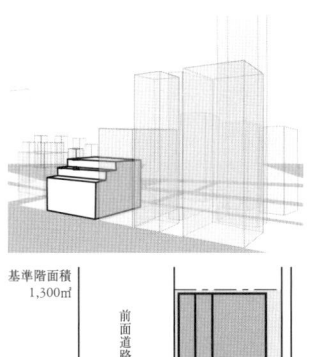 基準階面積 1,300㎡	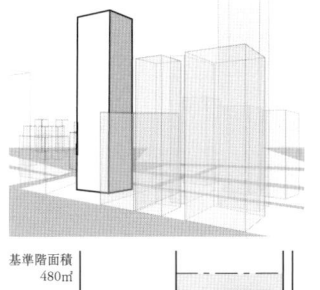 基準階面積 480㎡	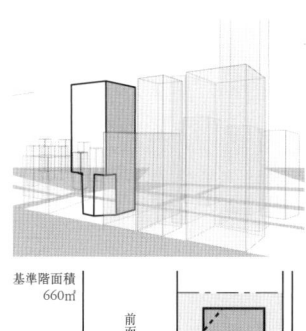 基準階面積 660㎡
断面・斜線制限ライン	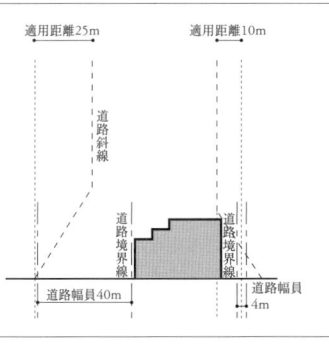 適用距離25m / 適用距離10m	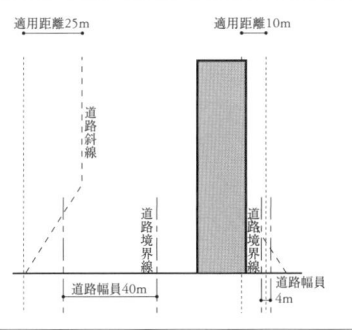 適用距離25m / 適用距離10m	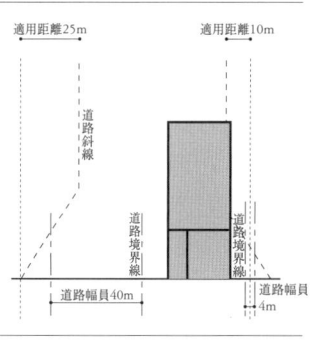 適用距離25m / 適用距離10m
天空図	必要なし	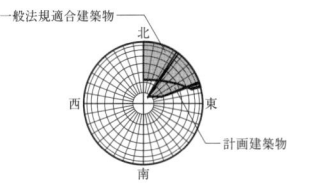 一般法規適合建築物／計画建築物	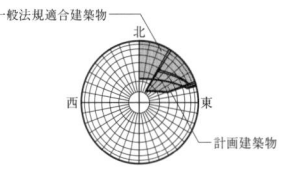 一般法規適合建築物／計画建築物
等時間日影図	2.5時間／4.0時間等時間日影ライン	2.5時間／4.0時間等時間日影ライン	2.5時間／4.0時間等時間日影ライン
形状の概略	セットバックにより、日影規制をクリアする低層タイプ。場合によっては容積消化が困難な場合もある。	建築形状を細くすることで日影規制をクリアする高層タイプ。	低層階ボリュームを絞ることにより日影規制をクリアする特殊タイプ。
基準階	セットバックにより、基準階ができない。事務室は大きなフロアから小さなフロアまで順に生じる。	基準階の大きさが小さくなる。	低層階は階によって形状が変化するが、上層階の基準階は大きさが確保しやすい。
基準階有効率	低層階の有効率が高く、上層にいくに従って低くなる。	エレベーター台数・設備シャフトの増加により、低くなる傾向。	上層の基準階を多く確保することで、比較的高くしやすい。
構造	比較的無理の少ない構造。	高層化により構造評定等が必要になる場合、コスト上割高になる傾向。	低層階形状を絞るために特殊な軸組が必要となり、コスト上割高になる。
空地	低層階の建築面積が大きい分、とりにくい。	低層階の建築面積が小さく、とりやすい。	低層階の形状により、残される空地部分の形に制限がある。

| 事業プログラム | マネージメント | 条件の整理 | **全体の計画** | ワークプレイスの計画 | 各部の計画 | 環境の計画 | 構造・設備の計画 | その他の計画 |

グレード設定

事業の目的・計画コンセプトに応じて、グレードの設定を行う
グレード設定のための評価項目を抽出し、仕様の選択肢を整理する
仕様設定により、建設費の予測およびコストコントロールを行う

知的生産性
経済
安全
社会性
快適性
環境
都市
コンプライアンス
技術

事業の目的と建築のグレード

- 「建築のグレード」には相対的で抽象的な要素が多く含まれ、時代の流行や技術による社会的部分と、事業主の企業風土や価値観による固有の部分が存在し、これらを結びつけ具体的な仕様にしていくことで「グレード感」が共有される。
- 事業主の事業目的・設計コンセプトに合わせ、建築全体のバランスを保った仕様設定が、その建築のグレードに繋がる。

1｜事業目的と仕様設定

- 自社ビルか賃貸ビルかで、仕様設定項目の重要度が異なる。
  - 自社ビルの場合、知的生産性・企業の社会的姿勢・長期的利用等の目標設定にふさわしいグレードが求められる。
  - 賃貸ビルの場合、レンタブル比にかかわる収益部の仕様設定に加え、ゆとりやアメニティにかかわる共用部の魅力づけ等、テナント誘致のための「売り」が課題となる。
  - 大規模開発においては、他の用途との複合に加え、オフィス部分における自社・賃貸の複合の場合も多く、それぞれのグレードのバランスを図ることが必要となる。

2｜計画コンセプトと仕様設定

- 建築の計画コンセプトにより、仕様設定の重点項目を抽出する。

事例から引き出す仕様設定と選択肢の整理

- 初期の仕様設定の際、類似例の仕様設定との比較が大きな手がかりとなり、この比較検討項目の抽出が仕様設定の鍵となる。
- 特に賃貸ビルの場合、近傍エリア・供用開始のタイミング等により、競合するオフィスとの仕様比較がテナント誘致の重要事項となる場合があるため、類似例の分析が重要項目となる。

特徴的評価項目

- ワークプレイスの規模・形状（レンタブル比、レイアウト効率の視点）、仕上げ材料等基礎的な要因に加え、さまざまな視点がある。以下に特徴的な評価項目をあげる。

1｜耐震性能：安全性・耐久性・業務維持

- 想定される地震が発生した後の建築の維持状態・復旧の度合いが大きな評価項目となり、自社ビルや報道機関、官庁施設等業務維持が求められる建築では、法基準上必要な強度を超えた設定が行われるケースもある。

2｜設備容量：将来のOA増設対応等

- 1990年代以降、オフィスにおける電気使用量はOA化により大幅に増大した。時代やテナント業種の変化に適応できる電気・空調等の設備容量設定や増設対応が評価項目となる。

3｜環境性能：地球環境

- 東京都の都市開発諸制度適用の計画に対するPAL（年間熱負荷係数）／ERR（設備システムのエネルギー消費量低減率）の基準化の動き等、開発と環境対策が必須課題となってきた。CASBEE［No.24,51参照］やCO_2排出量抑制も含め、企業の社会的姿勢を問われる項目が評価の視点となってきている。

4｜アメニティにかかわる執務環境

- 開放感や共用部のゆとり等、執務空間の快適さにかかわる感覚的な視点も評価項目となる［No.43参照］。

5｜特徴的外観

- 都心部における賃貸ビル競争においては、特徴的外観により顕在性を持つことが建築の評価の一つとなる場合がある。

6｜海外事業者の視点

- 次世代を考えたオフィスグレードの着眼点として、外資系企業がオフィスに求める水準をコラムにまとめた（P.90-91）。

ビルの中長期的所有の視点

- ビルの中長期的所有の視点に立つと、将来の経済状況の変化により起こり得る不動産の売却やリノベーションへの対応の難易度が、不動産としての価値の評価項目の一つとなる。
- これを一般にデューデリジェンス（当該不動産への投資価値を判断するための事前調査による評価）と呼び、耐震性能等建築の耐久性能や設備更新性能等の仕様設定と深く関係する。また、設計図通りに施工されたことを確認できる記録も必要となる。

コストバランスと仕様設定

- 事業目的に応じたグレード設定から目標建設コスト概算を行い、必要に応じ仕様設定、事業目標、建設コストをバランスさせる。
- 建設費を決定づける要因は、「地域・土地」「設計・グレード」「発注要因」に分類される［No.65参照］。
- 建設市場価格は常に流動的であり、計画当初から契約段階までの変動に対して、設計の各段階におけるコスト調整要素を把握し、事業主と合意形成を行うことが重要となる。

| fig.1 | 建築グレードと仕様評価の項目 |

	仕様評価項目		仕様設定の例(賃貸ビル)	実例I(自社ビル)	実例II(賃貸ビル)	実例III(自社ビル)	実例IV(賃貸ビル)
共通	所在地		東京都○○区	東京都千代田区	東京都港区	東京都港区	東京都文京区
	竣工年		○○○○年	2004年	2004年	2002年	1998年
	延べ面積		117,000㎡	95,340㎡	99,910㎡	7,350㎡	9,900㎡
	容積対象面積		104,000㎡	89,710㎡	90,160㎡	6,570㎡	9,370㎡
	基準階面積		4,180㎡	2,890㎡	4,360㎡	610㎡	860㎡
	階数(地上/地下/塔屋)		10/-2/P1	28/-4/P1	27/-3/P2	10/-2/P1	11/-1/P1
建築	事務室基準モジュール(m)		3.6×3.6	3.1×3.6	3.2×3.2	3.5×3.625	6.4×17.6
	天井高さ(mm)		2,800-2,900	3,000	標準 2,800 ITフロア 3,000	3,000	2,800
	床荷重(kg/㎡)		500	500	500	500	500
	ヘビーデューティ(kg/㎡)		1,000	1,000	1,000	1,000	1,000
	OAフロア高さ(mm)		100	200	標準 100 ITフロア 300	150	100
構造	重要度係数(相当を示す)		1.25	1.5	1.25	1.25	1.5
	特殊構造		制震構造	制震構造	制震構造	制震構造	免震構造
電気	OAコンセント容量(VA/㎡)		60	OA機器の使用電力の低下を前提 70	60	90	70
	テナント工事対応	OAコンセント拡張容量	増量可能	トランス増設スペース確保。初期実装率低く抑え、テナントの電源増強対応	増量可能	増設可能(200VA/㎡程度の容量アップ可)	増設可能	増設可能
		発電機	テナント用設置スペースあり(2,000kVA×3台)	テナント用発電機のオイルタンクは地下タンク方式(48時間)	テナント用設置スペースあり(1,000kVA×1台)	テナント用設置スペースあり(屋上に3,000kVA×3台)	なし	テナント用設置スペースあり(屋上に250kVA相当)
	電灯(照度)(lx)		750	JISの事務所の照度基準に準拠	600-800	700	750	500
	調光制御		自動調光(人感+照度センサー)	省エネルギー性を重視した仕様	自動調光(照度センサー)	なし	なし	なし
空調	空調方式		エアハンドリングユニット	省エネ対応容易なシステム	エアハンドリングユニット	パッケージ空調機	空冷ビルマルチ型パッケージ方式	空冷ヒートポンプパッケージ+ビルマルチ式
	温湿度条件		夏季25度 湿度60% 冬季22度 湿度40%	夏季24-26度 湿度50% 冬季22-24度 湿度40%	夏季25度 湿度60% 冬季22度 湿度40%	夏季26度 湿度50% 冬季22度 湿度40%	夏季25度 湿度60% 冬季22度 湿度40%
	制御単位(㎡)		50㎡-100㎡程度	間仕切り対応を考慮	200㎡程度	一般部:80㎡程度 窓際部:15㎡程度	170-200㎡程度	100㎡程度
	冷房能力における機器負荷(W/㎡)		40程度	OA機器の使用電力の低下を前提	65程度	40程度	40程度	50程度
	テナント工事対応	負荷増対応 OAコンセント 方式	①ファンコイル および ②空冷パッケージ空調機		ファンコイルおよび空冷パッケージ空調機	空冷パッケージ空調機	空冷パッケージ設置可能なバルコニー	パッケージ室外機設置可能な屋上スペース
		増設容量	①・②のそれぞれ 20W/㎡程度 計40W/㎡程度		40W/㎡程度	25W/㎡程度	20W/㎡程度	25W/㎡程度
		特殊負荷増対応 方式	水冷パッケージ空調機+冷却水		水冷パッケージ空調機+冷却水	水冷パッケージ空調機+冷却水	空冷パッケージ	空冷パッケージ
		増設方法	屋上に冷却塔スペース 冷却水堅管スリーブ設置	テナントが設置する冷却塔容量は不明のため、将来対応が合理的	屋上に冷却塔スペース	屋上に冷却塔スペース 冷却水堅管実装	室外機は各階バルコニーまたは屋上	室外機は屋上
環境評価	CASBEE	(想定値)	S		S	A	A	B+
	PAL	(想定値)	225	不動産協会目標は270	180	280	220	260
	ERR(東京都算定式)	(想定値)	35	不動産協会目標は一般10、大規模20 算出式に2種(東京都、CASBEE)	30	25	20	20
	CO$_2$削減目標	(想定値)	35%	東京都全体では2020年までに20%削減の目標	35%	25%	20%	20%
その他	基準階昇降機	(人数・台数)	30人×8台×2バンク	24人×6台×2バンク 27人×6台×2バンク	27人×8台×2バンク	26人×3台	17人×3台
		1台当たりの負担面積(基準階)	4,700㎡/台	2,800-2,900㎡/台	3,540-4,130㎡/台	1,400㎡/台	2,800㎡/台
	駐車場	台数(容積対象面積/台数)	340台(305㎡/台)		150台(598㎡/台)	240台(375㎡/台)	24台(273㎡/台)	32台(292㎡/台)
		方式	スライド方式(4段)		単純二段方式、横行昇降方式	横行昇降方式(ピット式3段3列、2段3列)	水平循環方式	スライド方式(2段)

● コラム 次世代を考えたオフィスグレードの着眼点 → P.90

COLUMN 1

次世代を考えたオフィスグレードの着眼点 —— 外資系企業のオフィス要求水準を見る

オフィスに対する外資系企業の要求

- 都心におけるオフィスグレードの動向を考える際、グローバル化に伴う要求水準の変化が見逃せない。現在では外資系企業ゆえの特殊な要求と捉えられているものが、将来の標準的な仕様となり、ビルグレードとなっていくことも十分考えられる。建築企画の長期戦略になる可能性として、このような動きを視野に入れることは有効であろう。
- 外資系企業に特徴的な傾向は、「安全性・機能維持」「セキュリティ」「環境（サスティナブル）」「利便性」「生産性」に集約される。

1｜安全性・機能維持

- 地震になじみのない外国人に対する細かな仕様設定が必要である。地震災害時における安全性と機能維持に対する信頼性は、構造性能に加え、電力供給の二重化という要求に繋がる。自家発電対応に加えて、引込みの二重化、さらには別の電力会社からの引込みを考える企業もある。

2｜セキュリティ

- 単なる鍵管理の概念を大きく超え、複数のゲートや有人管理等運営面との整合や、専用設備シャフトの高次セキュリティエリア内設置等、設備メンテナンスに対するガードも含め、要求は多次元に及ぶ。

3｜環境（サスティナブル）

- CASBEE等の日本の基準はもとより、LEED等国際基準を満たすことを求める米国のビル事業者もある。
- 環境対応では近年のドイツにおける取組みが顕著である。ドイツ国内では居室の窓からの奥行き制限があり、個室型中心のプランが主流を占めることもあり、個室単位の自然換気・自然採光と空調制御・照明制御が中心となる。奥行きが小さく階高も抑えられることから、全体のプロポーションはスリムで、透明感の高い超高層が急増した。ファサードエンジニアリングにおける環境への取組み等、街における見え方・見せ方も含め、建物外観も事業

---

fig.1｜WBDG／建物全体の設計目標

[Design Objectives of Whole Building Design: http://www.wbdg.org/ より]
ワシントンDCに本部がある非営利・非政府の研究機関「Whole Building Design Guide (WBDG)」のサイトには、建物性能・デザイン・技術基準・コスト・プロジェクト管理・維持管理等の包括的な情報が閲覧できるインターネットポータルがあり、専門家の建築設計プロセスにおいて参照すべきツールが整備されている。

fig.2｜超モダンで透明感のあるガラスのランドマークタワー

[High Light Munich Business Towers / Munich Germany] ガラスとスチールのブリッジで繋ぐスリムかつシャープなオフィスツインタワーのシルエットと、透明感のあるガラスのディテールが特徴的である。

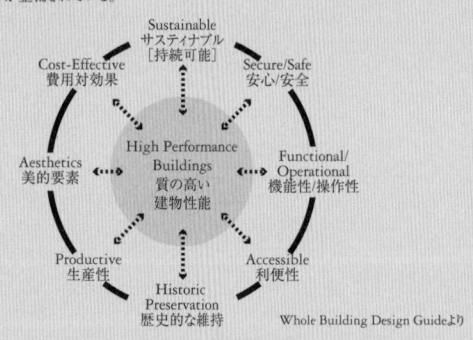

fig.3-1｜突出し円形窓でアクセントをつけたユニークなファサード

[Uptown Munich / Munich Germany] 細身の印象を強める曲面ベベル（面取り）エッジ形状とし、高透過ガラス（シングルスキン）で全体を織物のように躯体を包み込み、柔らかな透明感を与えている。室内からは開放的な眺望を確保している。

fig.3-2｜シングルスキンと自動制御による突出し円形窓

複層ガラスは強化ガラス8mm（室内側）＋空気層16mm＋強化ガラス10mm（熱貫流率U値＝1.2W/㎡K）で構成。

主の姿勢を示す事項として重要な課題となる。

4｜利便性
- 移動時間の短縮・24時間対応・バリアフリーが挙げられる。
- グローバルな外資系企業では労働単価の高さ、海外出張を伴うスタッフの多忙さにより、社内移動時間の短縮に対する要求が非常に高い。これは単にエレベーターの問題ではない。複数フロアにわたるテナントに対する、内部階段の増設を見越した構造や法規への対応等の要求がその一例である。
- 移動時間の短縮に加えて、空間の特徴づけやホスピタリティの観点も評価項目となる。国際的移動を伴う利用者にとっては、ビル単体としての機能に加え、一流ホテルや飲食・リラクゼーション施設との近接性も一つの評価項目となる。
- バリアフリーは企業の社会的評価・職員の構成の観点から、単に基準を満たすことを超えた要求となり得る。たとえば駐車場やトイレについて、実際に対象となる職員や来客の数、ニーズに対して充足されているかが現実の課題となる。

5｜生産性
- 知的生産性のあるワークスタイルを生み出すために、IT情報環境が充実したワークプレイス整備が求められる。主に米国系企業のリニューアル工事では、OAフロアよりも天井や壁内のスペースを利用した情報・設備供給システムの採用が多く見られる。また、天井仕上げがないスケルトン空間の積極的な採用も多く見られる。

―

- 産業のグローバル化のさらなる進行によって、近い将来、これらの外資系企業のニーズが「特殊なもの」でなくなる可能性を考えると、特に都心の大規模開発におけるグレード設定では、単なるスペックアップを超えた評価基準変動予測が、事業主と設計者の大きな課題になるであろう。

| fig.4 | **ワークプレイス内の上下階を結ぶ階段**
[**品川フロントビル内のテナント（（株）ネクスト）**] 基準階ワークプレイス内に上下階を結ぶ階段を設けることにより、コミュニケーションを向上させることができる。

| fig.5 | **天井仕上げのないスケルトン空間としてのワークプレイス**
[**イケア・ジャパン**] 簡易なレイアウト変更やローコストを勘案して、OAフロアではなく、天井照明と一体となったグリッド配管から電気配線を机まで垂れ下げ、それをアイランドサインとしてデザインしている。

| fig.6 | **壁を利用したコミュニケーション**
[**イケア・ジャパン**] ワークプレイス内の壁を利用して、企業として重要なコミュニケーションをワーカーや来客に伝えている。

断面構成

平面構成と立体的繋がりを同時に検討する
各要素の特殊性と相互関係から、空間的な配置を考える
断面方向の物理的な距離よりも、エレベーター計画がより重要となる

断面構成の設計プロセス
- オフィスは、諸機能が立体的に積み上げられることが多いため、計画の初期より立体的／断面的な機能配置を考慮する必要がある[fig.1]。
- 計画の大型化に伴い、オフィスと住宅、ホテル、商業等、複合施設として計画されることも多く、複雑化するほど、各用途が有効に機能するためには、特性に応じた適切な断面構成を計画することが必要である[fig.2]。
- 平面的な機能配置とその断面方向への展開、これらの総合化により全体の断面構成を計画する。

機能の相互関連分析
- 要求される諸機能には、関係する他の機能が複数存在する。たとえば、役員室と秘書室、応接室、会議室互いが直結されなくてはならないもの、他のフロアでも構わないがなるべく移動時間を短縮したい機能等、相互関係を分析し、その強弱に応じてグループ化することや、これらのセキュリティ上の区分を行うことが平面・断面構成のベースとなる。
- 低層階への外部からのアクセスや高層階からの眺望等、諸機能に求められる垂直方向の要件を加味することも断面構成の要素となる。

エレベーターバンク
- エレベーターのバンク設定は、利用者待ち時間設定のほか、断面方向の用途のグルーピングが影響する[No.42参照]。
- 特に大規模オフィスの場合においては、同一グループのフロアは同一バンク内の着床でまとめ、乗換えを生じさせないことが求められる。
- 大規模高層オフィスでは、多用途の導入や自社・賃貸の複合化により、利便性に加えセキュリティも含めた計画の視点が必要となる。
- 直行エレベーター（シャトルエレベーター）の乗換え階は第2のエントランスロビー（スカイロビー）としての空間形成が可能となり、複数のビルを積み重ねた構成概念の展開が可能となる。

特殊階
- 社員食堂をはじめとする福利厚生フロア、役員フロア、集中的な会議室フロア、サーバールーム等電算機室を主体としたフロア、ディーリングルーム等を配置したフロアについては、特別の配慮が必要である。
- 求められる特殊性が建築の空間サイズ、構造、基幹設備の対応範疇であれば、それは運用上の特殊階としての機能処理を行い、将来の変更に対するフレキシビリティを考慮の上、建物構造、基幹設備を計画しておくことがポイントとなる。

ヘビーデューティフロア
- 特殊階の中で、構造上、設備上重装備が求められる階をヘビーデューティフロアと呼ぶ。たとえば、機器重量と発熱量が多いサーバールーム、大型の検査機器や給排水設備が必要となる診療室等がこれに当たる。
- これらの多くは、一般階に比べて床荷重や二重床高を大きく設定することになるため、一般階に比べて階高が必要となる。発熱量に対応する増設空調機の増設対応方法についても、想定しておく必要がある。
- 漏水等のトラブルを絶対に避けなければならないサーバールームを給排水設備を多用したフロアの下階に設置せざるを得ない場合は、防水対応が必要となる。
- 役員会議室やホール等高い防音性能が必要とされるフロアと設備機械室等騒音源となるフロアが重なる場合は、騒音源側に浮き床等の防音対策等の考慮が必要となる。
- いずれも、階高の確保と床荷重設定が必要となる。

管理諸室
- 主な管理諸室は、防災センター（中央管理室）、駐車場管理室、清掃員控室、ゴミ処理室、倉庫、運転手控室、宿直室、仮眠室、メール室等である[No.45参照]。
- 防災センターは避難階もしくは、避難階の直上、直下階に設ける（消防隊の進入ルート、スペースについては要協議）。
- ゴミ処理室はゴミ搬出入車の駐車スペースの近傍に設け、表方との動線の交錯を避ける。
- 管理諸室と関連が深い宅配便等の対応についても、ゾーン構成上の配慮が必要となる。

fig.1 | 自社ビルの機能構成の例

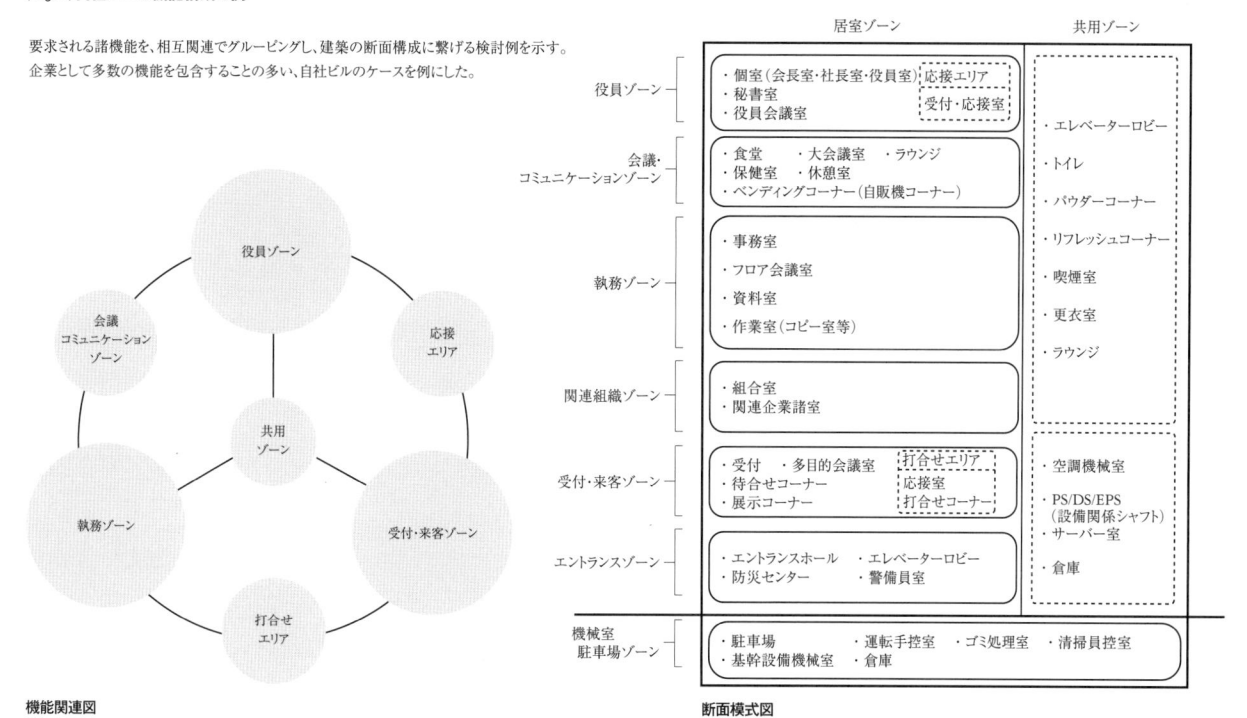

要求される諸機能を、相互関連でグルーピングし、建築の断面構成に繋げる検討例を示す。
企業として多数の機能を包含することの多い、自社ビルのケースを例にした。

機能関連図

断面模式図

| 居室ゾーン | 共用ゾーン |

役員ゾーン
- 個室（会長室・社長室・役員室）／応接エリア
- 秘書室
- 役員会議室／受付・応接室

会議・コミュニケーションゾーン
- 食堂　・大会議室　・ラウンジ
- 保健室　・休憩室
- ベンディングコーナー（自販機コーナー）

執務ゾーン
- 事務室
- フロア会議室
- 資料室
- 作業室（コピー室等）

関連組織ゾーン
- 組合室
- 関連企業諸室

受付・来客ゾーン
- 受付　・多目的会議室／打合せエリア
- 待合せコーナー／応接室
- 展示コーナー／打合せコーナー

エントランスゾーン
- エントランスホール　・エレベーターロビー
- 防災センター　・警備員室

機械室・駐車場ゾーン
- 駐車場　・運転手控室　・ゴミ処理室　・清掃員控室
- 基幹設備機械室　・倉庫

共用ゾーン
- エレベーターロビー
- トイレ
- パウダーコーナー
- リフレッシュコーナー
- 喫煙室
- 更衣室
- ラウンジ
- 空調機械室
- PS/DS/EPS（設備関係シャフト）
- サーバー室
- 倉庫

fig.2 | 自社・賃貸のオフィスタイプによる断面構成の例

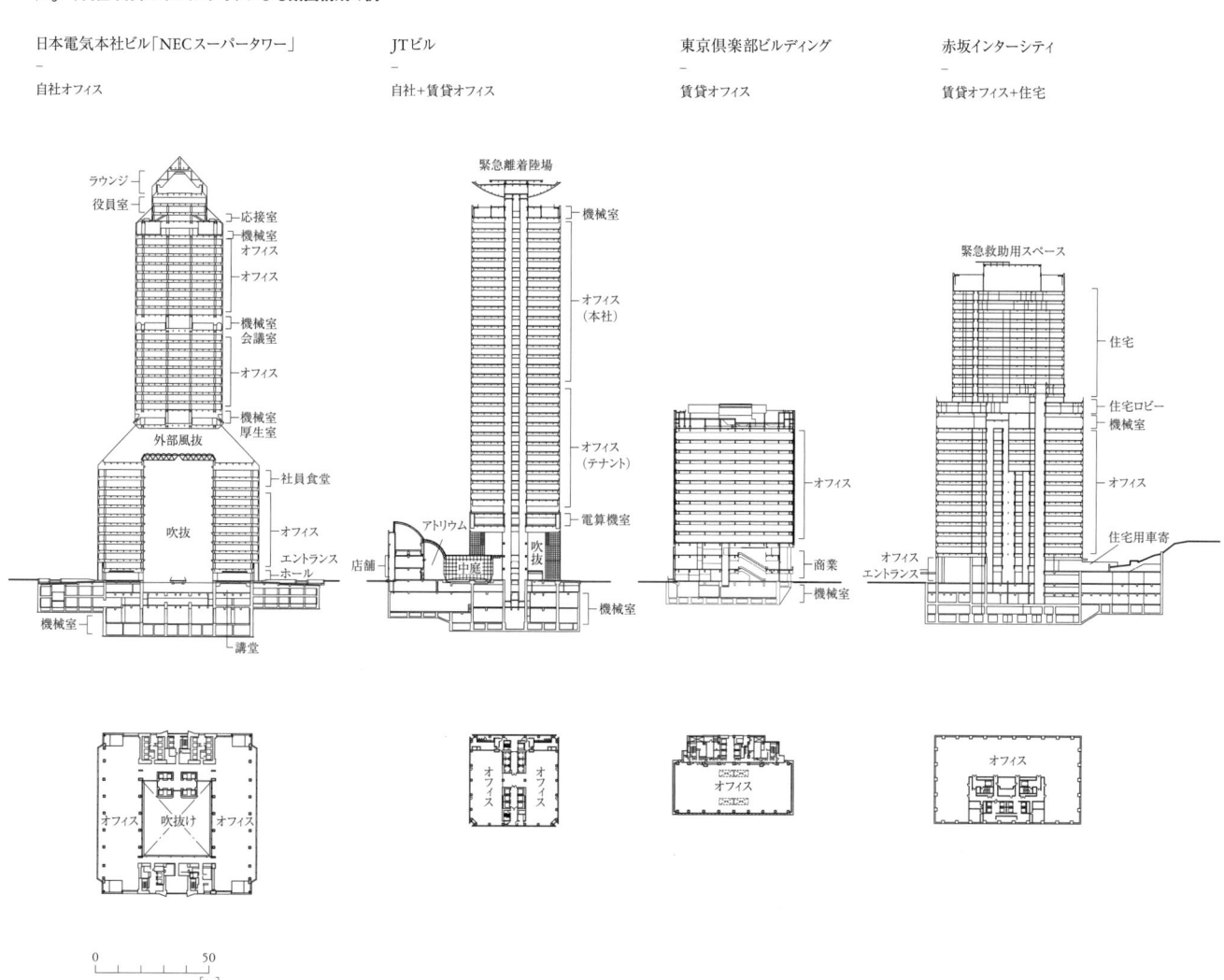

日本電気本社ビル「NECスーパータワー」
―
自社オフィス

JTビル
―
自社＋賃貸オフィス

東京倶楽部ビルディング
―
賃貸オフィス

赤坂インターシティ
―
賃貸オフィス＋住宅

S=1/3,000

COLUMN 2 「分ける」から「混ぜる」──複合化するオフィス

- より便利に、より魅力的に、オフィスの付加価値を相対的に上げるために、オフィスだけではなく、商業施設、文化施設、宿泊・住居施設等と複合されるケースが多く見られる。平面的に分棟とする、積み重ねて立体的にする、またその複合等、その構成はさまざまである。大規模な開発では、駅舎等の都市インフラとの一体開発さえも見られる。
- 歴史を遡りヨーロッパの都市のガレリアやパッサージュの構成を見ると、1階はショップやレストラン、2階以上はオフィス等となっていることが多く、適度なスケールで機能が複合化していることによって、多様なアクティビティが表出し、非常に魅力的な空間ができあがっている。
- そもそもオフィスの発生過程を遡ってみると、もとはオフィスが独立して存在していたわけではなく、たとえば、店や工場に併設されたバックオフィスの規模が商いの拡大とともに大きくなり、併

| fig.1 | 街区全体の一体開発による複合機能都市
[クイーンズスクエア横浜] オフィス(3棟)、ホテル、ホール、商業施設、駐車場、駅施設等から構成された大規模な複合用途が集約され、街区の中央部を貫くクイーンモールや巨大な吹抜け空間(ステーションコア/左写真)が繋いでいる。

| fig.2 | 首都東京の未来の「顔」となる新しい都市空間
[東京駅八重洲開発 グラントウキョウ] 東京駅と直結する八重洲駅前広場を挟んだ南北に超高層のツインタワー(ノースタワー/写真右:高層部はオフィス、低層部は百貨店)(サウスタワー/写真左:オフィス)、中央部に駅営業施設、店舗等からなる駅施設が配置され、タワーを繋ぐ全長240mの歩行者デッキと大屋根「グランルーフ」を架ける計画としている。

| fig.3 | 用途ごとにボリュームを分節化した外観
[渋谷新文化街区プロジェクト 渋谷ヒカリエ] 低層部は商業施設、中層部は劇場・エキシビションホール等の文化施設、高層部をオフィスとした複合施設。

設するだけでは納まらず独立し、オフィスの機能だけが分化・集合したというものもある。

— 街のデザインも魅力を求めて、用途地域的な考え方を脱し、ますます「職・住・楽・創」混合を目指すように、オフィスについても同様の傾向が強くなっていくであろう。エキナカの店があるように、エキナカのオフィスも出てくるかもしれない。「つくるものを考える現場＝オフィス」と「つくる現場＝ファクトリー」を一体化して、互いの刺激を高め、フィードバックを最速にするような試みも出現しているが、これもかつてのオフィスのあり方に立ち返っているに過ぎないのかもしれない。大規模な開発ではそれぞれの機能が大きなボリュームで複合しているケースが多く見られるが、小さな規模のものが細かくたくさん集合してコンプレックスをつくり上げるようなスキームも考えられるのではないか。

| fig.4 | **共通経験を生み出すダイナミックスペース**

[BMW Central Building/Leipzig Germany] 雛壇状に広がるワークプレイスの中に工場の製造ラインが貫入し、ワーカーの頭上を車のボディが行き交う。工場従業員、ワーカー、カスタマーが同じ経験を共有することで意識を緊密に結びつけている。

| fig.5 | **組立て工場の工具とエンジニアが融合する巨大空間**

[Boeing Renton/Washington USA] 航空機メーカー・ボーイングのレントン工場は、旅客機組立て工場とオフィスが融合する7万m²の巨大空間であり、旅客機の移動式組立てラインに隣接してワークプレイスが配置されている。

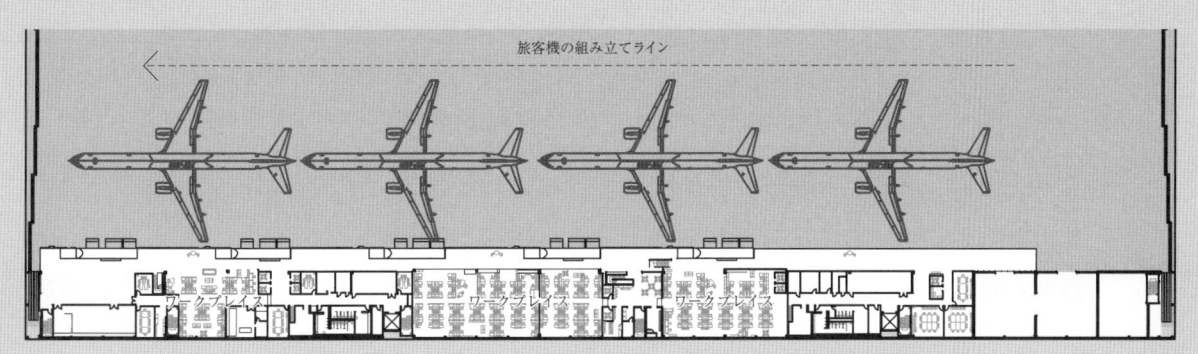

32 配置と主動線計画

| 事業プログラム | マネージメント | 条件の整理 | **全体の計画** | ワークプレイスの計画 | 各部の計画 | 環境の計画 | 構造・設備の計画 | その他の計画 |

基準階とエントランス階の計画を同時に解くことで、配置・動線計画が固まる
配置計画は、隣地の環境、周辺の街との関係まで考慮する
エントランス階の計画ではオフィスの構え・人の動き・機能処理の総合化を図る

知的生産性
経済
安全
社会性
快適性
環境
都市
コンプライアンス
技術

基準階ボリュームとエントランス階の計画
- 配置・主動線計画を固める上で、事業条件および法的条件による基準階ボリュームの設定[No.29参照]と、エントランス階の計画の整合が必要となる。
- これらを同時に整理し、エントランスホール→エレベーターロビー→基準階エレベーターホールの縦動線により、エントランス階と基準階がスムーズに結ばれるよう計画を行う。

エントランス階・低層階の計画
- エントランス階の計画を構成する要素には多くの条件があり、これらをバランス良く解決することが必要となる[No.45参照]。
- これらの条件をまとめ、外構計画とエントランス階を含めた低層階の計画を行い、オフィスの構えとしてふさわしい空間と形式を提示することが建築の価値形成の重要事項となる。
- 外構計画は、機能条件を満たしながら、アプローチ道路からオープンスペースを経由しエントランス・エレベーターロビーまでの一連の空間の連続性を計画する。

1│外構計画
- 来館者のアクセス性や道路からの車の処理・歩車分離等、表方と裏方双方の動線条件を整理する。
- 敷地形状や高低差等の敷地の物理的条件。
- 周辺建物の距離・見合い等、周辺地区との関係からの条件。
- 主エントランス近辺に車寄を配置する場合は、雨除けの庇・ピロティーと合わせた計画が必要となる。
- これらの動線条件に合わせ、外構計画では、緑化やバリアフリー対応によるスロープ設置等行政協議に関連するもの、防潮等浸水災害対策、インフラ引込み等設備的な条件に配慮する。

2│エントランス階計画
- 車寄・エントランスホール・エレベーターロビーの規模・形状等、建物フロントの条件。
- 通用口・中央管理室・サービス動線等、建物バックの条件。
- バリアフリーに関する条件。
- セキュリティ計画に関する条件。

全体の主動線計画
- 上記のエントランス階を含めた低層階の計画に合わせて基準階の計画を同時に考慮し、必要な昇降機計画・階段等の避難計画を含めた建築全体の主動線計画を行う[fig.1]。

基準階の計画
- 基準階の開口部やコアの位置を含めた配置の決定要因には、次のような要素がある。

1│開口部の決定要因
- ビルの正面性等を含めた外観デザイン上の条件。
- 執務空間からの景観や採光等の室内環境条件。
- 周辺建物との離隔や視線の見合い等、周辺状況からの条件。

2│コア配置の決定要因
- エレベーターコア・避難階段等の動線計画からの条件。
- 事業・計画コンセプト(ワークプレイスの形状等)からの条件。
 環境条件面では、空調負荷を考慮し、西面・東面に開口部を避け、コアを配置することも有効である。

車両動線計画
- 前面道路からの車両進入に関して、出入口位置については交差点からの距離等行政庁や警察からの指導に加え、時には近隣との関係から配慮を必要とする場合がある。
- 来客やVIPのための表方車両動線と搬出入のためのバック動線があり、これらをまとめて車寄を計画する場合や、建物規模や外構の状況により、地下階や上階を含め、個別配置も考えられる。

都市開発諸制度を活用する場合
- 都市開発諸制度の適用[No.26参照]により大規模開発の計画を行う場合、各種都市計画要件により、建物配置と外構計画検討に当たって下記のような関連事項が発生するため、事業計画と合わせて初期に計画を行う必要がある。
- 建築ボリューム配置に関連する、建ぺい率制限・壁面線制限。
- 空地等オープンスペースに関連する緑化率の規定、車両アプローチの制限。

| fig.1 | 建築計画と主動線計画のフロー

法的条件	敷地内の条件	周辺地域との関係	環境からくる条件
[都市計画的条件]	[敷地形状]	[景観要素]	[道路との関係]
・前面道路との関係	・平面形状	・都市軸・景観軸	・人の動線、バリアフリー
・空地	・高低差	・オフィスからの眺望	・車のアクセス、駐車場
・高さ制限	[建築条件]	[シンボル性]	[方位]
・セットバック	・規模	[隣棟との関係]	・採光
[建築基準法による条件]	・用途構成	・見合い距離	・省エネルギー対策
・日影		・風	
・斜線(道路・隣地・北側)		・日照等	
・容積率 ・建ぺい率			

- 執務空間の向き
- 共用部配置
→ 基準階の配置

↕ 建築全体の動線計画

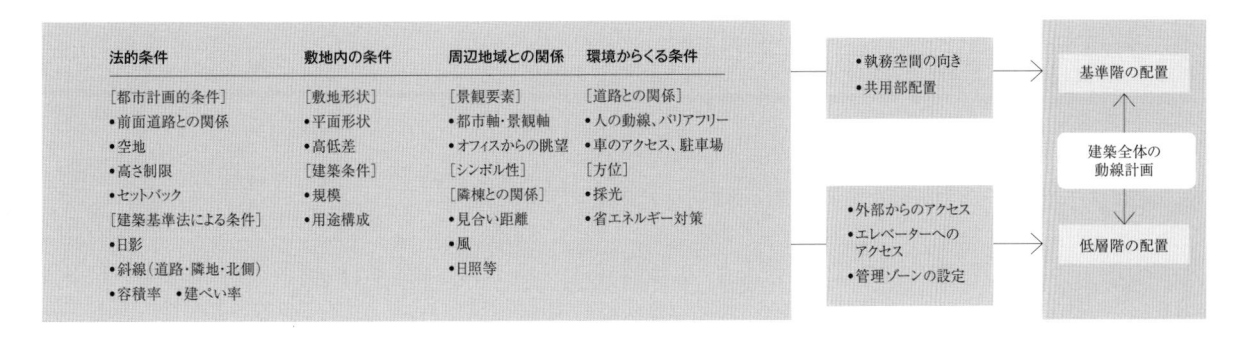

- 外部からのアクセス
- エレベーターへのアクセス
- 管理ゾーンの設定
→ 低層階の配置

| fig.2 | 小規模オフィス賃貸ビルの事例 | YOMIKO GINZA BLDG. S:1/600

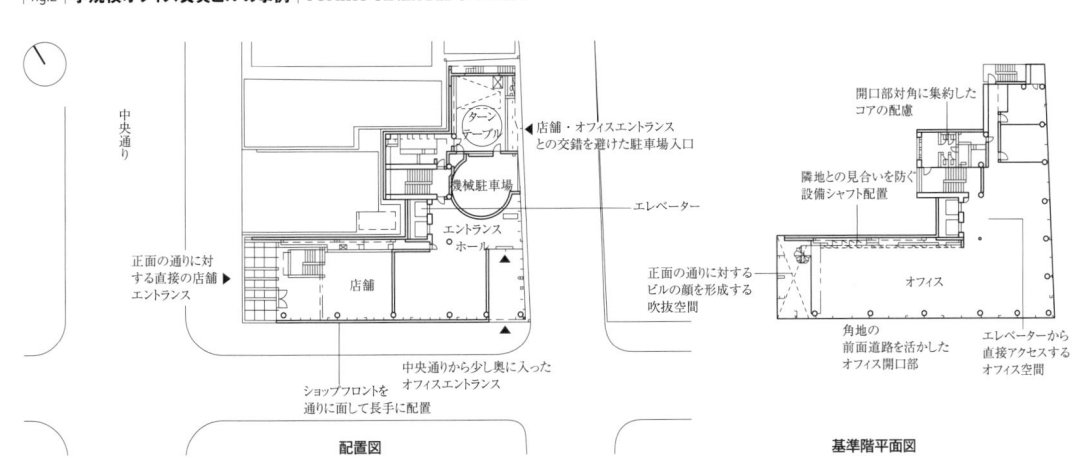

配置図
- 中央通り
- ターンテーブル
- 店舗・オフィスエントランスとの交錯を避けた駐車場入口
- 機械駐車場
- エレベーター
- エントランスホール
- 店舗
- 正面の通りに対する直接の店舗エントランス
- 中央通りから少し奥に入ったオフィスエントランス
- ショップフロントを通りに面して長手に配置

基準階平面図
- 開口部対角に集約したコアの配慮
- 隣地との見合いを防ぐ設備シャフト配置
- 正面の通りに対するビルの顔を形成する吹抜空間
- オフィス
- 角地の前面道路を活かしたオフィス開口部
- エレベーターから直接アクセスするオフィス空間

| fig.3 | 大規模オフィス賃貸ビルの事例 | ミッドランドスクエア S: 1/1,800

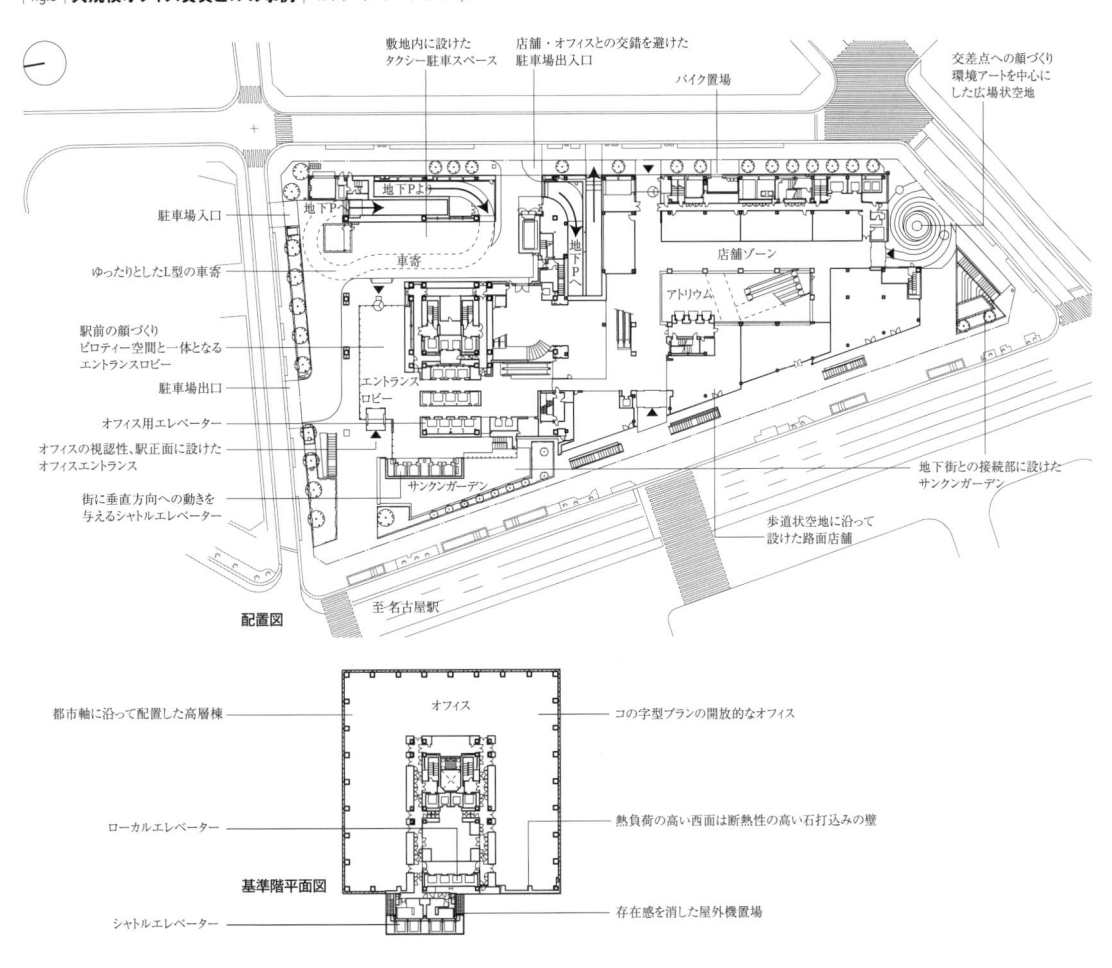

配置図
- 敷地内に設けたタクシー駐車スペース
- 店舗・オフィスとの交錯を避けた駐車場出入口
- バイク置場
- 交差点への顔づくり環境アートを中心にした広場状空地
- 駐車場入口
- 地下Pより
- 地下P
- 車寄
- 店舗ゾーン
- アトリウム
- ゆったりとしたL型の車寄
- 駅前の顔づくりピロティー空間と一体となるエントランスロビー
- 駐車場出口
- エントランスロビー
- オフィス用エレベーター
- オフィスの視認性、駅正面に設けたオフィスエントランス
- サンクンガーデン
- 街に垂直方向への動きを与えるシャトルエレベーター
- 地下街との接続部に設けたサンクンガーデン
- 歩道状空地に沿って設けた路面店舗
- 至 名古屋駅

基準階平面図
- 都市軸に沿って配置した高層棟
- オフィス
- コの字型プランの開放的なオフィス
- ローカルエレベーター
- 熱負荷の高い西面は断熱性の高い石打込みの壁
- シャトルエレベーター
- 存在感を消した屋外機置場

● 45 エントランス計画→P.126 | 48 駐車場計画→P.132

33 | 事業プログラム | マネージメント | 条件の整理 | **全体の計画** | ワークプレイスの計画 | 各部の計画 | 環境の計画 | 構造・設備の計画 | その他の計画

面積構成の設定

各部の面積は事業計画と性能条件との両面からチェックする
類似事例から目標とする有効率と必要諸室面積を設定する
容積の緩和や除外、附置義務施設等、法令上必要とされる施設面積を設定する

■ 知的生産性
■ 経済
― 安全
■ 社会性
― 快適性
■ 環境
― 都市
■ コンプライアンス
― 技術

用途構成

— オフィスビルに必要な用途構成は、fig.1、fig.2のようになる。条件整理時に、用途ごとに必要面積・必要階を設定した上で、全体のオフィス構成を計画する。

— 機能構成は必ずしも初期の事業条件で確定するわけではなく、必要諸室の設定は事業主側の条件に加え、類似例をもとにした諸室構成の基本例・選択肢を作成し、設計検討の進捗に合わせて要否を判断していくことも必要となる。

ワークプレイスの有効率（レンタブル比）

— オフィスビルの有効率[No.10, 38参照]は一般に、ビル全体では60-70%が必要とされ、基準階においては65-80%を目標とする[fig.3]。

— 事業計画にもとづき、必要条件が決められている場合はその目標値を上回る必要があり、設備スペースの配置やワークプレイスの形状[No.37参照]の選択が大きく関係する。

— 必要となる設備諸室や廊下・階段・トイレ等共用部の割合を類似例から想定して、必要諸室の面積配分を設定する。

— 賃貸ビルの場合、フロアの分割のための共用廊下や設備スペースが実際の有効率を大きく左右するため、フロア貸し・分割貸しの前提の選択とのその分割単位についての設定を、有効率検討とともに行う。

機械諸室

— 受電・熱源・空調等設備の方式により規模設定が大きく異なるため、早期の段階で周辺インフラの確認と設備計画概要を検討し、機械室規模を想定する必要がある。

— 法規に規定された最低限必要なものや、オフィスサービスとして必要なもの（自家発電設備、テナント設備対応スペース、IT対応空調・EPS増設スペース等）や将来対応として必要なものがあるため、条件設定の段階でまとめておくことが必要となる。

— 設備シャフトも有効率に大きく影響するため、設備計画とともに早期に想定することが重要となる。

管理諸室

— ゴミ処理室は、条例等で最低規模が規定されているものがあるため、規模設定時に関係法令のチェックが必要となる。

— 防災センターは設備管理室と兼用する例が多いが、賃貸ビルの場合には別途ビル管理室を設置することもあるため、事業主とビル管理運営計画を確認することが必要となる。

— ビルの維持管理・運営に必要な、清掃員控室・駐車場管理室・運転手控室・管理用倉庫等や守衛や宿直の有無、トイレやシャワー・更衣室の有無等、人数や用途に応じた規模の確認が必要となる[No.45参照]。

駐車場

— 立地条件、事業条件と法的条件（自治体の附置義務条例等）により、計画のニーズに合わせた台数を設定する必要がある。

— 必要台数・運用形態・建築計画上のバランスを考慮し、機械式・自走式・併用等[No.48参照]システムを選択し、規模・配置の確定を行う。

容積対象面積除外の用途

— 駐車場、駐輪場は延べ面積の1/5までは容積対象面積から除外できる（建築基準法施行令第2条1項4号ただし書）。

— バリアフリー法適合建築物の認定[No.41参照]や、地域冷暖房施設[P59参照]、公共通路設置部分は、建築基準法にもとづく許可申請により容積対象から除外できる。有効率の算定時、計画の初期段階でも考慮して進める必要がある。

— 附置住宅においても、住宅部分共用廊下等に対して容積緩和が認められるため、全体容積設定時に注意が必要である。

附置義務用途と都市開発諸制度に必要な用途

— 附置義務駐車施設のほか、都市開発諸制度（総合設計制度等）の適用を受ける場合、その区域に必要とされる用途を導入する必要が生じる場合がある[No.26参照]。

— たとえば東京都においては、都市開発諸制度の適用において、区域ごとに文化交流施設・商業施設・生活支援施設・住宅施設等の地域貢献に寄与する施設の設置を義務づけている。

事業主固有の条件

— 賃貸ビル事業者（デベロッパー）の場合、共通基準（設備仕様・貸し方基準等）を用いる場合がある。これら事業主固有の条件と敷地や法基準による建築条件との総合化が必要となる。

fig.1 賃貸ビル面積構成例

ビル別	小規模		中規模		大規模(住宅併用)		超高層	
延べ面積	4,780 m²		27,630 m²		62,950 m²		81,680 m²	
基準階面積	550 m²		1,440 m²		5,270 m²		1,900 m²	
容積対象面積	4,510 m²		24,880 m²		55,470 m² (住宅共用廊下等も除外)		70,100 m²	
地下	470 m²		5,040 m²		10,600 m²		15,180 m²	
地上	4,310 m²		22,590 m²		52,350 m²		66,500 m²	
用途別	床面積(m²)	*比率(%)	床面積(m²)	*比率(%)	床面積(m²)	*比率(%)	床面積(m²)	*比率(%)
事務室	3,062 m²	68	15,882 m²	64	33,338 m²	58	42,855 m²	61
エントランスロビー	51 m²	1	493 m²	2	847 m²	1	1,636 m²	2
その他の用途(商業・住宅等)	193 m²	4	117 m²	0	10,187 m²	18	2,343 m²	3
管理諸室	35 m²	1	255 m²	1	883 m²	2	452 m²	1
倉庫	41 m²	1	188 m²	1	866 m²	2	180 m²	0
機械室	176 m²	4	2,145 m²	8	2,970 m²	5	6,134 m²	9
PS・EPS・DS等	94 m²	2	660 m²	3	1,922 m²	3	4,020 m²	6
共用部(廊下・階段・トイレ等)	856 m²	19	5,140 m²	21	6,234 m²	11	12,482 m²	18
駐車場	270 m²	—	2,750 m²	—	5,700 m²	—	11,580 m²	—

*:容積対象面積に対する比率

fig.2 自社ビル面積構成

ビル別	小規模		中規模		大規模		超高層	
延べ面積	930 m²		15,780 m²		64,990 m²		95,350 m²	
基準階面積	170 m²		1,120 m²		3,090 m²		2,840 m²	
容積対象面積	890 m²		13,970 m²		57,400 m²		89,720 m²	
地下	0 m²		2,630 m²		9,070 m²		16,040 m²	
地上	930 m²		13,150 m²		55,920 m²		79,310 m²	
用途別	床面積(m²)	*比率(%)	床面積(m²)	*比率(%)	床面積(m²)	*比率(%)	床面積(m²)	*比率(%)
事務室	391 m²	44	6,831 m²	49	11,731 m²	20	18,366 m²	20
電子計算機室		0	18 m²	0	302 m²	1	175 m²	0
その他事務諸室		0	257 m²	2	346 m²	1	2,500 m²	3
研修・会議・応接室	113 m²	13	1,144 m²	8	5,104 m²	9	5,514 m²	6
役員室・役員関係室		0	585 m²	4	7,967 m²	14	2,792 m²	3
食堂		0		0	3,213 m²	6	1,469 m²	2
エントランスロビー	27 m²	3	287 m²	2	1,577 m²	3	452 m²	1
その他の用途(商業・住宅等)		0		0	3,662 m²	6	29,844 m²	33
管理諸室	57 m²	6	75 m²	1	1,872 m²	3	1,884 m²	2
倉庫		0	29 m²	0	852 m²	1	188 m²	0
機械室	80 m²	9	900 m²	7	4,839 m²	8	7,847 m²	9
PS・EPS・DS等	26 m²	3	478 m²	3	2,048 m²	4	3,718 m²	4
共用部(廊下・階段・トイレ等)	201 m²	22	3,358 m²	24	13,886 m²	24	14,961 m²	17
駐車場	40 m²	—	1,810 m²	—	7,590 m²	—	5,630 m²	—

*:容積対象面積に対する比率

fig.3 賃貸ビルの建物規模とレンタブル比の関係

延べ面積——全体レンタブル比　データ集計 1998-2008年

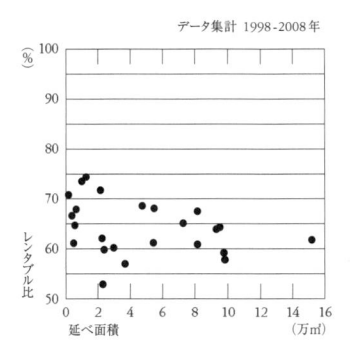

基準階面積——基準階レンタブル比　データ集計 1998-2008年

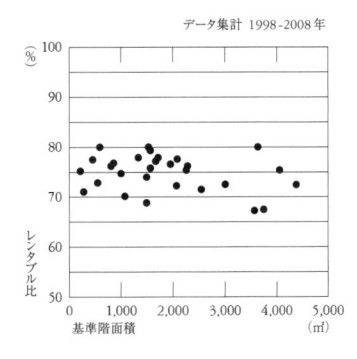

基準階階数——基準階レンタブル比　データ集計 1998-2008年

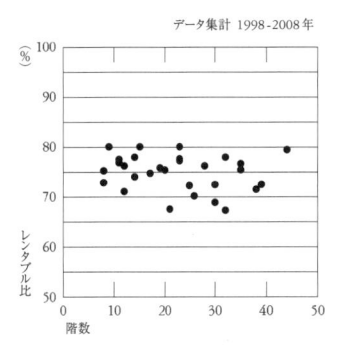

● 10 モデルプラン→P.46 | 37 基準階:ワークプレイス[1]→P.106 | 38 基準階:ワークプレイス[2]→P.108
41 基準階:共有部[1]→P.116 | 48 駐車場計画→P.132

34

| 事業プログラム | マネージメント | 条件の整理 | 全体の計画 | **ワークプレイスの計画** | 各部の計画 | 環境の計画 | 構造・設備の計画 | その他の計画 |

ワークプレイスとしてのオフィス[1]──拡張する「ワーク」の概念

ワークプレイスは、知的生産性を向上させる手がかりである
ワークプレイスの選択と交換ができる仕組みにする
時間と空間が自由になると、あらゆる場所がワークプレイスとなり得る

知的生産性
経済
安全
社会性
快適性
環境
都市
コンプライアンス
技術

オフィスからワークプレイスへ

- かつて、工場等生産施設等の付帯施設として事務処理を行うことが主な目的であったオフィスは、いかに効率的に事務処理を行うことができるかに重点が置かれていた。
- ワーカーの個々の創造性よりも、単に事務処理を行うための空間として、オフィスがつくられていた。
- その後の企業活動のIT化、グローバル化、高速化に伴い、モノをつくる生産力として海外の安い労働力が参入し、単純なモノの生産性で比較優位性を保つことはどの企業も難しくなっている。
- これからの企業戦略は、いかに新しい価値を生み出すことができるか、そのためには企業内での知的生産性をいかに高めるかが最重要事項となっている。
- オフィスはワーカーの知的生産性を高める場として、より広い意味でのワークプレイスの一部として位置づけられる。

ワークプレイス

- ワークプレイスは「仕事をしている空間」そのものを指し、必ずしも「働く場」としてのオフィスのみを指すものではない。
- 知的生産のための空間機能がワークプレイスであり、ワーカーがその仕事の内容やツールの選択によって活動の場所をさまざまに変えるならば、その活動の場すべてがワークプレイスであるともいえる。

SECI(セキ)モデル

- 一橋大学名誉教授の野中郁次郎氏が提唱した知識創造理論:個人が自身の経験の中で得た固有の知識(暗黙知)を他者と共有できる、あるいは再利用できる知識(形式知)へ、また形式知から暗黙知へと相互変換することを繰り返すことで、組織としての知識創造力を高めていくという考え方。4つの知識変換モードの頭文字をとって、SECIモデル[fig.1]と呼ばれる。
- 知的生産性向上のためのワークプレイスには、この暗黙知と形式知の相互作用を誘発する空間づくり、仕掛けづくりが試みられている。
- NOPA(ニューオフィス推進協議会)はこのSECIモデルにもとづくプロセスを12の知識創造行動へ展開[fig.2]し、これらの行動をバックアップする空間、仕掛けづくりをオフィスの中に取り入れることを提案している。

個人作業の場としてのワークプレイス

- IT化によって、ナレッジワーカー(知識労働者)が働くために必要なツールはPCやモバイル・デバイス等に集約され、個人作業スペースの外見だけではどんな業務を行っているかわからない状況となっている。これは、業務内容によって、必ずしも特別なスペースを必要としないことを意味している[fig.3]。
- 個人スペースが標準化されることによって、交換可能性が高まり、固定的な個人の席を設けないオフィスも現れている。

ワークプレイス化する都市

- アイデアを生み出すことが重要となる知的労働においては、労働する空間や時間を限定することは重要ではない。
- IT化によって、自宅や駅、空港やカフェや交通機関での移動中といったさまざまな空間と時間が、いわばモバイルオフィスとして活用され始めている[fig.4]。
- 成果主義にもとづく裁量労働制やフレックスタイム制の導入等の企業の管理手法の変化により、ワーカーは働く空間と時間を自ら選ぶ権利を手に入れ、自由で効率的で能動的な労働形態が生まれつつある。
- このことは、単純にこれまでのオフィスがなくなることを意味しているわけではなく、オフィスの役割が変化していることを示している。
- ネットワーク上のコミュニケーションによって遠く離れたパートナーとのコラボレーションが可能になった一方、これまでのオフィスが持つ役割は、フェイス・ツー・フェイスのコミュニケーション、偶然の出会いを含めたインフォーマルコミュニケーションの場としてより重要となっている。

fig.1 | SECIモデル――4つの知識変換モード

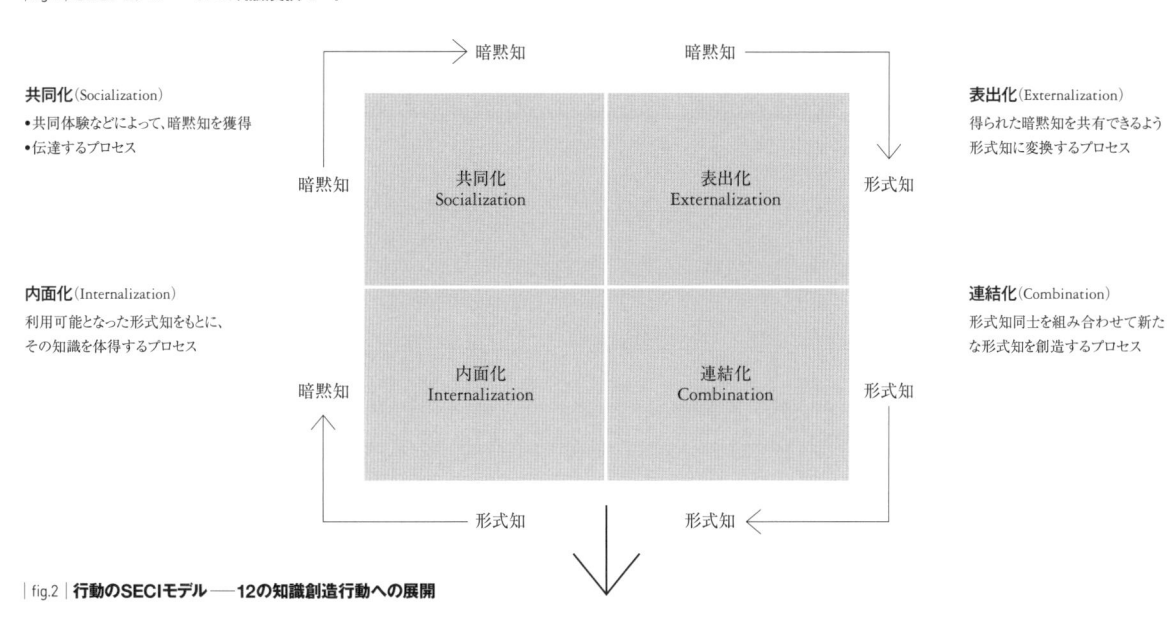

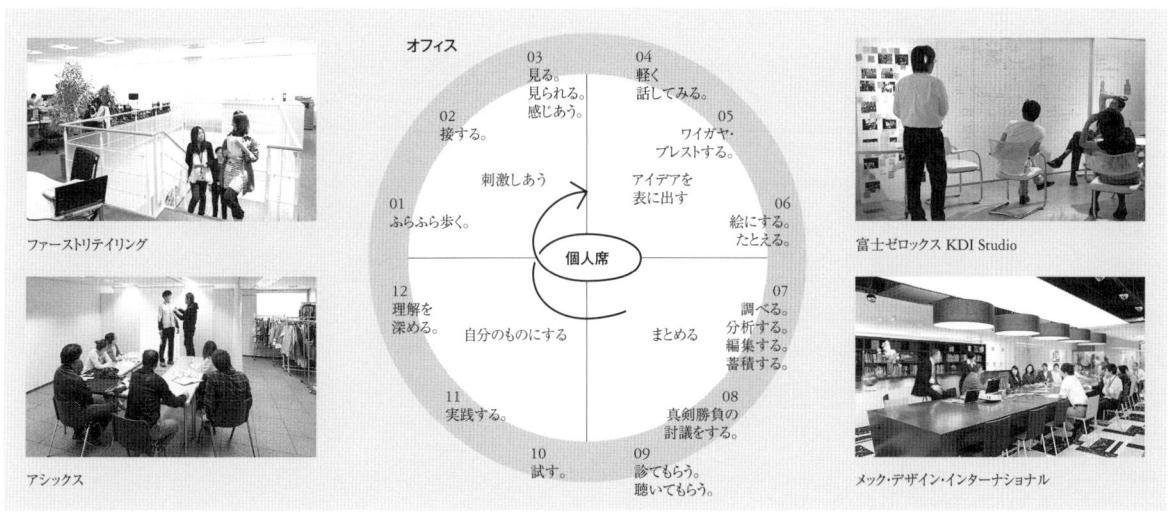

共同化(Socialization)
- 共同体験などによって、暗黙知を獲得
- 伝達するプロセス

内面化(Internalization)
利用可能となった形式知をもとに、その知識を体得するプロセス

表出化(Externalization)
得られた暗黙知を共有できるよう形式知に変換するプロセス

連結化(Combination)
形式知同士を組み合わせて新たな形式知を創造するプロセス

	暗黙知	暗黙知	
暗黙知	共同化 Socialization	表出化 Externalization	形式知
暗黙知	内面化 Internalization	連結化 Combination	形式知
	形式知	形式知	

fig.2 | 行動のSECIモデル――12の知識創造行動への展開

オフィス / 個人席

- 01 ふらふら歩く。
- 02 接する。刺激しあう
- 03 見る。見られる。感じあう。
- 04 軽く話してみる。
- 05 ワイガヤ・ブレストする。アイデアを表に出す
- 06 絵にする。たとえる。
- 07 調べる。分析する。編集する。蓄積する。まとめる
- 08 真剣勝負の討議をする。
- 09 診てもらう。聴いてもらう。
- 10 試す。
- 11 実践する。
- 12 理解を深める。自分のものにする

ファーストリテイリング
アシックス
富士ゼロックス KDI Studio
メック・デザイン・インターナショナル

fig.3 | 個人作業スペース

業務内容にかかわらず、個人作業のスペースは外見上変わらない

金融機関の例

番組制作会社の例

fig.4 | 広がるワークプレイス

ナレッジワーカーの活動の場すべてがワークプレイスととらえれば、あらゆる場所がワークプレイスとなり得る

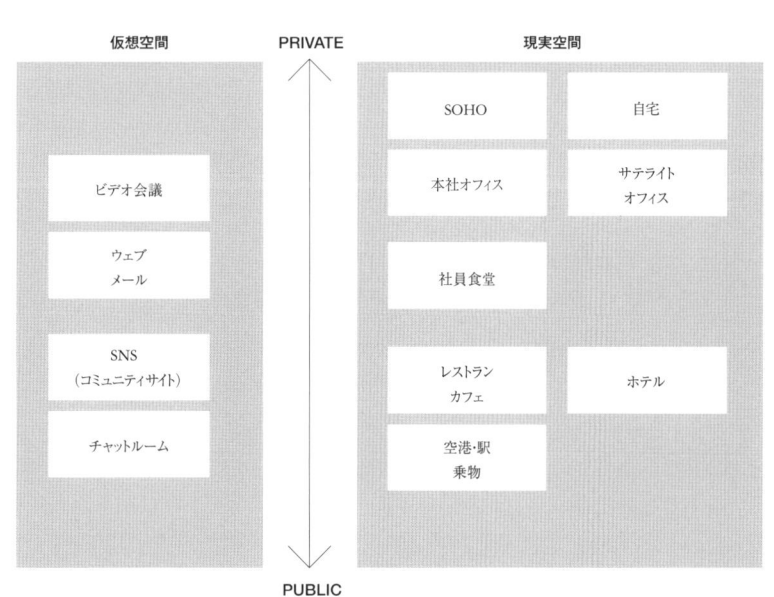

PRIVATE ↑ ↓ PUBLIC

仮想空間
- ビデオ会議
- ウェブ メール
- SNS（コミュニティサイト）
- チャットルーム

現実空間
- SOHO
- 自宅
- 本社オフィス
- サテライトオフィス
- 社員食堂
- レストラン カフェ
- ホテル
- 空港・駅 乗物

35 ワークプレイスとしてのオフィス[2]──多様化するオフィス形態

| 事業プログラム | マネージメント | 条件の整理 | 全体の計画 | ワークプレイスの計画 | 各部の計画 | 環境の計画 | 構造・設備の計画 | その他の計画 |

「ワーク」の多様化に伴い、オフィスの形態も多様化しつつある
チームとしてのワーカーの関係性を維持する求心性がますます重要視される
多様化するワーカーを支える「集う場所」としてのオフィスが求められている

- 知的生産性
- 経済
- 安全
- 社会性
- 快適性
- 環境
- 都市
- コンプライアンス
- 技術

多様化するオフィス
— ワーカーがオフィスで行う活動が、ルーティンワーク業務から付加価値創造のための知的生産活動に変化することに伴い、ワーカーの多様な活動の場としてのワークプレイスも多様化し、ワーカーの働き方に応じる形態で今までになかったオフィスも現れ始めている。

アクティビティからワークプレイスを考える
— ナレッジワーカーの活動の場となるワークプレイスには、決まった形はない。
— ワークプレイスにおけるワーカーのアクティビティ(活動)を支援するための空間づくり、仕組みづくりが重要であり、むしろそれぞれの企業特有のアクティビティからワークプレイスを考えることが望ましい。
— 賃貸ビルにおいては入居するテナントが決まっていないか、決まっていても将来的に変わる可能性があるため、特殊解としてのアクティビティを前提にオフィスをつくることは難しい。
自社ビルにおいても、ワークプレイスが経営戦略の変化に柔軟に対応できるようフレキシビリティが求められるため、オフィスは均質・整形な大部屋が主流となっている。
— 均質・整形な空間は均質なアクティビティのためではなく、多様なアクティビティに柔軟に対応できるフレキシビリティを担保するため、多様なオフィス形態によるプランニングを実現するためのものである必要がある。
— この前提から、設備等サポート機能は、ワーカーの作業単位を最小機能単位(モデュール)の倍数となるよう設定する[No.38参照]ことも有効である。

クローズドオフィス／オープンオフィス [fig.1]
— クローズドオフィスは個室等を中心としたワークプレイスからなるオフィスで、法律事務所や、欧米型のオフィスに見られる形態である。廊下に沿って個室が並ぶ形態を「コリドーオフィス」と呼ぶ場合もある。
— そのほかにも、セキュリティや情報管理の観点から、部署やセクションごとに区切る形態もある。
— 一体化した大部屋がワークプレイスの中心となるオープンオフィスは日本では多く見られるレイアウト[fig.2]であるが、コミュニケーションのとりやすさ、面積効率の良さ等から、海外でもオープンプラン型のオフィス事例が見られるようになった。

ユニバーサルオフィスレイアウト [fig.3]
— オープンオフィスプランの中でも、管理職の席を部署ごとの固まりとともに配置する「島型対向式オフィス」と呼ばれる管理型レイアウト[fig.2]に対し、組織変更等に柔軟に対応するため、共通化したワークステーションとしてワーカーだけが移動することで変更に対応することを目指したオフィスレイアウトでは、管理職の席も他のワーカーと同じ「島」に取り込み、フレキシビリティを高めている。
— 背景には、企業組織のフラット化の結果であったり、ワーカーの拠り所がデスクからPCやモバイル・デバイスへ移行し、個人作業スペースの交換可能性が高まったことが考えられる。

ノンテリトリアルオフィス [fig.4]
— ワーカーが固定された自席から解放され、いわば非定住型となったことにより、新しい型のオフィスが生まれている。
— 個人作業、共同作業、コミュニケーション等、目的別にスペースをゾーニングし、ワーカーが活動に応じて移動して使用するオフィス形態(アクティビティセッティング)、個室や共用スペース等の作業空間を、ホテルのように使いたいときに予約して利用するオフィス形態(ホテリング)等がある。
— 部署等グループ単位のゾーニングを決め、個人の席を固定しないフリーアドレス制を運用するオフィス形態(グループアドレス)等は、ナレッジワーカーの働き方に合わせる目的の一方で、企業不動産戦略(CRE)的観点から、スペースの最適化による資産の有効活用の目的も持っている。
— ワーカーが自席から解放されたことによって、オフィスが用意しなければならないスペースの意味合いも変化している。
オフィスの在席率は、ナレッジワーカーの増加によって減る方向にあることが予想される。
— 1人当たり何m^2あるいは何fm(ファイル・メーター)といったオフィスのつくり方ではなく、利用実態や可能性にもとづき、企業戦略に沿ったワークプレイスの計画も必要である。

| fig.1 | **オフィスレイアウトタイプ**

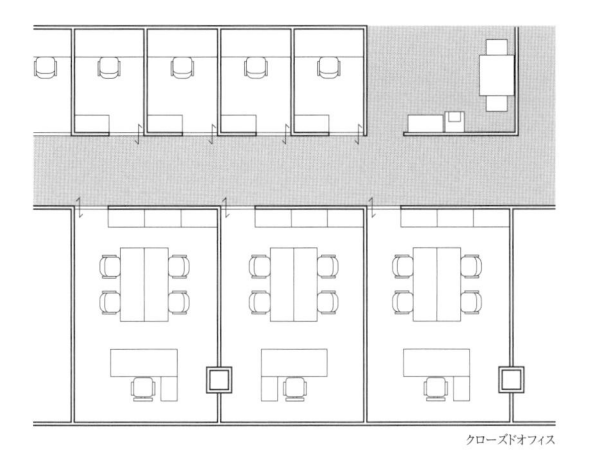

クローズドオフィス 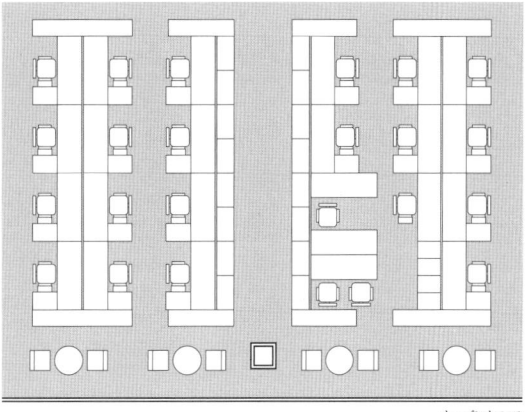　　　　　　　　　　　　　　　　オープンオフィス

| fig.2 | **島型対向式オフィスレイアウト例**

部署・セクションを単位として机を並べ、端部に全体の状況が見えるように管理職の席を配した、組織単位重視のレイアウト

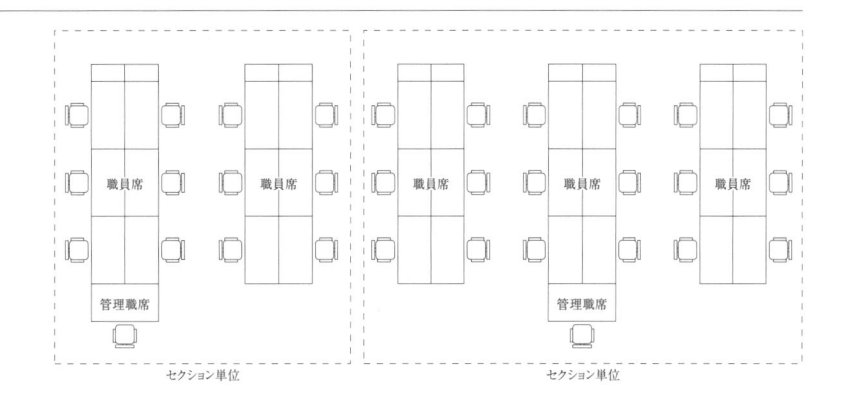

セクション単位　　　セクション単位

| fig.3 | **ユニバーサルオフィスレイアウト例**

管理職席も一般職員席と同じワークステーション内に取り込み、組織改変に対してもデスクはそのままで人の移動だけで対応できるレイアウト

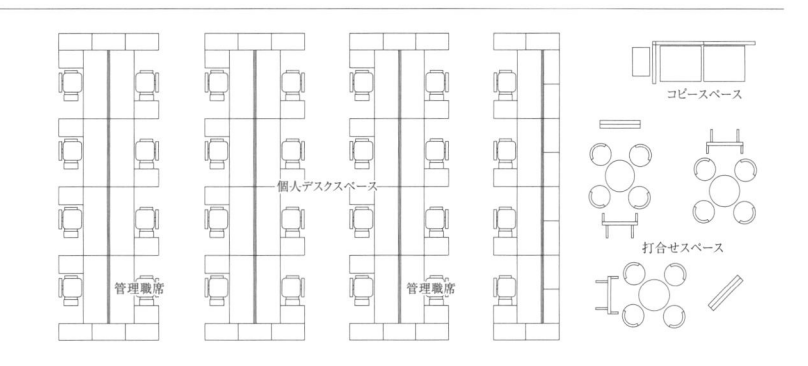

コピースペース
個人デスクスペース
管理職席　　管理職席
打合せスペース

| fig.4 | **ノンテリトリアルオフィスレイアウト例**

個人席を固定せず、複数のワーカーがスペースを共有するレイアウト
右図は、作業ごとにスペースを用意し、ワーカーが必要に応じて移動して利用するレイアウト例。知的生産性を重視するワークプレイスにおいては、こういった事例が増えている

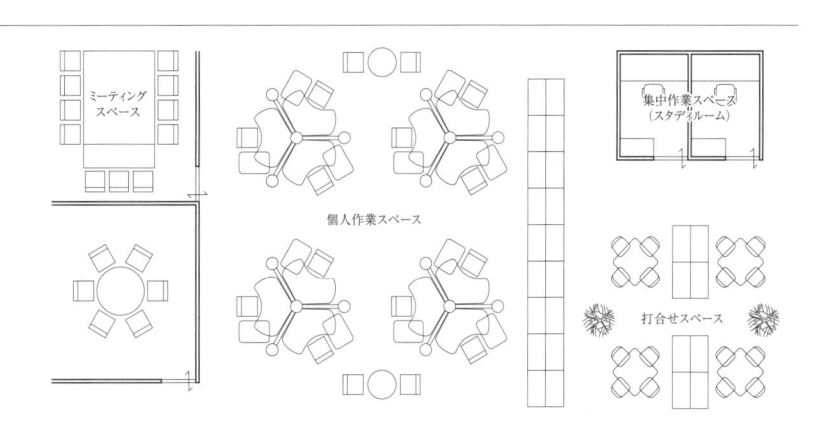

ミーティングスペース　　　　　　集中作業スペース（スタデルーム）
個人作業スペース
打合せスペース

● 33 面積構成の設定→P.98 ｜ 37 基準階：ワークプレイス[1]→P.106 ｜ 38 基準階：ワークプレイス[2]→P.108

ワークプレイスとしてのオフィス[3] ── 知的生産性をサポートする

オフィスを知的生産性をサポートする「集う場所」ととらえる
人が溜まる場所、動線や視線が交錯する場所が、コミュニケーションを生む
コミュニケーションが個の知を組織の知に高める

コミュニケーションの場としてのワークプレイス
- 各企業が知識創造活動に価値を見出すにつれ、オフィスに求められる機能が、ワーカーを管理するための空間から知的生産性を高めるための空間へ、コミュニケーションやコラボレーションのための場へとその役割を変えつつある。

個の知識を組織の知へ
- ワーカーの持つ個の知識を組織の知として活用するためには、個の中の潜在的な知識を見出して新たな価値を創造する契機が必要である。
- そのためには、ワーカー同士の真剣な議論、ブレーンストーミングから通りすがりの何気ない会話まで、さまざまな形でのコミュニケーションの機会が重要となっている。
- フォーマルな情報伝達がIT技術によって支えられる今、分野や組織を超えたインフォーマルで偶発的なコミュニケーションを積極的に生み出し、さまざまな潜在性を発現させることこそが人が集まるオフィスの重要な役割となっている。
- たとえば、オフィスの執務室(ワークプレイス)−共用部(コア)の区別は知的生産性から見れば大きな意味は持たず、賃料算定やセキュリティ上の便宜的なラインにすぎない。
- ナレッジワーカーの活動を支えるためには、ワークプレイス全体に緩やかな連続感をもたらすことも重要である。

コミュニケーションとセキュリティ
- 知識創造のための情報共有と、企業のコアコンピタンスの裏づけとなる組織としての知、つまり企業秘密の漏洩防止を含む情報セキュリティは、場合により相反する。
- 何を共有して何を囲い込むのか、これらの両立が知的生産性のためのワークプレイスにとって大きな課題となっている。

コミュニケーション誘発のための仕掛けづくり
- 知的生産性をサポートする「集う場所」としてのオフィスには、このコミュニケーションのためのさまざまな仕掛けが求められる。オフィスの階段や通路等、日常使う移動空間のまわりにミーティングスペースや休憩スペースを設けたり、他のワーカーの活動が見えるような吹抜けを設ける、あるいは動線の中心となるような広い通路を設ける等、インフォーマルコミュニケーションを誘発するためのさまざまな工夫を盛り込んだ、魅力的なオフィスの事例も増えている[fig.1]。
- 個人の集中作業にはコミュニケーション誘発のための空間の音や視線の交錯が悪影響を与えることもあり、計画には十分な配慮が必要となるが、魅力的な空間を実現した事例においては、これらの問題やスペース効率だけでは評価できないコミュニケーションスペースの有効性、すなわち、知的生産性のためには何が本当に必要かを示唆している。

コミュニケーションと距離
- 気軽に声をかけることから始まるコミュニケーションや、改まった会議、上司への報告等、それぞれのシチュエーションでふさわしい「相手との距離」は異なる。
- ワークプレイスに有効なコミュニケーションを誘発しようとするならば、これらの距離感を理解し、Proxemics(近接学)等対人空間についての研究成果を援用することも有効である。
- 広すぎる通路や離れすぎた座席配置では良いコミュニケーションは期待できないし、密集した状態ではワーカーに無用のストレスを与えてしまうかもしれない。
- コミュニケーションを誘発するために、視線や音の制御、人がとどまる仕掛けづくり等に加え、ふさわしいスケール、距離感を与えることで、より実効的なスペースが生まれる。
- Proxemics(近接学・近接空間学、エドワード・T・ホール)によると、自分のまわりの領域(パーソナルスペース)に対しては他者との距離によって心理的影響が異なり、その距離は文化や男女差等によって多少異なるものの、大きく以下の4つのゾーンに分類されるとしている。

密接距離 (intimate distance)　0−45cm
個体距離 (personal distance)　45cm−1.2m
社会距離 (social distance)　1.2−3.6m
公衆距離 (public distance)　3.6m 以上

- 個体距離は、立ち話、会議室で議論にふさわしい距離、社会距離は、デスク間の距離等オフィスにおいてよく見かける距離で、ビジネスの話等個人的でない用件はこの社会距離で行われる傾向があることが知られている。

| fig.1 | コミュニケーションの場としてのワークプレイスの事例

●図面中の矢印は、写真・図版の見え方向を示す

Honda和光ビル／2005

階段・エレベーターをアトリウムに面してオープンに設けることによって、アトリウムが視覚的にも動線的にもワークプレイスの中心、コミュニケーションの中心となっている。

乃村工藝社本社ビル／2008

窓側に設けられた2層吹抜けのコミュニケーションスペース、階段によって各階のコミュニケーションスペースが立体的に結ばれている。

マブチモーター本社棟／2004

階段・エレベーターホールをアトリウムに面してオープンに設け、さらに2面から外光を取り入れることによって、アトリウムが視覚的にも動線的にもコミュニケーションの中心になっている。

TBWA HAKUHODO／2007

ボウリング場を改修してオフィスに転用。一体空間を利用したワンルームオフィス。遊び心あふれたミーティングブースや、中央に設けられたグリーンを配したモールに接してカフェが設けられるなど、これらの空間がワーカーのコミュニケーションの核となっている。

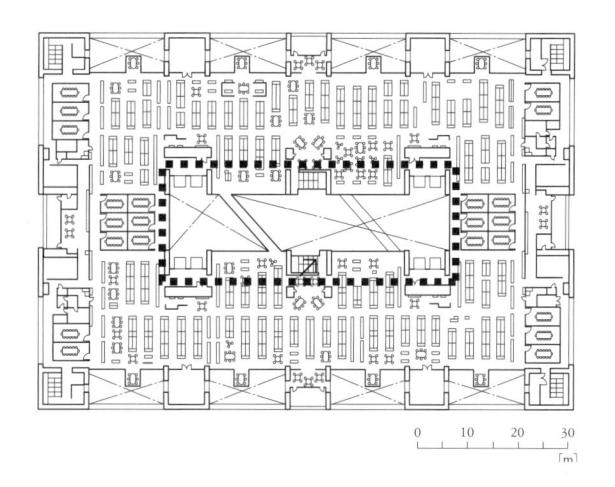

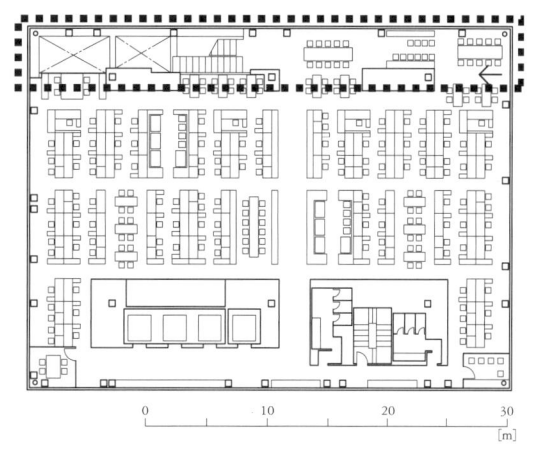

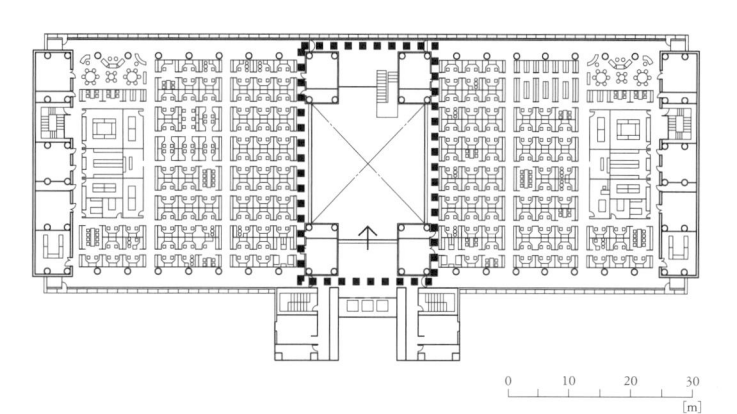

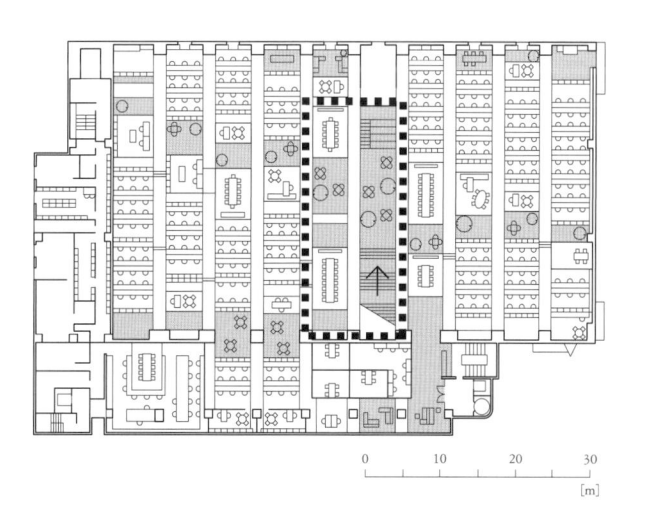

基準階：ワークプレイス[1]──ワークプレイスの計画

フレキシビリティを高める
ワークプレイスの形状を決める
オフィスレイアウトを検討する

フレキシビリティを高める

- ワークプレイスでは、フレキシビリティが重要である。社会の変化に合わせて働き方も当然変化していくが、そのような変化にしなやかに対応することがワークプレイスに求められる。
- 賃貸ビルでは、フレキシビリティの確保のため大部屋使用でも分割使用でも自由に対応できるよう、ワークプレイスの形状は、柱やエレベーターや階段で分断されない連続した整形な形状が求められる傾向が強い。
- 自社ビルでは、ワーカーが求める価値観、企業が求める価値観の双方からワークプレイスの形状は決まる。
- 従来通り、コア[P116参照]をまとめた上で自由で連続的、整形な形状を求められることもあれば、コアを分解した上でそれらをうまくワークプレイス内に取り込むことで、その企業に最適なワークプレイスとする事例も見られる[fig.2]。

ワークプレイスの形状を決める

- これまでのオフィス形状は、センターコア、ダブルコア、片寄せコア等、集約するコアをどこに配置するかで分類されてきた。しかし、生き生きとした人の交流と活動の場所としてワークプレイスを最重要にとらえるのであれば、オフィスの形状はワークプレイスの形状から発想する必要がある。
- ワークプレイスの形状はコアの配置によらず、「スクエア型」「コの字型」「L型」「ロの字型」「特殊型」等に分類される[fig.1]。
- 「スクエア型」は最もシンプルな形状である。見通しが良く、一体感のあるワークプレイスがつくりやすい。奥行きが浅いものもあれば、20mを超える奥行きの深い形状もある。コアを片側に寄せる場合や両端に設ける場合、さらにコアを分散させる場合等がある。
- 「コの字型」「L型」はスクエア型が延伸したものと考えられ、スクエア型と同様に一体感のある連続的なワークプレイスがつくりやすい。フロア貸し、小間仕切り対応の双方に対応できることから、中規模から大規模オフィスまで多くの事例で採用されている。
- 「ロの字型」は従来のセンターコアと同じ形状ではあるが、ワークプレイスの観点からすると、整形で連続的な形状と考えられる。中心部を吹抜け空間とすることで、上下階に一体感のあるワークプレイスとすることもできる。また、ワークプレイスの中央部に外部空間（ボイドコア）を採り入れることで、給排気ルートと耐震要素、将来の機能更新に対するルートの確保が可能となる。
- オフィスの形状は整形が好ましいが、働き方に合わせた最適な形状とすることもある。
- コア機能をワーカーの活動にとって最適な場所に配置したり、コアそのものを解体して自由に配置することで、働き方に応じた最適なワークプレイスを得ることもできる[fig.2]。
- コア要素を分散させ、光や風のルートをつくろうとしたエコロジカルコア[P.121参照]は、従来のコアの考え方に新たな展開を加え、環境への配慮を徹底したものである。

オフィスレイアウトの検討

- ワークプレイスの中で重要になるのが、デスク、間仕切り、収納家具等のレイアウトである。
  これまで日本では部課長制が基本の組織であり、複数のメンバーによるチーム制が敷かれることが多かったため、基本は大部屋で、「島型」の対向式が多く見られた。一方、欧米では個人を主体として、パーティション等で個室を設けた個室単位を基本としてきた。
- ワークプレイスにおける知的生産性の視点から考えると、机と机の間のスペースや、コピー機まわり、雑誌コーナー等、人と人が偶然に出会う隙間の場所こそが重要となってくる。交流の場所をいかにうまくレイアウトに組み込むかが重要になる。
- チーム編成やセクションを第一に考え、そこから発想されるオフィスも生まれる。一方、スペース効率を第一にしたオフィスレイアウトもあり得る。重要なのは、そこに働くワーカーのあらゆる活動をイメージして、最適なレイアウトを考えていくことにある。

| fig.1 | ワークプレイスの形状 |

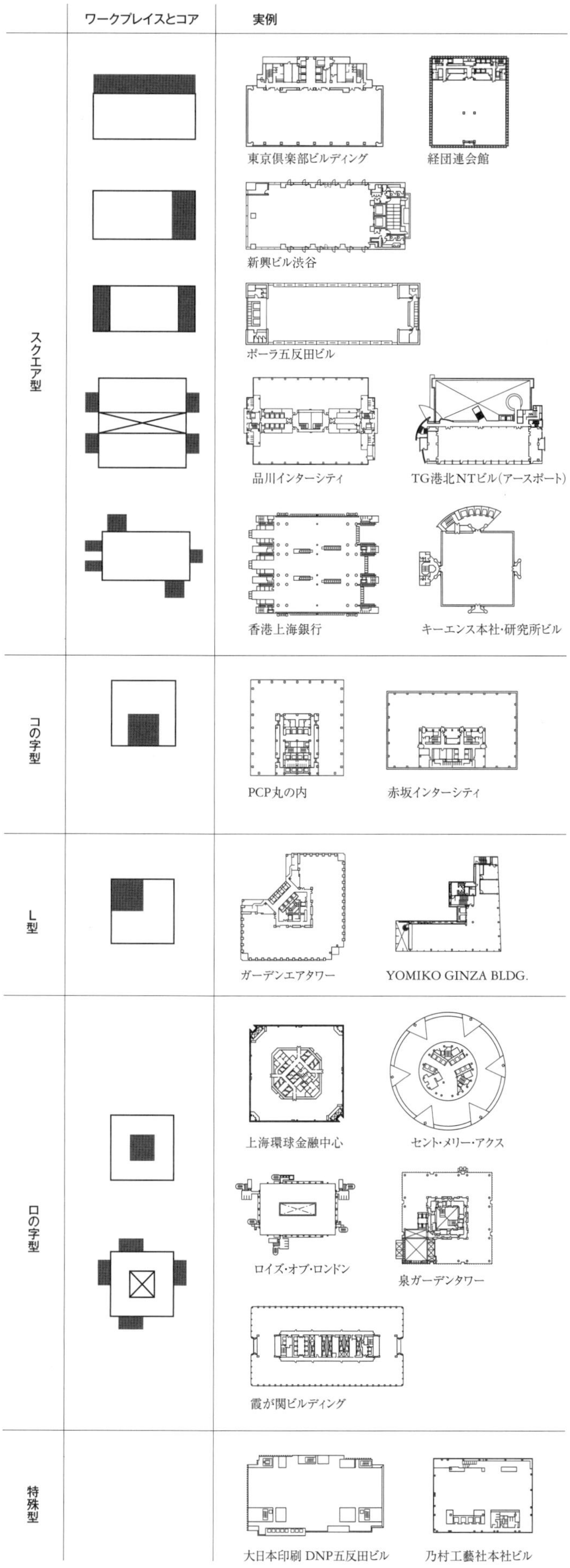

	ワークプレイスとコア	実例	
スクエア型		東京倶楽部ビルディング	経団連会館
		新興ビル渋谷	
		ポーラ五反田ビル	
		品川インターシティ	TG港北NTビル(アースポート)
		香港上海銀行	キーエンス本社・研究所ビル
コの字型		PCP丸の内	赤坂インターシティ
L型		ガーデンエアタワー	YOMIKO GINZA BLDG.
ロの字型		上海環球金融中心	セント・メリー・アクス
		ロイズ・オブ・ロンドン	泉ガーデンタワー
		霞が関ビルディング	
特殊型		大日本印刷DNP五反田ビル	乃村工藝社本社ビル

| fig.2 | ワークプレイスから発想したオフィス事例
乃村工藝社本社ビル

エレベーター、階段といった縦動線や水まわり、機械室や設備シャフト等、これまでコアと称して集約していた要素をワークプレイスの中の一部ととらえ直し、フロアプレート全体をワンルームのワークプレイスと位置づけた。ワンプレートのワークプレイスは、規則的にデスクが並ぶレイアウトのみを前提とするのではなく、アクティビティの多様性を受け入れられるよう、設備区画の最小単位としてのモジュールを設定している。

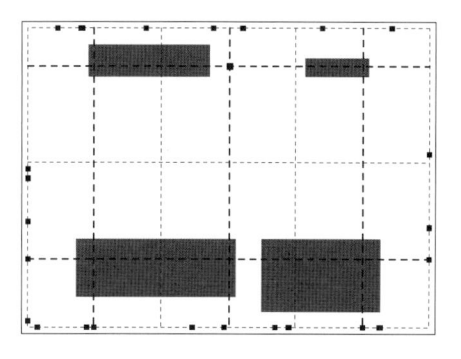

レイアウト検討例1

中央に個人作業のベースとなるデスクスペース、窓側をミーティングやコミュニケーションスペースとしたレイアウト検討例

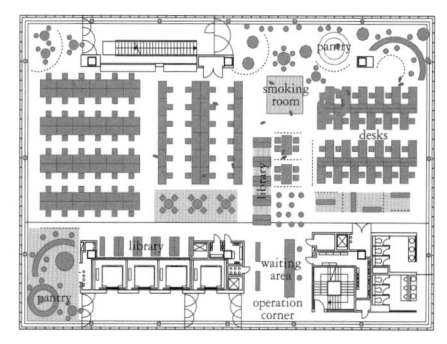

レイアウト検討例2

ライブラリーや、ギャラリー等フロア全体を情報スペースとしてシームレスにレイアウトした検討例

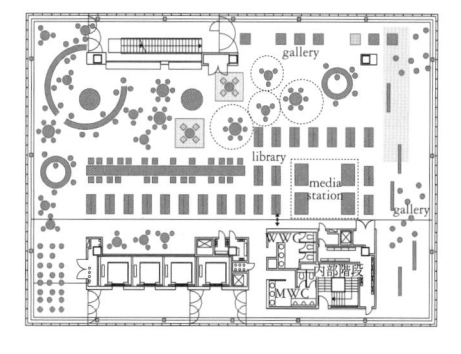

レイアウト検討例3

ワンプレートオフィスのあらゆる場所が、緩やかな一体感を持ったワークプレイスとして機能するよう、それぞれの場に応じた自由なレイアウトとした検討例

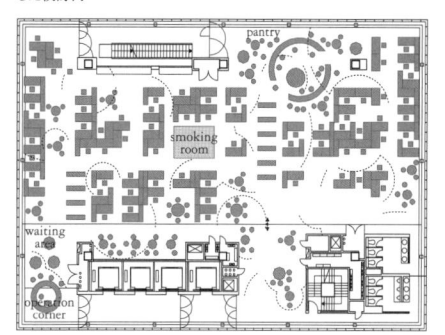

| 38 | 事業プログラム | マネージメント | 条件の整理 | 全体の計画 | **ワークプレイスの計画** | 各部の計画 | 環境の計画 | 構造・設備の計画 | その他の計画 |

基準階：ワークプレイス[2]——モデュールの設定

モデュールを設定する
奥行きを設定する
有効率を高める

知的生産性
経済
安全
社会性
快適性
環境
都市
コンプライアンス
技術

モデュール

- 「基準寸法」のことをモデュールという。ワークプレイスの調査、分析からモデュールを設定する。
- モデュールの設定により基本単位の繰返しとしてワークプレイスをつくることが可能となり、標準化、合理化が図れる。
- 個室、応接室、会議室はモデュールの整数倍で構成することで、間仕切りや設備の無駄を省くことが可能となる。
- モデュールは大部屋の場合、個室の場合、それぞれの机、椅子の配置、照明設備、空調設備、防災設備等を含む天井システムや、コンセントやLANの床システムを検討して決定する。
- モデュール事例としては、スプリンクラーの基本配置と、個室間仕切りの寸法に適した、3.2mや3.6mの事例が多い[fig.4]。
- 3.2mモデュールは、一般のワークプレイスのレイアウトにおいては、コア部を最小にでき、無駄のないオフィスレイアウトが可能になるが、個室のために間仕切りを設ける場合は、やや窮屈になる傾向がある[fig.1, 6]。
- 3.6mモデュールは、一般のワークプレイスのレイアウトにおいてはゆとりがあり、個室をつくる場合も適正な広さを確保できることや、600×600mmのグリッド天井が採用できることから、近年最も多く採用されている[fig.2, 6]。
- 3.2mの半分の1.6m、3.6mの半分の1.8mのハーフモデュールや、さらに幅をもたせた可変間仕切りモデュールを通常のモデュールに組み合わせることで、4.8mや5.4mという間仕切り単位が可能となり、よりフレキシブルな間仕切り計画が可能となる。
- グリッド天井の場合は、600mm単位で間仕切り位置を変えることが可能となるため、用途に合わせてモデュールを細かく変えることができる。間仕切りの増設時にスプリンクラーヘッドも増設する必要が生じないようにするなど、スプリンクラーの警戒範囲の検討とともにモデュールを設定する。
- ワークプレイスの検討とともに、構造計画、設備計画との整合にも配慮し、地下に駐車場を配置する場合には、駐車場計画との整合性を検討することで、最適なモデュールを設定することが重要である。
- モデュールから自由になることで、ワーカーにとって最適なワークプレイスとできる可能性もあるので、何を優先すべきであるかを見極めることが重要である。

ワークプレイスと奥行きの関係

- ワークプレイスの奥行きは、モデュールとともに、ワークプレイスのレイアウト、採光、視界の確保、構造条件により決定する。
- 近年、レイアウトが島型配置であっても、横に長い机を使うことで、2人掛けを3人で使う等、仕事の状況に応じて、フレキシビリティを確保することが求められるため、結果として奥行きは深くなる傾向にある。
- ワンフロアの有効面積が大きいほど、奥行きは深くなる傾向が見られる。日本では奥行きは12-20mの事例が多いが、ワンフロアの有効面積が1,500㎡を超える場合は20mを超える事例も多く見られる[fig.3]。
- ドイツではオフィスでの採光が重視され、片側採光であれば6m程度、両側採光の場合は12m程度の奥行きに規制されている。その結果として、横に長いオフィスや、中央部に中庭を持つオフィスが多く生まれている。
- 同様にドイツでは、天井高さについても自然採光と眺望の観点から、室面積に応じた最低天井高さが建築基準法で定められている[fig.5]。

有効率を高める

- 有効面積を全体の面積で除した有効比を、賃貸ビルの場合はレンタブル比、自社ビルの場合はユーザブル比と呼ぶ。
- 有効面積部分は、オフィス部分をはじめ、会議室、応接室、役員室等オフィスとして収益となる部分が該当する。
- 有効率を高めるには、下記について検討することが重要である。
  整形な平面形状
  適切なモデュール設定
  適切な奥行きとスパン長さ設定
  構造計画との整合
  設備計画との整合（特に空調方式と電源容量）
  適切なエレベーターバンクと台数の設定
  廊下の設定の有無
  廊下幅の設定
  適切な便器数の設定
  喫煙室設置の有無
  管理運営計画との整合
  バリアフリー法適用の有無[No.41参照]

| fig.1 | **個室のモジュール寸法** | 3.2mモジュール

| fig.2 | **個室のモジュール寸法** | 3.6mモジュール

| fig.3 | **日本における基準階床面積と奥行きの関係**

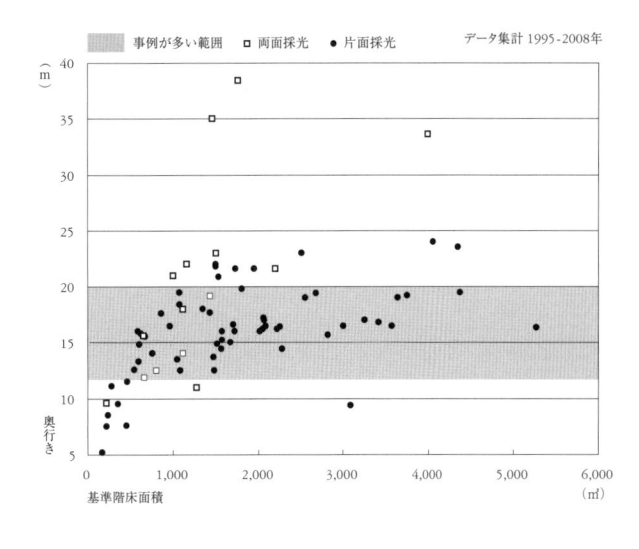

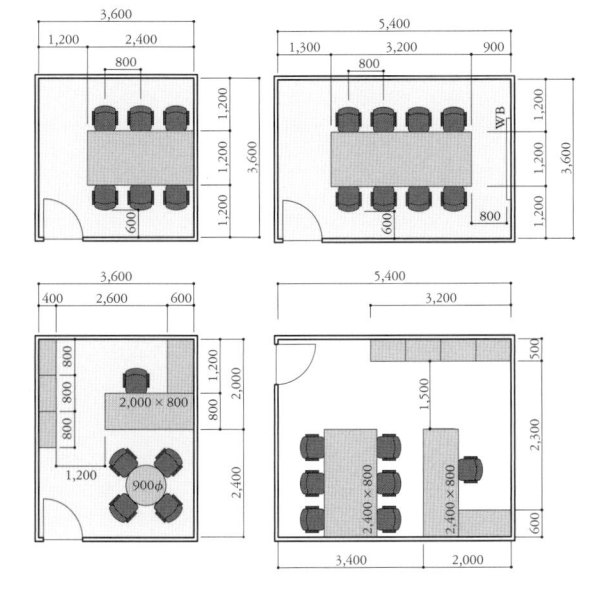

凡例: 事例が多い範囲　□ 両面採光　● 片面採光　　データ集計 1995-2008年

縦軸: 奥行き (m)　横軸: 基準階床面積 (㎡)

| fig.4 | **モジュールの変遷**

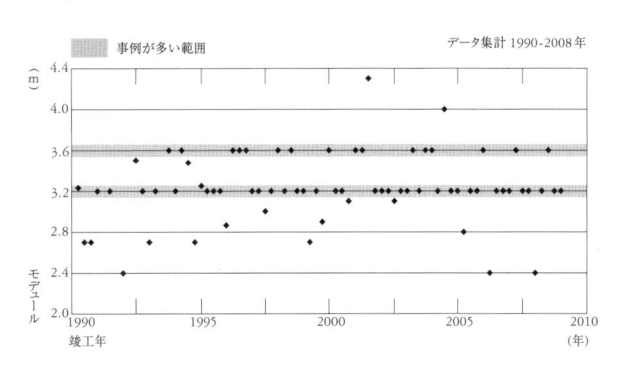

凡例: 事例が多い範囲　　データ集計 1990-2008年

縦軸: モジュール (m)　横軸: 竣工年

| fig.5 | **ドイツにおける天井高基準**

ドイツにおいては、建築基準法により、表に示すように高さが法律で設定されている。法的根拠の要素としては、自然採光、眺望の確保である。

室面積	最低天井高さ
100㎡未満	2.5m以上
100㎡以上	2.75m以上
2,000㎡以上	3.0m以上

| fig.6 | **モジュール比較**

		3,000mm	3,150mm	3,200mm	3,300mm	3,600mm
一般的な島型対向式オフィスレイアウト	一般デスク間の寸法	1,600mm 窮屈	1,750mm やや窮屈	1,800mm 無駄なし	1,900mm ややゆとり	2,200mm ゆとりがある
	大型デスク間の寸法	1,400mm 非常に窮屈	1,550mm 窮屈	1,600mm やや窮屈	1,700mm 無駄なし	2,000mm ややゆとり
	1㎡当たり人数	0.39人	0.35人	0.34人	0.32人	0.27人
最小モジュール幅による	小部屋	窮屈	やや窮屈	無駄なし	ややゆとり	ゆとりがある
	1/2モジュールの通路	1,500mm	1,575mm	1,600mm	1,650mm	1,800mm
グリッド天井	標準品の採用	600角標準品	特注品	640角標準品	特注品	600角標準品
	配光特性	やや不均一	やや不均一	やや不均一	やや不均一	均一
ユニット家具等	パーティション	標準品	特注品	標準品	特注品	標準品
	(壁面)収納家具	特注品	特注品	標準品	標準品	標準品

39 基準階：ワークプレイス[3]──階高設定と天井計画

天井高さ、天井ふところの高さ、OAフロア高さで階高を決める
フレキシビリティの高い天井システムを選択する
床の積載荷重、振動性能、遮音性能を検討する

知的生産性
経済
安全
社会性
快適性
環境
都市
コンプライアンス
技術

階高の設定
- 基準階の階高は、天井高さ+天井ふところ高さ+OAフロア高さで決定する[fig.1]。
- 天井ふところ高さは、スラブ厚+梁成+耐火被覆厚さ+梁下と天井の間のスペースで決定する。
- 梁成は、構造スパン長さや、梁貫通寸法から決まる。
- 梁下と天井の間のスペースは、排煙設備や設備配管、照明器具高さ等の要因により決定する。
- 天井ふところをチャンバーとして排煙を行うプレナムチャンバー方式を採用する場合は、梁下（耐火被覆厚さを除く）と天井の間のスペースとして、おおむね200mm程度必要である。

天井高さの設定
- ワークプレイスの天井高さの多くは、2,400-3,000mmの範囲にある。一般に奥行きが深い室ほど天井の圧迫感が強くなるため、奥行きが深くなるほど、あるいは面積が広い室ほど天井高さを高くしておく必要がある。
- 基準階の天井高さは従来2,400mmが一般的な基準であったが、近年は2,600-2,800mmの事例が多い。自社ビルでは、空間の豊かさや将来の機能更新の自由度を確保する観点から、天井高さを高く設定する傾向があり、3,000mmを超える事例も見られる[fig.3]。

OAフロア高さの設定
- OAフロア高さは、床下に収納する電源設備、情報通信設備で決定する。一般的なOAフロア高さは、100mmの事例が多い[fig.1]。この場合、配線有効高さは70mm程度となる。
- 床下空調をする場合は、空調設備とワークプレイスの奥行きからOAフロア高さを決定する。一般には200-300mm程度のOAフロア高さが必要である。

天井システム
- 天井の施工方法には、天井仕上げ工事の終了後、設備器具を取り付ける在来工法と、あらかじめ設備器具を取り付けてから天井仕上げを行うシステム天井工法がある。
- システム天井のうち、近年多くのオフィスに採用されているのがグリッド照明天井システムである。グリッド照明天井システムは、600×600mmもしくは640×640mmの格子状に配置した天井バーに、天井板および照明器具と設備ユニットを載せたもので、間仕切り位置を比較的自由に設定できることと、すべての天井板が開閉可能で設備ユニットの位置変更も容易なため、レイアウト変更やメンテナンスに対する対応性が高い[fig.2]。
- 照明器具、空調設備、防災設備を1.6-3.2mごとにライン状に配したライン照明天井システムも、多くのオフィスで採用されている。照度は、調光機能により750lx前後に設定する場合が多いが、近年、タスク照明を併用することで照度を500lx程度に抑える事例も見られる。
- あえて天井を設けない事例も、近年多く見られる。天井を設けないことで、同じ階高で断面方向に豊かな空間をつくることができるとともに、防災的には蓄煙空間とすることができ、かつ天井材の落下がないため、安全なオフィスとすることもできる。

積載荷重の設定
- ワークプレイスの床の積載荷重は、建築基準法の床スラブ設計用として300kgf/m^{2}と規定されているが、近年はファイリングの集約化やレイアウトのフレキシビリティを求めて、500kgf/m^{2}として設計する事例が多く見られる。
- 集密書架等を設置するために、あらかじめ設置場所を限定した上で、800-1,200kgf/m^{2}の床の積載荷重を設定した重荷重ゾーンを設定する事例が増えている。

振動性能の設定
- 床の振動性能は柱や梁のサイズと密接な関係があり、階高に影響があるため、あらかじめ振動基準から振動性能を設定しておくことが重要である。
- 一般には居住性能評価曲線のV-50程度を基準目標とし、より高い居住性能を求める場合はV-70を目標とする場合もある[fig.4]。

遮音性能の設定
- ワークプレイスの上下間の遮音性能については、床仕上げがタイルカーペット等であれば問題は少ないが、床仕上げを石張りやフローリングとする場合は、靴音等の高音の躯体伝搬音が下階に響きやすいので、対策が必要となる。

fig.1 | 基準階窓まわりの高さ寸法

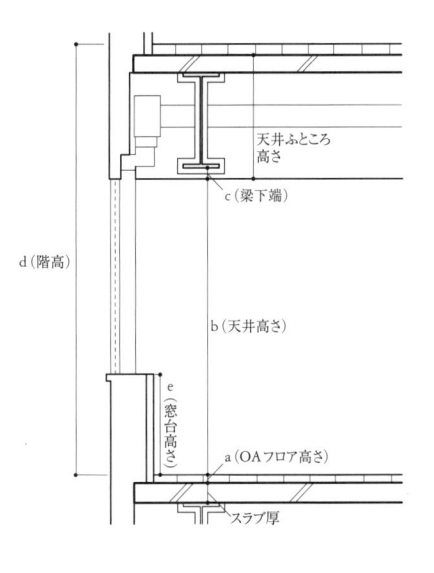

		a.OAフロア高さ	b.天井高さ	c.梁下端	d.階高	e.窓台高さ
高層ビル	A	100	2,600	250	4,100	870
	B	100	2,750	250	4,000	315
	C	100	2,800	185	4,180	50
	D	100	2,900	360	4,400	515
中層ビル	E	100	2,800	185	4,300	20
	F	100	2,700	145	3,800	190
	G	100	2,700	100	3,950	400
	H	100	2,800	100	4,200	300
低層ビル	I	100	天井なし	–	3,050	20
	J	100	2,600	50	3,400	0
	K	100	2,700	200	3,950	590
	L	100	2,700	340	4,000	360

単位(mm)

fig.2 | システム天井の比較

	モジュール3.2×3.2m		モジュール3.6×3.6m	
	ラインタイプ1灯用	グリッドタイプ	ラインタイプ1灯用	グリッドタイプ
照明器具配置伏図	(図)	(図) ●SA吹出口、SPスプリンクラー	(図)	(図)
照明負荷(W/㎡)	12.5	17.6	9.9	27.8
設計照度(lx)	750*	750*	750*	750*
照明仕様	32W×1灯	45W×2灯	32W×1灯	45W×2灯
設置台数	3.2mモジュール当たり4台	3.2mモジュール当たり2台	3.6mモジュール当たり4台	3.6mモジュール当たり4台

*調光機能によって照度を変えることが可能

fig.3 | 天井高さの変遷

■ 事例が多い範囲　◎ 自社ビル　◆ 賃貸ビル

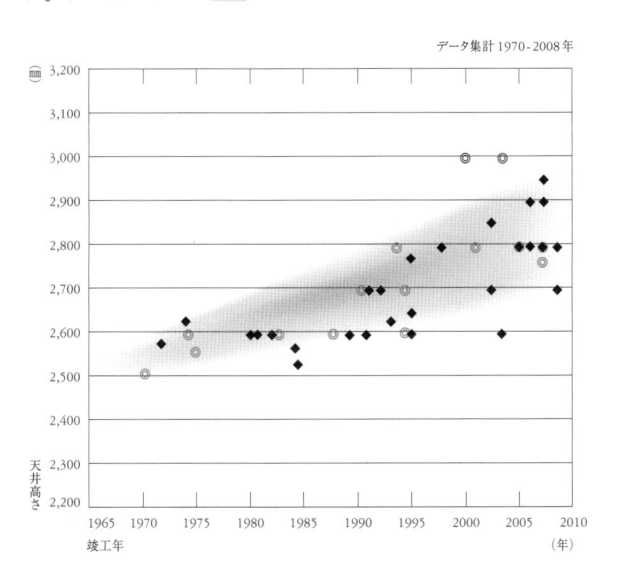

データ集計 1970-2008年

fig.4 | 居住性能評価曲線

床の振動が生じた際に10%の人が感じるレベルをV-10とする。ただし、評価対象とする床全体にいる人の10%ではなく、評価する点(通常は床の中央点)にいる人の10%。

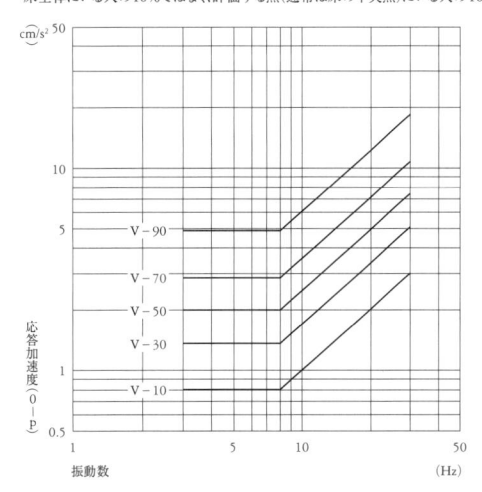

40 基準階：ワークプレイス[4]── 窓まわりの計画

窓まわりは周辺環境との接点
PAL値を下げる
目標に対して最適な省エネルギー手法の選択が重要

周辺環境との接点としての窓まわり

- 窓まわりの設計は、外観デザイン上も、ワークプレイスの良好な執務環境をつくる上でも重要である。
- 窓まわりは、外部と内部の接点に当たるため、雨、風、日射、音等の自然環境を遮ったり取り入れたりする、外部と内部の調整制御機能が求められる。
- 窓まわりは、周辺環境により大きな影響を受けるので、必要に応じて調査を行う等、それらの影響を事前に十分把握しておく。ペリメータ（窓際）とインテリア（室内側）では熱負荷が大きく異なるので、十分な配慮が必要。特に窓際に個室を設ける場合は、窓まわりの省エネルギー手法と空調方式との適切な組合せが重要となる。
- 冬季には壁面や窓面が冷たくなり、人体から壁面のほうに熱が奪われることで寒く感じる冷輻射現象や、コールドドラフトが起こる。この現象の影響を抑え、室内の快適さを均一に保つようにするには、外壁面の断熱性を高めるとともに、複層ガラス等断熱性の高いガラスの選択も重要となる。

PAL（Perimeter Annual Load）値 [fig.3]

- PAL値は建築物の外壁・窓等建物外周部（ペリメータ）の熱損失に関する指標で、小さいほど熱損失が少ないことを示す。用途ごとに一定基準を下回るよう省エネ法により定められており、PAL値を低く抑えながら大きな開口部を実現するためには、窓まわりに最適な省エネルギー手法を用いることが重要である。
- 東京都では、事務所等のPALの判断基準値は300MJ/m²・年と設定しており、都市開発諸制度の適用を受けようとする建築物については、基準値の15-25%の削減率を目標水準に設定している。

$$\text{PAL}(\text{MJ}/\text{m}^2\cdot\text{年}) = \frac{\left(\begin{array}{c}\text{各階のペリメータ部分と}\\\text{最上階の年間冷暖房負荷の合計}\end{array}\right)}{\left(\begin{array}{c}\text{各階のペリメータ部分と}\\\text{最上階の床面積の合計}\end{array}\right)}$$

窓まわりの省エネルギー手法 [fig.1]

- 窓まわりの省エネルギー手法としては、庇や日射遮蔽ルーバー、高性能ガラス、ブラインド等を用いた建築エレメントによる断熱・遮熱の手法と、自然通風、自然採光の取り入れによる手法がある[No.52参照]。
- 建築計画による手法と、自然通風・採光を組み合わせたシステムとすることで、大きな省エネ効果を得ることができる。fig.1に示したエアフロー方式、エアバリア方式、ダブルスキン方式はいずれも建築的手法と自然通風を組み合わせた効果的な省エネ手法である。
- 庇やルーバー、外付ブラインドは日射を室内に入れる前に遮断することができるため、単独でも省エネルギー効果が大きい。
- 窓まわりの自然換気口とワークプレイス中央部に設けた吹抜けの開口を連動させることで、煙突効果により建物全体に自然通風を取り入れる手法は、効果の試算例[fig.2]でわかるように省エネルギーに有効である。
- 窓まわりで取り入れた光を天井ふところに設置したミラーを使ってワークプレイスに自然光を導く光ダクト[P149参照]は、照明エネルギーの削減に有効である。

高機能ガラス

- 熱線反射ガラス、熱線吸収ガラスは、日射を遮蔽または吸収することで室内への日射侵入を防ぐ効果があるが、単板で使用する場合は複層ガラスより断熱性能が落ちることに加えて反射公害の恐れがあるため、使用に当たっては注意が必要である。
- Low-Eガラスは、複層ガラスの内側の面に金属を蒸着することによりガラスの透明度を確保しながら日射熱の侵入を遮蔽するガラスで、近年採用が増えている。
- 発熱ガラスは、ガラス面全体が発熱することで、冬季のコールドドラフトや結露の防止に有効である。
- 地震時に、パソコンや家具、什器が外装ガラスに当たってガラスが破損、落下することを防ぐため、外装ガラスに合わせガラスを用いることもある。

窓まわりのワークプレイス [fig.4]

- 窓まわりに、階段と合わせて吹抜けやリフレッシュコーナー等を設け、ワーカーのコミュニケーションの場所とする事例も見られる。眺望が良く、外気を感じながら快適に過ごすことができる場所は、自然にワーカーのコミュニケーションの機会を誘発する。

| fig.1 | **窓まわりの省エネルギー手法の例**

エアフロー方式

日射 / フロートガラス + 内ブラインド + フロートガラス

日比谷ダイビル

外付ブラインド方式

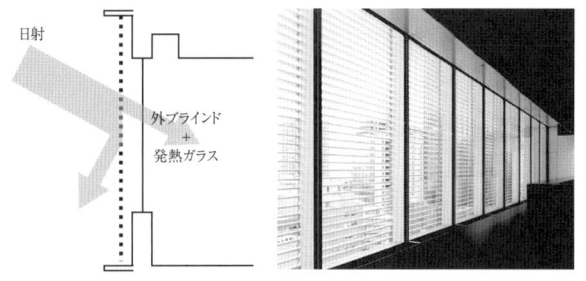

日射 / 外ブラインド + 発熱ガラス

日建設計 東京ビル

エアバリア方式

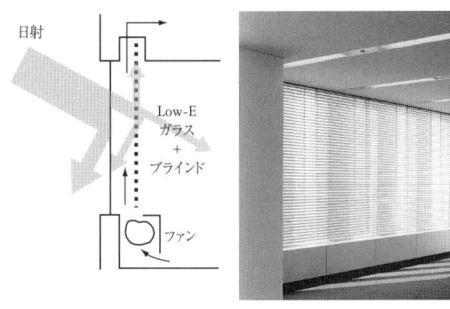

日射 / Low-Eガラス + ブラインド / ファン

ミッドランドスクエア

ダブルスキン方式

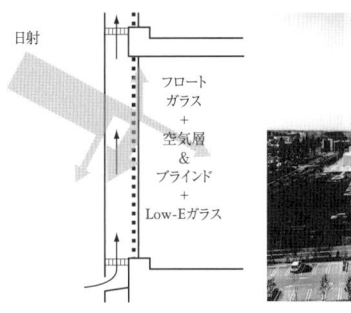

日射 / フロートガラス + 空気層 & ブラインド + Low-Eガラス

茨城県市町村会館

| fig.2 | **自然換気の効果**

オフィスにおける自然換気の効果試算例（中間期）
Effectiveness of natural ventilation in offices

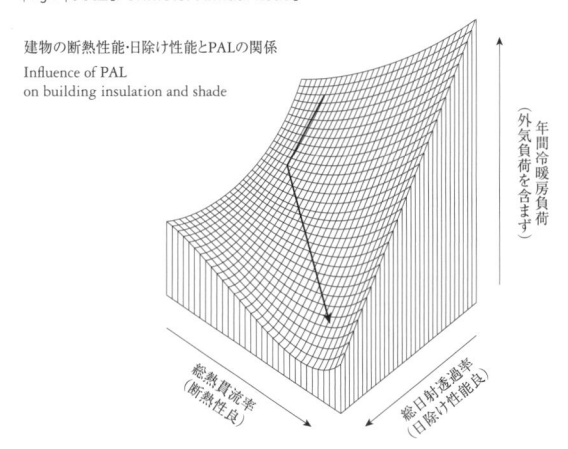

9-19時　5㎥/㎡・h
1-24時　10㎥/㎡・h
外気温

気温（℃）／時刻（時）

| fig.4 | **窓まわりのワークプレイスの事例** | パナソニック電工東京本社ビル

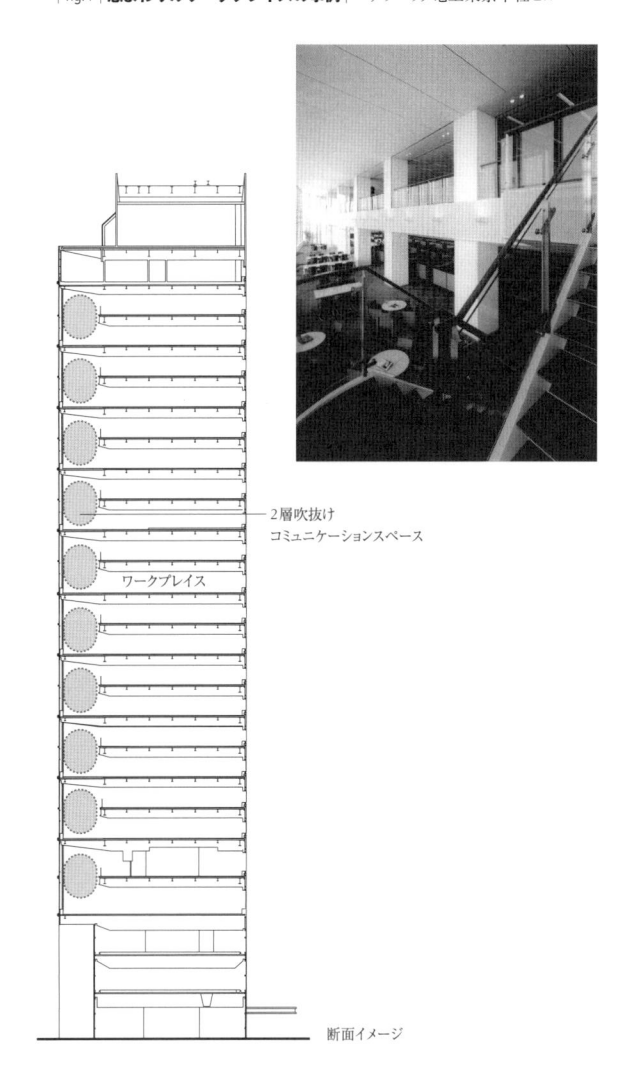

2層吹抜け
コミュニケーションスペース
ワークプレイス

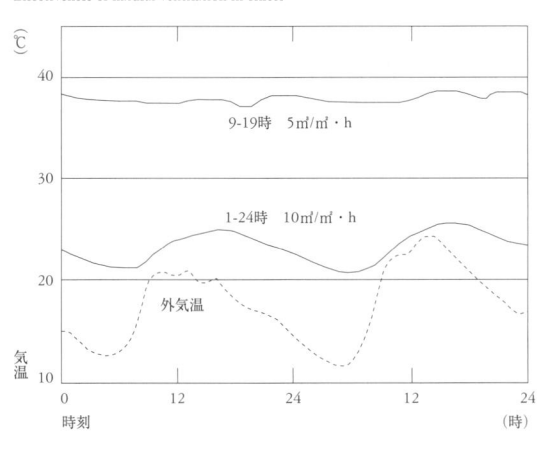

断面イメージ

| fig.3 | **PAL [Perimeter Annual Load]**

建物の断熱性能・日除け性能とPALの関係
Influence of PAL
on building insulation and shade

年間冷暖房負荷（外気負荷を含みます）
総熱貫流率（断熱性能良）
総日射透過率（日除け性能良）

COLUMN 3　今、なぜ、不均質なオフィスを目指すのか

- オフィスは、長らく「均質空間＝ユニバーサルスペース」の代表事例として、全体の均質性が強く問われてきた建築タイプである。にもかかわらず、今、オフィスが不均質であることを目指す動きが現れている。なぜなのだろう……。
　——
- これまでのオフィスは、いかなるアクティビティでも、どこでも、不公平なくできることを目指して、すべての場所を整形で一律の照度や温度にすることを金科玉条のごとく守り続けてきた。機能主義的な視点から、オフィスにおける人間の生産活動を機械的にとらえるテーラーリズム的なオフィス計画の下では、オフィス労働にとって最も適切な環境は「一定」かつ「唯一」であり、それにどれだけ近づき得るか、またそれをいかにして多くのオフィスワーカーに均等に配分し得るかが、生産性の向上に直結すると考えたわけである。こうした単純な機械論的な、いわゆる事務作業の処理効率を問題としたオフィスでは、必然的に均質が求められることになった。
- ところが近年、時代は「知識創造型社会」へと転換を遂げ、オフィスは内部でのアクティビティに高い関心が払われるようになり、オフィスは「ワークプレイス」という知的生産の場としてみなされるようになってきた。
- 事務作業は個人の机で行うとされていたものが、知識創造型社会に至っては、知的生産活動は個人の机を離れ、そのフィールドを広げつつある。会議は当然のこととして、立ち話やリフレッシュスペースでの休息といったこれまでは非生産的活動と思われていたものが、知的生産のための重要なアクティビティとして目が向けられるようになった。知的生産活

| fig.1 | ディスプレイされたワークプレイス
[乃村工藝社本社ビル] コアを分散配置した不均質なワークプレイスとし、外周部に2層ずつの吹抜けを設け、これを階段で全層繋いだ「スキップボイド」によって、フロアを越えた交流を生み出している。外観を特徴づける構造上の外周ブレースは、内部からの眺望を考慮しつつ、内部のシーンと重なり合い、企業のアクティビティが外部へディスプレイされている。

動とは、実は机まわりに固定された静的なものではなく、トイレやエレベーター等を含めた広くオフィスの中全体で行われる、動的で極めて多様なアクティビティから成り立っていると認識されるようになった。ワークプレイスがこうした多様なアクティビティの受け皿であると位置づけられた途端に、多様なアクティビティを担うにふさわしい不均質性がワークプレイスに求められるのは至極当然の帰結といえるだろう。現在はまさにそんな状況である。

- 最初は、均質なオフィスの中で、アクティビティの多様さに合わせた不均質なオフィスレイアウトが試みられた。その代表的なものが「ビューロ・ラントシャフト=オフィス・ランドスケープ」と呼ばれるフリーレイアウトのオフィスであり、オフィスの中をさまようことで、ワーカー相互の自然な出会いの創出を目指したものであった。
- 最近では、レイアウトのみならず、空調や照明においても不均質を是とする計画が始まっている。センシング技術を併用して、ワーカーの在席状況に合わせて照度や空調温度をコントロールして、ワーカーのアクティビティに適合した不均質を生み出し、知的生産性を高めつつも、同時に省エネをも達成しようという試みも生まれている。
- さらには、そもそもオフィスの均質性自体がワーカーの思考を沈滞させるものであり、都市や公園のメタファをワークプレイスの中に配して、オフィスにハプニングを持ち込むことで、不均質性を積極的に生み出そうとしている試みもある。
- このように、いかにして人間のアクティビティの不均質をオフィスに取り込み、知的生産性を向上させるかというテーマは、極めて今日的なオフィスの課題であるのだ。

| fig.2 | **内部と外部空間の関係性、ワークプレイスと街との関係性をつくるワークプレイス**
[木材会館] 都心において木を用いた建築の可能性を切り拓いたオフィスビル。設備や構造のサーキュレーションを配した半屋外の空間によってワークプレイスを囲い込むという二層の空間構成により、外周部に現代の「縁側」空間をつくり出している。こうした空間がアクティビティの領域となり、知的生産活動に刺激を与えている。

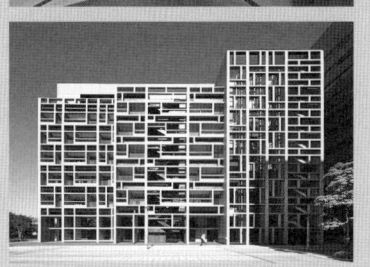

基準階:共用部[1]——共用部の構成

共用部はビルのグレード感に大きく影響するため、総合的に検討する
日常と避難、両方の動線を満足させる共用部を計画する
共用部はワークプレイスを構成する知的生産の場の一部ととらえる

知的生産性
経済
安全
社会性
快適性
環境
都市
コンプライアンス
技術

共用部の構成

- 基準階における共用部(コア)は、エレベーター(乗用・非常用兼人荷用)や廊下・階段の「動線機能」、トイレや湯沸室・喫煙室等の「サービス機能」、機械室・PS・EPS等の「設備機能」で構成される[fig.1]。
- これらの構成要素の大きさ[fig.2]や位置は、ワークプレイスとの関係や避難経路も考慮してゾーニングの検討を行う必要がある。
- 一般にコアは、基準階面積の約20-30%を占める。
- 階段やエレベーター・PS・DS等の縦に貫通するものと、設備ダクト・電気ラック等の横に展開するものがあり、設備システムや構造計画との整合性も十分考慮することが重要である。
- 耐震要素(耐震壁・ブレース等)と合わせて、合理的に計画する。
- 賃貸ビルにおいては、ワークプレイスのレンタブル比を少しでも高めるために、コアのボリュームを圧縮する検討が必要となる。コアの圧縮は、目指す設定グレードの確保を前提として避難計画等にも配慮して検討する必要がある。

共用部とワークプレイス

- オフィスワーカーにとって、移動や休憩もオフィスでの活動の一部であり、それらもオフィスでの知的生産性の向上に不可欠な要素である。
- 基準階の共用部は、ワークプレイスを構成する知的生産の場の一部ととらえ、オフィスビルの付加価値として評価されるようになってきている傾向にあり、十分な検討が必要となる。
- コミュニケーションの場、リフレッシュの場、発想転換の場として活用されるために、適切な自然光の取入れや眺望の確保、落着きのある内装計画、または間接照明等による快適な空間づくりが求められる。

セキュリティとメンテナンス

- 賃貸ビルの場合、一般にセキュリティチェックは各階ワークプレイス(専有部)と共有廊下との間の扉に設けられることが多い。
- 複数テナントが入居する階の共用廊下は、セキュリティを設定する上で必須である。
- 賃貸ビルの共用部は、ビル利用者であれば自由に出入りが可能な場合が多いため、ITVカメラ(防犯カメラ)を設ける等により、必要に応じてセキュリティへの配慮も必要である。
- PSやEPS等のメンテナンスは、入居者とは異なる維持管理作業員が作業するため、極力、専有部(ワークプレイス)内に入らず廊下等の共用部から行えることが望ましい。
- 自社ビルにおいては各階で大部屋で利用する場合が多いため、各階にセキュリティ設定は設けず、エレベーターホールから直接、ワークプレイス内へアクセスする計画もある。この場合は、1階エントランス部分において受付およびセキュリティチェックが行われる場合が多い。

エレベーターホール

- エレベーターの配置には、直線配置、アルコーブ配置、対面配置等がある。エレベーター台数やバンク構成により、エレベーターホールの適切な大きさを検討する[fig.4]。

バリアフリー法とユニバーサルデザイン

- オフィスビルの廊下幅は、建築基準法により、片側に居室が面する場合は120cm以上、両側に居室が面する場合には160cm以上と規定されている。
- 現代社会におけるユニバーサルデザインの流れに伴い、オフィスビルにおいても車椅子利用者や高齢者の利用を考慮した、ゆとりのある廊下幅を確保する傾向にある[fig.3]。
- 主要な廊下の幅は180cm以上が望ましい。
- 一定規模のオフィスビルを建設する場合には、「高齢者、身障者等の移動等の円滑化の促進に関する法律(バリアフリー法)」や自治体の福祉のまちづくり条例により、廊下幅の最低限度(140cm以上等)の規定がある。
- 自治体によっては、バリアフリー法施行令第24条(認定特定建築物の容積率の特例)により、廊下幅や階段幅を一定以上確保することで、延べ面積の1/10を限度に容積の緩和を認めている例も見られる。これは原則として、有効寸法から所要寸法を控除した寸法をもとに算出した面積による[fig.5]。
- ユニバーサルデザインを具現化するという観点からは、広さ・明るさ・形・色彩・ディテール(手すり・ノンスリップ・レバーハンドル・サイン等)にも十分に配慮する必要がある。
- 廊下は、原則として柱型等の突出物を設けず、円滑な移動を確保する。

| fig.1 | **共用部の配置構成の例──階段室/エレベーターシャフト/エレベーターホール/廊下/トイレ/湯沸室/設備関連諸室**

付室
- 排煙と給気の方法を検討する。
- 付室の大きさは法的要求と想定最大荷物の寸法により定める。

階段室
- 建物規模等により、法的位置づけが異なる。
- 特別避難階段は、防災計画上の第2次安全区画となる付室を設ける。
- 上下階移動の多い場合は、内外に面する窓の設置、吹抜けの併設が有効である。

廊下
- 賃貸ビルの場合、共用諸室は共用廊下からアクセスできるようにする。
- テナントの小割に対応できる廊下配置とする。
- 廊下配置は有効率への影響が大きい。

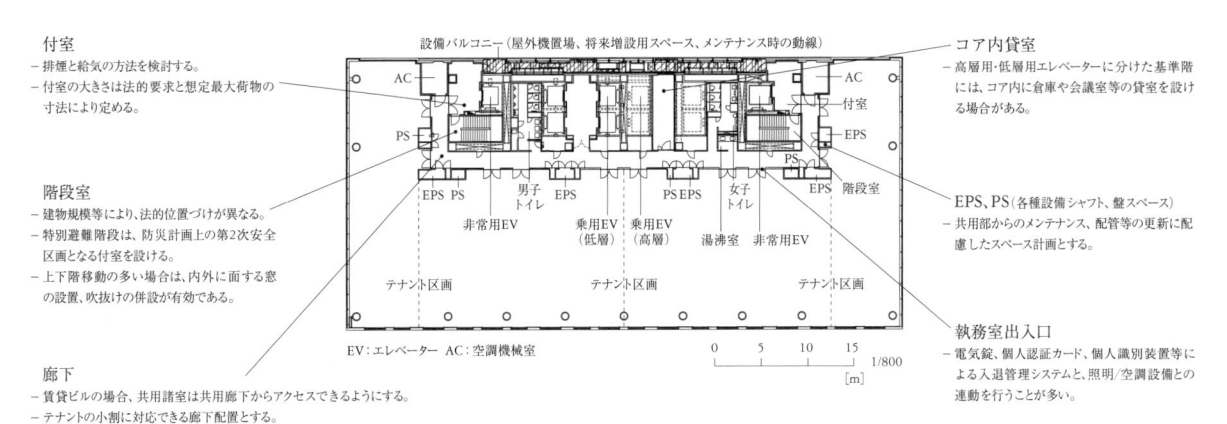

設備バルコニー(屋外機置場、将来増設用スペース、メンテナンス時の動線)

コア内貸室
- 高層用・低層用エレベーターに分けた基準階には、コア内に倉庫や会議室等の貸室を設ける場合がある。

EPS, PS(各種設備シャフト、盤スペース)
- 共用部からのメンテナンス、配管等の更新に配慮したスペース計画とする。

執務室出入口
- 電気錠、個人認証カード、個人識別装置等による入退管理システムと、照明/空調設備との連動を行うことが多い。

EV:エレベーター AC:空調機械室   1/800

| fig.2 | **共用部の構成面積**

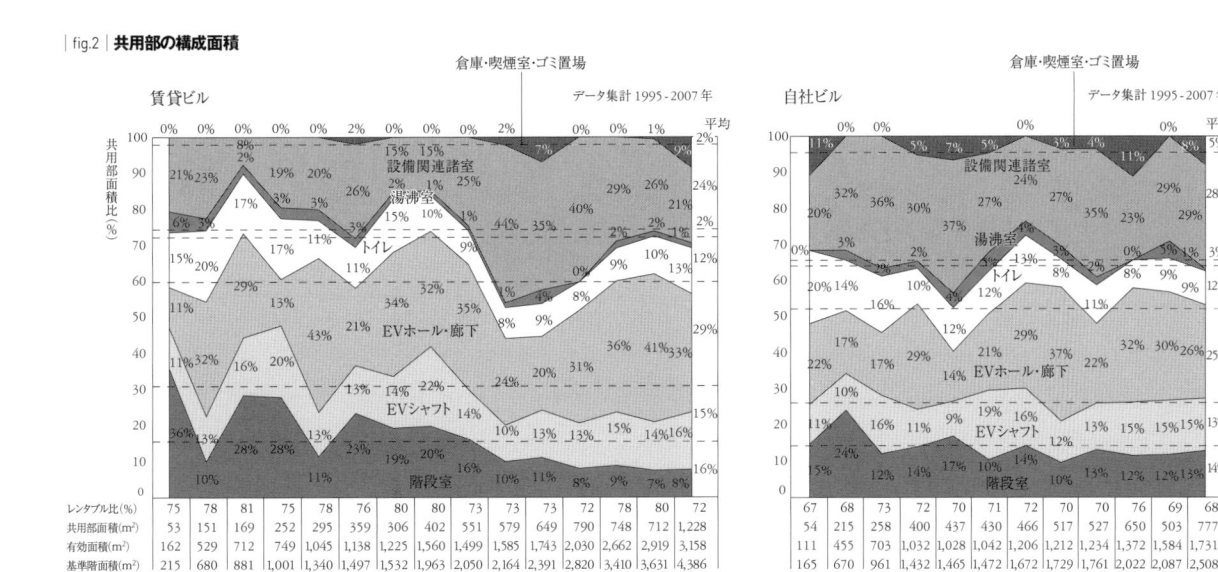

賃貸ビル データ集計 1995-2007年
倉庫・喫煙室・ゴミ置場
設備関連諸室 / 湯沸室 / トイレ / EVホール・廊下 / EVシャフト / 階段室

自社ビル データ集計 1995-2007年

| fig.3 | **基準階面積と廊下幅と廊下天井高の例**

賃貸ビル

	基準階面積[m²]	廊下幅[mm]	廊下天井高[mm]
Aビル	215	2,300*	2,600
Bビル	881	3,200*	2,850
Cビル	2,050	1,895	2,800
Dビル	2,391	2,200	2,600
Eビル	2,820	2,080	2,500
Fビル	3,631	2,000	2,400
Gビル	4,836	2,000	2,500

*EVホール兼用

自社ビル

	基準階面積[m²]	廊下幅[mm]	廊下天井高[mm]
A社	165	2,400*	2,400
B社	670	1,520	2,700
C社	961	1,400	2,700
D社	1,432	2,000	2,500
E社	2,201	1,945	2,400
F社	2,508	1,800	2,500
G社	3,090	1,800	2,800

*EVホール兼用

| fig.4 | **エレベーターの配置形式**

直線配置3台 W=2.5-3m以上
1面3台程度までが望ましい
4台になるとやや認識しにくい

対面配置8台(最大) W=3.5-4.5m
1面3台以上になると両側オープンとする
(1面4台並列が限度)

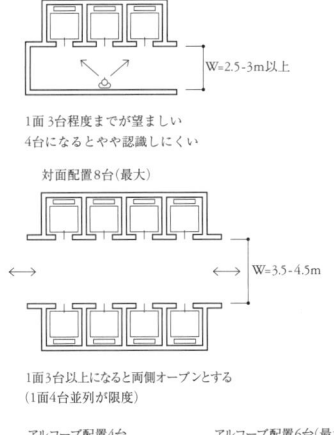

アルコーブ配置4台 W=3.5-4m程度
対面は1グループ
4台までが望ましい
6台になると認識しにくい

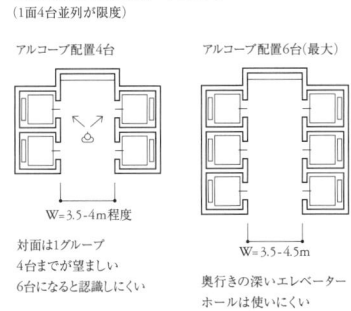

アルコーブ配置6台(最大) W=3.5-4.5m
奥行きの深いエレベーターホールは使いにくい
(1面3台並列が限度)

| fig.5 | **バリアフリー法規定による容積率緩和**

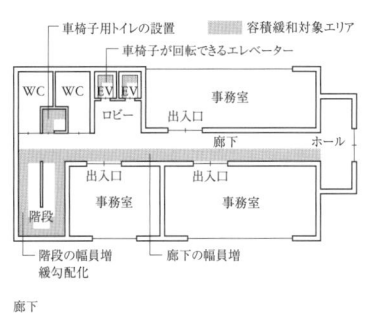

車椅子用トイレの設置
容積緩和対象エリア
車椅子が回転できるエレベーター
事務室 / ロビー / 出入口 / 廊下 / ホール / 階段
階段の幅員増 緩勾配化
廊下の幅員増

廊下
計画幅員 2.0m 建築基準法施行令第119条 幅員1.2m 
有効2.0m-1.2m=0.8m
0.8m×L(廊下長さ)⇒不算入面積

昇降機 昇降機かごの床面積-1.1m²⇒不算入面積

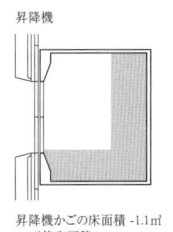

多目的便所 多目的便所の床面積-1.0m²⇒不算入面積

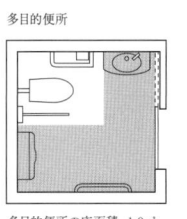

42

事業プログラム | マネジメント | 条件の整理 | 全体の計画 | ワークプレイスの計画 | **各部の計画** | 環境の計画 | 構造・設備の計画 | その他の計画

基準階：共用部［2］── 昇降機の計画

垂直動線の種類と方式を、平面・断面の配置とともに検討する
建築の仕様に応じてサービス水準を設定し、必要台数を算定する
災害や停電・故障等への安全対策や各種規定を確認する

知的生産性
経済
安全
社会性
快適性
環境
都市
コンプライアンス
技術

昇降機計画の重要性
- 昇降機計画は平面・断面計画の基本であり、ワークプレイスの形状や有効面積に影響するため、計画の初期段階で十分に検討する。
- 昇降機のサービス水準はオフィスグレードの重要な要素である。

エレベーター（EV）の種類
- 乗用EV：台数・定員・速度は交通計算で計画する。
- 非常用EV：高さ31m超の建築に設置義務がある（緩和あり）。
  - 合理的な計画とするため乗用EVと兼用する場合がある
  - 消防隊の活動を目的としており、法規に従って計画する
  - 積載量：1,150kg以上、定員：17名以上
  - かご寸法：間口1,800mm以上、奥行き1,500mm以上、天井高さ2,300mm以上
  - 出入口寸法：有効幅1,000mm以上、高さ2,100mm以上
  - 速度：避難階から最上階への到着時間が約1分程度の速度
- 人荷用EV：サービス用のEVを必要に応じて計画する。非常用EVと兼用することも多く、各種更新計画やバックヤード計画で搬出入物の最大寸法を設定し、配置や仕様を計画する。
- VIP用EV：他のEVとの兼用も含めて設置を検討する。
- マシンルームレスEV：駆動部がシャフト内にあり、断面寸法や機械室面積の削減が可能。油圧EVも同様の効果がある。
- ウォークスルーEV：かごに出入口を2つ持つタイプであり、EVロビーの位置を階によって変える場合に採用する。
- 上記すべての種類において、近年はセキュリティ対策として、ITVカメラやカードリーダーを設置したEVも多い。

EVの配置方式 [fig.1]
- 1バンクのEV台数：到着予報表示後、利用者が目的のかごまでスムーズに到達するため、最大でも4台の並びとし、向い合せで最大8台が目安である。出発階では複数のEVホールが並ぶため、動線を明快にする工夫が大切である。
- コンベンショナル方式：複数台のEVを1バンク（グループ）とし、各バンクの受持階層を8-15層とする方式であり、高層ビルに多く採用される。各バンクの停止階を1-2階重複させて乗換え階とすることで、館内交通の利便性を高める。
- スカイロビー方式：大規模な超高層や複合用途の場合に多く採用される。大型のシャトルEVで出発階とスカイロビー階を結び、ローカルEVに乗り換える。乗換えにより利便性がやや低下するものの、ロビー下層階の有効率向上や、ロビー階でのセキュリティ確保等のメリットもある。
- ダブルデッキ方式：2階建のEVを用いることによって輸送能力を高め、一般階の有効率を高める方式。出発階が2層にわたるため、サイン等により利用方法をわかりやすくする必要がある。

EVサービス水準の設定と必要台数の算定
- 乗用EV：一般に、出勤ピーク時について次のような計算式を用い、台数・定員・速度のチェックを行う。
  - 5分間集中人口 =（5分間集中率）×（在籍人口）
  - 在籍人口 =（執務室有効面積）÷（人口密度）
  - 5分間輸送能力 =［(乗車人数)×(台数)］× 300秒 ÷（EVの1周時間）
  - 平均運転間隔 =（EVの1周時間）÷（台数）
- 出勤ピーク時のEVサービス水準は、以下を目安とする。
  - 賃貸ビル：平均運転間隔40秒以内、5分間輸送能力11-15%
  - 自社ビル：平均運転間隔30秒以内、5分間輸送能力20-25%
- 基本計画初期段階では簡潔な算定方法として、賃貸ビルであれば執務室面積2,000-2,400㎡に対して1台、自社ビルであれば1,200-1,600㎡に1台を目安とすることが多い [fig.2]。
- 着床階数とバンク分け・EV速度については全体の交通計算によるが、事例と目安を [fig.3, 4] に示す。
- 非常用EV：所要台数は法規による。

EV機械室・ピット・非常時用救出口等の計画
- 機械室面積は昇降路の面積の2倍以上が基本だが、機械の配置や管理に支障がない場合はこの限りではない。
- 機械室高さ、かご頂部隙間、ピット深さ等は速度に応じて法に規定がある。ピットの排水計画等にも注意する必要がある。
- 非常時用救出口等について規定があり、確認が必要である。

エスカレーター（ESC）の計画
- 機械ピット部と梁との関係に注意して配置する。
- 降り口の踏段進行方向におけるハンドレール折返し部の先端から障害物までの距離は、2.5m以上確保する必要がある。
- 傾斜角35度のESC等、特殊な形状のものが多数登場している。

| fig.1 | **エレベーターの配置方式の例**

1バンク当たり
4-8台構成

着床階

急行ゾーン

シャトル(急行)
エレベーター

スカイロビー階
(乗継ぎ階)

ダブルデッキ
(2階)
エレベーター

コンベンショナル方式　　　スカイロビー方式　　　ダブルデッキ方式

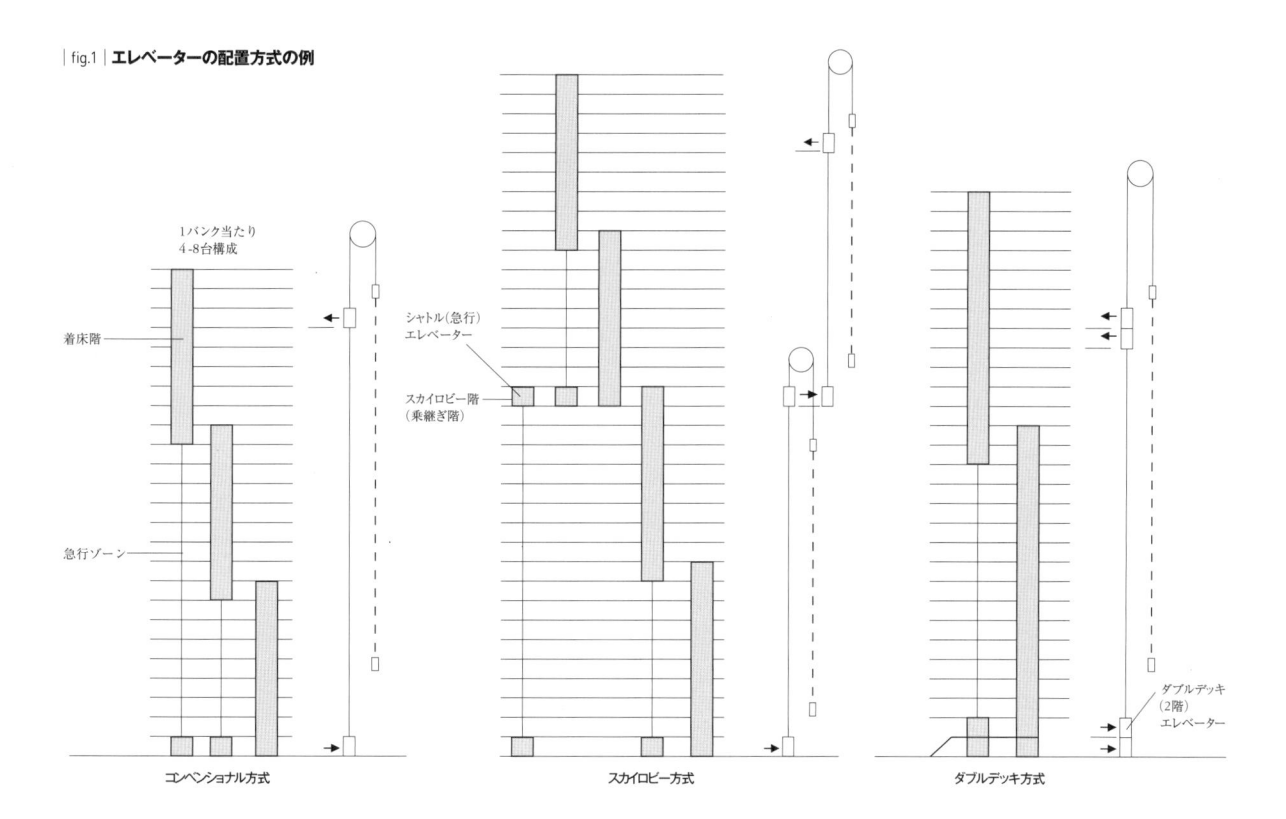

| fig.2 | **執務室面積と乗用エレベーター台数の関係**

□ 賃貸ビル　◆ 自社ビル　　　データ集計 1996-2008年

(台) 乗用エレベーター台数
執務室面積 (m²)

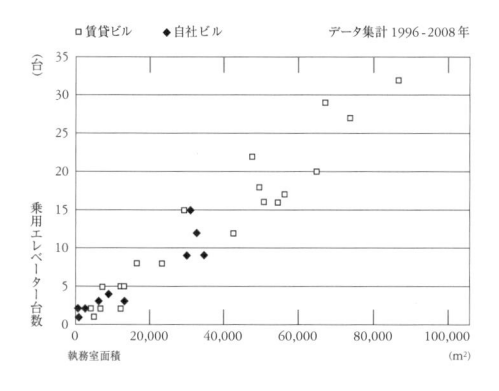

| fig.3 | **基準階面積──階数とエレベーター台数・バンク数**

凡例　○3バンク以上　◇2バンク　□1バンク

記号内の数値は総台数を示す／非常用を含む／他用途専用エレベーターは除く

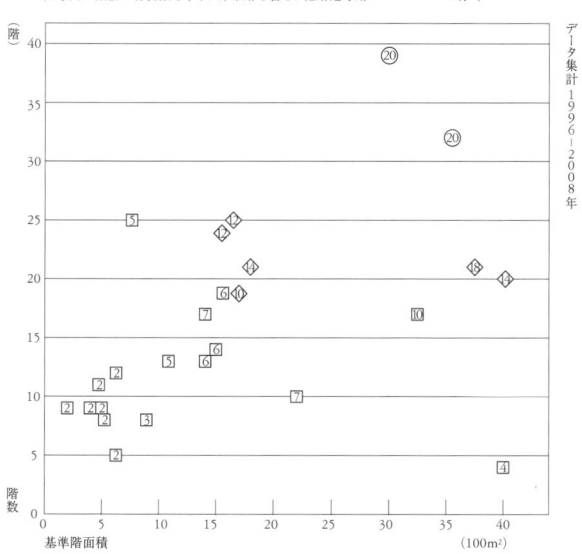

(階) 階数
基準階面積 (100m²)

データ集計 1996-2008年

| fig.4 | **エレベーター速度の選定**

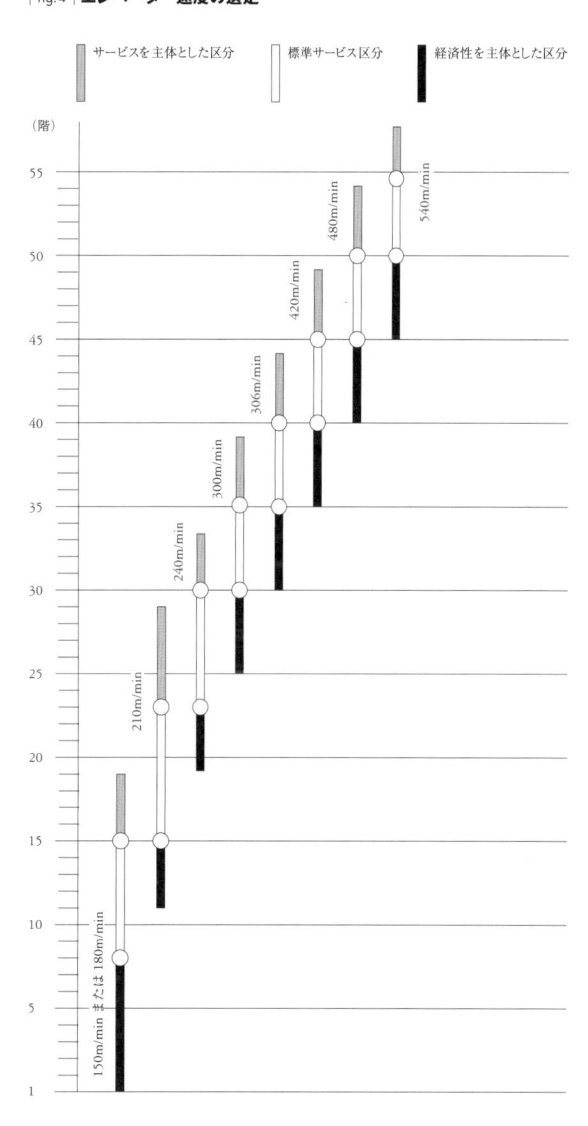

■ サービスを主体とした区分　□ 標準サービス区分　■ 経済性を主体とした区分

(階)

150m/min または 180m/min
210m/min
240m/min
300m/min
300m/min
420m/min
480m/min
540m/min

● 31 断面構成→P.92 ｜ 41 基準階：共用部[1]→P.116 ｜ 60 防災計画[1]→P.164 ｜ 63 見落としがちな重要課題→P.170

43 基準階：共用部［3］——階段・リフレッシュエリアの計画

避難動線としての廊下、階段の機能を満足させる
階段や廊下もコミュニケーションを誘発する場所になる
リフレッシュコーナーや喫煙室は、使いやすい位置と設えを考える

知的生産性
経済
安全
社会性
快適性
環境
都市
コンプライアンス
技術

避難動線としての階段、廊下

- 廊下や階段は、災害時等の避難動線として重要であるが、日常の動線としても快適であることが必要である。
- 建築基準法においても、避難階段までの歩行距離や重複距離、避難階段の種類等の規定があるため、基準階の計画に当たっては、避難計画を有効に機能させるために、ワークプレイス、廊下、階段、設備機械室、設備シャフトの配置を適切に行う必要がある。
- 避難計画上、火災は主に可燃物の多い基準階ワークプレイス等の居室で発生すると考えられるため、最終避難経路となる避難階段とワークプレイスとが直に接している場合は、避難階段や付室への煙の流入を防ぐ対策が必要となる。
- これまでの上下階の断絶を解決するために、避難階段の一つを視覚的にオープンとし、コミュニケーションスペースに接して設置することで、多層にわたるワークプレイスの流動性の確保を目指している例もある[fig.2]。

共用部も知的生産性を活性化する

- 自社ビルや複数のフロアに入居するテナント等では、上下階間の移動も多いことから、コア[P116参照]に設けられた階段とは別に、ワークプレイス内に内部階段を設ける場合もある。
- このような事例では、上下階を結ぶ階段と合わせて吹抜けやリフレッシュコーナー等を設けることで、日常的に起こるワーカー同士の偶発的な出会いの場をつくり、インフォーマルなコミュニケーションを誘発し、活性化することで生産性を向上させることを目指している。
- 階段室を自然換気のルートにすると同時に、ワーカーの交流場所（エコロジカルコア）として設える例がある[fig.3]。
- 人が自然に集まるワークプレイス内の眺望の良い場所に、オープンミーティングスペースやコミュニケーションスペースを配置し、複数のフロアを開放感のある吹抜けと階段で結び、アクティビティをシームレスに連続させている例もある[fig.4]。
- 将来を踏まえ、建物竣工後でも利用者の要望に応じて、後から階段を設置できるようにしておくフレキシブルな基準階計画を設計段階で検討する必要がある。

リフレッシュコーナー

- オフィスにおけるリフレッシュスペースあるいは機能は、VDT疲労（テクノストレス眼症）や精神的疲労が蓄積して生じるストレス解消、より積極的に創造性を発揮するための気分転換や適度な休憩を行うための、仕事の質やスピードの向上、集中力を回復させる場所として必要とされている。
- リフレッシュコーナーは共用部内に設置する場合と、専有部（ワークプレイス）内に設置する場合とがある[fig.1]。
- リフレッシュコーナーは外気や自然光を取り入れ、室内の緑化、吹抜け等でリフレッシュ効果を高める工夫を行うとともに、利用しやすく仕事に戻りやすい配置計画の検討が必要であり、ワークプレイス内に取り込む例も増えている。
- 共用部内に設ける場合、湯沸室と兼用する例が多く、社内コミュニケーションを活性化させる場とすることもできる。
- 給茶機、自動販売機スペース、カウンター、テーブル、椅子を設置し、外部が見えるくつろげる配置も考えられる。

喫煙室

- ビル内における喫煙が可能とされている場合は、「健康増進法」や施行後の「職場における喫煙対策のためのガイドライン」を踏まえ、適切に分煙が図られるよう、原則として、天井までの間仕切り等により区画した喫煙スペースを設ける。
- 受動喫煙（たばこを吸わない人が他人のたばこの煙を吸わされること）防止のためにも、できるだけたばこの煙が漏れない喫煙室（個室）の設置や、たばこの煙を吸引し屋外へ排気する方式の喫煙対策機器の設置が望まれる。
- 喫煙室は出入口の扉の設置、内外の気圧差調整等により、たばこ煙の漏出を防ぐよう配慮する。

湯沸室（パントリー）

- フロア面積や平面形状を考慮し、1フロアあたり1カ所または2カ所以上配置し、ワークプレイスから便利な位置に設ける。
- シンク（流し）、戸棚、冷蔵庫を設置できるスペースとする。
- 分別ゴミ入れやリフレッシュコーナーとの併設等も考えられ、自然光を考慮した明るく清潔感ある雰囲気づくり等の快適性をもたらす計画を行う場合がある。

fig.1 | 基準階におけるリフレッシュエリア

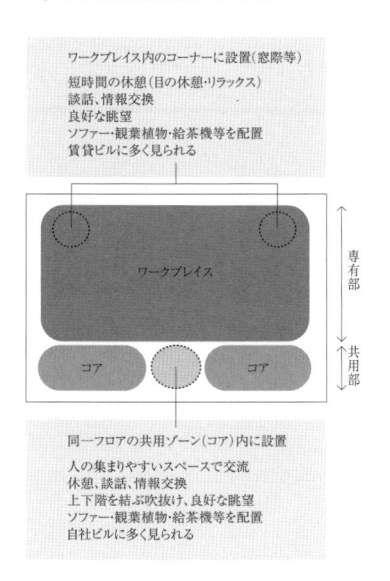

- ワークプレイス内のコーナーに設置（窓際等）
- 短時間の休憩（目の休憩・リラックス）
- 談話、情報交換
- 良好な眺望
- ソファー・観葉植物・給茶機等を配置
- 賃貸ビルに多く見られる

- 同一フロアの共用ゾーン（コア）内に設置
- 人の集まりやすいスペースで交流
- 休憩、談話、情報交換
- 上下階を結ぶ吹抜け、良好な眺望
- ソファー・観葉植物・給茶機等を配置
- 自社ビルに多く見られる

fig.2 | コアから開放された避難階段 | 乃村工藝社本社ビル

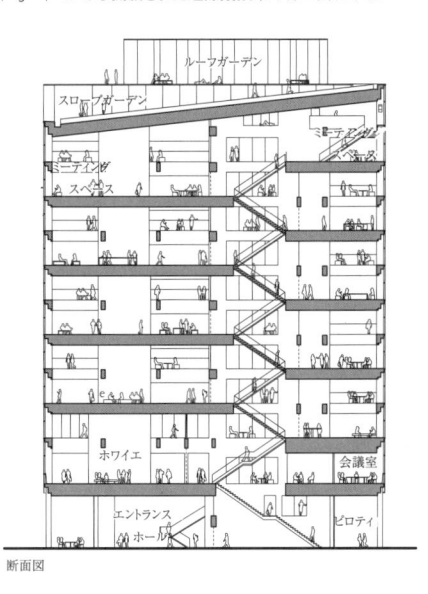

断面図

fig.3 | エコロジカルコア | 宇宙航空研究開発機構 筑波宇宙センター 総合開発推進棟

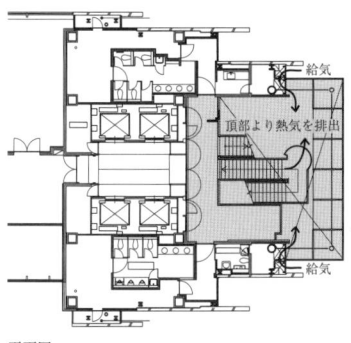

平面図

エコロジカルコア：階段室を、開放的で快適な上下階のコミュニケーション誘発の仕掛けとし、煙突効果を利用した自然換気ルートも活用している。

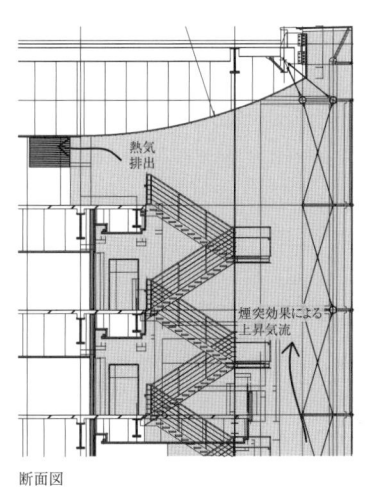

断面図

上下階のコミュニケーションの場

fig.4 | 階段と吹抜けで連続させたコミュニケーションスペース | 大日本印刷 DNP五反田ビル

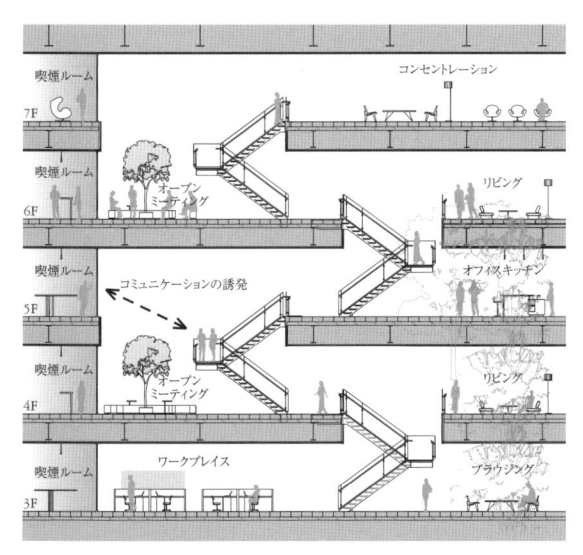

コミュニケーションスペース断面図

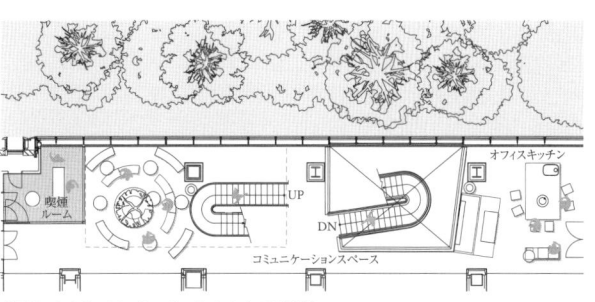

低層ワークスペースのコミュニケーションスペース平面図

喫煙ルーム　　光が降り注ぐリビング

44 基準階:共用部[4]——水まわり・機械室

衛生器具の個数は、空気調和・衛生工学会指針等からレベルを設定して定める
空調方式や電源容量等を決定し、必要な機械・シャフトスペースを定める
配管や電気シャフト等、縦の連続を考慮する

トイレ
- 基準階の面積や平面形状により、トイレの箇所数や位置および衛生器具個数を決定する。
- 衛生器具の個数については、プロジェクトに応じ、基準階の収容人数、男女比率より利用者数を想定し、空気調和・衛生工学会指針等を目安にレベルを設定して決定する[fig.1]。
- 衛生器具の個数は、男女トイレ各々の利用者数により決定するため、利用者数の設定はプロジェクトの特性に応じて留意する必要がある。
- バリアフリーを考慮した多目的トイレの設置や、ブース内の手すり設置、パウダーコーナー、小物入れ、うがいコーナーの設置等を工夫する事例が多くなっている[fig.2]。
- 男子トイレ、女子トイレのブース数を変えられるトイレレイアウトや、男女のトイレをフロアごとに入れ替えて配置することで、片側の縦配管のリニューアル時に、もう片側のトイレを使用することを可能とした計画も考えられる。

清掃用流し(SK) [fig.2]
- 清掃用流し(SK)は、トイレ、給湯室と同様に、ワンフロアの規模と平面形状により設置箇所数を決定する。
- トイレ内またはトイレに併設してSKを設置するケースが多く、男女トイレの入口が離れている場合等は、各々のトイレゾーンに設置する。片方のゾーンにSKを設置する場合は、男子トイレに設けることを基本とする。
- SK室内部には、清掃用具用のフック、備品やメンテナンス道具を収納する棚等を適宜設置する。

電気設備
- EPSは電源ルート、建物内幹線ルート、関連諸室の関係により、必要スペースを決定する[fig.3]。
- 情報系のスペックやセキュリティに対する要求について確認する必要がある。
- 専有部内に、複数階にまたがるテナントが専有して使用できるEPSを設置する例も増えている。
- 保守スペースの確保、強電・弱電ルートの位置、床レベル(浸水対応・OAフロア対応)、隣室への電磁波の影響(幹線の電流値が大きいと外部への影響が出る可能性あり)に留意し、平面計画を行う。

空調設備
- 空調方式の決定には、グレード、自社ビルか賃貸ビルか、個別制御性、消費電力、省エネルギー性、快適性、局所補強(サーバールーム設置等)の必要性等を考慮する必要があり、その上で、各階空調機器スペースやシャフトスペースを決定する。
- 一般的なオフィスビルの場合、中央熱源方式は、パッケージ方式と比較して各階の空調機械室面積を多く確保する必要があるが、専有部内に入らず共用部でメンテナンスを行うことができるという利点がある。

衛生設備
- 将来の更新のためのスペース確保が、ビルの寿命に影響する。大規模オフィスではシャフト配管やトイレのユニット工法による品質・更新性の向上、施工合理化を図る事例も見られる。

防災設備
- 消防法上の「防火対象物」の種別により、必要な消防設備と防災系の設備スペースを決定する。
- 機械排煙方式とする場合は、排煙面積に応じた排煙シャフトを計画する。

その他の設備用スペース
- 共用部の天井内には、各種設備配管、ダクト等が集中するケースが多い。
- 機械室やシャフトの計画を行う際には、各種ダクト・配管・ケーブルラック等の納まり(特に各シャフトから天井内に出る部分、梁下)、天井点検口の想定と保守スペースの確保に留意する必要がある。
- 共用部のスペースについては、機械室等への機器・備品更新時の搬出入ルートを想定し、必要な通路幅、開口(扉幅、高さ)を確保する必要がある。
- 共用廊下に接続して屋外バルコニーを設け、将来の設備更新のためのスペースとする事例がある[fig.4]。
- 建物全体を換気装置ととらえて、内部の吹抜け空間(エコシャフト)内に風の通り道を設けた事例がある[fig.5]。
- コア内にボイド空間を設け、ここを給排気ルートに利用したり、将来の変更に対応可能なスペースとして確保する事例もある[fig.6]。

| fig.1 | **適正衛生器具数の算定──空気調和・衛生工学会指針による**

男子大便器
― レベル1 P(> 10)<0.05
― レベル2 P(> 60)<0.05
‑‑‑ レベル3 P(>120)<0.05

男子小便器
― レベル1 P(> 0)<0.01
― レベル2 P(> 10)<0.01
‑‑‑ レベル3 P(> 30)<0.01

男子洗面器
― レベル1 P(> 0)<0.01
― レベル2 P(> 10)<0.01
‑‑‑ レベル3 P(> 20)<0.01

女子便器
― レベル1 P(>10)<0.01
― レベル2 P(>40)<0.01
‑‑‑ レベル3 P(>90)<0.01

女子洗面器
― レベル1 P(> 0)<0.01
― レベル2 P(> 10)<0.01
‑‑‑ レベル3 P(> 30)<0.01

レベル1：待つことがほとんどない(ゆとり)
レベル2：レベル1と3の中間(標準)
レベル3：1人分の占有時間だけ待つことがある(最低限)

評価尺度P：
たとえば男子大便器のレベル1 P(>10)<0.05は、利用者が10秒以上待つ確率が5%以下になるよう器具を設定することを意味している。

| fig.2 | **トイレの構成例**

男女比変化に対応できる例

オフィス人口の男女比変化に応じて男女間の壁位置を移動工事し、便器個数を調整できる例。SKは男女別に1カ所ずつ計画されている。

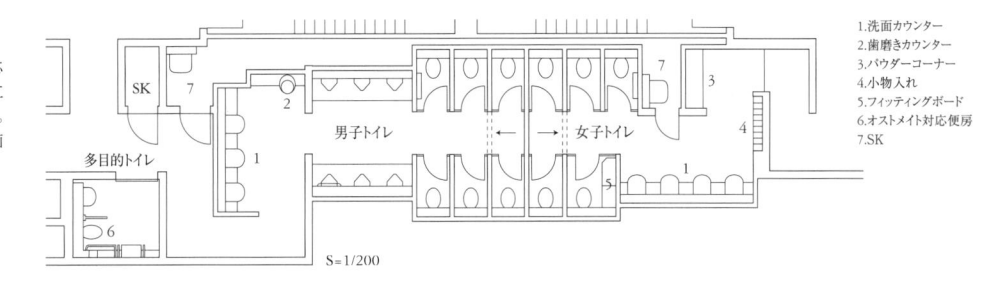

1.洗面カウンター
2.歯磨きカウンター
3.パウダーコーナー
4.小物入れ
5.フィッティングボード
6.オストメイト対応便房
7.SK

S=1/200

| fig.3 | **EPSの配置**

①専有部強電シャフトの配置の考え方
(専有部 照明／OAコンセント設備用)

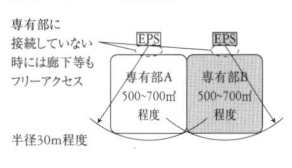

専有部に接続していない時には廊下等もフリーアクセス

半径30m程度

シャフト形状は「前面扉方式」「シャフト内点検方式」の2パターン

②共用部強電シャフトの配置の考え方
(共用部 廊下等の照明／一般コンセント設備用)

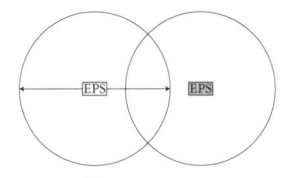

半径30m程度
シャフト形状は「前面扉方式」「シャフト内点検方式」の2パターン

③一般弱電シャフトの配置の考え方
(共用部／専有部 放送／TV／火報／防犯／インターホン等)

1,000㎡に1カ所程度
シャフト形状は「前面扉方式」「シャフト内点検方式」の2パターン

④情報用シャフトの配置の考え方
(専有部 電話／LAN用)

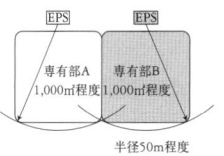

半径50m程度

| fig.4 | **屋外設備バルコニーの例**

設備バルコニーの例 1/1,500（名古屋インターシティ）

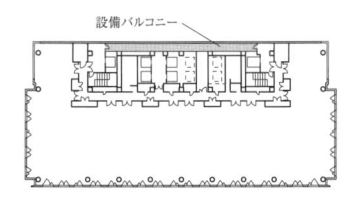

多様な貸し方への対応や個別空調による室外機置場として、屋外バルコニーを設けている例。

| fig.5 | **自然の風や光を活かした吹抜け空間の例**

環境配慮型コアの例 1/800（積水ハウス九段南ビル）

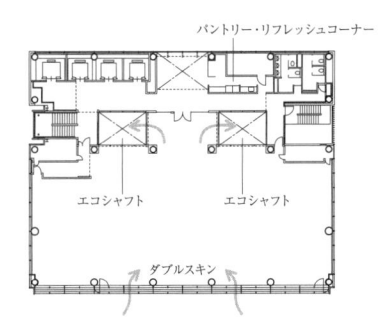

トップライトによる自然採光、内部の上昇気流を生かした自然換気（各ワークプレイスにはダブルスキンから外気を供給）、吹抜け空間（エコシャフト）を介してワークプレイスと水まわりを対面配置とし各層のコミュニケーションを誘発する等、吹抜け空間を有効に利用した仕掛けが見られる。

| fig.6 | **コア内にボイド空間を計画した例**

ボイドコアの例 1/1,500（泉ガーデンタワー）

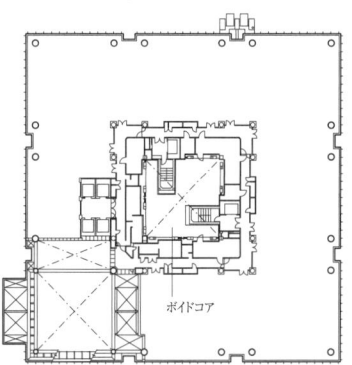

コア中央部に、排気ルートとして外部空間を残した例。将来のさまざまな変更に即応できるようにしている。仮設エレベーターの設置、上下階を階段で結ぶ必要性等に対応することができる。

• 56 電気→P.156 ｜ 57 空調→P.158 ｜ 58 給排水→P.160

COLUMN 4　どこでもオフィス

- オフィスの役割は何であろう、と改めて問いただしてみる。自席にじっと座って一人で考える、事務処理をする、社内の人とのミーティングによって確認したり、ブレインストーミングによってアイデアを出し合って何かをクリエイトする、社外の人とのミーティングをする…等々。
- いわゆるデスクワークについては、急速なITの発達によってテレワーク等場所を選ばずに可能となった。となると、オフィスは他の人とのフェイス・トゥ・フェイスの出会いにこそ、意味があるわけである。そのことにより「議論をする」「刺激を得る」「フィードバックする」「クリエイトする」という一連のアクティビティが生まれる。また職種によっては「オフィスにしかない装置等によりクリエイトする」ということもあるであろう。
- デスクワークよりこのような行為こそオフィスの肝ということになると、その空間はデスクの並んだオフィスに限定されることはない。むしろ、パントリー、キッチン、階段、廊下、テラス、トイレ等といった意外性のある空間で、意外性のあるシチュエーションでの出会い、ミーティングにより、イノベーティブな発想が生まれることがある。時間を短縮化してインテンシブなミーティングをするために、ミーティングは立ってやると決めている企業もあると聞く。「どこでもオフィス」という発想でいかに多様で変化のある空間をつくり込むかが、ワークプレイスづくりのキーポイントの一つといえよう。

| fig.1 | **路上でコミュニケーション**
[BBC（英国放送協会）Scotland/Glasgow UK] 建物の中央にワークプレイスで取り囲んだアトリウムを設け、テラスが雛壇のように、最上階の従業員が利用するレストランまで階段状に繋がっている。そのテラス上では、打合せ、あるいは立ち止まって雑談を交わしている。階段を上り下りしている人も多い。

| fig.2 | **「もの」を介したコミュニケーション エリア**
[日産先進技術開発センター] 見る→考える→作る→確かめる という知識創造サイクルの実践の場のために、オフィス内にはさまざまな仕掛けが用意されている。

ワークプレイスに隣接して設けるインフォパーク
（ものや人を介して、インフォーマルなコミュニケーションを促進させる工夫をもったゾーン）

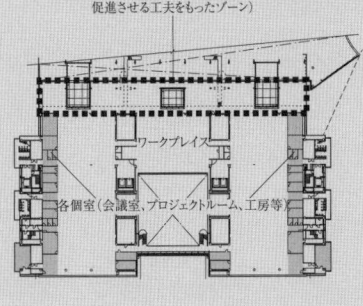

| fig.3 | **生産性向上を目指した吹抜けのあるコミュニケーションスペース**
[ミッドランドスクエア] ワークプレイス内の眺望の良い場所に、打合せエリアと開放感のある2層吹抜け空間を互い違いに設置している。吹抜け周辺部には人が集うように、専用階段、パントリー、自動販売機コーナー、喫煙室等のアメニティ機能を配し、コミュニケーションを活性化させている。

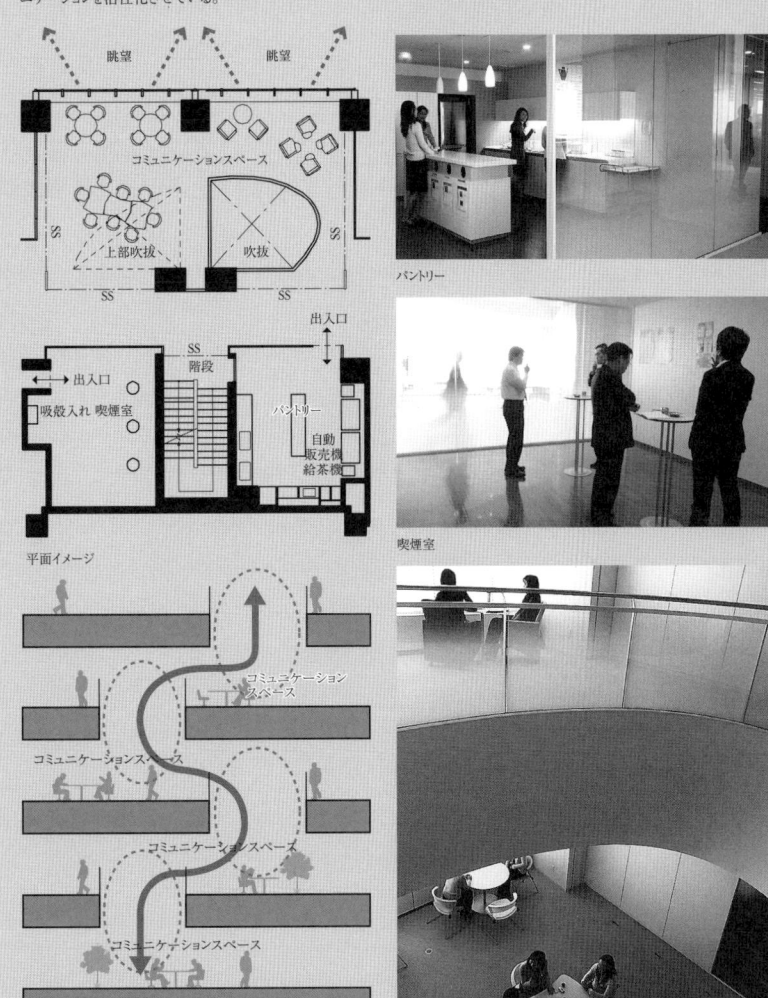

平面イメージ

断面イメージ

パントリー

喫煙室

コミュニケーションスペース

| fig.4 | **自然環境との繋がりを考えたガーデンオフィス**
[コクヨ エコ・ライブオフィス品川] 自然の風、太陽の光、四季を感じながらすごすガーデン。ワークスタイルに「ガーデンで働く」という方法を取り入れている。社員のリフレッシュという目的だけではなく、エコ・ワークスタイルという積極的な環境負荷の軽減を目的とした働き方でもある。

エントランス計画

企業文化を表現する場としてのエントランスホールを計画する
出入口の位置、動線、受付・エレベーターの位置等を配慮し、一体的に計画する
エントランスホールにおけるセキュリティの設定を検討する

エントランスホール

- エントランスホールは人を迎え入れる場所であり、人の出入りが多いため、利便性・快適性の高い空間でなければならない。
- 建物規模と調和させ、企業文化を表現する場として広がりと高さを有する開放的な空間となるよう、風格ある意匠に配慮する。
- エントランスが2層以上ある場合、上下階のスムーズな連続性を高めるエスカレーター等の搬送設備の導入を検討する。
- 自動販売機、傘置き、公衆電話コーナー、カフェ等のスペース設置要望がある場合、適切な場所に確保できるよう検討する。
- 来訪者との打合せ、応接および談話、憩いのためのゆとりある落ち着いた空間や喫煙室を併設する場合もある。
- 自社ビルのエントランスホールは、企業PRのための展示空間等を配する一方、セキュリティとのバランスに配慮した空間とする。
- 賃貸ビルのエントランスホールは自社ビルより規模が小さい傾向[fig.1]にあり、エントランスホールのあるフロアの一部を貸事務所または貸店舗とする場合が多い。

車寄と駐車場

- 車寄は敷地の状況や駐車場システム、ビルのグレード設定等によって、地上に配置する場合と地下に配置する場合がある。
- VIP専用のハイグレードな車回しとする場合は、専用動線が用意される場合が多い。
- 敷地構内の車動線に配慮し、歩行者の安全を確保する。
- 車寄上部に庇等を設け、雨天時の来訪者に配慮する。
- 出入口には原則として段差は設けない。やむを得ず段差を設ける場合は、適切な階段および車椅子使用者用スロープを設ける。

風除室

- 外部空間に面する建物出入口には、建物の内外圧の差や風雨を遮るため、風除室を設置する。なお、回転扉はこれらに有効であるが、安全性とバリアフリーに配慮する必要がある。
- 風除室の奥行きは自動扉の速度と風除室内を通過する人の歩行速度を考慮し、屋外側と屋内側の扉が同時に開くことがないよう、一般には4m以上程度確保することが望ましい。
- 風除室には自動扉、エンジンボックス、サイン、傘置き、防潮板、庇、誘導灯といった要素についても考慮が必要である。
- エントランスホールの近くには、靴汚れ落とし用マット等を収納しておくためのスペースが必要である。

受付・案内板（サイン）

- エントランスホール内における受付・案内板の配置は、動線を考慮して、来訪者がわかりやすい位置に設ける。
- 受付カウンター、受付ブースの大きさやデザインはオフィスサービスやグレードに大きく関係する。
- 受付カウンターの高さは一部、車椅子利用者のための高さ設定に配慮する場合もある。
- 有人受付は、寒い／暑いのクレームが起きやすいので、冷暖房、コールドドラフトへの対応の検討が必要である。
- 受付前は、待合せスペースとしてソファ・ベンチ等を配置する。
- タッチパネル式等による部署または人の検索と内線電話付きの「無人受付システム」を採用する場合もある。
- 賃貸ビルのエントランスには、各フロアの入居企業が表示される総合案内板を設け、また必要に応じて近傍に総合案内受付も置く場合がある。
- 視覚障害者用誘導ブロックの敷設範囲や出入口の呼出ボタン設置等、バリアフリー対応について法令による整備基準に留意するとともに、運営面もあわせて検討する。

セキュリティと動線計画

- 建物への人と車のアプローチ動線、地下駐車場からの動線、時間外・サービス動線等による出入口位置と、スムーズな動線処理・区分を十分に検討する必要がある。
- 人と物の出入り（搬入、ゴミ等）、車の出入り、夜間・休日の出入り等があり、建物出入口のあるフロアにおけるセキュリティの設定や管理方法を十分に検討する必要がある。
- エレベーターや階段の縦動線の位置は、基準階計画（奥行き等）を考慮し、また各階への動線の出発フロアでもあるため、建物出入口からわかりやすい位置に配置する。
- セキュリティを強化する方法として、エントランスフロアのエレベーターホール前に、人的警備またはセキュリティゲート等の機械警備装置を設置し、入退出管理を行う場合がある。
- 災害時の避難計画とセキュリティシステムの整合性の検証を行い、セキュリティが避難の妨げにならないよう検討する。

| fig.1 | 延べ面積とエントランスホール面積

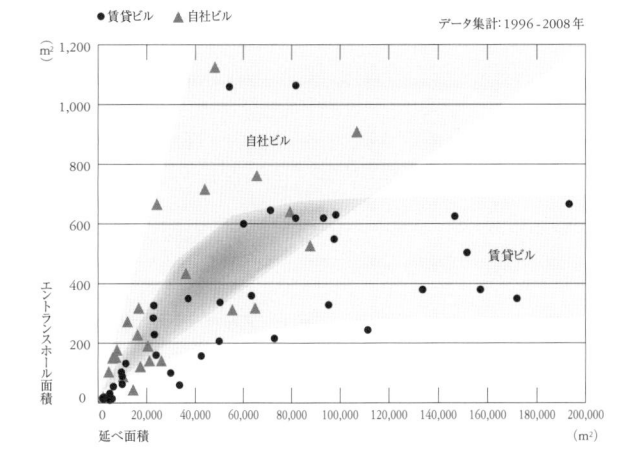

データ集計：1996-2008年
● 賃貸ビル　▲ 自社ビル

（縦軸：エントランスホール面積 m²、横軸：延べ面積 m²）

| fig.2 | エントランスまわりの管理用諸室 —— 大・中規模ビル

	面積	特徴
守衛室 （防災センター）	3-5m²/人	- 防災センターは原則として、避難階に設ける。 - 時間外通用口付近において、守衛が出入館管理がしやすい位置とする。 - ICカード等のセキュリティシステムやキーボックス（賃貸ビルの場合）を設置する。 - 湯沸室、トイレは、近接する計画とする。 - 消防法および消防法施行規則により一定の防火対象物に設置することが定められている。 - 単独で24時間空調対応できるようにする。
設備管理室	3-5m²/人	- 設備運転監視を行う室であり、守衛室と兼用する場合が多い。
宿直室 仮眠室	10m²/人・ 1人増すごとに 3-5m²加算	- 夜間にビル管理する場合は必要である。守衛の宿直する室であり、シャワーまたは浴室を併設する。 - 守衛室に隣接して設置する場合もある。 - 夜間受付用インターホン、警報設備の設置に配慮する。
清掃員控室 休憩室	3m²/人	- ビル管理者の更衣・食事・休憩を行う室である。 - 個人用ロッカーを設置する。

| fig.3 | 配置計画・1階エントランス計画 —— 自社ビルのモデルプラン

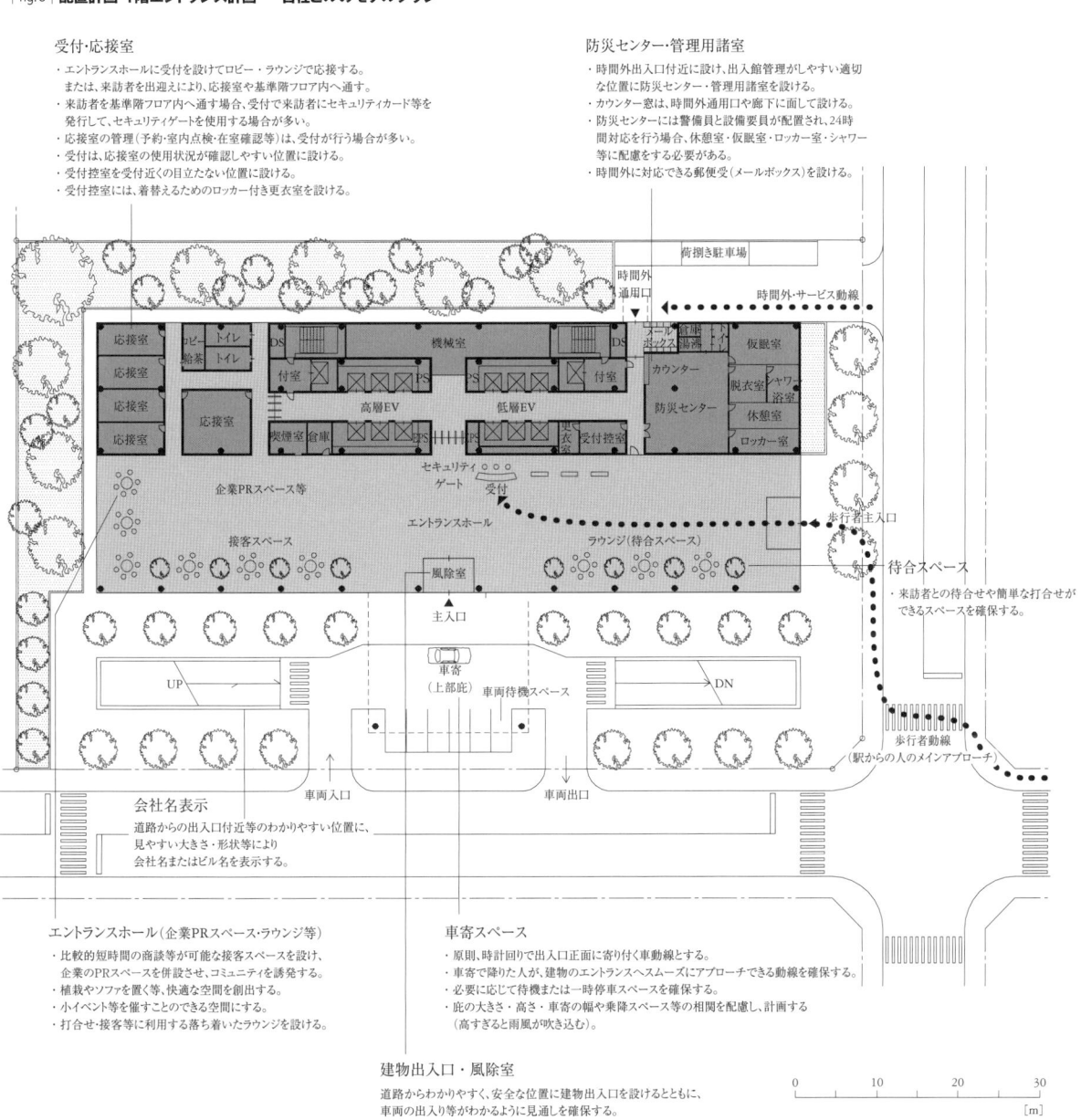

受付・応接室
- エントランスホールに受付を設けてロビー・ラウンジで応接する。または、来訪者を出迎えにより、応接室や基準階フロアへ通す。
- 来訪者を基準階フロア内へ通す場合、受付で来訪者にセキュリティカード等を発行して、セキュリティゲートを使用する場合が多い。
- 応接室の管理（予約・室内点検・在室確認等）は、受付が行う場合が多い。
- 受付は、応接室の使用状況が確認しやすい位置に設ける。
- 受付控室を受付近くの目立たない位置に設ける。
- 受付控室には、着替えるためのロッカー付き更衣室を設ける。

防災センター・管理用諸室
- 時間外出入口付近に設け、出入館管理がしやすい適切な位置に防災センター・管理用諸室を設ける。
- カウンター窓は、時間外通用口や廊下に面して設ける。
- 防災センターには警備員と設備要員が配置され、24時間対応を行う場合、休憩室・仮眠室・ロッカー室・シャワー等に配慮をする必要がある。
- 時間外に対応できる郵便受（メールボックス）を設ける。

エントランスホール（企業PRスペース・ラウンジ等）
- 比較的短時間の商談等が可能な接客スペースを設け、企業のPRスペースを併設させ、コミュニティを誘発する。
- 植栽やソファを置く等、快適な空間を創出する。
- 小イベント等を催すことのできる空間にする。
- 打合せ・接客等に利用する落ち着いたラウンジを設ける。

車寄スペース
- 原則、時計回りで出入口正面に寄り付く動線とする。
- 車寄で降りた人が、建物のエントランスへスムーズにアプローチできる動線を確保する。
- 必要に応じて待機または一時停車スペースを確保する。
- 庇の大きさ・高さ、車寄の幅や乗降スペース等の相関を考慮し、計画する（高すぎると雨風が吹き込む）。

建物出入口・風除室
道路からわかりやすく、安全な位置に建物出入口を設けるとともに、車両の出入り等がわかるように見通しを確保する。

待合スペース
- 来訪者との待合せや簡単な打合せができるスペースを確保する。

会社名表示
道路からの出入口付近等のわかりやすい位置に、見やすい大きさ・形状等により会社名またはビル名を表示する。

| 事業プログラム | マネジメント | 条件の整理 | 全体の計画 | ワークプレイスの計画 | **各部の計画** | 環境の計画 | 構造・設備の計画 | その他の計画 |

会議室・厚生諸室

使用目的や人数、使用頻度等の利用状況を想定して会議室の規模を定める
くつろぎながらの食事やコミュニケーションが図れる社員食堂を計画する
社員食堂は、動線区分とサービス方式の整理が必要である

― 知的生産性
― 経済
― 安全
― 社会性
― **快適性**
― 環境
― 都市
― コンプライアンス
― 技術

会議室の使用目的・規模

- 会議室は利便性や利用効率向上のため、使用目的に応じた会議形式の設定を行うとともに、使用人数や使用頻度等の利用状況予測を踏まえた適切な規模設定（室面積・室数）とレイアウト計画を十分に検討する必要がある[fig.1]。
- フレキシブルに対応できる空間づくりとして、可動間仕切り壁を設け、使用用途や使用人数に合わせて室の大きさを変えられるようなプランも検討する場合がある。

会議室の位置

- 会議室の配置には、「部門ごとの配置」「各フロアの分散配置」、中大規模オフィスに多く見られる「集中配置」がある。
- エントランスから受付、そして会議室に至るまでの経路においても、訪れる人への気配り、わかりやすさ、演出性等も重要なポイントで、社内と社外の接点となるため、セキュリティゾーンの設定や方法についても十分に検討する必要がある。
- 基準階における会議室の配置は、快適な環境を確保するため、無窓居室は避け、採光や豊かな眺望が得られるような位置にすることが望ましい。

会議室の設備・付属施設

- 会議室の使用用途や規模に応じてグレード設定を行い、必要な機器・機能を導入する[fig.1]。
- 会議室利用者に対して利便性の向上を図るよう検討する（受付でのクロークサービス、トイレや喫煙スペース、コピー・FAXコーナー、内線電話コーナー、喫茶サービス、湯沸室等）。
- 会議室予約システムや管理方法について、十分に検討する。
- 使用人数に応じた十分な換気回数が得られるようにする。
- 大会議室には、家具等を収納する倉庫を近接して設ける。

多目的な利用を考慮した社員食堂

- 食事は、毎日の業務を円滑に推進するための最も大きな気分転換の場であるため、社員がゆっくりとくつろぎながらの食事やコミュニケーションが図れる十分なスペースの確保が望まれる。
- 限定された執務空間での業務から開放され、気分転換できるよう、良好な眺望や自然光の取込み、天井高さのゆとり、植栽、落ち着いた雰囲気の照明等によるアメニティの高い空間に配慮する。社員食堂は単に飲食の場ではなく、利用目的に応じた空間（リフレッシュ、打合せ、会合、会食等）をつくり、多目的な利用にも配慮する場合がある。
- 厨房機器等は、客席側からできる限り見えないように配慮する。

社員食堂の位置

- 限られた時間帯に社員が食堂に集中するため、食堂までのスムーズな動線計画やピーク時の適切なエレベーター計画、高層・低層部位置における設定可能な空間構成等を考慮して、社員食堂の位置を十分に検討する必要がある。

社員食堂の運営と規模

- 規模の設定に当たっては、運営面（サービス方式）の先行検討が重要である。社員人数から、利用率・回転数を事前に想定することにより、食堂の席数を設定する[fig.2]。
- サービス方式の設定（定食方式、カフェテリア方式、フードコート方式）、提供メニュー（厨房広さ・厨房設備のグレード設定）、什器サイズ設定（トレーの大きさ、机の大きさ）、下膳・食器洗浄方式、会計方式等の検討項目がある[fig.3]。

社員食堂内の動線・ゾーニング

- 食堂入口前や配膳カウンター前は、利用者の十分な滞留スペースを確保するとともに、滞留緩和方策の検討が必要である。
- 客用動線は、入口⇒メニュー選択⇒配膳⇒着席⇒精算⇒下膳⇒出口という例のように、1ウェイ計画とする[fig.5]。
- 利用者動線と、バック動線（食材やゴミ等の搬出入ルート、厨房従業員動線）が交錯しないゾーニングおよび動線計画とする。
- 厨房内は汚染区域、非汚染区域を明確にし、食材、食器、ゴミ等の流れを十分に考慮した配置とする。
- 厨房は臭気対策を含め、給排気ダクトルートを適切に確保する。

遮音・防振性能

- 会議室は室からの音漏れ等、隣室や会議室前通路との遮音性能にかかわるグレード設定に応じた考慮が必要である。
- 食堂内は隣室や下階への影響対策として、厨房の遮音、歩行音や衝撃音、厨房床下の防水や水漏れ、排水ルート等に配慮する。

fig.1 | 会議室の規模別面積・モデルレイアウト

分類	小会議室		中会議室		大会議室
想定用途	打合せ（社内・来客） TV会議	定例会議（社内・来客） TV会議	定例会議・役員会議 社内研修・催し物		催し物 社内研修・講演会
使用人数	10人規模	20人規模	30人規模		50-80人規模
室面積	20-30㎡	40-60㎡	75-90㎡		120-150㎡
机形式 (㎡/人)	ボート型 （約2.0-3.0㎡/人）	ロの字型またはボート型 （約2.0-3.0㎡/人）	ロの字型またはボート型 （約2.5-3.0㎡/人）		スクール型（ロの字型・椅子のみも可） （約1.5-2.0㎡/人、椅子のみ0.8-1㎡/人）
モデル レイアウト 1/400	7,200 × 3,600 6,400 × 3,200	7,200 × 7,200 6,400 × 6,400	7,200 × 10,800 6,400 × 12,800		16,000 × 9,600
システム例 その他	モバイル用プロジェクター テレビ会議システム、ホワイトボード 調光システム		100インチ電動スクリーン、ワイヤレスマイク 常設またはモバイル用プロジェクター 調整室、AV操作ワゴン、書画カメラ 遮光ブラインド・暗幕、調光システム		150インチ電動スクリーン 常設プロジェクター、ワイヤレスマイク 調整室、AV操作卓、書画カメラ 遮光ブラインド・暗幕、調光システム

fig.2 | 食堂の規模計画

カフェテリア方式（セルフサービス）の場合

客席	社員数×利用率÷回転数×1席当たり面積（1.3-1.7㎡） ※利用率は満足度や現状を考慮した仮設定による。 　一般の場合は70%程度、営業部門が多いと60%程度。 ※回転数は2-3交替制で座席を算定する場合が多い。
サービスエリア（提供・返却部）	座席数×0.3-0.4㎡
厨房	客席面積×0.3-0.5 ※厨房、厨房事務室、従業員用トイレ、男女更衣室、食品庫

事例	従業員数	座席数	食堂 全面積	客席面積	サービス エリア面積	厨房面積
A社	約1,100人 (利用率は、立地により 50%以下に設定)	248席	620㎡	340㎡	100㎡	180㎡
B社	約1,200人	350席	940㎡	490㎡	190㎡	260㎡
C社	約2,000人	600席	1,210㎡	800㎡	200㎡	210㎡
D社	約3,000人	692席	1,850㎡	1,080㎡	400㎡	370㎡
E社	約3,200人	780席	1,660㎡	1,000㎡	300㎡	360㎡

fig.4 | その他の厚生諸室等

売店	食堂・喫茶エリアに隣接して設ける。搬入された商品を一時保管するための倉庫を近接して確保する。
自動販売機スペース	食堂・喫茶または、基準階リフレッシュエリア等の共用エリアに自動販売機スペースを設置する。 電源コンセント・電気容量等に十分配慮する。
医務室 健康相談室 職員休憩室	職員の健康管理のためのカウンセリングスペースを必要に応じて設ける。企業によって、医療保健のレベルに差がある。 事務所衛生基準規則にもとづき、仮眠または休養設備を設ける。 騒音および振動が少なく、外部から見通されない位置とする。
更衣室	制服や作業服による業務がある企業に設ける。 1人または複数人用の個別ロッカーを設置し、入室管理や廊下・窓側からの視線のセキュリティに配慮する。
理髪室および美容室	大規模庁舎施設等に用意される。面積、照明、換気設備等関係法令の定めるところにより設ける。
資料室	閲覧テーブルを設置する。一般書架の床荷重：500kg/㎡、集密書架の床荷重：800-1,000kg/㎡
組合事務室	一般執務室から独立して活動しやすい位置とする。

fig.3 | 食堂のサービス計画例

定食方式 （現金・食券）	複数の定食の中から選択する方式で、事前に現金または、食券精算する場合が多い。500人以下の小規模食堂に多く見られる。
カフェテリア方式 （プリペイドカード、 社員用ID(IC)カード等）	利用者が好みの料理を組み合わせる方式で、料理の選択後に精算するシステムを採用している。大規模食堂に多く見られる。また、食後の下膳前にICタグ付食器を読み込む自動精算システムを導入する場合もある。
その他	必要に応じて喫茶、売店、自動販売機コーナーを隣接させ、利便性の向上を図る。また、会食・会合用として個室の特別食堂を設ける場合がある。

fig.5 | 社員食堂計画の事例 ── fig.2のD社

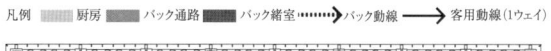

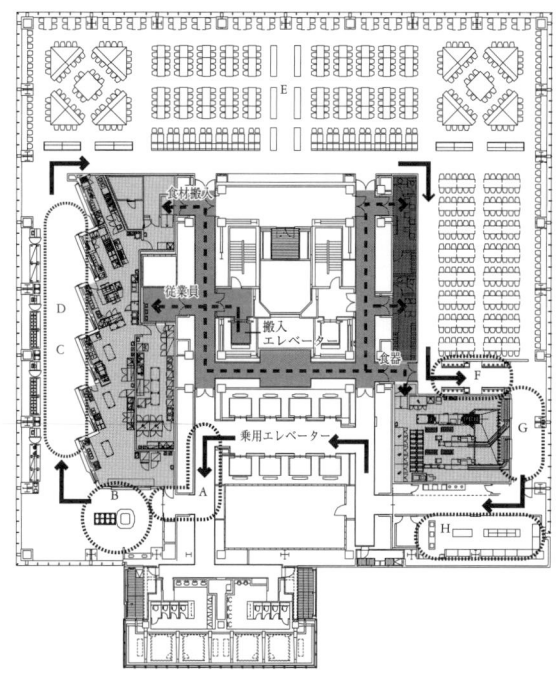

凡例　■厨房　■バック通路　■バック諸室　･･･ バック動線　→客用動線（1ウェイ）

A. 十分な滞留スペースの確保 | B. 手洗、メニューサンプル位置 | C. わかりやすいカウンター配置 | D. カウンター前の人の行列を考慮 | E. 気持ちの良い空間づくり（眺望等） | F. 精算方式に合わせたレジ位置 | G. 滞留しない下膳方法の検討 | H. 自動販売機・売店等の配置

47

| 事業プログラム | マネージメント | 条件の整理 | 全体の計画 | ワークプレイスの計画 | **各部の計画** | 環境の計画 | 構造・設備の計画 | その他の計画 |

役員階諸室

役員諸室の設置階を検討する
役員階の執務・来客・会議・秘書のゾーニングと動線を整理する
秘書室等のサポート機能と建物全体の動線計画の関係を考える

- 知的生産性
- 経済
- **安全**
- **社会性**
- **快適性**
- 環境
- 都市
- コンプライアンス
- 技術

役員階の位置 [fig.1]

- 役員階は眺望を考慮して、最上階に設置される事例が最も多く、上部の屋外設備機器や清掃ゴンドラ等の騒音や振動対策について注意が必要となる。
- 避難計画の観点から役員階を低層階に設置する事例や、役員階を設けずに各階に分散して役員室を設置する事例も増えている。

役員階の構成 [fig.3,4]

- 役員階は執務ゾーン、来客ゾーン、会議ゾーン、サポートを行う秘書ゾーンの大きく4つで構成されるのが一般的である。
- 平面計画は来客、VIP来客、役員の動線、後方動線の分離やセキュリティ計画等を考慮し、明快なゾーニング計画を行う。
- エントランスからのアクセスは、車でのアプローチを考慮した上で役員階までの単独の動線が確保されていることが望ましい。

執務ゾーン [fig.5]

- 執務室は企業の歴史や社風によってさまざまな形式がある。
- 役員のプライバシーが確保され、落ち着いて執務ができる個室タイプ、プライバシーよりも役員同士のコミュニケーションを重視した共同執務室タイプの二つが代表的である。
- 個室タイプは閉鎖的な雰囲気になるため、壁をガラスとしたり、ガラス入りの扉を使用する場合もある。
- 共同執務室タイプはプライバシーを考慮し、隣接して応接室を設置する等個室対応も可能な計画とする。
- 役員室の空調設備は、個人差による体感温度の違いが大きいので、個別空調システムで計画することが望ましい。
- 高齢の役員が想定される場合、高照度の照明設定の確認が必要となる。
- 家具のレイアウトや絵画の設置位置を想定し、壁の補強や照明の検討も行う必要がある。

来客ゾーン [fig.5]

- 来客ゾーンは重要なお客様を迎え入れるため、設えや仕上材、照明、サインに至るまで、企業姿勢を理解してもらうための重要な空間である。
- 重要なお客様を迎える一方で、一般客が容易に近寄ることのできないようなセキュリティ計画の検討を行う。
- 来客ゾーンには、受付スペース、応接室を中心にサポート機能として来客専用の手洗い、来客秘書等の待合室、お茶出しのためのパントリー・湯沸室等を近傍に設置することが望ましい。応接室は正面（主席）の位置を想定した家具レイアウト、扉位置および開き勝手に注意し、室と室の扉を対面させて配置しない計画とする。
- 空調吹出口からのドラフトに注意し、吹出口の直下に席を配置しないように注意して計画を行う。

会議ゾーン [fig.5]

- 企業の重要な意思決定を行うための役員会議室は、ごく少数で使用する小会議室から、40-50人にもなる大会議室がある。
- 計画に当たっては、会議の種類、出席者、陪席者の人数、同時通訳室の有無や、家具収納倉庫の設置、マイク、テレビモニター、パソコン等の付帯機能の条件整理を行い計画する。
- 会議室のボリュームによっては音の反響にも考慮した内装材を検討し、間仕切り壁、扉はグレードに応じた遮音仕様とする。
- 可動間仕切を設置する場合、他室や上下階へパネル走行音を伝えないために、ハンガーレールの防振、防音対策を行う。

秘書ゾーン [fig.5]

- 日本の多くの企業は、欧米のような個人秘書の例は少なく、秘書室と呼ばれるチームによって役員のサポートを行っている。秘書室は来客の受付、応接室、お茶出しのパントリー・湯沸室、役員執務室や会議室にスムーズにアクセスできる位置に計画することが望ましい。
- 秘書室はテレビモニター等の付帯設備が多く設置されるが、役員の動きを認識するため、通路側に視線が通りやすいレイアウトにすることが望ましい。
- 秘書の業務スタイルは企業によって異なり、秘書室の配置によっては建物全体の動線計画に影響を及ぼす場合もあるので、早い段階での事業主との打合せを行うことが望ましい。

| fig.1 | 役員階の位置 |

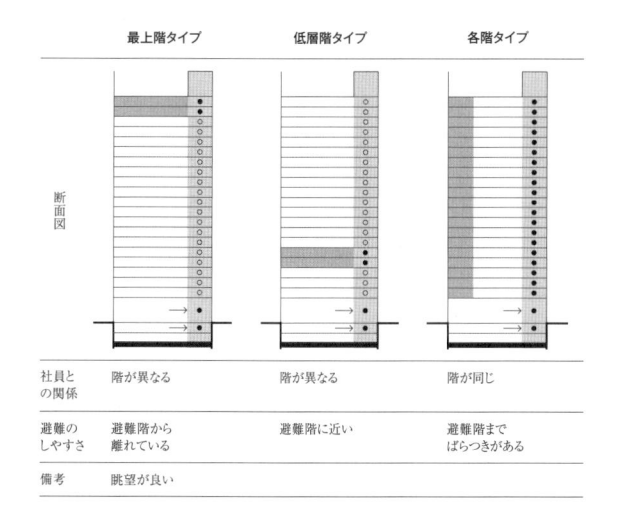

	最上階タイプ	低層階タイプ	各階タイプ
断面図			
社員との関係	階が異なる	階が異なる	階が同じ
避難のしやすさ	避難階から離れている	避難階に近い	避難階までばらつきがある
備考	眺望が良い		

| fig.2 | 役員階の面積割合 |

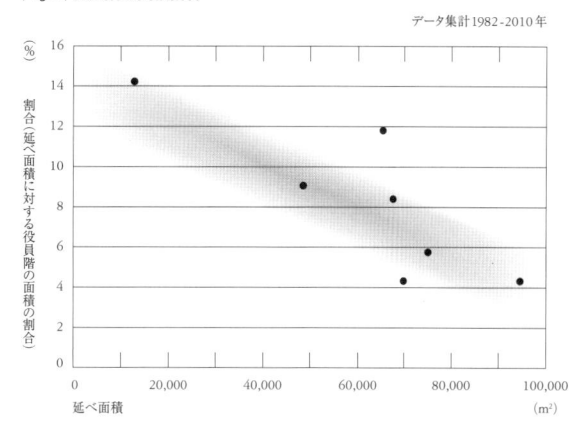

データ集計 1982-2010年

縦軸：割合(延べ面積に対する役員階の面積の割合)(%)
横軸：延べ面積(m²)

| fig.3 | 役員階の構成 |

	執務ゾーン	来客ゾーン	会議ゾーン	秘書ゾーン
主要な部屋	会長室 社長室 副社長室 役員執務室 役員食堂 役員ラウンジ	応接室 貴賓室 貴賓室(和室) ロビー 待合室	大会議室 中会議室 小会議室 ラウンジ	秘書室
サポート	化粧室 シャワー室 厨房	化粧室 喫煙室 クローク 厨房	化粧室 喫煙室 調整室 同時通訳室 倉庫	化粧室 湯沸室 更衣室 倉庫

| fig.4 | 役員階各ゾーンの面積割合 |

凡例：■執務ゾーン ■来客ゾーン ■会議ゾーン □秘書ゾーン □廊下等

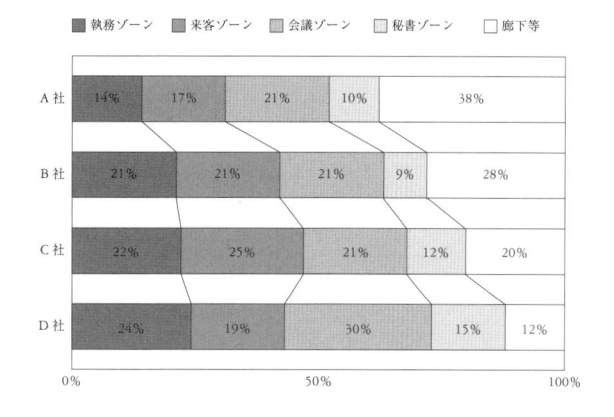

	執務ゾーン	来客ゾーン	会議ゾーン	秘書ゾーン	廊下等
A社	14%	17%	21%	10%	38%
B社	21%	21%	21%	9%	28%
C社	22%	25%	21%	12%	20%
D社	24%	19%	30%	15%	12%

| fig.5 | 役員階の動線・ゾーニング例 |

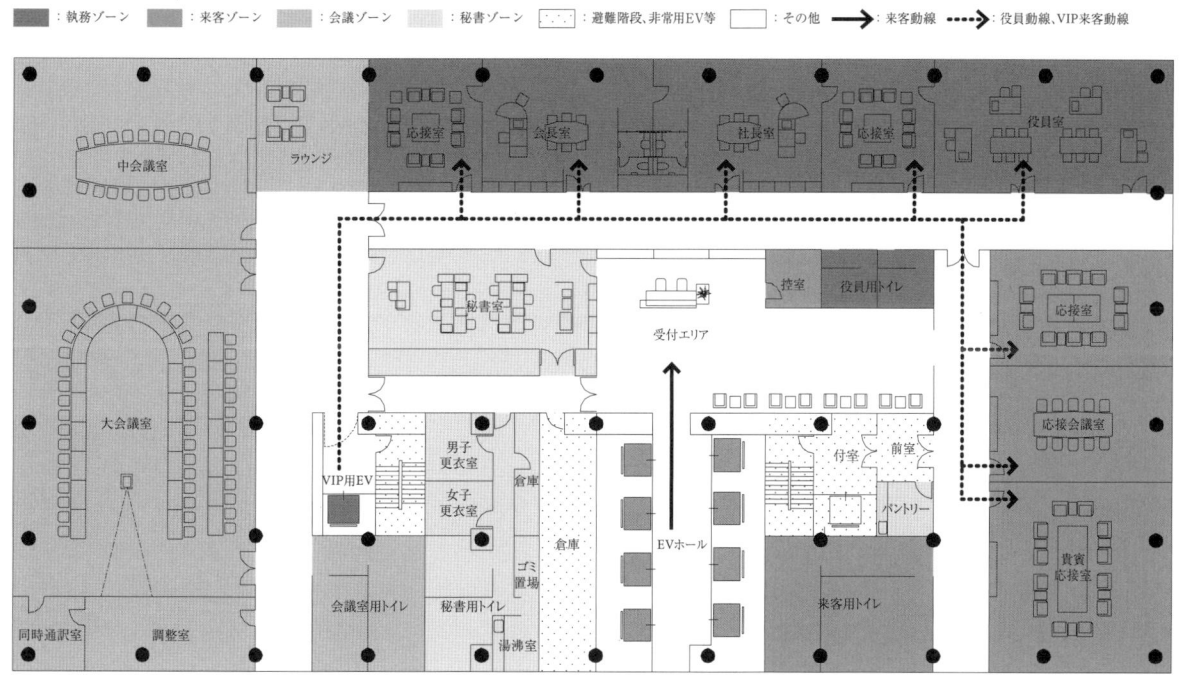

[凡例]
■：執務ゾーン ■：来客ゾーン ■：会議ゾーン □：秘書ゾーン ┊┊：避難階段、非常用EV等 □：その他 →：来客動線 --→：役員動線、VIP来客動線

● 31 断面構成 →P.92 │ 33 面積構成の設定 →P.98

駐車場計画

規模設定は附置基準に従いつつ、ビル内の需要と周辺の利用状況調査から決める
来客・社員・VIP・管理等使用者の動線が交錯しないように計画する
駐車方式は使用状況、入出庫の待ち時間、コスト、運用方法等を総合的に判断して決定する

駐車場の位置と台数設定
- 駐車場出入口位置は、道路と周辺交通量および車寄との関係を考慮し決定する。
- 駐車場の配置計画は、敷地に十分な余裕がある場合を除き地下に計画する場合が多く、オフィスのコア計画、構造計画、地下の設備計画と密接に関係する。
- コア部は構造による制約だけでなく設備供給ルートになることからくる制約が多く、オフィス直下部やスパンに自由度のある高層部を避けたエリアに配置したほうが、自由度が高い。
- 駐車場平面計画は、柱スパンにより面積効率が大きく異なる。
- 規模設定に関しては、条例等にもとづく附置義務駐車台数を満たした上で、立地条件により駐車場需要やビルの位置づけ(セキュリティや時間貸し運用の有無等)により決定する。

駐車方式
- 駐車方式については、自走式(斜路式およびカーリフト式を含む)と機械式に大別される。
- 機械駐車方式は、単純2段方式、横行昇降方式、平面往復方式、タワーパーク方式、パズル方式、スライド方式、水平循環方式、垂直循環方式等複数の方式がある[fig.4]。
- 機械駐車方式の選定は、台数規模や空間効率、入出庫待ち時間、コスト、運用方法を総合的に検討して決定する。
- 機械駐車方式の決定には、出庫時間が重要ポイントとなる。空間効率の良い機械駐車方式は、高密度ゆえに出庫時間が長くなる傾向にあり、連続出庫の想定等、実際の使い方に合わせた出庫時間想定を協議しておくことが重要である。

駐車場面積の設定
- 駐車場面積は延べ面積の5分の1までは容積対象面積に算入されない(建築基準法施行令第2条1項4号ただし書)。
- 駐車場内のエレベーター・階段の動線等は容積対象面積であり、大規模駐車場の場合、全体のボリュームスタディ等において、適切に面積を見込んでおく[fig.1]。

車両の動線計画
- 駐車場には一般車両、来客車両、ゴミ収集車等のメンテナンス用車両、引越しや宅配の車両、場合によっては救急車等さまざまな車両の進入が考えられる。
- 車両によって必要高さやスペースが異なるので、大規模オフィスでは、一般車両とサービス車両は動線やスペースを分けることが望ましい。
- 荷捌き駐車場や車椅子利用者用スペースへの動線、設置位置については、駐車場へのエレベーター等、人の動線と合わせて検討する。
- 来客動線については、一般来客動線とは別にVIP来客用の動線を考慮する場合がある。
- VIP用動線には、一般の来客から見えにくい位置に乗降場所を設け、専用のエレベーターで役員階、応接階に直行できる等、役員ゾーンの計画と合わせて設定する必要がある。

駐車場の建築計画
- 自走式で地下等へ斜路によって車両を誘導する場合、床の勾配切替え点や、その部分の天井高さについて、断面的な注意が必要である[fig.3]。
- 車両の回転軌跡で回転に必要なスペースをチェックするほか、関係法令にも規定があるので合わせて確認する[fig.3]。
- 高さ関係では、実際に入庫を想定する車両の実高と、計画する車路の高さ、車両を格納する車室の高さは異なる設定をすることに注意が必要である[fig.2]。

駐車場行きエレベーターの計画
- 駐車場へのエレベーターは、ビル全体のセキュリティ水準と整合させた上で計画する。
- 不特定多数の駐車場利用を前提とする場合は、セキュリティラインの外側に配置し、ロビー等でセキュリティ内のエレベーターへ乗り換える計画とすることも必要となる。

関係法令
- 各自治体の建築基準法関係条例や駐車場附置義務条例、駐車場法、道路交通法等を確認し、条件を整理する。
- 駐車場の車室寸法、駐輪場、バイク置場についての規定は自治体によって内容が大きく異なるので、事前調査を行う。
- 出入口の位置、構造等については警察との協議も必要である。

| fig.1 | 駐車場台数と駐車場面積

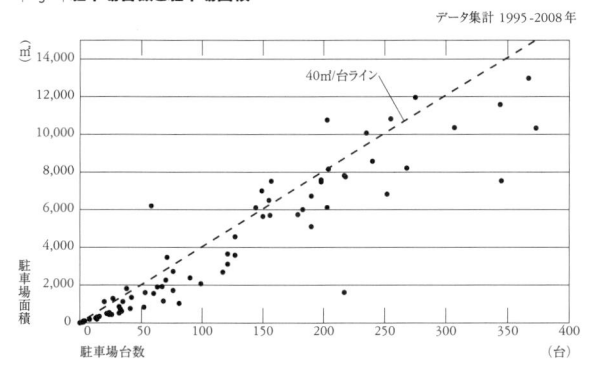

データ集計 1995-2008年

| fig.2 | 地下駐車場の階高の設定

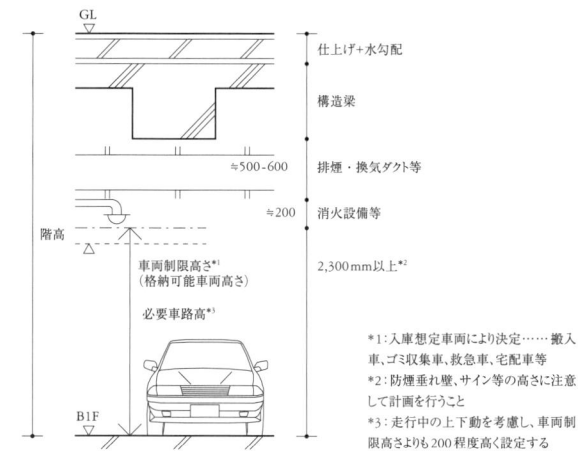

*1：入庫想定車両により決定……搬入車、ゴミ収集車、救急車、宅配車等
*2：防煙垂れ壁、サイン等の高さに注意して計画を行うこと
*3：走行中の上下動を考慮し、車両制限高さよりも200程度高く設定する

| fig.3 | 駐車場関連法規等

車路

[駐車場法施行令]
①車路の幅員：5.5m以上、一方通行では3.5m以上
②梁下高さ：2.3m（駐車部分は2.1m）以上
③斜路部の縦断勾配：17%を超えないこと
④屈曲部は自動車が5m以上の内法半径で回転できること

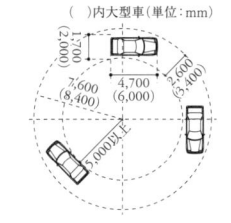

l_1：斜路勾配区間：17%（1/6）以下
l_2：緩和勾配区間：8.5%（1/12）以下、長さ5-6m程度
L：斜路全長：階高H＝4.5m、斜路勾配17%とした場合、30.5m以上必要

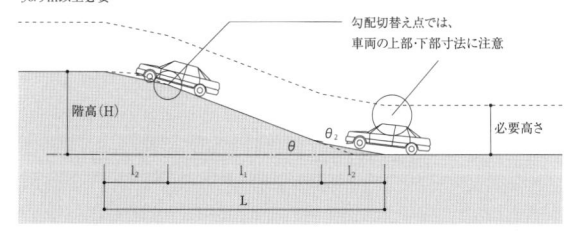

勾配切替え点では、車両の上部・下部寸法に注意

なお、斜路勾配最低基準17%の場合、不慣れな運転手に恐怖感を与える場合が多く、13%（1/8）-10%（1/10）程度の勾配とするのが望ましい

見通し角

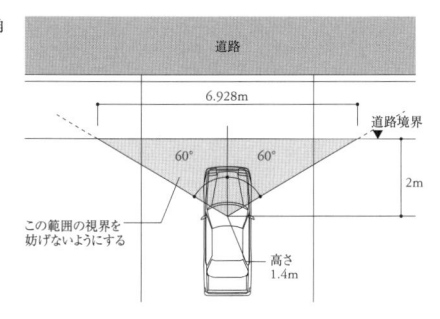

| fig.4 | 機械式駐車場の種類

種類	特徴
単純2段方式 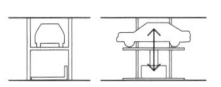	・自動車の上にもう1台駐車させる方式。 ・自動車を昇降させる機構にはロープ式、チェーン式、油圧式等がある。
横行昇降方式 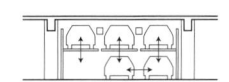	・上下に動く単純2段方式に加え、搬器を左右に横行移動させる機能を持つ。 ・床面を有効活用するために駐車室を2-3段にした方式。 ・入庫・出庫待ち時間：規模による
平面往復方式 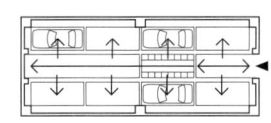	・搬送装置を挟み1-2列ずつに配置。 ・搬送装置の往復運搬で入出庫を行う。 ・処理時間は早いが、収容効率に制約がある。 ・配置列数に限界があるので収容台数を増やすためには積層化が必要。 ・細長い敷地に適する。 ・入庫・出庫待ち時間：約1分-1分30秒
タワーパーク方式 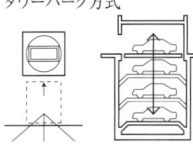	・垂直に配列された搬器が循環する方式。 ・下部・中間・上部の乗入口により分類。 ・入庫・出庫待ち時間：規模による。
パズル方式 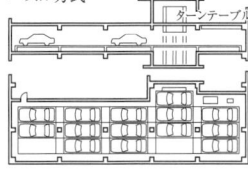	・縦3列×横3列以上配置し、搬器が空きスペースを最短経路で移動する方式。 ・不定形のスペースに無駄なく配置可能なため平面的収容台数増。 ・地下階高節可。用途・規模に対応可。 ・入庫・出庫待ち時間：約1分-2分
スライド方式 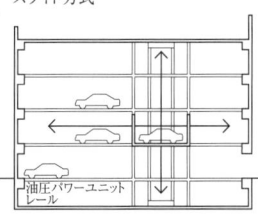 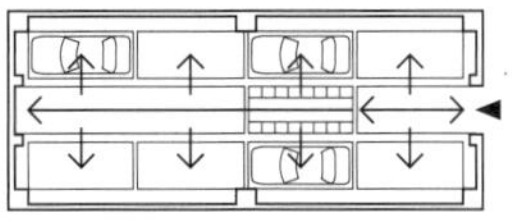	・エレベーターが昇降し、各層で水平移動する方式。 ・平面往復方式を多層化し、縦方向へ移動する機能を付け加えたもの。 ・入庫・出庫待ち時間：規模による
水平循環方式 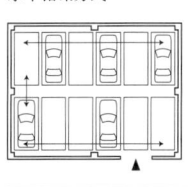	・縦2列×横2列以上配置し、対角の空きスペースを利用して循環移動する方式。 ・定形の敷地に適する。 ・平面の収容台数に限界があるので、収容台数を増やすためには層数が必要。 ・入庫・出庫待ち時間：約2分30秒-4分
垂直循環方式 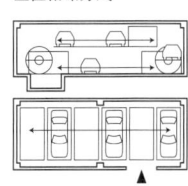	・1列多層に配列し、任意の2層間を循環。 ・円形循環式：入出庫処理の時間が短く、円滑性を重視する用途に適する。 ・箱型循環式：円滑性を多少犠牲にしても空間効率を重視したい場合に適するが、列数が長くなると処理時間が長くなる。 ・入庫・出庫待ち時間：約2分30秒-4分

屋上

環境配慮として屋上緑化や太陽光パネル等を考える
外装の清掃方法から、適したゴンドラ設備を定める
屋外機器スペースや、ヘリコプター用スペースについて考える

知的生産性
経済
安全
社会性
快適性
環境
都市
コンプライアンス
技術

屋上の構成 [fig.3,4]
- 屋上は、建築の第五のファサードとしての配慮も重要である。
- 屋上への設置機能としては、屋上緑化や屋外機械置場、ゴンドラ、超高層の場合はヘリコプター用スペース等で、それぞれに必要な高さの検討、日射や雨、風等の外的要素に考慮した計画を行う。

屋上緑化計画 [fig.1]
- 都市のヒートアイランド化緩和のために、屋上緑化の推進、義務化、容積割増し、固定資産税軽減、助成金の給付制度等その時々の行政方針による施策があるので、行政に確認する。
- 屋上緑化利用方法の検討に当たっては、エレベーター等の動線計画や仕上材、手摺等の安全性に配慮した計画を行う。
- 植栽の選定については、強風時も考慮した生態環境、客土による荷重条件、植栽に対応した潅水設備、散水設備等、維持管理費を含めた事業主との総合的な合意が必要となる。
- 落葉による排水溝・ドレンの排水不良防止や植栽帯下部の湿気と断熱性能について検討を行う。

屋外機置場 [fig.1,2]
- 屋外機置場の検討を行う場合、日常のメンテナンスのしやすさ、増設用スペース、機器更新に配慮した計画を行う。
- 動線計画の検討に当たっては、メンテナンス作業員の動線、地上からの機器搬出入および将来対応を考慮し、非常用エレベーターの停止、かご内の大きさ等の検討を行う。
- 機器配置については、機器同士の給排気の関係、ダクト、配管、配線ルート、機器荷重等を総合的に判断し、検討を行う。機器の振動・騒音伝搬の防止対策については、直下階の用途を考慮して検討を行う。
- 屋外機から発生する騒音が、建物周辺に対しても規制値をクリアできるように、配置を行う。
- 機器の目隠し壁を設置する場合、機器性能の確保、建築全体の外装との調和に配慮した計画を行う。
- 機器の所有区分や管理区分が異なる場合は、フェンス等の設置を行うことがある。

ゴンドラ計画 [fig.1,3,4]
- 建築を長期にわたり維持管理するために、外壁清掃方法の検討を行い、すべての必要箇所がカバーできるように、建築の高さや外装計画を考慮し、適切な方式を選択する必要がある。選定に当たっては、ゴンドラおよび台車の荷重が建築の構造計画に及ぼす影響を配慮して計画を行う。
- ゴンドラを使用して、ガラスの取替えを外部から行う場合、メンテナンス計画に見合った揚重・サイズとしておく必要がある。
- ゴンドラから電源までの距離を考慮してゴンドラに必要な電源容量を適切な位置に設置し、清掃用の水栓を近傍に設置する。有人ゴンドラの場合は停電時に宙吊りにならないように、非常用電源回路とする必要がある。
- ゴンドラおよび台車走行時に振動が発生するため、基礎床とベースプレートの間に防震ゴムを挿入する等、防震対策を検討する必要がある。
- 不使用時のゴンドラ格納場所については、外観を妨げない位置を検討し、避雷端子の接続を設置する。

ヘリコプターの屋上緊急離着陸場等 [fig.5]
- 超高層オフィスビルの場合、避難および救助のためのヘリコプター用スペース設置について検討を行う。
- 行政協議により、ヘリコプターが着陸して救助を行うか、ホバリング（空中待機）にて救助を行うかを決定し、検討を行う。
- 着陸か、ホバリングかによっては法的制限が異なり、ヘリコプター用スペース周辺の突起物の高さ、屋上までの動線計画、避難時の緊急待避スペース、床強度等の構造計画、消火設備等の設備計画等に影響があるため、計画の初期段階での行政協議が必要となる。非常用エレベーターの着床についても、消防等との行政協議が必要である。
- 非公共用ヘリポートを計画する場合も法的制限が異なるため、早い段階での検討が必要となる。

避雷設備
- 屋上に設置される設備も含めた避雷設備が必要となる。
- 避雷設備は建物の重要度によって、防護レベルを設定する必要がある [No.24,50参照]。

| fig.1 | 屋上モデル平面図

| fig.2 | 屋上に設置する屋外機の種類

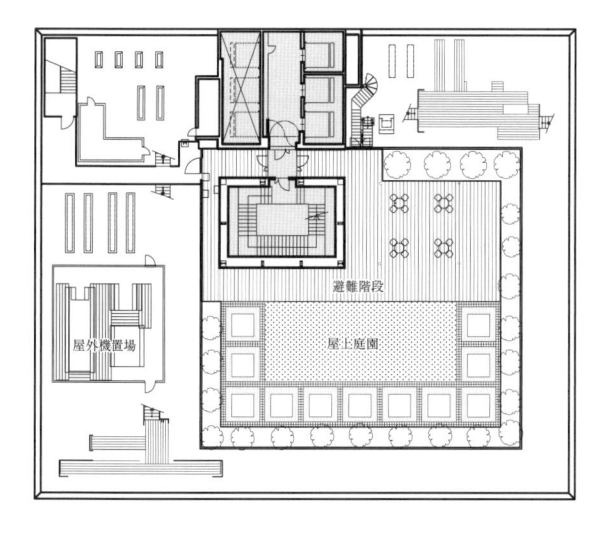

		中央熱源方式		個別熱源方式	
		延べ面積 10,000㎡以上	延べ面積 10,000㎡未満	延べ面積 10,000㎡以上	延べ面積 10,000㎡未満
空調設備	冷温水発生機	○	○	△	△
	空冷チラー	○	○	△	△
	クーリングタワー	○	○	○	○
	氷蓄熱	○	○	○	○
	室外機	△	△	○	○
	排煙機	○	○	○	○
衛生設備	高置水槽	△	○	△	○
	消火水槽	○	○	○	○
	ブースターポンプ	○	×	○	×
電気設備	非常用発電機	○	○	○	○
	変圧機	△	○	△	○

○:必要 | △:状況による | ×:不必要

| fig.3 | 屋上モデル断面図

| fig.4 | ヘリコプターの緊急救助用スペースとゴンドラレールの事例

| fig.5 | ヘリコプターの屋上緊急離着陸場等に関する設置基準

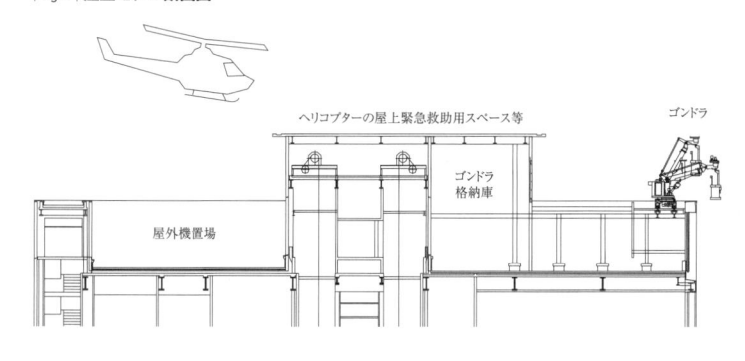

施設 項目	緊急離着陸場等設置基準(消防法による通達)				航空法による設置基準	
	緊急離着陸場		緊急救助用スペース		非公共用ヘリポート	
	基準	図解	基準	図解	基準	図解
制限表面 / 進入区域の長さおよび幅	長さは500m以上で、幅は着陸帯から500m離れた地点で200m以上を確保できること。		長さは500m以上で、幅は緊急救助用スペースから500m離れた地点で200m以上を確保できること。		長さは1,000m以上で、転移表面が15度の角度まで確保できること。	
進入表面の設定方向	原則として直線の2方向とする。ただし、直線の2方向に設定できない場合は、90度以上の間隔を設け設定できる。		原則として直線の2方向とする。ただし、直線の2方向に設定できない場合は、90度以上の間隔を設け設定できる。		原則として直線の2方向とする。ただし、直線の2方向に設定できない場合は、90度以上の間隔を設け設定できる。	
進入表面の勾配	進入区域上に勾配5分の1以下として設定し、当該表面上に物件等が突出していないこと。		進入区域上に勾配3分の1以下として設定し、当該表面上に物件等が突出していないこと。		進入区域上に勾配8分の1以下として設定し、当該表面上に物件等が突出していないこと。	
転移表面	進入表面の両側に勾配1分の1以下として右図に示す通り設定し、当該表面上に物件等が突出していないこと。		進入表面の両側に勾配1分の1以下として右図に示す通り設定し、当該表面上に物件等が突出していないこと。ただし、上記の進入表面および転移表面がとれない場合は、状況により進入表面および転移表面を最高5mまで垂直上方に移行することができる。		進入表面の両側に勾配2分の1以下として右図に示す通り設定し、当該表面上に物件等が突出していないこと。範囲は着陸帯の標高+45mの高さに達するまでとする。	
着陸帯等 / 大きさ	原則として20×20m以上とすること。		原則として10×10m以上とすること。		最大航空機種の全長、および全幅の1.2倍以上とすること。	
強度	短期荷重としてとらえ、活動想定機体の全備重量×2.25倍以上とすること。		通常床強度以上とすること。		航空機の種類、および型式によって異なる。	

50 外装計画

事業プログラム | マネジメント | 条件の整理 | 全体の計画 | ワークプレイスの計画 | **各部の計画** | 環境の計画 | 構造・設備の計画 | その他の計画

建築のイメージだけでなく、街並みや景観・環境を考慮する
室内の環境性能、快適性に配慮する
計画内容に最適な外装材、工法を検討する

知的生産性
経済
安全
社会性
快適性
環境
都市
コンプライアンス
技術

外装デザイン

- 外装デザインは建築の印象に大きく影響し、事業主の社会的姿勢を表現し得る大きな要素となる。
- 特に大規模な建築は、都市景観に大きく影響を及ぼすことを考慮して外装デザインを行うことが求められる。
- 建築の外皮として、外部環境に対する性能や室内環境を制御する機能等さまざまな項目を検討し、決定する。

室内環境性能

- 建物居住者・利用者の身体的感覚を形成する要素と、それに必要な性能を設定する。
- 視覚環境(採光・眺望)、温熱環境(断熱・遮光・換気)、聴覚環境(遮音)等、これらの環境性能設定と建物内部の設備性能設定を合わせて行う。

外部の環境条件から守る

- 年間の気温変化・降雨条件、太陽光の角度等の自然環境条件に加え、道路の防音対策や視線の制御等周辺の環境条件も考慮し、必要な性能を設定する。
- 水密性能については、従来のシーリング方式に加えて、現場でのシーリング作業や将来のシーリング打替えを要しないガスケットを用いた、オープンジョイント工法を採用する事例も多く見られる [fig.1, 3]。

災害への対応

- 地震・台風・火災に対する基準・法規上の性能に加え、建物種別や重要度を勘案し、性能設定を行う。ガラス破損や外部への落下物対策等、考えられる事故に対する防止策も盛り込む必要がある。
- 耐震性能については、地震時の層間変位への追従性を確保する工法(スウェイ式、ロッキング式)を検討する[fig.1, 2]。
- 防火性能については、建築基準法および同施行令の定めにより、周辺建物からの延焼防止、同一ビルの上下階の延焼防止等の対策を行う必要がある。
- 層間防火区画の手法には、外装デザインにより多様な事例が見られる[fig.1, 4]。
- 落雷(側雷を含む)対応として避雷設備の設置を検討する。

耐久性、メンテナンス性の設定

- 建築物の耐用年数の設定、ライフサイクルコストの観点を考慮したメンテナンス計画を組み込んだ設計を行う。
- 建築物の構成部材は、各部位の目的に応じて耐用年数・維持管理方法が異なり、これらの交換・維持管理がライフサイクルコストに大きな影響を与える。
- 外装では、シールやフィルム等定期的に更新が必要な要素や、ガラスの破損、タイルの剥離対策等長期修繕に関する検討も必要である。
- 高層建築物にメンテナンス用ゴンドラを設置する場合は、ゴンドラの振止め対策の方法(ガイドレール方式、レセプタービン方式、吸盤装置)を確定し、外装計画に反映する必要がある。

外装工事費・工事工程

- 外装工事費は平均的なオフィスビルの場合、建設工事費全体の20%前後を占め、躯体コストとともに工事費を決定する大きな要素である[fig.5]。
- 構法や施工性がコストや工事工程・工期に大きく影響するため、外装計画に当たり、概算費用の把握や工法の検討を行う。

外装材料と構法

- 主にRC構造を中心とした在来工法と、カーテンウォール工法の2種類に分類され、さらに仕上げ材料により多くのバリエーションが考えられる。
- 在来工法は、RC壁等の外壁が主要構造と一体となった工法で、コンクリート打放し、RCを下地とした塗装・石貼り・タイル貼り等の仕上げがある。
- カーテンウォール工法は、外壁全体を主要構造部から吊り下げる工法で、ガラス・PC版・金属パネル・成形セメント版等がある。

fig.1 | 外装材の性能

性能全般についての検討項目、計画段階で検討しておくべき項目、現場段階で所定の性能について実大試験をする項目がある。

性能
- 耐風圧性能　令87条(告示1458号、または風洞実験)
　　　　　　　建築物荷重指針・同解説2004　6章
　　　　　　　JASS 14 2.4
- 耐震性能
  - 慣性力に対する安全性能　JASS 14 2.5.1
  - 層間変位追従性能　JASS 14 2.5.2
  - 鉛直相対変位追従性能　JASS 14 2.5.3
- 水密性能　JASS 14 2.8
- 気密性能　JASS 14 2.9
- 断熱性能　JASS 14 2.11・JIS A 4706 -サッシ
　　　　　　JIS A 4702 -ドアセット
- 遮音性能　JASS 14 2.10・JIS A 4706 -サッシ
　　　　　　JIS A 4702 -ドアセット
- 耐温度差性能　JASS 14 2.6
- 耐火性能　令107条　2号・3号 -耐火性能に関する技術的基準
　　　　　　令112条　10号・11号 -防火区画
　　　　　　国住指発619号
　　　　　　──カーテンウォールの構造方法について(技術的助言)
　　　　　　JASS 14 2.2

計画段階
検討しておくべき事項
- 維持保全計画　JASS 14 2.13
- 結露対策　JASS 14 2.12
- 撥音・金属摩擦音等の異音対策　JASS 14 2.14.1
- 避雷対策　JASS 14 2.14.2・JIS A 4201
- 光・電波反射対策　JASS 14 2.14.4

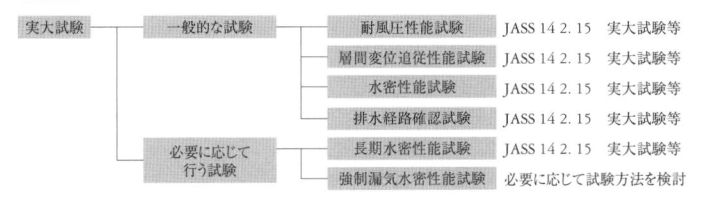

現場段階
実大試験
- 一般的な試験
  - 耐風圧性能試験　JASS 14 2.15　実大試験等
  - 層間変位追従性能試験　JASS 14 2.15　実大試験等
  - 水密性能試験　JASS 14 2.15　実大試験等
  - 排水経路確認試験　JASS 14 2.15　実大試験等
- 必要に応じて行う試験
  - 長期水密性能試験　JASS 14 2.15　実大試験等
  - 強制漏気水密性能試験　必要に応じて試験方法を検討

令:建築基準法施行令 | 国住指発:国土交通省住宅局建築指導課発令

fig.2 | 層間変位対応の手法

パネルユニットの取付け方法として、スウェイ式とロッキング式が一般的である。層間変位と破損の程度について、「JASS編14 カーテンウォール工事」では、1/300の場合「健全で再使用できる程度」、1/150の場合「主要部が破損しない程度」と示されている。

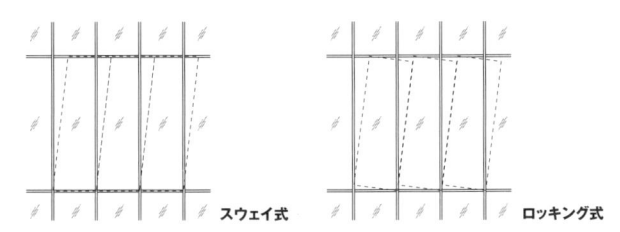

スウェイ式　　　ロッキング式

fig.3 | 止水の手法(PC版の場合)

石材PCカーテンウォールの場合の、シールによる止水とオープンジョイント工法による止水を示す。

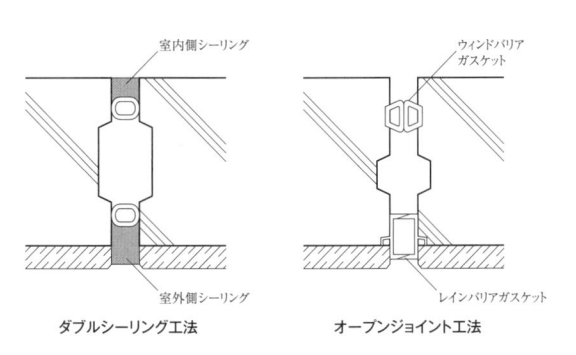

ダブルシーリング工法　　　オープンジョイント工法

室内側シーリング / 室外側シーリング / ウィンドバリアガスケット / レインバリアガスケット

fig.4 | 層間防火区画の例

上段2例に示す代表的な手法のほかに、外装のデザインにより下段に示すような手法や多様な手法が試みられている。

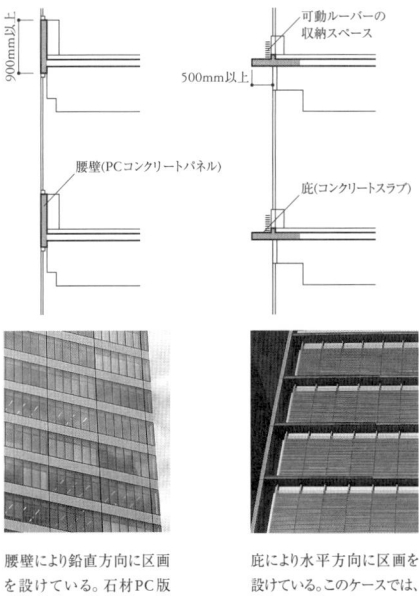

腰壁により鉛直方向に区画を設けている。石材PC版外壁等の意匠に採用されている。

庇により水平方向に区画を設けている。このケースでは、庇上部が、可動ルーバーの収納スペースとしても活用されている。

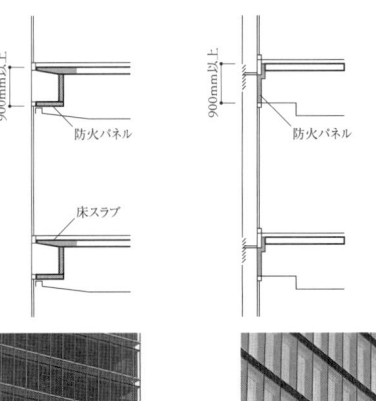

外装を全面ガラスとし、床スラブと防火パネルにより区画を形成している。

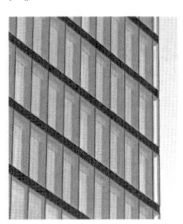

外装をダブルスキンとし、室内側に防火パネルを設け区画を形成している。

fig.5 | 建物規模と外装工事費割合の例

事例によりばらつきはあるが、10-30%までの範囲に分布していることがわかる。

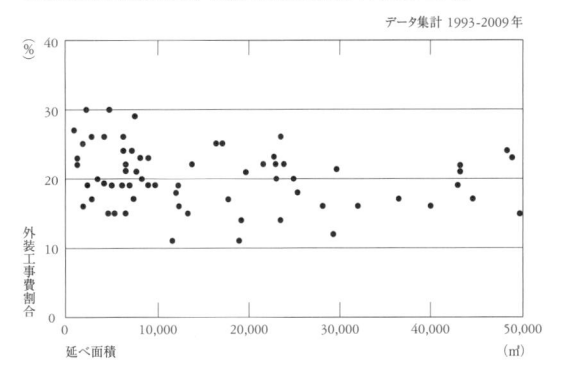

データ集計 1993-2009年

(縦軸:外装工事費割合 %, 横軸:延べ面積 ㎡)

1	2	3	4
5	6	7	8
9	10	11	12
13	14	15	16

知的生産性
経済
安全
社会性
快適性
環境
都市
コンプライアンス
技術

1 大阪東京海上ビル：スーパーフレームによる構造を外観に表出し、力強い印象をつくっている。｜**2** 大阪弁護士会館：断面の細い格子状の構造を外観に表出し、繊細で彫りの深い印象をつくっている。｜**3** 大成札幌ビル：PC版の壁柱を外周に巡らせて外観を形成している。ピン支持とした壁柱は2階から足元に向かって細くなる。｜**4** ロンドン市庁舎：建築全体が上階にいくに従って南側に倒れ込むように傾斜し、下階にとっての庇を形成している。｜**5** TG港北NTビル（アースポート）：ライトシェルフを設け、直射光を天井に反射させてワークプレイスの奥まで取り込んでいる。｜**6** 宇宙航空研究開発機構 筑波宇宙センター 総合開発推進棟：光ダクトを設け、自然光によりワークプレイスの照度を確保している。｜**7** 山陽新聞本社ビル：出の深い庇を設け、彫りの深い外観の印象を得るとともに、室内の執務環境にも配慮している。｜**8** ポストタワー：高透過ガラスによる透明感の高いダブルスキン。外側のガラスを斜めに傾け下部より外気を取り入れている。｜**9** RWE AG本社ビル：透明感が非常に高いダブルスキン。ユニット下部から換気・給気を行っている。｜**10** 東京倶楽部ビルディング：東西面をダブルスキン、南面を3段庇と縦格子の組合せとして方位ごとに空調負荷低減対策を切り替えている。｜**11** 名古屋インターシティ：PCパネルとユニット化したダブルスキンカーテンウォールとをランダムに組み合わせ、ゆらぎのある表情をつくっている。｜**12** マブチモーター本社棟：外側のガラスをMPGによって支持し、最下部と最上部のみで外気を出入りさせる方式のダブルスキンとし、軽快な印象としている。｜**13** ロレックス東陽町ビル：乳白パターンブラスト、ガラスバックマリオン、細柱により繊細な印象のダブルスキンをつくっている。｜**14** ホギメディカル本社ビル：ダブルスキン内部の電動昇降ルーバーにより、外部からの視線と日射を遮蔽している。｜**15** 交詢ビルディング：セラミック焼付けガラスをリブガラス工法により支持した外気の出入りのないダブルスキン。｜**16** TOC有明：ポツ窓のPCパネルと一体化したエアフローウィンドウを採用し、ガラス間の奥行きを外装の凹凸で表現している。

17 泉ガーデンタワー:室外側にリブガラスを設けサッシ竪枠をなくしている。室内手摺に軸流ファンを組み込み、エアフローウィンドウとしている。|**18** 汐留電通本社ビル:セラミックプリントガラスを採用し、方位によってプリント率を変えることで熱負荷軽減を行っている。|**19** パシフィックセンチュリープレイス(PCP)丸の内:Low-E複層ガラスを採用し、温熱環境に配慮しながら透明感のある外装としている。|**20** 赤坂インターシティ:テラコッタルーバーによる庇で日射を遮蔽している。|**21** デビス本社ビル:テラコッタルーバーとフレームレスの電動ガラスルーバーによるダブルスキンが構成されている。|**22** 日建設計 東京ビル:東西面に電動アルミ外ルーバーを設け、直射光を反射させて取り込んでいる。|**23** 品川インターシティ:スパンドレル部をサッシ打込みPC版とし、開口部と同じ高透過特殊反射ガラスを入れ、ガラスボックスを3分割した表現にしている。|**24** 大日本印刷 DNP五反田ビル:縦ルーバーにより日射遮蔽効果を高めている。|**25** 川越町庁舎:金属グレーチングルーバーを外装に用いている。|**26** パサージュガーデン渋谷/投資育成ビル:外付けルーバー状の太陽光発電パネルにより、発電と遮光を同時に行っている。|**27** INAX大阪ビル:タイルメーカーの自社ビル。テラコッタブロックを外装に用いている。|**28** 木材会館:木で構成されている外装はテラス、階段、エレベーターホールを内包し、オフィス空間と外部との間に縁側空間をつくっている。|**29** GSW本社ビル:ダブルスキン内部に可動の着色アルミパネルを設置し、西面の日射を制御している。|**30** 二番町ガーデン:層ごとにプランターボックスを設置し、壁面緑化を行っている。|**31** 新宿アイランドタワー:横連窓のスパンドレル部を、アルミハニカムパネルとして平滑性を保ち、エンボスパターンやグラデーションにより複雑な変化を生み出している。|**32** 竹中工務店東京本店新社屋:再生骨材PC版によるポツ窓(ガスケット止め複層ガラス)。壁面背後に、構造ブレース、空調機を配置している。

51 環境デザインのコンセプトと条件の把握

| 事業プログラム | マネージメント | 条件の整理 | 全体の計画 | ワークプレイスの計画 | 各部の計画 | **環境の計画** | 構造・設備の計画 | その他の計画 |

空間的な広がり、時間的な広がり等、総合的な視点から計画する
地域と敷地の気候的な条件を把握する
内部空間の使われ方による影響を把握する

―― 知的生産性
―― 経済
―― 安全
― 社会性
―― 快適性
― 環境
― 都市
―― コンプライアンス
―― 技術

環境配慮建築のコンセプト
- 優れた環境配慮建築に必要な条件は、環境負荷低減や省エネルギー性能等地球温暖化防止に直接寄与する環境性能を備えていることはもちろん、建築としての利便性・機能性・快適性等が高いレベルにあり、環境品質と環境負荷低減の双方で高い性能を発揮することである。
- 快適性や機能性に加えて知的生産性や事業継続性(BCP)でもより高い性能を実現させ、かつこれらの性能を発揮するために消費するエネルギー・資源を半減させる、「Factor 4 建築」の思想が環境配慮建築のコンセプトとして提案されており、CASBEEの考え方にも踏襲されている[fig.1]。

環境デザインの空間的な広がり
- 「環境」とは、ある特定の主体を取り巻き、その主体に直接間接に関係を持つものすべてを指す。したがって、主体のとり方によってその内容が変化する。
- 人を主体とした室内環境、建築・建築群を主体とした都市・自然環境、都市や自然を主体とした地球環境というように、主体と環境は入れ子構造となっている[fig.2]。
- このスケールの異なる主体と環境の関係において、快適性・機能性と環境負荷低減・省エネルギー・省資源を両立させるという命題を解くことが、環境デザインには求められる。
- 建築から放散される冷房排熱のような都市環境に分散する未利用エネルギーを建築で活用するなど、各環境間を相互に循環するエネルギーや資源の流れを理解して、環境デザインに取り込むことが重要である。

環境デザインの時間的な広がり
- エネルギー消費を抑えた長寿命な建築の実現には、建築をライフサイクル[No.15参照]の視点からとらえることが重要である。
- 建築のライフサイクルは、初期段階である企画から設計、施工、運用段階を経て、改修、廃棄段階へと進む[fig.2]。
- ライフサイクルCO_2($LCCO_2$)の中でも、運用段階でのエネルギー消費に伴うCO_2発生量と、建設および改修・廃棄時のCO_2排出量の比率が高く、省エネルギーの追求とともに、「建て替えない」ことが環境配慮の重要なポイントの一つとなる[fig.3]。
- 将来的に建築に求められるニーズに陳腐化することなく応え、「存在し続ける」ためには、耐久性に優れたスケルトンと可変性に優れるインフィル[P29参照]により、建築の基本骨格を構築することが求められる。

気候条件の要素と特徴
- 効果的な環境デザインを行うためには、基本計画時点から敷地の気候条件を理解することが非常に重要である。
- 建築が立地する地域の全般的な気候条件と、敷地個別の周辺環境条件の双方を把握することが必要である。
- 基本的な気象データはアメダスなどで年ごとの年間を通じた24時間のデータを参照することができる。ただし気候データは年によりばらつきがあるため、1年のみで評価するのでなく、複数年にわたった平均値(たとえば「理科年表」にある30年間平均値)を参考にすべきである[fig.4,5]。
- オフィスを計画する上で重要な気候要素は、空調負荷に影響を及ぼす年間の温度・相対湿度、日射遮蔽や昼光利用に影響を与える太陽位置[fig.6]・照度、自然換気や外部温熱環境に影響を与える風向・風速、地熱利用や夜間の外気利用の可能性を検討するための日気温差等である。
- 一般的な地域の気象データだけでなく、たとえば幹線道路沿いの立地条件では、騒音や外気の汚染により自然換気が適さない場合がある等、立地条件に応じた"マイクロクライメート(微気候)"を把握する必要がある[fig.7]。

エネルギー消費特性の把握
- 自然エネルギーを有効に利用するためには、需要側の特徴も押さえておく必要がある。
- 高断熱化された最新のオフィスビルでは、IT化・OA化の進展により冷房需要が暖房需要を大幅に上回る。また、国際化の進展に伴い24時間稼動による負荷のピークシフトが起こる。
- OA機器や照明器具の技術進歩による機器の発熱負荷の低減等は、効果的な環境配慮・省エネルギー手法の立案に大きく影響する。
- 用途別のエネルギー消費構成[fig.8]や年間のエネルギー消費分布等を理解して、実効性がある環境配慮手法を検討することが大切である。

| fig.1 | **Factor 4とCASBEEの概念**

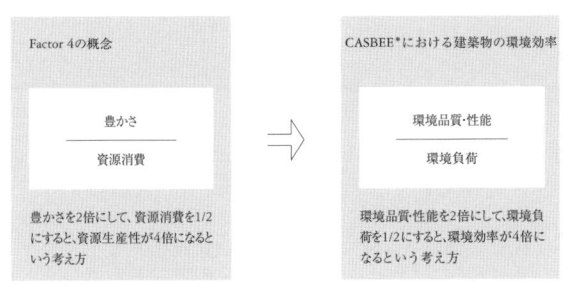

Factor 4の概念

$$\frac{豊かさ}{資源消費}$$

豊かさを2倍にして、資源消費を1/2にすると、資源生産性が4倍になるという考え方

CASBEE*における建築物の環境効率

$$\frac{環境品質・性能}{環境負荷}$$

環境品質・性能を2倍にして、環境負荷を1/2にすると、環境効率が4倍になるという考え方

*CASBEE：建築環境総合性能評価システム[P76参照]

| fig.2 | **環境デザインの空間的・時間的な広がり**

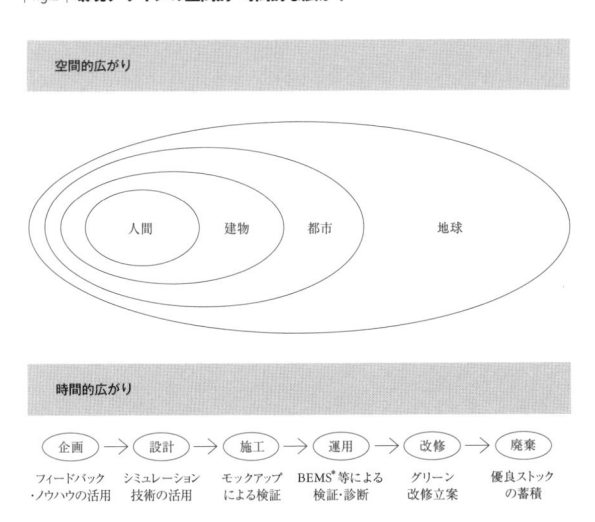

空間的広がり：人間 → 建物 → 都市 → 地球

時間的広がり：企画 → 設計 → 施工 → 運用 → 改修 → 廃棄

- フィードバック・ノウハウの活用
- シミュレーション技術の活用
- モックアップによる検証
- BEMS*等による検証・診断
- グリーン改修立案
- 優良ストックの蓄積

*BEMS：高度なエネルギー管理機能を持つ設備総合管理システム

| fig.3 | **通常のオフィスビルと省エネ・長寿命オフィスビルのLCCO$_2$の比較**

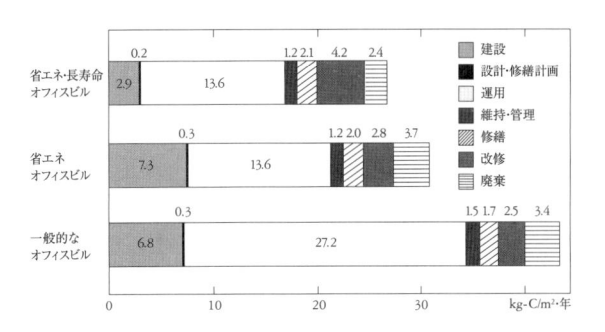

凡例：建設／設計・修繕計画／運用／維持・管理／修繕／改修／廃棄

省エネ・長寿命オフィスビル：2.9 / 0.2 / 13.6 / 1.2 / 2.1 / 4.2 / 2.4
省エネオフィスビル：7.3 / 0.3 / 13.6 / 1.2 / 2.0 / 2.8 / 3.7
一般的なオフィスビル：6.8 / 0.3 / 27.2 / 1.5 / 1.7 / 2.5 / 3.4

単位：kg-C/m^2・年

| fig.4 | **札幌・東京・那覇の月別年間平均気温** ── 1971-2000年の平均値

| fig.5 | **東京における年間の全天空照度累積時間の出現頻度**
── 9-17時、1971-2000年の平均値

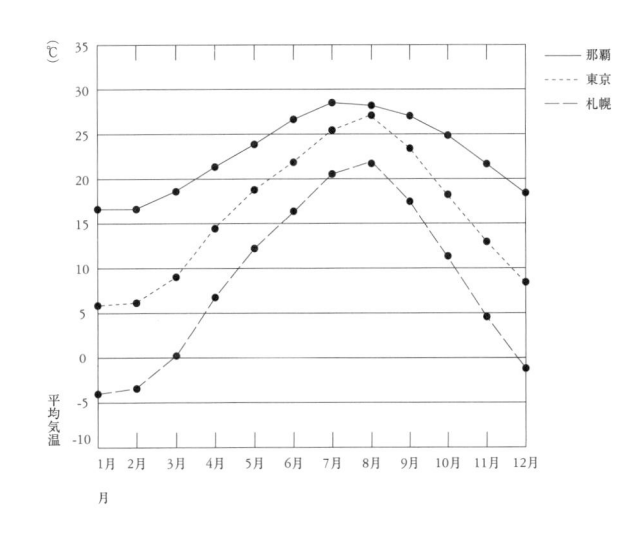

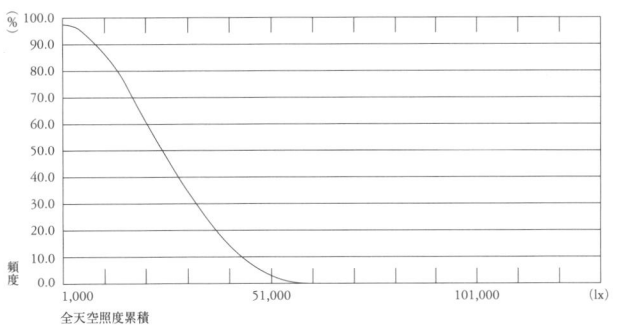

| fig.6 | **季節による太陽位置の違い**

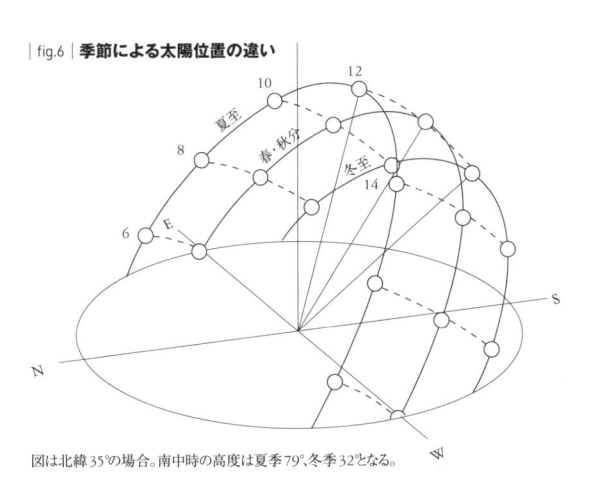

図は北緯35°の場合。南中時の高度は夏季79°、冬季32°となる。

| fig.7 | **マイクロクライメートに影響を及ぼす要素の例**

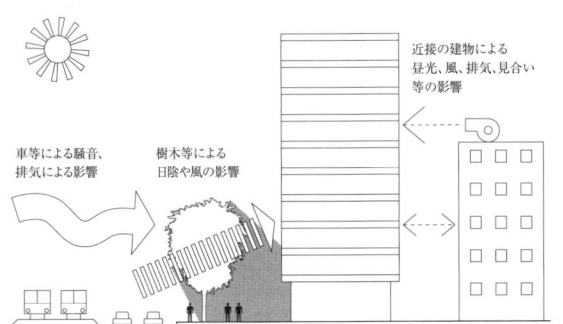

- 近接の建物による昼光、風、排気、見合い等の影響
- 車等による騒音、排気による影響
- 樹木等による日陰や風の影響

| fig.8 | **用途別エネルギー消費構成**

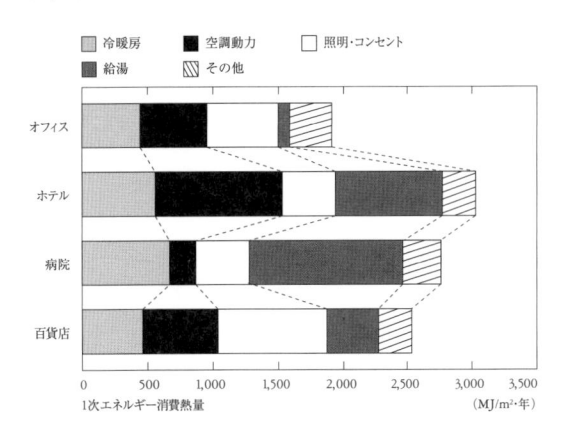

凡例：冷暖房／空調動力／照明・コンセント／給湯／その他

オフィス、ホテル、病院、百貨店

1次エネルギー消費熱量 (MJ/m^2・年)

- 15 ライフサイクルを考慮した建築計画 → P.56 ｜ 24 立地条件・敷地特性[2] → P.76 ｜ 40 基準階：ワークプレイス[4] → P.112 ｜ 54 広域の環境性能 → P.150
64 コスト計画[1] → P.174

COLUMN 5

建築物の環境評価システムにおける海外の動向

オフィスビルの計画における環境評価システムの必要性

- 1990年代初頭より広がりを見せた「BREEAM」「LEED」等に代表される建築物の総合的な環境評価システムは、建物室内の快適性・安全性・利便性に加えて、建築物が都市環境・自然環境・地球環境に与える影響についても配慮を行うことが必要であるとしている[fig.1]。
- オフィスビルにおいても、ワークプレイスの快適性がもたらす知的生産性の向上や、自然エネルギーの利用による化石エネルギー消費の削減等の評価指標として、各評価ツールの活用が効果的である。
- また、不動産投資信託(REIT/J-REIT)の評価基準に適正な客観的指標(Rating/Ranking)が影響するように、新たな付加価値をオフィスビルに与える上でも、これら建築物の環境総合評価システムの重要度は高まっている。

海外の環境評価システム[fig.2]

- 地球温暖化防止を始めとする地球環境問題に対して、建築分野でも緊急の取組みが必要とされる状況の中、海外では、わが国よりも早くから建築物の環境性能を総合的に評価する動きが活発化している。

1 | BREEAM

- 英国建築研究所(BRE)が1990年に世界に先駆けて開発したシステム。
- 評価項目(1993年版−新築事務所対象)は広範で、CO_2排出や酸性雨、オゾン層破壊等の問題に関する地球規模の自然環境から、冷却塔の衛生管理や風害基準、騒音や日射等建物周辺の地域環境、そして給水設備の衛生管理や換気・空気質・湿度、照明や温熱環境等の建物室内の環境規模にまで及ぶ。
- 評価はBREが認定した資格者が行い、世界でおよそ11万棟以上の建物が認証(Certificated)されている。本国では新築事務所の約25%が評価され、評価資格者として約300人が認定されている。

2 | LEED

- NPO米国グリーンビルディング協議会(USGBC)によって1996年に提案された。

| fig.1 | 建築物における代表的な評価システム

名称	開発元	初版年[最新版]	評価対象とする建物用途	評価項目	評価尺度と評価結果
BREEAM	英国建築研究所[BRE]	1990年[2011年]	事務所 店舗 教育施設 刑務所 集合住宅 医療・福祉 工場 住宅[特定の物件]	1. エネルギー 2. マネジメント 3. 健康と快適性 4. 交通 5. 水 6. 材料 7. 廃棄物 8. 土地利用 9. 汚染 10. 敷地の生態系	各評価項目の達成度に応じて加点され、最終評価結果は全評価項目の合計得点により、Pass / Good / VeryGood / Excellent / Outstandingの5段階にランク付けされ、ランクに応じて1-5つの「☆」で示される。
LEED	米国グリーンビルディング協議会[USGBC]	1996年[2009年]	事務所 店舗 教育施設 集合住宅など	1. 敷地計画 2. 水の消費効率 3. エネルギーと大気 4. 材料と資源 5. 室内環境品質 6. プロジェクトの革新性 7. 地域性の考慮	合計得点は最高110点で、40点以上がCertified / 50点以上がSilver / 60点以上がGold / 80点以上がPlatinumとなる。
GB Tool ↓移行 SB Tool	カナダ天然資源省 [開発には、日本と欧州各国を含めた14カ国が参加] 国際サステナブル建築環境推進機構[iiSBE]	1998年[2005年] [2012年]	事務所 学校 集合住宅	1. 敷地計画・都市計画 2. エネルギー・資源の消費 3. 自然環境負荷 4. 室内環境品質 5. サービス品質 6. 社会・文化・認知 7. 経済性	細目ごとに-1点から5点の間で採点し、重みづけをして得点を合計する。評価部門ごとにそれぞれのレベルで0点から5点として表示する。総合評価はG〜A+で示される。
CASBEE	日本サステナブル・ビルディング・コンソーシアム[建築物の総合的環境性能評価研究委員会]	2002年[2013年]	事務所 学校 集合住宅 ホテルなど ●CASBEE不動産マーケット普及版により、不動産評価に活用する動きもでてきた。	Q:建築物の環境品質・性能 Q-1:室内環境 Q-2:サービス性能 Q-3:室外環境 L:建築物の環境負荷 L-1:エネルギー L-2:資源・マテリアル L-3:敷地外環境 BEE:環境性能効率(=Q/L)	BEE値よりSランク、Aランク、B+ランク、B-ランク、Cランクと評価

BREEAM等の評価システムと同じく、評価項目の達成度が点数によって定量化され、総得点によってランク付けされる。評価システムに特色があり、その種類は新築建物、既存建物の運転管理、コアと外装、内装、地域開発（計画段階）、教育・医療福祉・店舗となっており、多様な建物用途と建設・運転段階に対応している。

- 評価は10万人以上存在するLEED認定専門家により実施され、「グリーンビルディング」としての認証が判断される。

3 | GB Tool・SB Tool

- GB Toolはカナダを中心とした先進14カ国（日本含む）による国際会議GBC（Green Building Challenge）により、1998年から運用されている評価ツール。

- 国際的な枠組みの中で開発された経緯から、各国の建築分野における文化・伝統、主義・主張、技術力等の差異に配慮した評価が可能であるとしている。GBCの取組みを続けるNPO iiSBE（International Initiative for a Sustainable Built Environment）では、GB Toolに「サスティナブル」を新たな評価基準として盛り込んだSB Toolを開発した。

CASBEE

- CASBEE（建築環境総合性能評価システム）は、国土交通省支援の下、「建築物の総合的環境性能評価研究委員会」により開発された環境評価ツール。

- それまでの環境評価システムでは、建築の快適性や安全性等の品質と、省資源・省エネルギーやCO_2排出量削減等の自然環境負荷対策の各々に関して、単独に評価するか、同軸評価（BREEAM、LEEDに見られるような総合得点による格付け方式）にすることが一般的だが、CASBEEでは建築物の環境評価項目をQuality：環境品質・性能（室内環境品質・性能）とLoad：外部環境負荷（地球・地域環境負荷）に分類することで、建築物の環境性能効率（BEE=Quality/Load）を評価結果のひとつとして扱っている[fig.3]。

- 建築のライフサイクルにおいて、建築の内外環境に配慮した設計、施工、管理、運営を適正に評価するため、環境性能評価ツールのさらなる発展と改善が期待される。

| fig.2 | 海外における主な建築物の環境評価システム

| fig.3 | CASBEEにおける評価項目と評価範囲の考え方

| fig.4 | Leed認証の実例（USGBC Project profilesより）
「One Boston Place」——LEED Gold取得

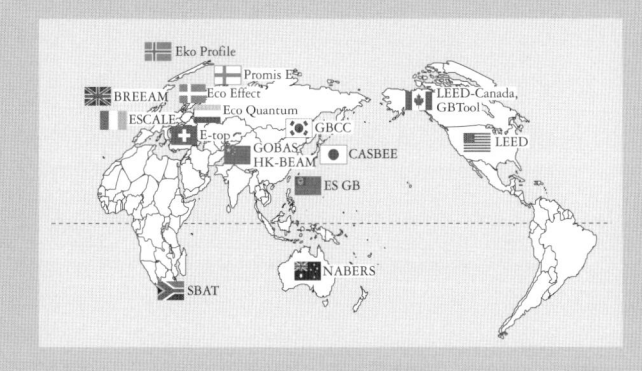

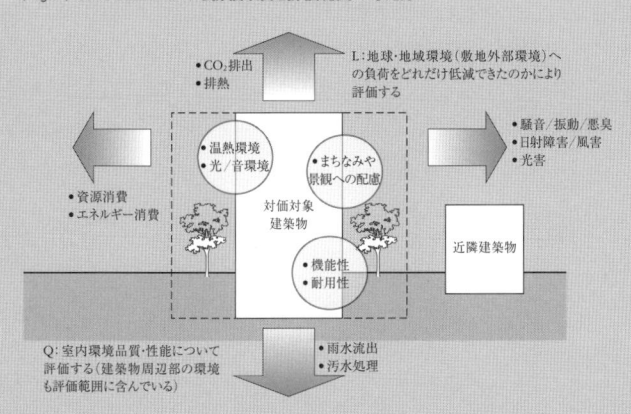

52 スケルトンによる基本的な環境性能の確保

耐久性の高いスケルトンにより建築の長寿命化を図る
インフィルの可変性・更新性を確保してニーズ変化に追従する
建築を環境調整装置としてとらえ、ファサードや空間構成を工夫する

インフィルの可変性・更新性

- 機能的な長寿命化のためには、物理的側面からの長寿命とは別の視点で、ニーズの変化等によるインフィル(建築の内装や設備)の変化に柔軟に対応できる、「うつわ」としてのスケルトン(建築の骨格、構造体)を計画する必要がある[fig.1]。
- そのためには機械スペース、PS、EPSの効果的な配置や適正なボリュームの確保に配慮したコア[P116参照]計画等が現実的な課題となる。
- 高い耐久性を有するスケルトンと比較して、インフィルとして装備される内部仕上げや設備機器の寿命は短いため[fig.1]、大規模な改修を想定した機器搬入ルートの確保、予備スペース確保の工夫、バックアップシステム、階高の余裕確保等、経済性も含めた総合的なバランスに配慮しながら計画を進めることが重要である。

ワークプレイスの方位

- 敷地周辺の状況等にもよるが、基本的に東西に面するワークプレイスよりも南北に面するワークプレイスのほうが、環境性能を向上させ消費エネルギーを削減する効果が高い。
- 南面採光の場合は、ライトシェルフ[P148参照]による自然光の有効利用、庇による日射負荷の低減等が効果を発揮する。
- 東西面採光の場合には、開口率(外壁面積に対する開口部の比率)抑制や、断熱性能向上、日射制御の必要性が南北面採光より大きい。

ワークプレイスの奥行き

- ワークプレイスの奥行きは、入居が予想される業態、オフィスレイアウト、面積効率等により決定することが多いが、外皮の断熱・遮熱性能が高レベルであることを前提とすると、環境負荷低減と環境性能向上の観点からは、自然採光・自然換気・外気導入(夜間排熱等)を最大限に活用できる奥行きの浅い(ペリメータゾーン:P158参照 の多い)ワークプレイスが効果的である。
- 奥行きの深いワークプレイスであっても、両面採光や光庭の導入等により、自然光を取り入れることも可能となるため、機能面からくる適正な奥行きや有効面積のニーズ等との十分な調整が必要である。

ファサード

- ファサードの環境性能は、意匠・コスト双方に大きく影響するため、基本計画段階においても十分に留意すべき事項である。将来的なオフィスの使われ方の変化や、オフィス機器の性能向上による内部負荷変動に対応するフレキシビリティの確保、昼光利用とのバランス、ワークプレイス内の視環境、コスト等総合的な判断が必要となる。
- 開口部の比率、昼光利用、外部庇の採用と形状、ダブルスキンの採用、Low-Eガラス[P112参照]等の採用とコスト、自然換気の可能性と方法等については、開口面の方位に応じた検討が必要である[fig.2]。

昼光利用

- オフィスビルの消費エネルギーの約30%は照明エネルギーであり、OA機器の発熱量低下がもたらす空調負荷低減により、さらにその比率が増す可能性もある。
- 昼光利用は一般に窓面付近からおおむね3m以内の範囲は有効となるため、その範囲に昼光制御を用いた照明を計画することが一般的である[fig.3]。
- 昼光をできる限りワークプレイスの奥まで届かせるためには、窓際の天井をできる限り高く確保し、天井際まで窓を設けることが効果的であるが、一方それにより発生する太陽光のグレアについても、開口面の方位に応じて庇の設置や拡散光による昼光導入等の検討が必要となる。

断熱性能

- 照明エネルギー同様、空調エネルギーもオフィスの運用エネルギーの約30%を占める。
- 空調負荷を低減するためには、日射負荷低減(特に夏季)と同時に外壁・開口部の断熱が重要であり、開口部では断熱・遮熱性能の高いガラスを選択し、壁面では断熱材の種類や厚さを適切に選択する[fig.4]。
- オフィスでは一般に内部発熱が高いために、高断熱とした場合、気候条件にもよるが中間期において室内に熱がこもる恐れがある。それを避けるため、自然換気等により外気を積極的に導入することも必要であるが、その際、外気導入のシステムと湿度制御について十分な配慮が必要である。

| fig.1 | 主な建築部材とその耐用年数

区分		工種別	耐用年数	仕様	出典
建築躯体		鉄筋コンクリート	65年	スランプ18	官庁営繕
	屋根	アスファルト防水	30年	押えコンクリート厚80	官庁営繕
	カーテンウォール	アルミ製	40年		BELCA
		PC版製	65年		官庁営繕
建築内部	床	花崗岩	65年		官庁営繕
		カーペット	20年		官庁営繕
	天井	ボード類	30年		官庁営繕
	内部建具	鋼製建具	30年		官庁営繕
電気設備	高圧機器	高圧受電盤	25年	屋内キュービクル	官庁営繕
			25年	屋外キュービクル	官庁営繕
	盤類	動力制御盤	25年		官庁営繕
	照明器具	蛍光灯器具	20年		官庁営繕
機械設備	冷熱源機器	鋼板製ボイラー	15年		官庁営繕
	空調機類	エアハンドリングユニット	20年		官庁営繕
		パッケージ型空調機(水冷式)	20年		官庁営繕
		全熱交換機	20年	回転式	官庁営繕
	水槽	受水槽	20年	パネル型	官庁営繕
	配管	炭素鋼鋼管(白)(冷温水)	20年		官庁営繕
	ダクト、制気口	空調用ダクト	30年		官庁営繕
	衛生器具	小便器	30年		官庁営繕
昇降機	エレベーター	エレベーター	30年	一般型	官庁営繕

BELCA:(社)建築・設備維持保全推進協会「建築物のLC評価用データ集 改訂4版」(平成20年3月1日、第1刷発行) | 官庁営繕:国土交通省大臣官房官庁営繕「建築保全業務共通仕様書」(平成20年3月)

| fig.2 | ファサードシステムの熱性能

| fig.3 | 窓面からの距離による昼光率の変化の例

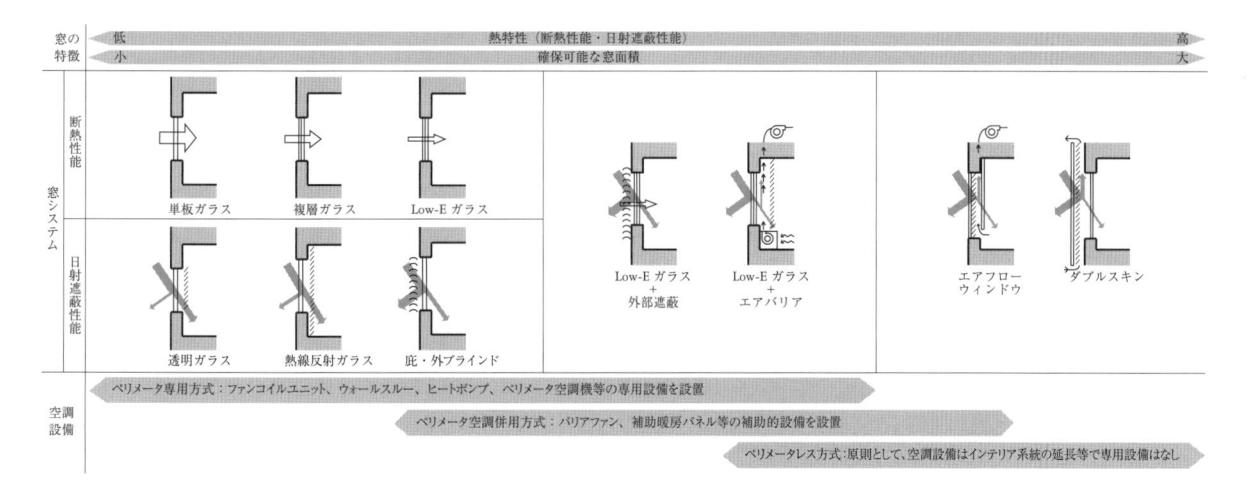

昼光率:全天空照度に対する室内のある点における照度の比率

・ガラス透過率は72%(ペアガラス)とし、窓枠は考慮しない。
また、ガラスの汚れもないものとする。
・窓外には障害物がないものとする。・天井の高さ2.7m

| fig.4 | 外ブラインドによる日射制御と照明制御を行った場合の外壁の開口率と
ペリメータゾーンにおける一次消費エネルギーの関係 (方位別・窓のガラス種類別)

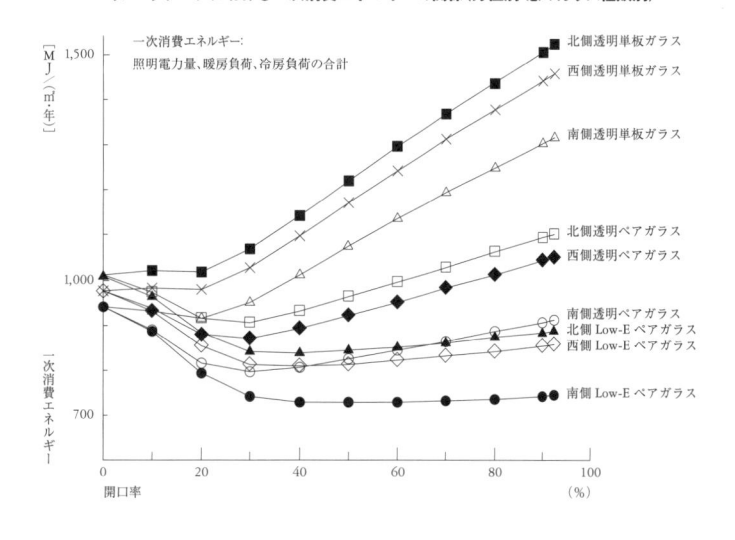

一次消費エネルギー:
照明電力量、暖房負荷、冷房負荷の合計

● 24 立地条件・敷地特性[2]→P.76 | 40 基準階:ワークプレイス[4]→P.112 | 41 基準階:共用部[1]→P.116
50 外装計画→P.136 | 53 環境性能を向上させる要素技術→P.148

COLUMN 6

オフィスビルの設計における環境シミュレーション

環境シミュレーションとは

- 建築設計でいうシミュレーションとは、建築設計過程において、創造した設計内容を客観的に評価するための道具であり、デザイナーとエンジニアといった設計者間のみならず、事業主、行政、周辺地域等、建築に携わる数多くの関係者との合意形成を図る手助けとなる。また最近では、既存建物のエネルギー運用を改善するための建築および設備性能の検証に活用されている。
- このうち環境シミュレーションとは、建築環境にかかわるファクターを設計段階において事前に予測し、その結果を設計にフィードバックするために行う検証であり、一般にはコンピューターシミュレーションを指すが、その他にも模型等を用いた検証等が含まれる。
- 検証内容は以下に大別され、
  1：温熱環境
  2：光・視環境
  3：気流・風環境
  4：音環境
  これら目に見えない要素（視環境は見える

| fig.1 | **CFDを利用した気流シミュレーションの例**［東京都内某再開発計画によるタワー低層部］

外壁周囲の風環境の検証状況

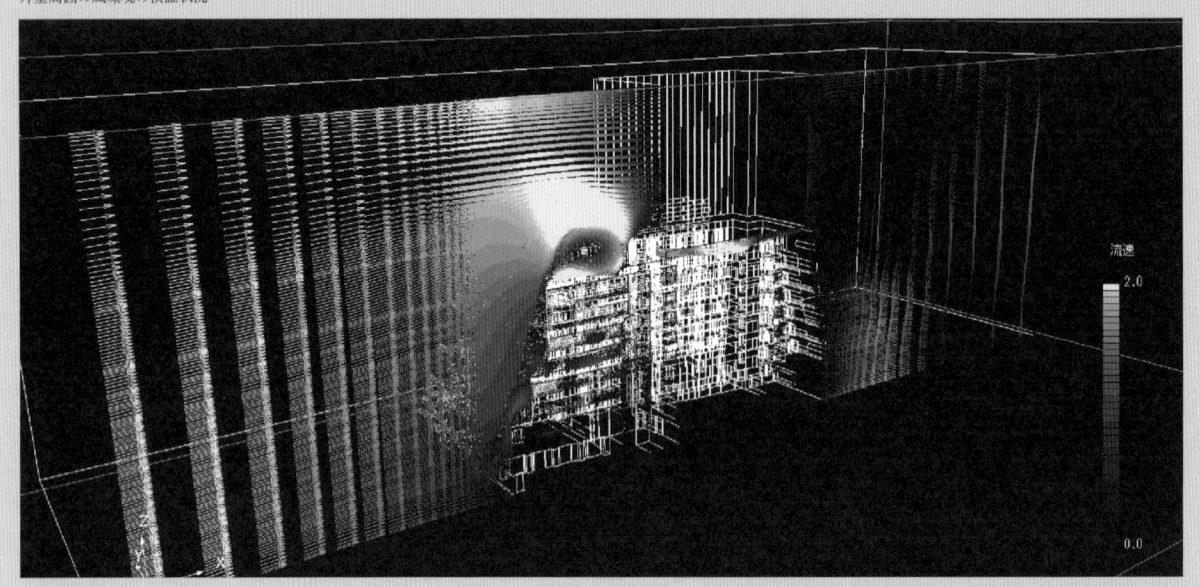

建物内部の風環境の検証状況

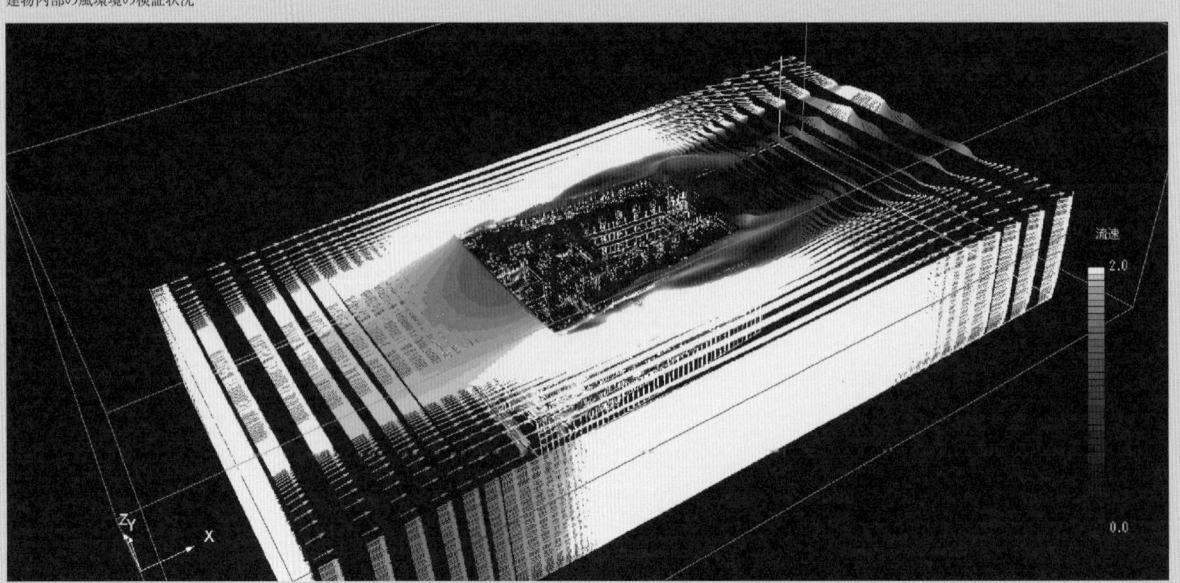

現象であるが)を視覚化し、さらに定量的に評価することが主眼である。
- オフィスビルでいえば、室内の窓側——いわゆるペリメータ部の温熱環境や、窓からの自然採光や自然通風による室内環境への影響と省エネルギー効果、超高層建物であれば、周辺地域への風環境や日射の遮断による影響、ビルを空調するための屋外設備機器からの発生音等、さまざまなステージでの環境要素を視覚化することにより、客観的な評価に活用できる。
- オフィスにおいて、それぞれの要素における環境シミュレーションによる検討内容と方法を整理したのがfig.2である。
- 近年、コンピューターシミュレーションの進歩と普及は目覚しく、簡易なものからCFD(Computational Fluid Dynamics)を利用したより精度の高いもの[fig.1,3]まで、さまざまなシミュレーションのソフトウエアが開発されている。また、3D-CADによる建築設計(BIM)の普及に伴い、設計作業と環境シミュレーションを一元化[fig.4]する動きもある。

| fig.2 | オフィスビルにおける環境シミュレーションの例 |

地域	建物排熱による地域の温熱環境の検証(CFD等)	建物周辺における地上部分等の風環境の検証(模型による実験等)	室外設備機械からの隣地境界線での騒音検証(騒音計算による数値分布等)	タスクアンビエント空調による気流の検証(CFD,熱換気回路網等)
建物	アトリウム等の自然換気による温熱環境の検証(CFD,熱換気回路網等)	建物全体における自然換気経路と気流の検証(CFD,熱換気回路網等)	自然換気時の外部騒音の侵入に関する検証(CFD等)	室外機による周囲への温熱環境と機器能力確認(CFD等)
室内	ダブルスキンによる窓周囲の温熱環境の検証(CFD,熱換気回路網等)	ライトシェルフ等による自然採光の検証(CFD等)	タスクアンビエント等の照明による照度分布検証(CG等)	輻射冷暖房による室内温熱環境の検証(CFD等)

パッシブ ←――――――→ アクティブ

| fig.3 | CFD解析を利用したオフィスペリメータ部の温熱環境[西側] |

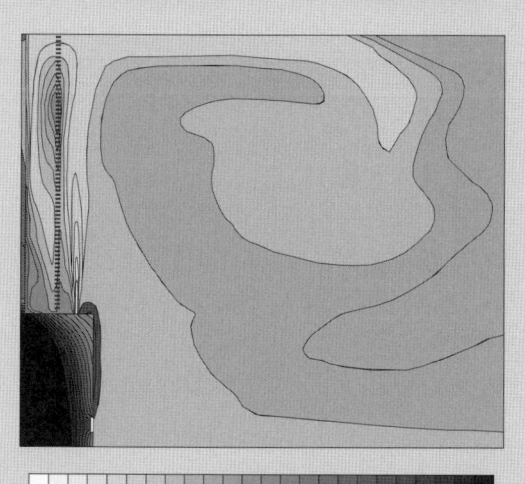

16 17 18 19 20 21 22 23 24 25 26 27 28 29 30 31 32 33 34 35 36 37 38 39 40 [℃]

| fig.4 | レンダリングを行い作成した空間シミュレーションイメージ |

自然採光状況の再現イメージ

照度分布表示

0 200 400 600 800 1000 1200 1400 1600 [lux]

環境性能を向上させる要素技術

スケルトンの基本的性能を確保した上で要素技術を導入する
自然エネルギーを利用しつつ快適性も向上させる
立地条件や使われ方などを考慮して導入要素を決定する

自然換気

- 空調負荷を低減させる中間期の自然換気は、基本計画時点から検討すべき事項である。
- 敷地の気候条件とオフィスの内部環境により、導入が可能な期間の把握と、敷地周辺の状況の把握が必要である（たとえば幹線道路に面する立地の場合、日中は騒音や排気ガスの問題から直接の導入が難しい）。
- 自然換気には大きく分けて、アトリウム等を利用した重力換気と、単純に窓やガラリを開放すること等による風力換気とがあるが、特に風力換気については、執務空間の内部環境への影響に十分配慮する必要がある[fig.1]。
- ソーラーチムニーは、小規模な吹抜けの頂部に、気温差による重力換気を促すためのトップライトや、外部の風による誘引効果に期待した風力換気を促す仕組みを設けたものである。
- 自然換気の導入は、災害時においてエネルギーを用いずに換気を可能にするという側面もある。

昼光利用

- 昼光を最大限に利用して照明負荷を削減するためには、執務空間の奥まで自然光を導入することが必要となる。
- それを可能にする手法として、アトリウム等の光井戸や光庭のほか、光ダクトによる方法等がある[fig.1,2]。
- ペリメータゾーンの日射を遮り、インテリアゾーンに昼光を導入して、昼光による照度の均整度を高めるライトシェルフも照明負荷削減に効果的である[fig.1]。
- 昼光利用には、合わせて昼光センサーを用いた照明器具を設置することが不可欠である。

夜間外気の導入（ナイトパージ）

- 夏期や中間期において、温度の下がった夜間の外気を導入することによって昼間の熱負荷を除去するナイトパージは、空調負荷低減に非常に効果がある。
- 機械換気によるナイトパージは確実性が高いが、開口部の自動制御を用いた自然換気による方法も条件により可能である。
- ナイトパージは夜間と昼間の気温差が大きいほど効果的であるため、敷地の日気温差データの確認が必要である。

躯体蓄熱／輻射効果

- 快適性評価指標の一つであるPMV(Predicted Mean Vote)の考え方によると、室内環境の快適性には室温だけでなく、壁面や天井面からの輻射効果も大きく影響することが知られている。
- 乾式の天井材やOAフロア上のタイルカーペットなど、軽量の内装材が躯体から独立している場合には仕上げ面の温度が室内温度と等しくなり、躯体蓄熱による輻射効果はあまり期待できないが、プレキャストコンクリート(PC)のスケルトン天井（床スラブ露わし天井）等を用いた場合には、躯体蓄熱による輻射の効果が得られる。
- たとえば夏期にナイトパージにより夜間の冷気を躯体に蓄熱し、昼間にその輻射効果を利用すれば、ナイトパージの効果をより高めることができる[fig.3]。ただし、スケルトン天井の場合は別途吸音材を設けるなどの検討が必要となる。
- 機械設備的な手法としては、天井や壁の輻射冷暖房パネル等もあるが、結露や漏水事故について注意が必要である。

地熱利用

- 通年で安定した温度の地中熱を空調に利用するため、ピットやトレンチを通して外気を導入するクールヒートトレンチは、敷地が広く、ピット平面が大きい場合、特に効果的である[fig.1]。
- 地中温度は年間平均気温とほぼ等しくなるため、たとえば平均気温が18℃程度の東京では、冬、夏ともに利用可能である。
- 地下水位には十分な注意が必要であり、特に水位が高い場合にはクールヒートトレンチ内の湿気対策が必要となる。
- その他の地熱利用手法としては、塩ビパイプ等を直に地中に埋めたクールチューブや、杭を用いたヒートポンプ等がある。

その他の要素技術

- オフィスビルの基本計画段階で検討できるその他の環境要素技術として、屋上緑化[fig.5]や壁面緑化、気化熱による冷却効果を利用した屋根面等の散水、寒冷地での雪冷房、河川水の利用[fig.4]等がある。
- アクティブな手法としては太陽光発電[fig.6]が一般的であるが、設置面の方位と設置角度により発電効率が異なる。また、イニシャルコストが大きいため、将来の設置スペースの確保や取付け下地の準備をしておくことも一つの方法である。

| fig.1 | **外気・昼光・地熱の利用**

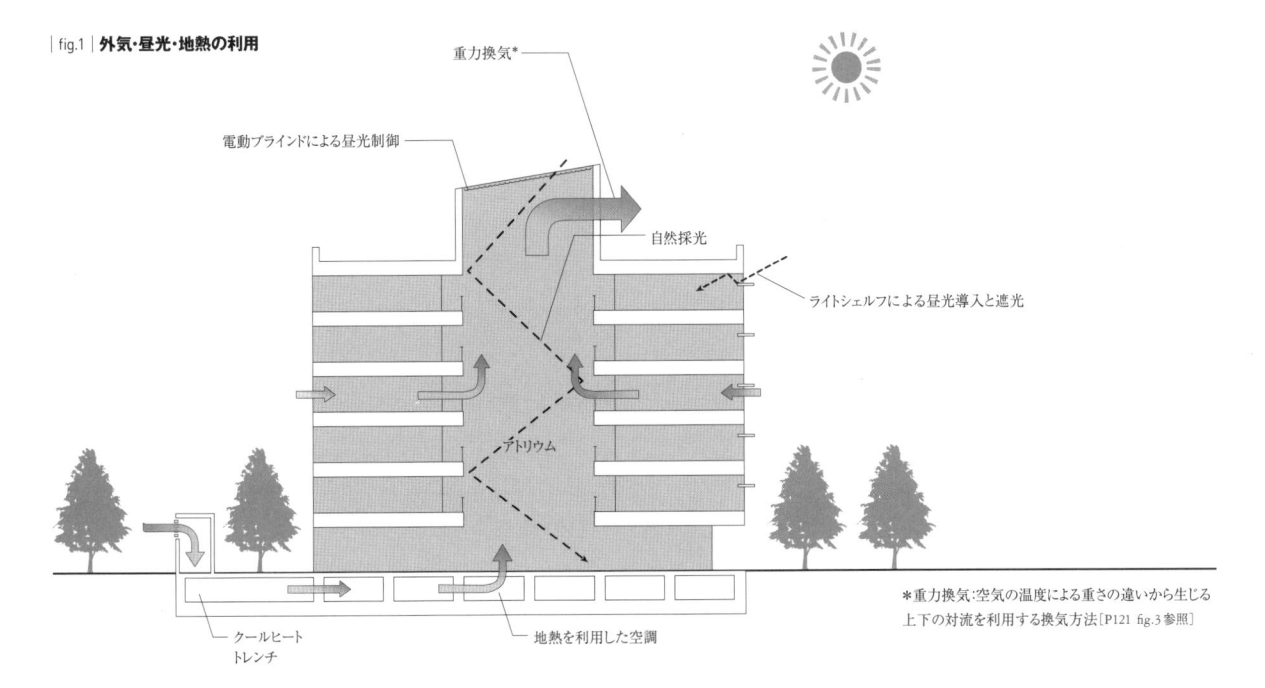

- 重力換気*
- 電動ブラインドによる昼光制御
- 自然採光
- ライトシェルフによる昼光導入と遮光
- アトリウム
- クールヒートトレンチ
- 地熱を利用した空調

*重力換気:空気の温度による重さの違いから生じる上下の対流を利用する換気方法[P121 fig.3参照]

| fig.2 | **光ダクトの導入事例**

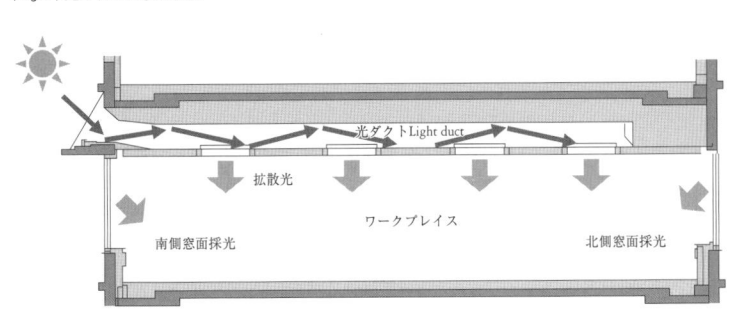

- 光ダクト Light duct
- 拡散光
- ワークプレイス
- 南側窓面採光
- 北側窓面採光
- 庇
- 採光部

宇宙航空研究開発機構 筑波宇宙センター 総合開発推進棟

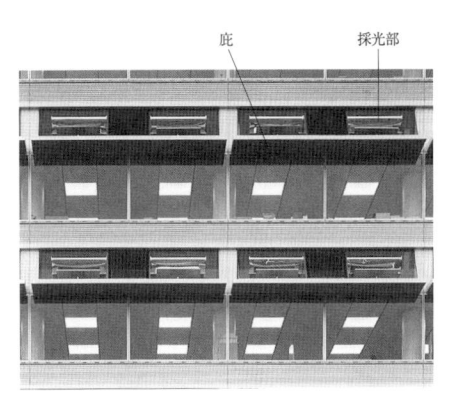

| fig.3 | **ナイトパージ・躯体蓄熱を組み込んだ空調システムの例** | マブチモーター 本社棟

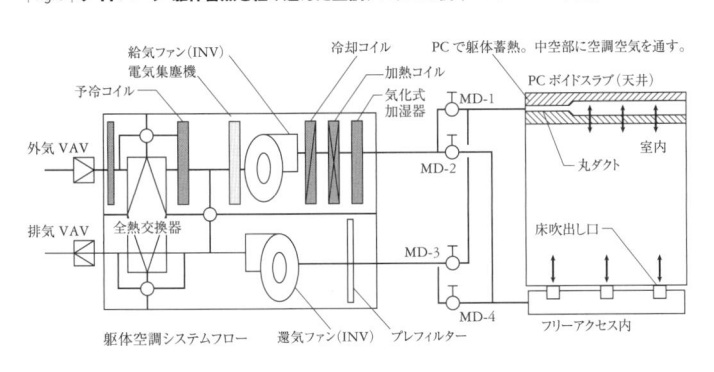

- 給気ファン(INV)
- 電気集塵機
- 予冷コイル
- 冷却コイル
- 加熱コイル
- 気化式加湿器
- PCで躯体蓄熱。中空部に空調空気を通す。
- PCボイドスラブ(天井)
- MD-1
- 丸ダクト
- 室内
- 外気VAV
- 排気VAV
- 全熱交換器
- MD-2
- MD-3
- MD-4
- 床吹出し口
- フリーアクセス内
- 躯体空調システムフロー
- 還気ファン(INV)
- プレフィルター

- 中空層
- インテリア
- 柱
- 丸ダクト
- ペリメーター
- ペリメーターボイドスラブ

PCボイドスラブ概要

| fig.4 | **河川水を空調熱源に利用した例**

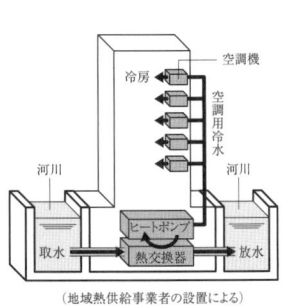

- 空調機
- 冷房
- 空調用冷水
- 河川
- 取水
- ヒートポンプ
- 熱交換器
- 放水

(地域熱供給事業者の設置による)

大阪中之島三丁目地区/東地区の取り組み

| fig.5 | **屋上緑化の例**

アクロス福岡

| fig.6 | **太陽光発電パネルをファサードに設置した例**

パサージュガーデン渋谷/投資育成ビル

54

| 事業プログラム | マネージメント | 条件の整理 | 全体の計画 | ワークプレイスの計画 | 各部の計画 | **環境の計画** | 構造・設備の計画 | その他の計画 |

広域の環境性能

敷地外の環境に及ぼす影響に配慮して、建築と外構を計画する
建築単体のみならず都市レベルの環境性能を向上させる
環境負荷を減らすと同時に景観や街並みをより豊かにする

知的生産性
経済
安全
社会性
快適性
環境
都市
コンプライアンス
技術

敷地外環境

- 建築行為は、敷地内だけにとどまらず敷地外へも影響を及ぼす。規模が大きくなるほど影響も大きくなる。
- 周辺環境から地域環境、地球温暖化と、ミクロからマクロにわたる環境への影響に対する配慮・検討が必要となる。
- CASBEE[P76参照]では、敷地外環境における周辺環境への配慮としては騒音・振動・悪臭の防止、風害・日照阻害の抑制、光害の抑制を、地域環境への配慮としては大気汚染防止、温熱環境悪化の改善、地域インフラへの負荷低減を評価している[fig.1]。
- 建築物によるヒートアイランドへの影響も大きい[fig.2]。
- 環境負荷の低減だけでなく、敷地外環境をより向上させるための街並みや景観への配慮も必要となる。

棟配置計画

- 棟配置は、室内環境だけでなく、外部および敷地外環境という観点においても、大きな影響を及ぼす。たとえば夏期の卓越風の通り道を妨げる棟配置は、風下側の温熱環境の悪化・ヒートアイランド現象を引き起こす要因となる。
- 複数棟の隣棟間隔や配置により、敷地周辺の風通しを阻害したり、逆に強めたりする恐れがあるので注意が必要である[fig.3, 4]。
- 棟配置は日影にも影響し、高層建築においては電波(テレビ、公共無線等)への影響も発生する。
- 上記を踏まえ、内部環境への影響や、周辺の街並みとの調和等を総合的に判断して棟配置を決定する必要がある。

建築の形状

- 特に高層のオフィスビルでは、吹降ろしによるビル風対策が必要となる。
- 建築形状による対策としては、低層部を張り出させることにより吹降ろしの風を低層部屋根で受ける手法や、平面形状のコーナー部分を隅切りしたり丸みを持たせることにより風の巻込みを低減させる手法がある[fig.5]。

外構計画[fig.6]

- 敷地外温熱環境の向上、ヒートアイランド現象低減への配慮として、外構に緑地を設けることのほか、水面の設置や浸透性舗装も有効である。
- 緑地については、地盤面だけでなく屋根面や壁面の緑化も効果的である。
- 樹木には、街並み・景観の向上、木陰による地表面の温度低下、ビル風の風速低減等の効果もあり、適切に配置することにより周辺環境の向上に寄与する。
- 夏期や中間期に、木陰、緑地、水面等で温度低下した地表面上の空気をエントランス等に取り入れることにより、空調負荷を低減する手法もある。

地域インフラへの配慮事項

- 建築の新築はその地域のインフラストラクチャーにも影響を及ぼすため、その影響を最小限にとどめる配慮が必要となる。
- 駐車場の設置による交通負荷増加に対する車両出入口位置の検討、敷地外への雨水流出量増加に対する浸透性舗装の採用や雨水流出抑制槽設置の検討等が必要となる。

エネルギーの面的利用[fig.7]

- エネルギー消費の観点を都市レベルでとらえた場合、オフィスビルと他の用途の施設を組み合わせてエネルギーを供給することにより、エネルギー消費の平準化や、廃熱利用等による高効率化が可能となる。
- 地域冷暖房施設により熱供給を行う大規模なものから、建築相互間のエネルギーを融通させる小規模なものまで考えられる。

その他の配慮事項

- その他、建築・外構全体による街並み・景観への配慮をはじめ、室外機等設備機器による騒音を抑えるための配置や防音対策、トイレや厨房排気の位置や方向の配慮、ルーバー等による風切音の防止、傾斜した壁面や湾曲した壁面による他敷地への太陽光反射の防止、夜間照明による光害の防止等に配慮が必要である。

| fig.1 | **CASBEEにおける敷地外環境への配慮**

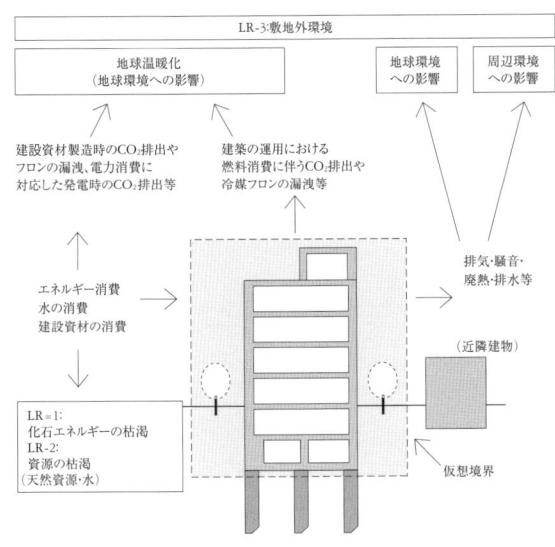

LR-3:敷地外環境
- 地球温暖化（地球環境への影響）
- 地域環境への影響
- 周辺環境への影響

建設資材製造時のCO₂排出やフロンの漏洩、電力消費に対応した発電時のCO₂排出等

建築の運用における燃料消費に伴うCO₂排出や冷媒フロンの漏洩等

排気・騒音・廃熱・排水等

エネルギー消費
水の消費
建設資材の消費

（近隣建物）

LR-1: 化石エネルギーの枯渇
LR-2: 資源の枯渇（天然資源・水）

仮想境界

LRにおける地球温暖化と他の評価項目の位置づけ
（LR:CASBEEにおける建築物の環境負荷低減性に含まれる評価項目）

| fig.2 | **ヒートアイランドの要因**

- 都市の凹凸による日射捕捉率の増加
- ビルの人工排熱
- 大気汚染による下向き長波放射の増加
- 天空率の減少による放射冷却量の減少
- 工場の人工排熱
- 車の人工排熱
- 風の遮断による熱のよどみ
- アスファルト・コンクリートの蓄熱
- 住宅の人工排熱
- 樹木の伐採等による蒸発冷却能力の減少

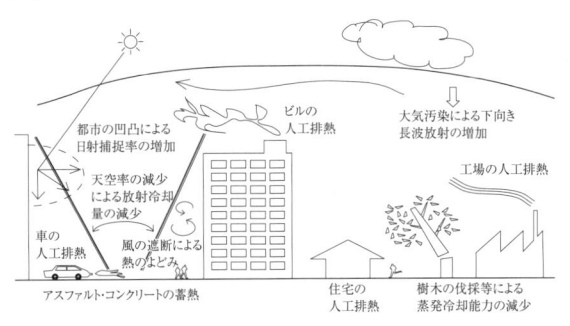

都市化の特徴	ヒートアイランドの要因
地表面被覆の変化	蒸発量の減少に伴う地中における熱量の増加と地表面付近の大気から地表面への熱伝達の増加 熱容量と熱伝導率の増加に伴う蓄熱効果の増大
地表面構造の変化	風速の低下に伴う地面と気流停滞層における熱交換の減少 強い乱流に伴う気流停滞層とその上空大気間での熱交換の増加 建物間での日射の多重散乱に伴う建物群全体における日射反射率の累積的な低下 上向き長波放射量の減少に伴う放射冷却の緩和
人間活動	人工排熱の増加に伴う地表面の熱収支における吸収量の増大 大気汚染物質による日射の遮蔽、長波放射の吸収・射出

| fig.3 | **建物間隔と街路気流の関係**

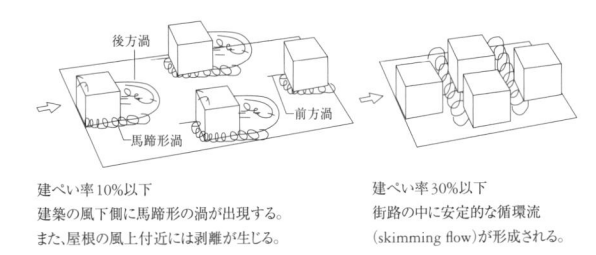

後方渦／馬蹄形渦／前方渦

建ぺい率10%以下
建築の風下側に馬蹄形の渦が出現する。また、屋根の風上付近には剥離が生じる。

建ぺい率30%以下
街路の中に安定的な循環流（skimming flow）が形成される。

| fig.4 | **建物間隔と強風域の関係**

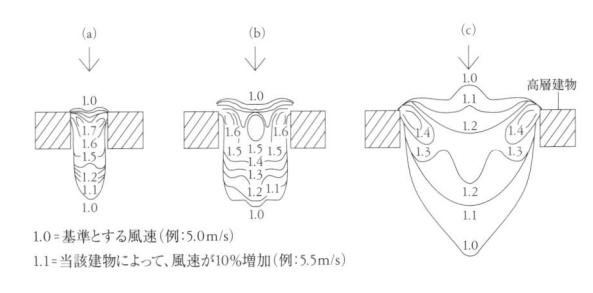

(a) (b) (c)

1.0 = 基準とする風速（例:5.0m/s）
1.1 = 当該建物によって、風速が10%増加（例:5.5m/s）

| fig.5 | **建築形状によりビル風を低減させた事例**

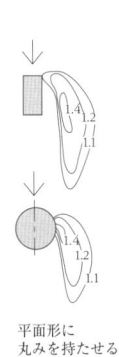

品川インターシティ｜緩やかな曲面のビル形状で風を受け流す

平面形に丸みを持たせる

| fig.6 | **敷地外環境に配慮したオフィスビルの外構計画例**

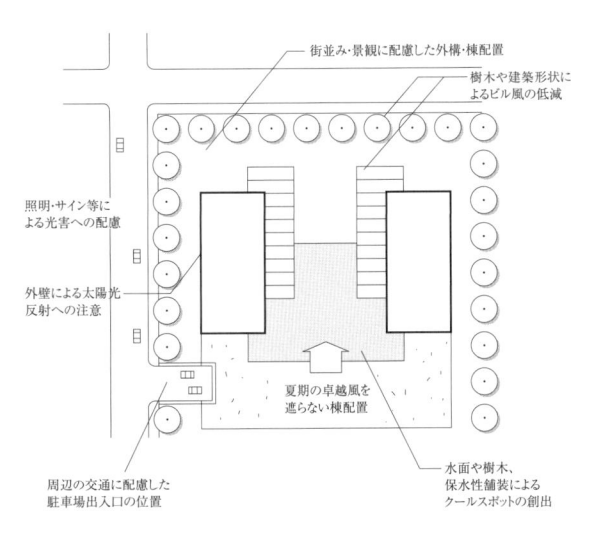

- 街並み・景観に配慮した外構・棟配置
- 樹木や建築形状によるビル風の低減
- 照明・サイン等による光害への配慮
- 外壁による太陽光反射への注意
- 周辺の交通に配慮した駐車場出入口の位置
- 夏期の卓越風を遮らない棟配置
- 水面や樹木、保水性舗装によるクールスポットの創出

| fig.7 | **エネルギーの面的利用の事例**

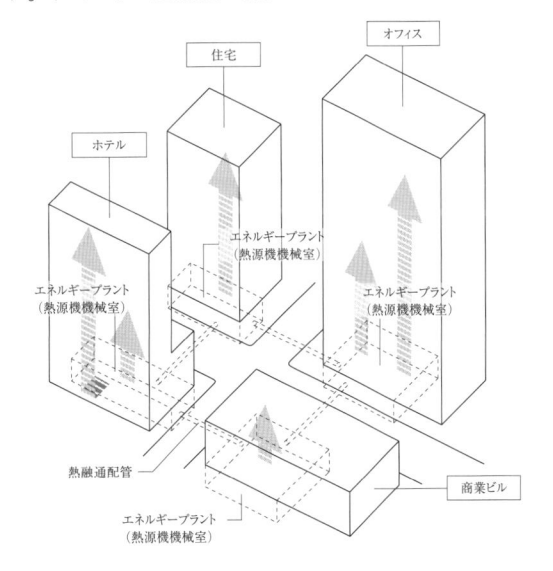

ホテル／住宅／オフィス／商業ビル
エネルギープラント（熱源機械室）
熱融通配管

各建築に設置されたエネルギープラントを熱融通配管等でつなぐことにより、建築間で熱融通を行い、建築単体では実現困難なエネルギーの高効率利用を推進させる。

COLUMN 7 コミッショニング[性能検証]

オフィスビルの計画における
コミッショニングの必要性

- 事業主が建築に対して専門的な知識や経験を持たない場合、建築物が計画・設計され施工を経て発注者(施主)へ受渡しされるまでに、発注者が要求する性能を設計者や施工業者等へ明確な仕様として伝えることは困難である。
- オフィスビルの計画においても、空調や照明設備の許容性能の確保や、運転管理上のトラブルやクレームの削減、適正な改修・更新の実施等は、建設のなるべく早い段階から把握し改善を行うことで、ライフサイクルコスト(LCC)の低減やオフィス機能の維持・向上が期待される。
- しかし、このような事業主側の要求に関して、事業主と設計者・施工業者との意思伝達が可能であったとしても、要求する性能が実際に発揮されるかどうかは、受渡し後に使用を開始してから判断する場合が多い。
- このような事業主と設計者、施工業者の間における共通認識の不足・不整合の解消や、実際に建設された建物の要求性能の達成確認等、不文律として継続されてきた設計・施工プロセスを明確なシステムとした手法が、コミッショニング(Commissioning,性能検証)である。

コミッショニングとは

- コミッショニングとは、環境・エネルギーならびに使いやすさの観点から、使用者の求める対象システムの要求性能を取りまとめ、設計・施工・受渡しの過程を通して、その性能実現のための性能検証関連者の判断や行為に対する助言・査閲・確認を行うことである。それには、必要かつ十分な文書化を行い、機能性能試験を実施して、受け渡されるシステムの適正な運転保守が可能な状態であることを検証する(空気調和・衛生工学会コミッショニング委員会による定義。

『建築設備の性能検証過程指針 2004.3 付属書-10用語の解説』より)。

コミッショニングの仕組みと
性能検証責任者CA

- コミッショニングは、適用した際の設計・施工プロセスの進行状況や適用期間によって分類される[fig.2]。「企画から受渡し後」段階までの適用をイニシャル・コミッショニング(当初性能検証)、「定常運転」段階以降での適用は、レトロ・コミッショニング(復性能検証)もしくはリ・コミッショニング(再性能検証)と分類される。コミッショニングは、設計・施工プロセスの中でより早い段階から長期的に継続して実施されることで、定常運転段階からの適用や、短期間・単独のプロセス(CM/PM)における適用と比較して、より効果的に要求性能の達成と維持、LCC(ライフサイクルコスト)の低減等につながる。
- コミッショニングの適用には、性能検証

| fig.1 | **CA(性能検証責任者)と発注者および設計・施工・運転管理関係者の関係**

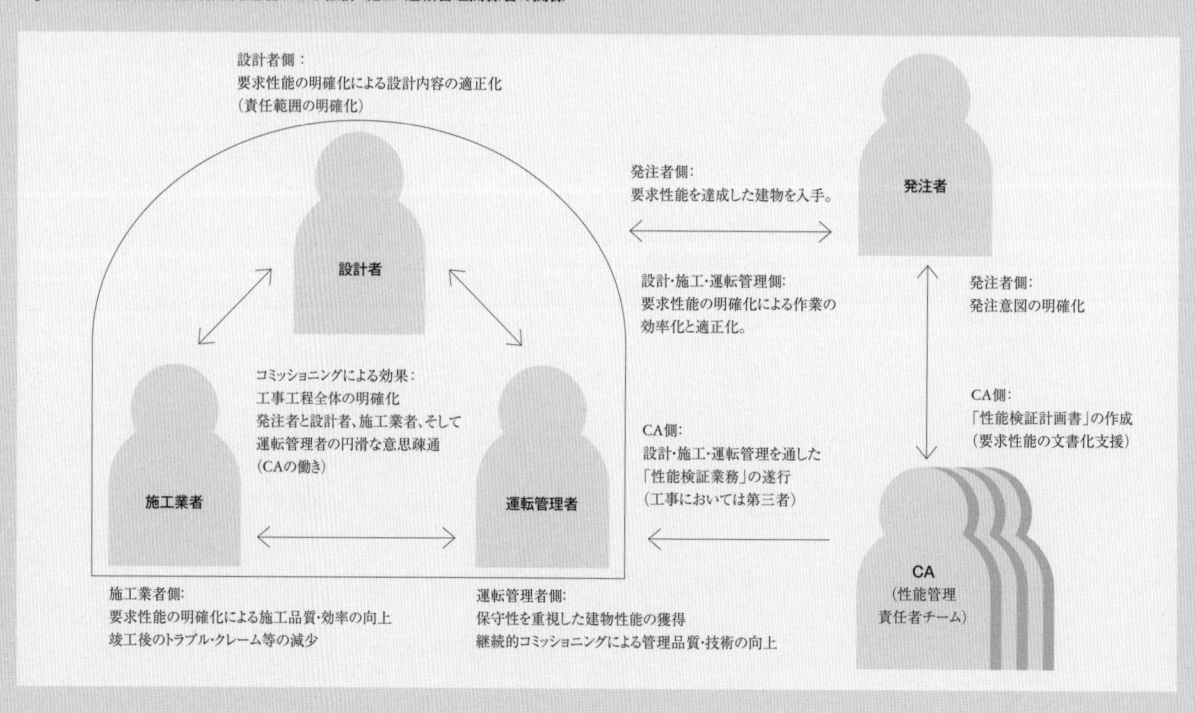

設計者側:
要求性能の明確化による設計内容の適正化
(責任範囲の明確化)

発注者側:
要求性能を達成した建物を入手。

設計・施工・運転管理側:
要求性能の明確化による作業の効率化と適正化。

発注者側:
発注意図の明確化

CA側:
「性能検証計画書」の作成
(要求性能の文書化支援)

コミッショニングによる効果:
工事工程全体の明確化
発注者と設計者、施工業者、そして運転管理者の円滑な意思疎通
(CAの働き)

CA側:
設計・施工・運転管理を通した「性能検証業務」の遂行
(工事においては第三者)

施工業者側:
要求性能の明確化による施工品質・効率の向上
竣工後のトラブル・クレーム等の減少

運転管理者側:
保守性を重視した建物性能の獲得
継続的コミッショニングによる管理品質・技術の向上

CA(性能管理責任者チーム)

責任者CA(Commissioning Authority)を参加させることが必須となる。事業主はCAに対し、性能検証行為の実施への報酬として、設計者や施工業者への報酬とは別に出費が必要となるが、コミッショニングの適用により、たとえば設備機器の台数や容量等が適正化されて、導入コストや更新コストが減少する等、事業主側の無駄な出費は回避され（Avoided-Cost）、結果的にLCCが減少する可能性が高い。

— CAの具体的な役割は、事業主の要求性能をOPR(Owner's Project Requirements)として文書化する支援と、その要求性能について各建設プロセスにおいて検証し、不具合があれば、設計者と施工業者さらには運転管理者に対して改善等の助言や査閲等を行うことである[fig.1]。

コミッショニングと建物性能の最適化

— コミッショニングにおける要求性能の達成とは、建物性能の最適化によって実現可能となる。性能検証によって確保される性能も、劣化や機能不全、全故障によって本来の役割を果たせなくなる状態に陥るため、それらの不具合に対する検知・診断を行い、最適運転を継続させることはコミッショニングにおける重要な要素である。

— オフィスビルの計画においては、フロアごとに使用用途や要求性能が変化することも考慮する。当初の性能において最適化を図るとともに、将来的にも通用するデザインや空間的な余裕を持たせ、ライフサイクルを通したコミッショニングによってリノベーションやコンバージョンに対応するような建物性能確保を実現し、維持管理していくことが求められる。

| fig.2 | **各設計・施工プロセスにおけるコミッショニングの主要手続きとコミッショニングの分類**

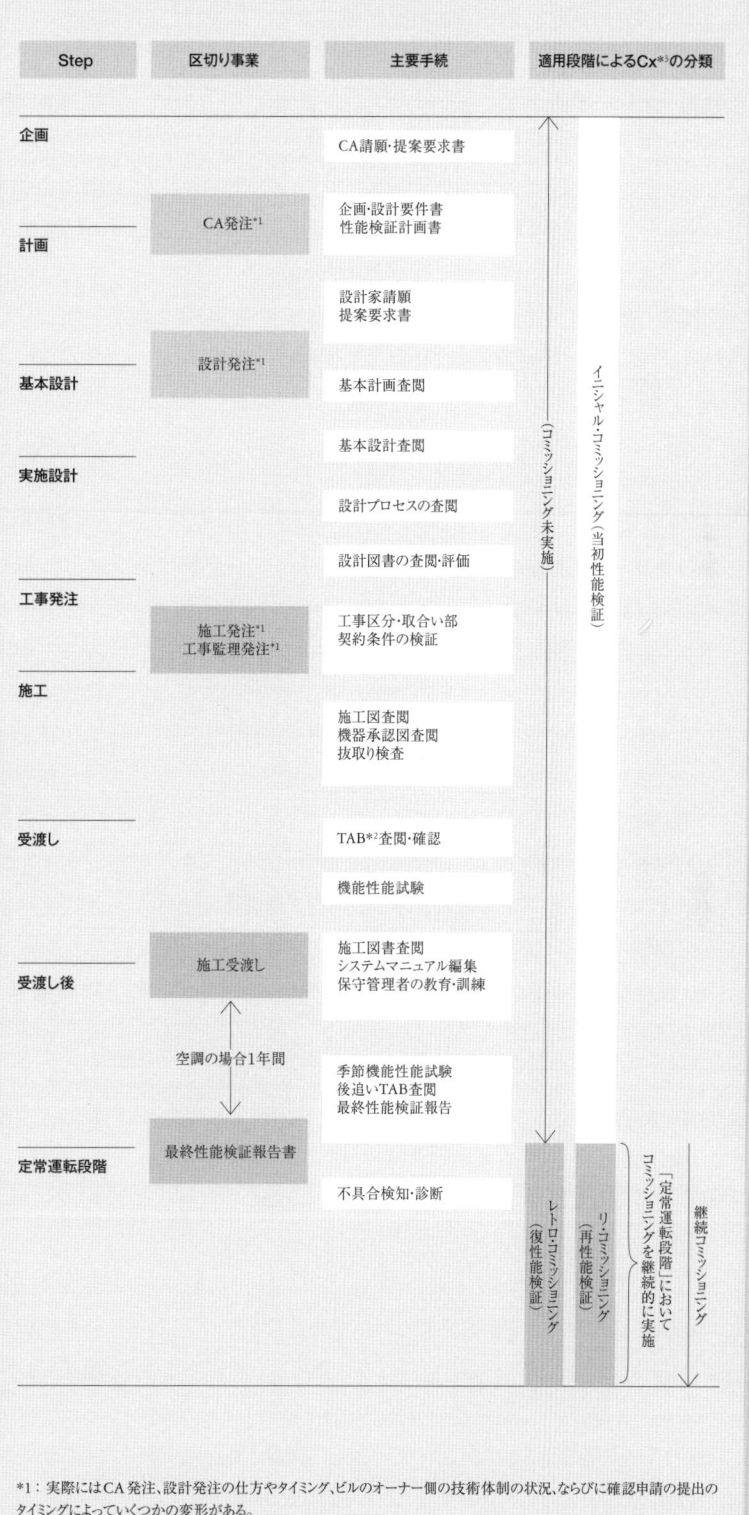

Step	区切り事業	主要手続	適用段階によるCx*3の分類
企画		CA請願・提案要求書	イニシャル・コミッショニング（当初性能検証）
計画	CA発注*1	企画・設計要件書／性能検証計画書	
基本設計	設計発注*1	設計家請願／提案要求書／基本計画査閲	
実施設計		基本設計査閲／設計プロセスの査閲	
工事発注	施工発注*1／工事監理発注*1	設計図書の査閲・評価／工事区分・取合い部／契約条件の検証	（コミッショニング未実施）
施工		施工図査閲／機器承認図査閲／抜取り検査	
受渡し		TAB*2査閲・確認／機能性能試験	
受渡し後	施工受渡し	施工図書査閲／システムマニュアル編集／保守管理者の教育・訓練	継続コミッショニング（「定常運転段階」においてコミッショニングを継続的に実施）
	↕ 空調の場合1年間		
定常運転段階	最終性能検証報告書	季節機能性能試験／後追いTAB査閲／最終性能検証報告／不具合検知・診断	レトロ・コミッショニング（復性能検証）／リ・コミッショニング（再性能検証）

*1: 実際にはCA発注、設計発注の仕方やタイミング、ビルのオーナー側の技術体制の状況、ならびに確認申請の提出のタイミングによっていくつかの変形がある。
*2: TAB(Testing, Adjusting and Balancing):試験調整。機器や各種システムが設計図書に示す仕様等を満たしているかどうかの試験と調整作業のこと。施工業者が行う。
*3: CxはCommissioningの略記。性能検証と同義

55

| 事業プログラム | マネージメント | 条件の整理 | 全体の計画 | ワークプレイスの計画 | 各部の計画 | 環境の計画 | **構造・設備の計画** | その他の計画 |

構造

建物グレードや種類に応じて、耐震・免震・制振その他構造方式を設定する
床荷重・耐震・耐風・耐久・居住性能を設定する
建築や各種設備と同時に構造を計画する

知的生産性
経済
安全
社会性
快適性
環境
都市
コンプライアンス
技術

性能・グレードの設定

- 設計プロセスの中で、事業予算に応じた性能・グレード設定を事業主と合意することが、コストと設計スケジュールをコントロールする上で重要である。
- 構造的な性能は耐震性能、機能維持、修復性、耐風性能、居住性能と多岐にわたる[fig.1]。オフィスビルにおいては、建築の目的、用途、BCP（事業継続性）、PML（予想最大損失率）等から耐震グレードを設定する。
- 建築基準法を最低限の性能グレードとして、優先順位を考慮しながら個々の性能を設定する。

耐震グレードと構造方式

- 地震時におけるBCPの向上や建築の資産価値向上を目的として、免震構造や制振構造とすることがある。これらと耐震構造（大地震でも建物が倒壊せず、人が避難できることを目的とした構造）の中から、事業主の目的に合わせて構造方式を選定する[fig.6]。内外装材の変位追従性にも直接影響する。

1｜免震構造

- 免震構造は地「震」を「免」する字のごとく、地震による揺れを低減することが可能な構造方式であり、地震時や地震直後にも建物機能を維持することが要求されるときに採用される。
- 特に低層建築で採用した場合、地震によって生じる加速度は耐震構造の建物と比較して1/2-1/3まで小さくなる。
- 免震装置を設置するために免震ピット等断面的なスペースが必要となる。

2｜制振構造

- 制振構造は耐震構造ではほとんど考慮されていない、地震や風等によって発生する「振」動を「制」御することを目的とした構造方式であり、建築自体の損傷を抑える場合に採用される。制振要素は、大きくは各層配置型ダンパーと頂部設置型マスダンパーに分けることができる。
- 前者は、主に地震時に主要構造部材の損傷を制御するため制振ブレース等を用いる方法で、平面計画上の制約がある。後者は、主に強風時の不快感の原因となる揺れを制御するためT.M.D.等を屋上付近に設置する方法で、構造バランスが最適な位置にスペースを確保する必要がある。長周期地震対策としても有効となる。

建物規模と構造種別

- ワークプレイスを大きくできる鉄骨(S)造とすることが多い。
- 低層のオフィスビルでは、経済性の観点から鉄筋コンクリート(RC)造とすることがある。RC造で大スパンとする場合は、梁にプレストレスを導入する等の方法がある。

スパンと梁成、スリーブと梁成

- 構造上はスパンと梁成は比例関係にある[fig.2]が、S造の場合は空調ダクト用のスリーブ寸法で梁成が決まる場合が多い。S造のスリーブ径は一般に梁成の0.45倍以下である。
- 空調機械室の位置によってスリーブの数と大きさが変わるため、早い時期から設備設計者と確認しておくことが必須である。
- RCのプレストレス梁は原則としてスリーブをあけられない。

縦シャフトと梁幅

- エレベーター等の縦シャフトは上下階でずらすことはできない。
- 基準階がS造の場合も、地下等低層部を鉄骨鉄筋コンクリート(SRC)造とすることが多い。SRC造の梁は一般にS造より幅が大きく、この寸法で全フロアのシャフト寸法が決まる。コア計画の初期段階で梁の構造種別と幅を確認する必要がある。

敷地境界と地下躯体の離隔距離

- 地下階が存在する場合、深さと山留め工法との関係が重要となる。特に地下外壁が敷地境界に近接している場合、山留め工法によって敷地境界との離隔距離が決まる。
- 地下水位のレベルや地下躯体の深さから山留め工法を想定し、敷地境界からの離隔距離を設定する[fig.5,7]。

長周期地震

- 地震が震源地から150-200km程度離れた堆積層の平野に伝搬すると、数秒以上の比較的長い周期の地震動が発生しやすい。地盤の固有周期が高層建築自身のそれと近い場合には、建築が共振し数分以上にわたり揺れが継続することがある。
- 通常の地震動10-100Gal程度に対し、長周期地震の加速度は数Gal程度だが、変形量は大きくなる傾向にある。
- 高さが120mを超える超高層建築では、エレベーターロープの振れを制御するシステムを採用することが望ましい。

fig.1 構造的な性能・グレード設定

建築基準法もしくは最低限必要と思われる範囲
高性能

耐震性能 1.0 — 1.5
評価基準：建築基準法、品確法、PML

建築基準法では人命の保護はうたわれているが、財産、機能に対する保護ではない。
建築の位置づけによっては、震災後の資産価値保持・修復性・機能維持性を考慮する必要がある。
本社建築であれば、基準法の1.25倍とするケースが多い。

機能維持 250 500 1,000Gal
評価基準：なし

建築の用途によっては、地震発生直後に機能を維持・回復することが要求される。現在の建築基準法には応答加速度の規定はなく、通常レベルで耐震設計された10階程度の建築の場合では、上層階で極めて希に発生する地震に対して、1,000Gal程度となる場合もある。設計者は建築の用途と特性を考慮して、性能の一つとして振動加速度の値を施主との合意事項として取り上げる。たとえば、病院では250-300Galを、電算センターでは300Gal以下を目標値としている。

修復性
評価基準：なし

建築の位置づけによっては、制振装置を設置して地震による損傷度を低減する等、地震発生後の修復性を考慮した設計が必要になる。機能維持と同様にBCP（事業継続計画）の観点からも有効である。

耐風性能（外装材） 50 100 200 300年
評価基準：建築基準法、日本建築学会基準

ガラスの破損確率は国産で1/1,000以内として製作されている。建築基準法では再現期間を50年として風圧力を計算しているが、超高層建築等では再現期間を100年と長めに設定し、他の機能とバランスをとることが多い。

居住性能 H-90 V-20 / V-90 H-20
評価基準：日本建築学会基準

歩行振動や風速14-20m/s程度の、日常的に起こり得る荷重に対する建物の揺れ方に対する性能である。数値は発生している震動の認知率を表し、数値が小さいほど性能は高い。建築基準法に明確には示されていないが、一般にはH-50、V-50を標準にすることが多い。建築の形状・用途によっては制振装置を設置して、揺れを低減する対策を行う必要がある。

世の中一般的な設計の幅を示す

fig.2 スパンと梁成の関係
S造（鉄骨造）の場合
（データ集計1999-2008年）

fig.3 スパンと鋼材量の関係
（データ集計1999-2008年）

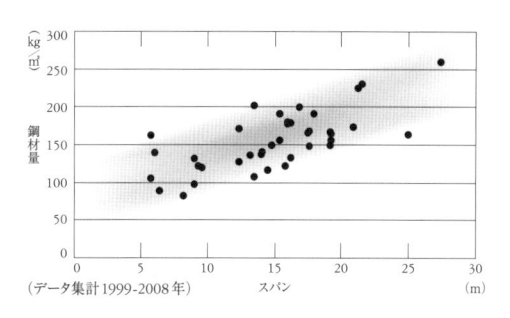

fig.4 建物高さと鋼材量の関係
（データ集計1999-2008年）

fig.5 使用条件と山留め壁の選択基準の目安

使用条件	地盤条件		規模		剛性・止水性		公害			工期・工費	
山留め壁の種類	軟弱層	礫岩層	地下水のある層	深い	広い	壁の曲げ剛性	止水性	騒音振動	周辺地盤の沈下	排泥水の処理	工期	工費
親杭横矢板壁	×	◎	×	×	◎	×	×	×	×	◎	◎	◎
鋼矢板壁（シートパイル）	◎	×	◎	◎	◎	×	◎	◎	◎	◎	◎	◎
ソイルセメント柱列壁（SMW）	◎	○	◎	◎	◎	◎	◎	◎	◎	◎	◎	◎
場所打ちRC地中壁	◎	◎	◎	◎	◎	◎	◎	◎	◎	×	○	○

◎：有利　○：普通　×：不利

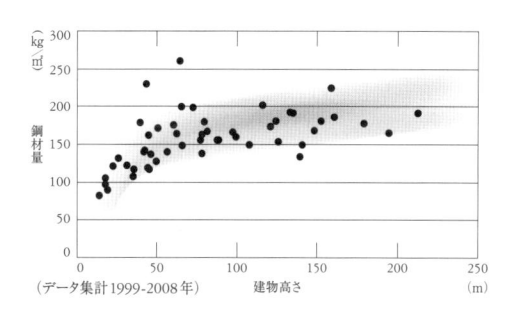

fig.6 耐震グレード

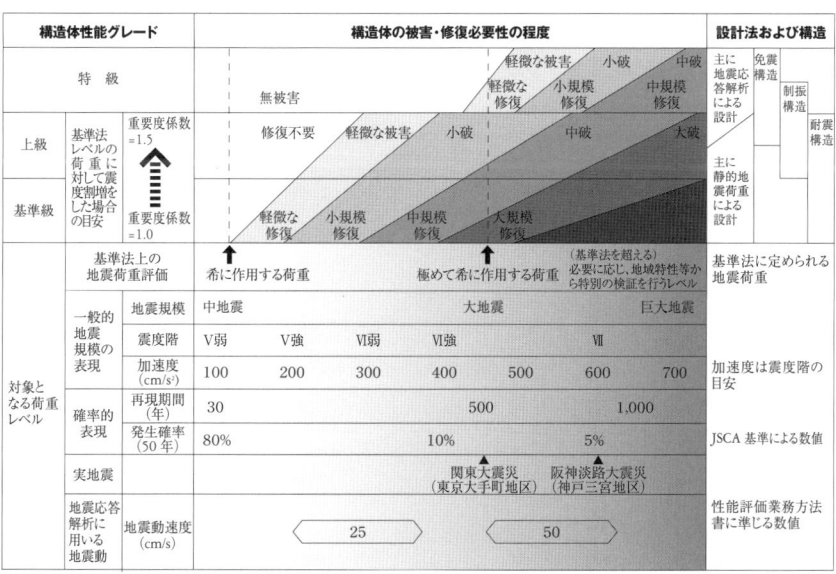

構造体性能グレード		構造体の被害・修復必要性の程度					設計法および構造
特級		無被害		軽微な修復	小規模修復	中規模修復 軽微な被害 小破 中破	主に地震応答解析による設計／免震構造／制振構造／耐震構造
上級	基準法レベルの荷重に対して震度割増をした場合の目安 重要度係数=1.5	修復不要	軽微な被害	小破	中破	大破	主に静的地震荷重による設計
基準級	重要度係数=1.0		軽微な修復	小規模修復	中規模修復	大規模修復	
対象となる荷重レベル	基準法上の地震荷重評価	希に作用する荷重 ↑			極めて希に作用する荷重 ↑	（基準法を超える）必要に応じ、地域特性等から特別の検証を行うレベル	基準法に定められる地震荷重
	一般的地震規模	中地震		大地震		巨大地震	
	震度階	V弱	V強	VI弱	VI強	VII	
	加速度(cm/s²)	100	200	300	400	500　600　700	加速度は震度階の目安
	確率的表現 再現期間（年）	30			500	1,000	JSCA基準による数値
	発生確率（50年）	80%		10%		5%	
	実地震			関東大震災（東京大手町地区）▲	阪神淡路大震災（神戸三宮地区）▲		
	地震応答解析に用いる地震動 地震動速度(cm/s)		25		50		性能評価業務方法書に準じる数値

※1：表中の「基準法」とは建築基準法を指す　※2：各数値は東京地域での代表値　※3：JSCA=（社）日本建築構造技術者協会

fig.7 敷地境界線と地下躯体の離隔距離の目安

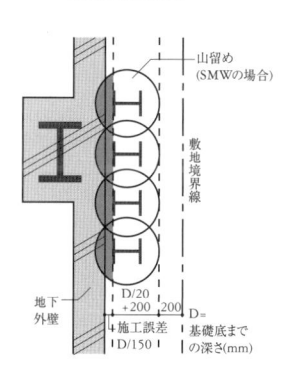

山留め（SMWの場合）／免震構造／制振構造／耐震構造／敷地境界線／地下外壁／施工誤差 D/150／D/20+200　200　D=基礎底までの深さ(mm)

56 電気

必要なエネルギー量と建築構成に適した電力供給システムを想定する
必要な電気設備スペースの大きさと位置を定める
基準階の電力・情報系のゾーニングを定める

建物の規模と受電電圧

- 電力供給システムは、建物の規模や用途から電気設備容量に合致する受電電圧が異なってくる[fig.1]。複合事業主による大規模プロジェクトの増加やライバルビルとの差別化意識の高まりから、特にOAコンセント設備容量は時代とともに増える傾向にある。
- 日本では契約電力によって大別して、特別高圧、普通高圧、低圧の引込み方式のいずれかを選択する必要がある[fig.2]。また、近隣の電力会社の送電網によっても受電電圧が異なってくる可能性がある。
- 基本計画の段階では、類似ビルや他事例の調査をもとに契約電力の想定を行い、受電電圧を含む電力供給システムの想定を行う必要がある。
- 電力供給システムは引込み方式の違いによって盤類等の寸法が大きく違うため、各設計ステージに合わせて継続して平面的・断面的な建築計画と整合させていく必要がある。
- 電気室や発電機室は、大型機器やその二次側幹線ルート、ダクトルートほかの要因によって一定の階高が必要になるため、特に地下に配置する場合は建築全体の工期・コストへの影響が大きい。

原単位を用いたシステムの想定

- 基本計画段階の電気室・発電機室・EPS・電気諸室の面積登録や電気設備の各システムの想定に当たっては、原単位データを用いつつ計画を進めることとなる[fig.3]。
- 同じ設備容量であっても、搬出入ルートや引込み位置、二重化やバックアップ回路の導入によって、機器や盤類の配置、数量も異なる可能性がある。
- これらのハード的な構成と同時に他事例や類似ビルの調査も合わせて実施し、建築としての機能的グレード感を整合させていくことが重要である[fig.4]。

電気設備の主要室

- 強電・弱電共に、電気諸室の位置や大きさによっては、貸室面積への影響や保守性、施設利用者に対する機能性も異なる可能性を秘めており、早期の段階から、そのグレードを総合的に判断しておくことが重要である。
- 電気設備の主要室として、電気室・発電機室のほかに通信の引込みのためのMDF（主配線盤）室、防災センター、EPSがある。
- 電気室は、大規模ビルの場合、特高電気室と複数のサブ変電室で構成され、中層階、高層階のサブ変電室への機器の搬出入は非常用エレベーター等を使用するケースが多い。
- 一般にサブ変電室の変圧器は1台当たり1-1.5t程度の重量になるので、搬入経路を含む耐荷重の設定が必要となる。
- 小規模ビルの場合には、キュービクル等を屋上に設置すればクレーン等を用いて搬出入することが可能で、床面積を必要としないため、ビル全体の有効率を向上させることができる。
- 建物の規模と電気室面積の関係をfig.5に、配置上の留意点をfig.6に示す。
- 防災センターは建物の指令塔的要素を持っており、緊急時の消防隊駆付けのほか、最終退出口の監視も行うことが多いため、配置に当たっては周辺道路との関係も踏まえる必要がある。

電力・情報シャフトの配置

- リスクの分散、保守対策、施設の信頼度向上、ライバルビルとの差別化、付加価値向上等の視点から、2ルート化やバックアップを図るケースが増えつつある。弱電・情報関係は引込み点を複数設定したり、EPSを2ルート化するケースもある。
- 電力（強電）からのノイズの影響を回避するため、情報（弱電）は距離的に離したほうが好ましく、EPSは電力・情報を分けて配置することが望ましい。

付加価値の向上

- 欠かせない付加価値検討項目として、BCP（事業継続性）や省エネルギー化を挙げることができる。
- 万一の停電時に、長時間電源を供給する非常用発電機や備蓄燃料を確保すれば、業務の継続化が可能となる。
- 当初からテナント専用発電機スペースの確保や燃料タンクの配置を計画に入れているケースが増えつつある。
- 省エネルギーとしては、自前で太陽光発電装置などの機器を設ける場合や、グリーン電力のように認証機関への投資によってトータルな省エネルギー化を図る場合があり、建築計画への反映の仕方を基本計画の頃から配慮しておくことが望ましい。

| fig.1 | 建物の規模と受電電圧

| fig.2 | 配電電圧と一般引込み方式

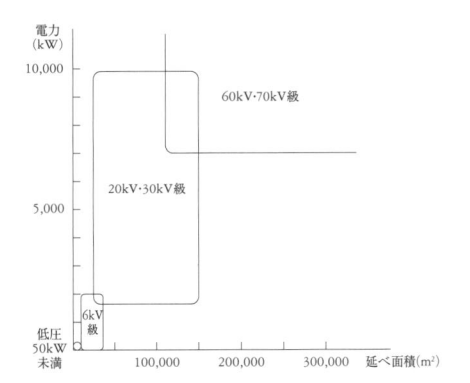

配電電圧	引込み方式				
	1回線	2回線			3回線
		本線/予備線	本線/予備電源線	ループ	スポットネットワーク
低圧 100/200V	○	−	−	−	−
高圧 6kV級	○	○	○	−	−
特別高圧					
20kV・30kV級	○	○	○	○	○
60kV・70kV級	○	○	○	○	−

| fig.3 | 原単位と用途

VA/m²	用途
2,000−	データセンターなど
100−	電算ビル、コンピューターセンター等
30-100	賃貸オフィスビル、自社オフィスビル
−30	軽負荷建築

OAコンセント

VA/m²	用途
40−	高照度部位
20-40	オフィス、執務室
−20	会議、研修施設

一般照明

VA/m²	用途
400−	データセンター等
100−	電算ビル、コンピューターセンター等
40-100	賃貸オフィスビル、自社オフィスビル
−40	軽負荷建築

動力系統

| fig.4 | 最近の大型オフィスの原単位事例

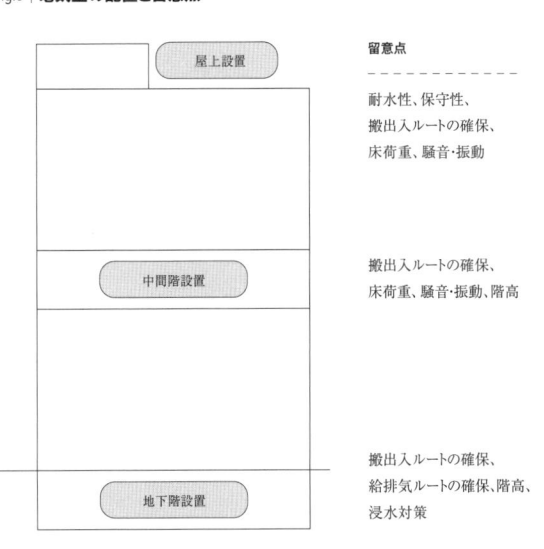

[データ集計 1999-2008年]

| fig.5 | 建物の規模と電気室の大きさ──サブ電気室含む

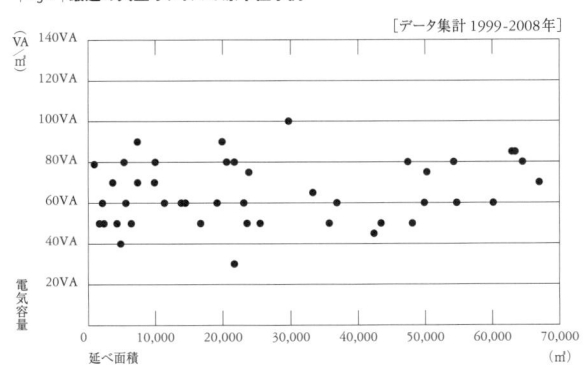

[データ集計 1999-2008年]

| fig.6 | 電気室の配置と留意点

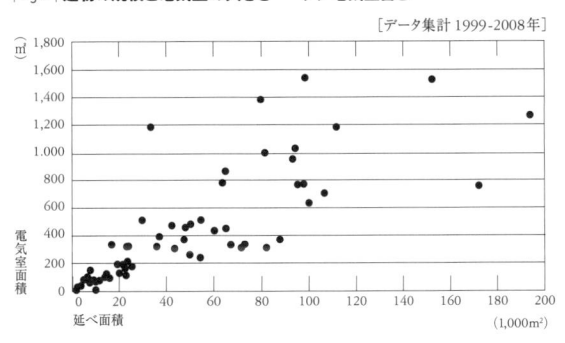

配置	留意点
屋上設置	耐水性、保守性、搬出入ルートの確保、床荷重、騒音・振動
中間階設置	搬出入ルートの確保、床荷重、騒音・振動、階高
地下階設置	搬出入ルートの確保、給排気ルートの確保、階高、浸水対策

| fig.8 | 非常用発電機のためのオイルタンク

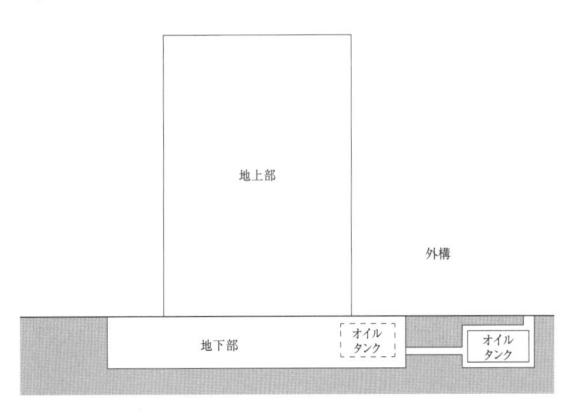

非常用発電機のオイルタンクは危険物扱いとなるため、用途地域に定められた容量以上を建築内部に設置する場合は、「用途許可」手続が必要となる。外構下部に設置することが好ましい。

| fig.7 | 照度と用途

要求機能によって、必要とされる照度が異なる。
一般に、デスクワークをする場所では高い照度を求められる。
一般的なオフィスでは400−1,000ルクスの机上照度が多い。
共用部等では床面照度だけでなく、空間の総合的な明るさ感を意識した設計が望まれる。

57

事業プログラム　マネージメント　条件の整理　全体の計画　ワークプレイスの計画　各部の計画　環境の計画　**構造・設備の計画**　その他の計画

空調

建物の規模に適した熱源システムの傾向を把握する
必要な空調設備スペースの大きさと位置を定める
基準階の機械室位置、空調ゾーニングを定める

知的生産性
経済
安全
社会性
快適性
環境
都市
コンプライアンス
技術

空調設備と建築計画

- 空調設備のスペースは、建築計画に大きく影響する。初期段階で空調設備の傾向を理解し、基本計画に反映させる。
- 機器設置スペースだけでなく、ダクトルートや給排気ガラリ、機器搬入スペース等も同時に予想しながら、平面・断面・構造を考えていく必要がある。

空調熱源計画とスペース

- 主にオフィスの規模や運用方針により傾向が大きく異なる。
- 一般には、専従の機器メンテナンス要員が置けない規模では個別熱源(パッケージ)方式が多く、専従の要員を置く大規模建築では中央熱源方式が多い。
- 最近は大規模建築でも、スペース効率の点等から個別熱源方式を採用する例も増えてきている[fig.1]。
- 空調方式の決定に当たっては、レンタブル比だけではなく信頼性(漏水等)、環境負荷、メンテナンス、ランニングコスト等総合的な視点からの判断が必要になる。
- 特に空調熱源はCO_2排出量に直接影響を与える分野であり、機器の運転効率(COP)を考慮したシステム選択が、環境負荷にとって重要な要素となる。

空調スペースの配置

- 基本的な空調スペースとしては、地下ゾーンの最下階に熱源機械室、その上に駐車場とそのファンルーム、それらの給排気を行うコンクリートシャフト(通常は機器搬入スペースと兼用)、基準階の空調機械室とその給排気ガラリ、屋上の熱源用冷却塔スペース等が挙げられる[fig.2]。
- それらのスペースが配管やダクト等で繋がっているので、効率的なシャフト計画も同時に考える必要がある。
- 各スペースの面積等を[fig.3,4,5]に示す。

基準階の空調計画

- ペリメータ負荷(外周負荷)は、日射等の影響により日変動が激しい。一方、インテリア負荷(内部負荷)は、照明・人体・機器の負荷であるため日変動が少ない。冬期にペリメータ側が暖房要求、インテリア側が冷房要求となることもあるので、それぞれ空調系統を分けて計画するのが一般的である[fig.6]。
- ペリメータ空調は、小規模のものは個別パッケージ方式が多く、集中熱源がある大規模建築では空調機方式が多い。建築コア計画と空調計画は密接に関係している[fig.7]。
  - 片コアは、コア側にインテリアとペリメータ双方のダクトが集中するので、天井内の納まりと梁断面等の調整が必要。
  - 両端コアは、比較的ダクトが分散できるが、コア部の空調機械室近くに個室がきた場合の天井内の納まりに検討が必要。
  - センターコアは、中央に機械室を配置すれば効率的なダクトルートが実現でき、機械室スペースも削減することができる。ただし、外気の取入れルートに構造的な検討が必要。
- システム決定に当たり、最低限次の項目を検討する必要がある。
  - スペース効率：レンタブル比に影響するため重要な要素であるが、これだけでシステムを選択すべきではない。
  - 信頼性：漏水、故障等。特に分散して天井内にすべて収めるシステムの場合は事故に繋がる可能性も否定できない。
  - コストバランス：イニシャルコストとランニングコスト。
  - メンテナンス：フィルター交換、故障時等。天井個別方式はオフィス専用部での対応になるため、テナントオフィスでは貸方基準と合わせて検討が必要。
  - 機器更新計画：個別方式は空調機方式に比べ更新期間が短く、専用部内での工事となる。業務継続上の影響が大きいため採用時には事業主との合意形成が必要。
  - 空調ゾーニング：テナント区画や防火・防煙区画と整合させた合理的な空調ゾーニングが必要。
  - 残業対策：休日、時間外および局部的な使い方にも対応できるシステムとしたい。
  - 床吹出し空調、アンビエント空調を採用する場合は、OAフロアの高さや空調機械室の位置に注意が必要。

増強負荷対応

- 一般負荷とは別に、サーバールーム等が配置される場合に備えて増強負荷対応が必要となることが多い。
- 一般には、ハブ等を一緒に置いた小さなサーバ室が各階に設置されることが多い。メインサーバー室と同様24時間空調対応となるので、一般系統とは切り離して考える必要がある。
- このような増強負荷に対しては、各階に個別パッケージ用の屋外機スペースを設ける方法が最も効果的な対策である。

fig.1 空調熱源方式の傾向

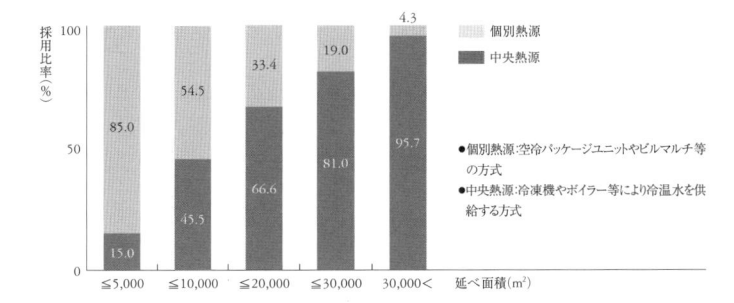

採用比率(%)／個別熱源／中央熱源

延べ面積(m²)	中央熱源	個別熱源
≤5,000	15.0	85.0
≤10,000	45.5	54.5
≤20,000	66.6	33.4
≤30,000	81.0	19.0
30,000<	95.7	4.3

- 個別熱源：空冷パッケージユニットやビルマルチ等の方式
- 中央熱源：冷凍機やボイラー等により冷温水を供給する方式

fig.2 熱源方式と機械室配置

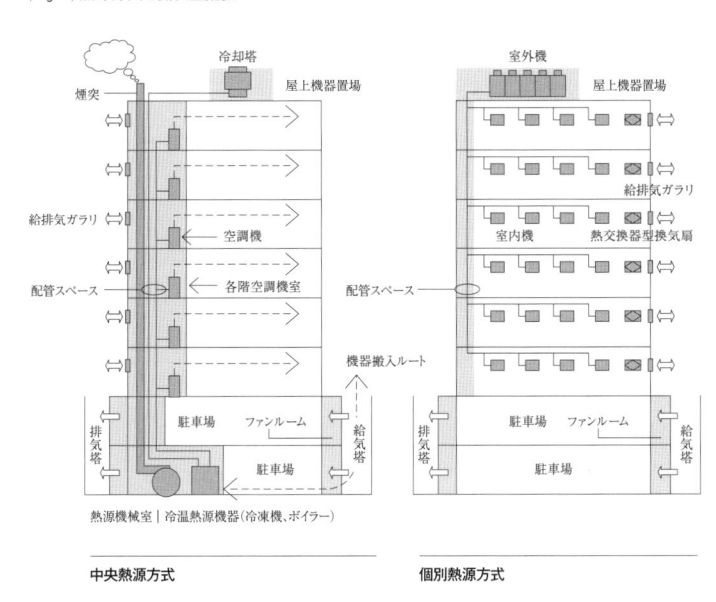

中央熱源方式／個別熱源方式

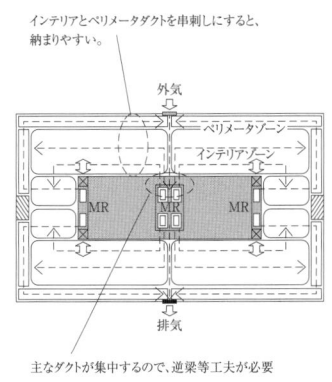

（冷却塔、屋上機器置場、煙突、給排気ガラリ、空調機、各階空調機室、配管スペース、排気塔、駐車場、ファンルーム、給気塔、熱源機械室｜冷温熱源機器(冷凍機、ボイラー)、室外機、室内機、熱交換器型換気扇、機器搬入ルート）

fig.3 主な電気・機械諸室の面積［中央熱源の場合］

階	項目	基準面積[1]	比率[10][%]
屋上階	冷却塔設置スペース[2]	延べ面積	0.5
	ファンルーム	延べ面積	1.0
基準階	空調機械室[3]	基準階面積	7.0
	空調ダクト配管スペース[4]	基準階面積	1.0-3.0
	衛生配管スペース[4]	基準階面積	0.3-0.5
	電気配管配線スペース[5]	基準階面積	3.5
地下階	給排気塔スペース[6]	駐車場面積	1.5
	駐車場ファンルーム	駐車場面積	2.0
	空調機械室	地階面積	2.0
主機械室階	電気室・自家発電機室[7]	延べ面積	1.5-3.0
	熱源機械室[8]	延べ面積	1.5-4.0
	衛生機械室[9]	延べ面積	2.5-3.5
	ファンルーム	延べ面積	0.2

1 延べ面積および地階面積は駐車場面積を除く
2 将来用電算対応屋外機スペース含む
3 各階ユニット方式の場合
4 排煙竪ダクト・テナント用配管を含む。サービス水準により大きく異なる
5 主幹線および電算用含む。電算用予備幹線は別途加算
6 駐車場・主機械室・自家発電機室の換気用
7 MDF室は含む。特高変電室・保安用発電機室・コージェネ室は別途加算
8 熱源システムにより大きく異なる
9 受水槽室・消火ポンプおよびポンプ室・厨房除害・中水処理室を含む
10 比率は延べ面積 100,000 - 3,000 m² に対応

fig.4 熱源機械室の階高——中央熱源の場合

延べ面積[m²]	平均的標準階高[m]
0-2,500	4.0
2,500-7,500	4.5
7,500-15,000	5.0
15,000-25,000	5.5
25,000以上	6.0以上

fig.5 屋外機械置場の面積——中央熱源の場合

延べ面積[m²]	屋外機置場面積[m²]	延べ面積比率[%]
3,000	30-40	1.0-1.3
5,000	50-60	1.0-1.2
10,000	90-110	0.9-1.1
15,000	120-150	0.8-1.0
20,000	160-200	0.8-1.0

*1 設置パターンにより大きく異なるので、実際の置場条件に合わせて検討する必要がある
*2 冷媒配管の施工スペースは含まない

fig.7 基準階平面計画タイプによる空調計画の特徴

●基準階空調計画［片コア形式の場合］

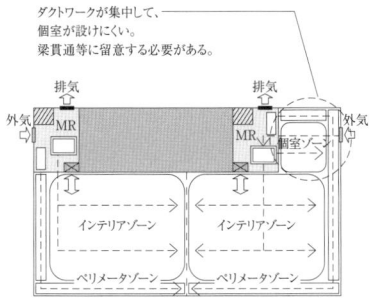

ダクトワークが集中して、個室が設けにくい。
梁貫通等に留意する必要がある。

- □ 空調機械室：基準階面積の約7%程度（各階空調方式）空調ゾーニング、メンテナンスおよび機器搬出入ルートを考慮して配置
- □ インテリア空調機：テナント区画や防災区画と整合したゾーニング
- □ ペリメータ空調機：方位別の負荷特性を考慮したゾーニング
- ▨ 増設用屋外機スペース：空調機械室と合わせて配置
- ▧ テナント用配管スペース：オフィスに面して配置（給水、排水、空調ドレン、特殊負荷対応配管、ガス管等）
- ― 給排気ガラリ：外気ガラリと排気ガラリは面を変えて配置
- ⇢ ダクトルート
- MR 空調機械室

●基準階空調計画［両端コア形式の場合］

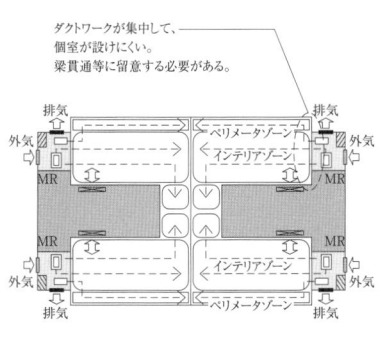

ダクトワークが集中して、個室が設けにくい。梁貫通等に留意する必要がある。

●基準階空調計画［センターコア形式の場合］

インテリアとペリメータダクトを串刺しにすると、納まりやすい。

主なダクトが集中するので、逆梁等工夫が必要

fig.6 インテリア空調とペリメータ空調の独立性

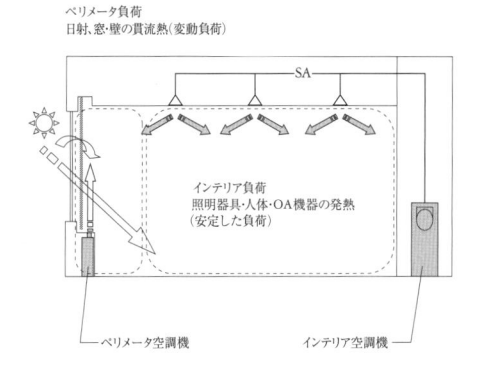

ペリメータ負荷：日射、窓・壁の貫流熱(変動負荷)
インテリア負荷：照明器具・人体・OA機器の発熱(安定した負荷)
ペリメータ空調機／インテリア空調機／SA

● 30 グレード設定→P.88 ｜ 33 面積構成の設定→P.98 ｜ 39 基準階：ワークプレイス[3]→P.110 ｜ 41 基準階：共用部[1]→P.116 ｜ 44 基準階：共用部[4]→P.122
51 環境デザインのコンセプトと条件の把握→P.140 ｜ 52 スケルトンによる基本的な環境性能の確保→P.144 ｜ 53 環境性能を向上させる要素技術→P.148
54 広域の環境性能→P.150

58

事業プログラム | マネージメント | 条件の整理 | 全体の計画 | ワークプレイスの計画 | 各部の計画 | 環境の計画 | **構造・設備の計画** | その他の計画

給排水

必要な給排水負荷と建築構成に適したシステムを想定する
必要な給排水設備スペースの大きさと位置を定める
給排水設備の工事区分を明確にする

知的生産性
経済
安全
社会性
快適性
環境
都市
コンプライアンス
技術

給排水設備と建築計画
- 給排水設備のスペースは、建築計画に大きく影響する。初期段階で給排水設備の基本的なシステムを想定し、概略の必要容量を建築計画に反映させる必要がある。
- 機器・配管等のスペースを想定することも重要である。

衛生器具設備
- トイレ・洗面・給湯室・厨房等水まわりがある諸室に必要となる。オフィス基準階ではトイレ・洗面が積層される場合が多く、衛生器具・ライニング・配管一式をユニット式とする場合が多い。ユニット式の場合は配管類が床上で構成され、原則として大便器・小便器・洗面スペース各々に竪配管用シャフトが必要となるため、ユニット式とするか否かを基本計画段階で想定する。

給水システム [fig.1]
- 給水システムによって、機器・配管の設置スペースが異なる。
- 低層オフィスでは下階からの加圧給水方式とできるが、高層オフィスでは供給圧力をゾーニングするため、高架水槽による重力給水方式や、加圧・重力併用方式となる場合が多い。
- 超高層オフィスでは、減圧弁や中間水槽を設置して、細かく垂直ゾーニングする必要がある。給水圧力はおおむね100-400kPaを想定してゾーニングする。上水以外に雑用水系統がある場合は、各々で水槽・配管スペースが必要となる。
- 受水槽は周囲との離隔距離を確保する必要がある[fig.2]。

排水システム [fig.3]
- 排水には汚水・雑排水・雨水等がある。各々は別系統の配管となることが一般的であるが、汚水・雑排水を合流式とする場合もある。
- 横引管の延長距離を短くすることが漏水対策上有利となるため、配管スペースは排水発生位置の直近にレイアウトする。
- 地下部分では、主にピット内に汚水槽・雑排水槽・雨水槽・湧水槽等を設置する。
- 排水槽は維持管理・臭気等を考慮し、機械室等の下部とするか、専用排水槽室を設ける等の計画を行う。
- 汚水槽・雑排水槽は床勾配を1/10-1/15とし、マンホールは排水ポンプ上部と維持管理用を別位置に設置する[fig.4]。

給湯システム
- 中央熱源による中央給湯方式と、電気・ガス等の個別給湯器による個別給湯方式がある。オフィスビルでは必要な給湯が比較的少ないため、給湯室や洗面所のカウンター下等に個別式給湯器を設置する場合が多い。

ガス供給システム [fig.5]
- オフィスビルにおけるガスの用途は、冷暖房熱源用や飲食厨房用等が多い。
- オフィスの規模が大きくなると、中圧ガス・低圧ガスの2種類のガスが必要になる場合がある。その際は中圧ガスで引き込み、建物内で減圧するか、中圧・低圧の各々のガスを引き込むかを選択する。
- ガスを引き込む際の緊急遮断弁やガバナー(減圧弁)のスペースが必要となるため、引込み位置が建築計画に影響する。

雨水再利用システム (中水システム) [fig.6,7]
- 上水の使用量を低減するため、雨水を沈殿ろ過等して雑用水として再利用する場合がある。
- 機械室に雨水処理システムを設置し、雑用水槽に貯留して使用する。建築計画上は、必要な雨水処理量を想定し、雨水処理機械室を設置する。

厨房排水除害処理システム
- 社員食堂や飲食店の規模によっては、厨房排水の処理設備が必要となる。420m²以上または排水量50m³/日以上の飲食店(厨房含む)の場合は厨房排水の水質に規制があり、厨房排水除害処理システムを設置する必要がある。

潅水システム
- 外構や屋上緑化、壁面緑化等植栽がある場合、自動潅水装置を設置する場合がある。

水景システム
- 噴水、滝等の水景システムを計画する場合、水質を維持するために単独で循環水処理システムを設置する必要がある。池・滝等の下部に配管スペース・機械室スペースを計画する。

| fig.1 | **給水システム**

重力給水方式 / 重力・加圧併用方式

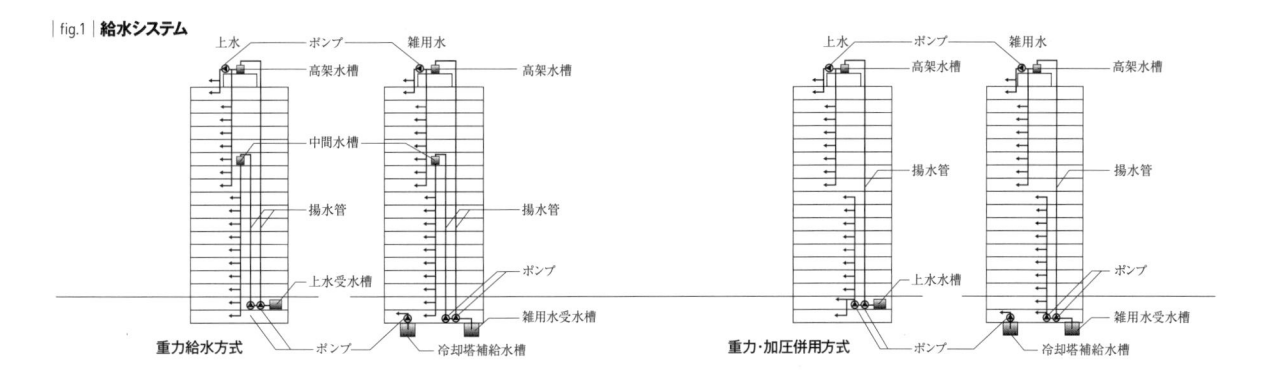

主要構成要素: 上水、ポンプ、雑用水、高架水槽、中間水槽、揚水管、上水受水槽、冷却塔補給水槽、雑用水受水槽

| fig.2 | **受水槽の設置基準**

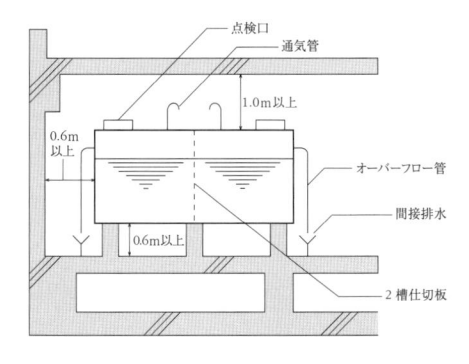

- 点検口
- 通気管 1.0m以上
- 0.6m以上
- オーバーフロー管
- 間接排水
- 0.6m以上
- 2槽仕切板

| fig.4 | **汚水槽・雑排水槽断面**

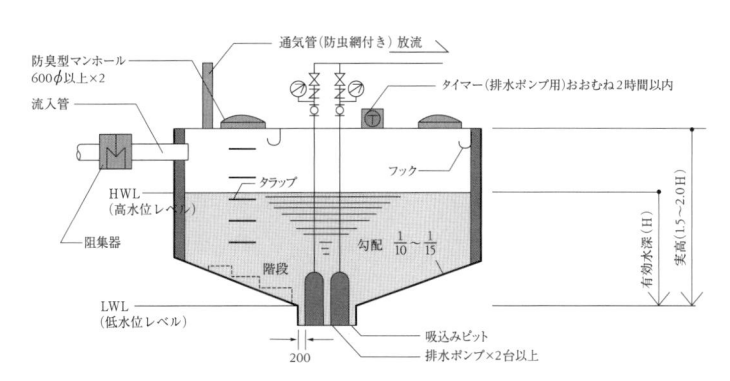

- 防臭型マンホール 600φ以上×2
- 通気管(防虫網付き) 放流
- 流入管
- タイマー(排水ポンプ用)おおむね2時間以内
- タラップ
- フック
- HWL(高水位レベル)
- 阻集器
- 勾配 1/10〜1/15
- 階段
- LWL(低水位レベル)
- 吸込みピット
- 排水ポンプ×2台以上
- 有効水深(H) 実高(1.5〜2.0H)
- 200

| fig.3 | **排水システム——汚水・雑排水分流の場合**

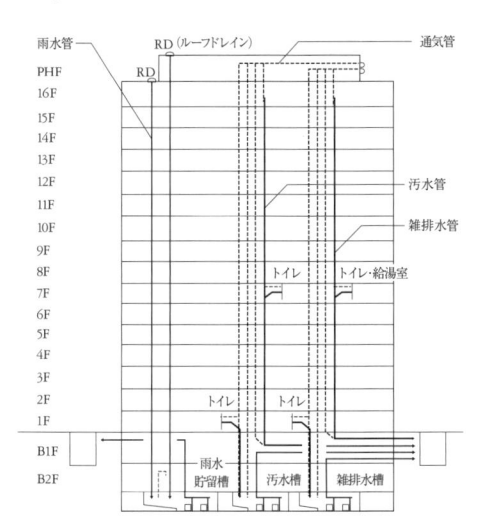

雨水管、RD(ルーフドレイン)、通気管、汚水管、雑排水管
PHF, 16F〜1F, B1F, B2F
トイレ、トイレ・給湯室
雨水貯留槽、汚水槽、雑排水槽

| fig.6 | **中水システム——厨房排水と雑排水を中水として再利用する場合**

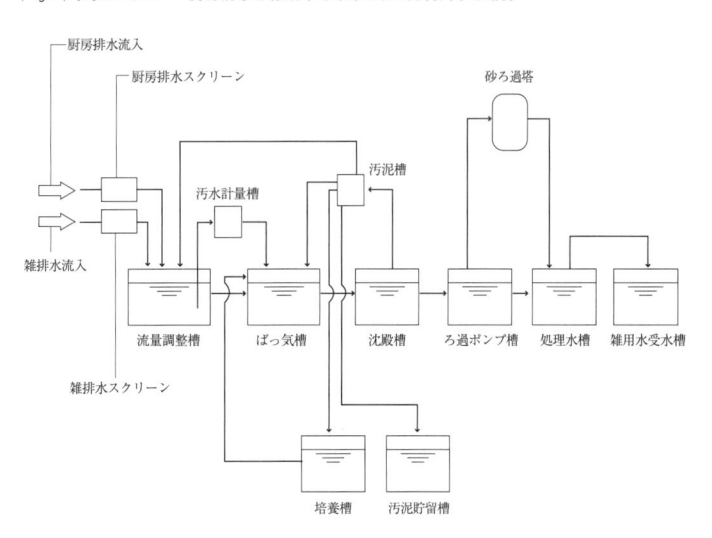

厨房排水流入 → 厨房排水スクリーン
雑排水流入 → 雑排水スクリーン
→ 流量調整槽 → ばっ気槽 → 沈殿槽 → 汚泥槽 → 砂ろ過塔 → ろ過ポンプ槽 → 処理水槽 → 雑用水受水槽
汚水計量槽、培養槽、汚泥貯留槽

| fig.5 | **ガス供給システム——中圧ガス・低圧ガス2引込みの場合**

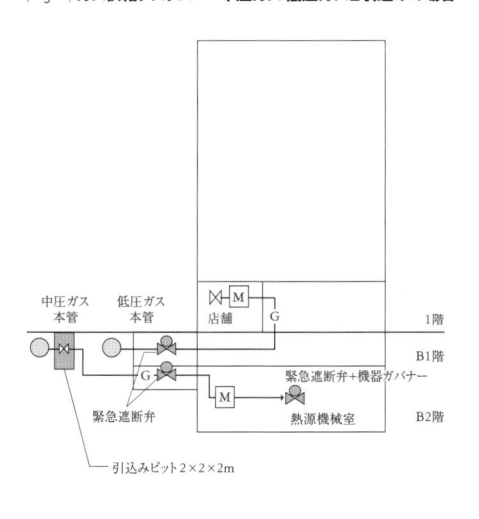

中圧ガス本管、低圧ガス本管、店舗、1階、B1階、B2階
緊急遮断弁、引込みピット 2×2×2m、緊急遮断弁+機器ガバナー、熱源機械室

| fig.7 | **雨水処理システム**

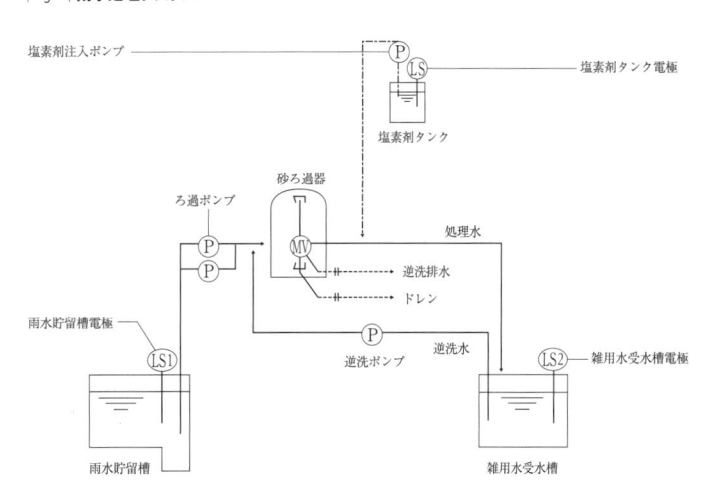

塩素剤注入ポンプ、塩素剤タンク電極、塩素剤タンク
ろ過ポンプ、砂ろ過器、処理水、逆洗排水、ドレン
雨水貯留槽電極(LS1)、雨水貯留槽
逆洗ポンプ、逆洗水
雑用水受水槽電極(LS2)、雑用水受水槽

59 想定されるリスク・災害

事業プログラム | マネジメント | 条件の整理 | 全体の計画 | ワークプレイスの計画 | 各部の計画 | 環境の計画 | **構造・設備の計画** | その他の計画

周辺地域において想定し得る災害の種類を幅広く把握する
人命や財産の保護を最優先して対策を検討する
災害時の機能維持レベルについてあらかじめ検討しておく

- 知的生産性
- 経済
- **安全**
- **社会性**
- 快適性
- 環境
- 都市
- コンプライアンス
- **技術**

想定される災害の種類
- 災害は大きく分けて地震や風水害といった「（自然）災害」、人為的な「事故」「犯罪」の3つに分けられる。いかなる危機に遭遇しても、社会的責任と自己防衛のために、組織活動を停止できない企業は数多く、機能を止めないための建築・設備的危機管理計画が必要となる[fig.1]。
- 想定される事象を分析し確率論的に整理することによって、効果的にリスクの極小化を図るマネージメント手法の採用も有効である。

災害
- 自然災害は、地震、大雨等の全国共通で起こる災害においても立地条件による違いがあることから、計画地および周辺地域における特色や過去の災害履歴を調べることが重要である。
- 地域における自然災害予測の確認を行うことにより、災害に対する的確な対策設定を行うことが重要となる[fig.2]。

事故
- 事故には、外壁の落下等建物の経年劣化による事故、火災、漏水・漏電等の不注意による事故などがある。
- 落下に関しては、落下物曲線の範囲に庇を設けたり、歩行者が近づけないよう植栽帯にする等の検討を行う。
- 高層ビルでは、寒冷地以外でも「つらら」や「落雪」による被害対策が必要である。特に凹凸のある外壁の場合には、着雪しにくいディテールや融雪対策等の検討が必要である。
- 漏水・漏電については、その恐れがある範囲に検知設備、警報装置等を設置し、遠隔監視可能な計画とすることが望ましい。火災に関してはNo.60, 61を参照のこと。

犯罪
- 守るべき「財産」に対する盗難、機器破損、施設機能の破壊、「情報」の盗取、盗読、複写、破損等への対策検討は、建築計画においても重要な課題である。
- 建物利用者への暴行、妨害を含め、不審者に対するセキュリティゾーニングはNo.62を参照のこと。
- 無線LANの漏洩防止やサーバー室の微弱漏れ電波による情報漏洩防止等の電磁波盗聴（テンペスト）対策、情報インフラへの電子的攻撃（サイバーテロ）対策等、専門性が高く建築計画だけでは解決できない事項は、専門家と検討を行う必要がある。

洪水・浸水災害
- 堤防が決壊したり周辺地域が広域的に浸水する「洪水被害」や、下水溝・用水溝が河川の増水等により排水されず、逆流等してあふれる「浸水被害」、浸水後、水が引かないまま溜まった状態が何日も続く「たん水被害」等がある。
- こうした被害を最小限に食い止めるためには、周辺広域における河川の堤防や海面の防波堤の高さについて把握し、あふれ出した水が建物内部に浸入することのないよう、その堤防高さ以上の防水堤・止水板を外壁部すべてに取り付け、または取付け可能な状態とすることが必要である。
- 建物と下水・雨水本管との接続部からの逆流にも留意する。
- 近隣に地下鉄や地下道等があり出入口を接続する場合には、その地下施設独自の必要防水堤高さが設定されている場合があるため、その方針に従う必要がある。

非常時の建物自立計画 [fig.3]
- 自然災害や人為的な事故による「停電災害」は、オフィスビルの機能維持にとって最大ともいえる災害であり、非常時における電力の確保は重要な課題である。
- インフラからの電力供給が途絶えた場合は、太陽光発電等の自然エネルギーや非常用発電機によって確保することになる。
- そのため、非常用発電機とその燃料となる油の容量を決めるためには、バックアップが必要な機能とその対応時間を事前に想定する必要がある。
- BCP要員・業務継続に努める職員や、避難できない利用者のために水と食料の確保も必要となる。水は、防災井戸がない場合においても、受水槽に緊急遮断弁と専用水栓を設置することで、バックアップ電源なしで受水槽内の水を有効に活用することができる。
- その他、自社ビルだけでなく賃貸ビルにおいても、防災備蓄倉庫の設置検討を計画初期の段階で行い、スペース検討を行う必要がある。
- 自然換気可能な窓を設置することにより、空調設備が停止しても健康確保ができるようにすることも大切である。

| fig.1 | 業務建築の危機管理

[災害]
- 地震
- 地盤沈下
- 落雷
- 噴火
- 大雪
- 大雨
- 高潮
- 強風

建築だけではなく機械設備の耐震対応も必要

地域特性の把握とその対策検討

積雪時の動線確保と利用者への転落防止策等

浸水対策(電気室等)

屋根、外装の耐風圧性能確保（再現年数の確認等）

防災計画(No.60、61参照)

自然災害による二次災害も予測の上対策

- 火災
- 外壁等の剥離・落下
- 落雪
- 転落
- 漏水・漏電
- 静電気
- インフラ停電
- 人身事故

[事故]

[犯罪]
- 物理的侵入
- 物理的破壊
- 電子的侵入
- 電子的破壊

防犯、セキュリティ計画（No.62参照）

テンペスト、サイバーテロ対策

| fig.2 | 計画地の事前調査事項

地盤・地震	想定最大地震規模 液状化危険度 活断層
土砂災害	急傾斜地崩壊危険地区の指定等
水害	河川、海の位置 浸水履歴 過去最大降水量
雪	積雪量 地域係数
霜	凍結深度の確認

| fig.3 | 災害時の自立計画例

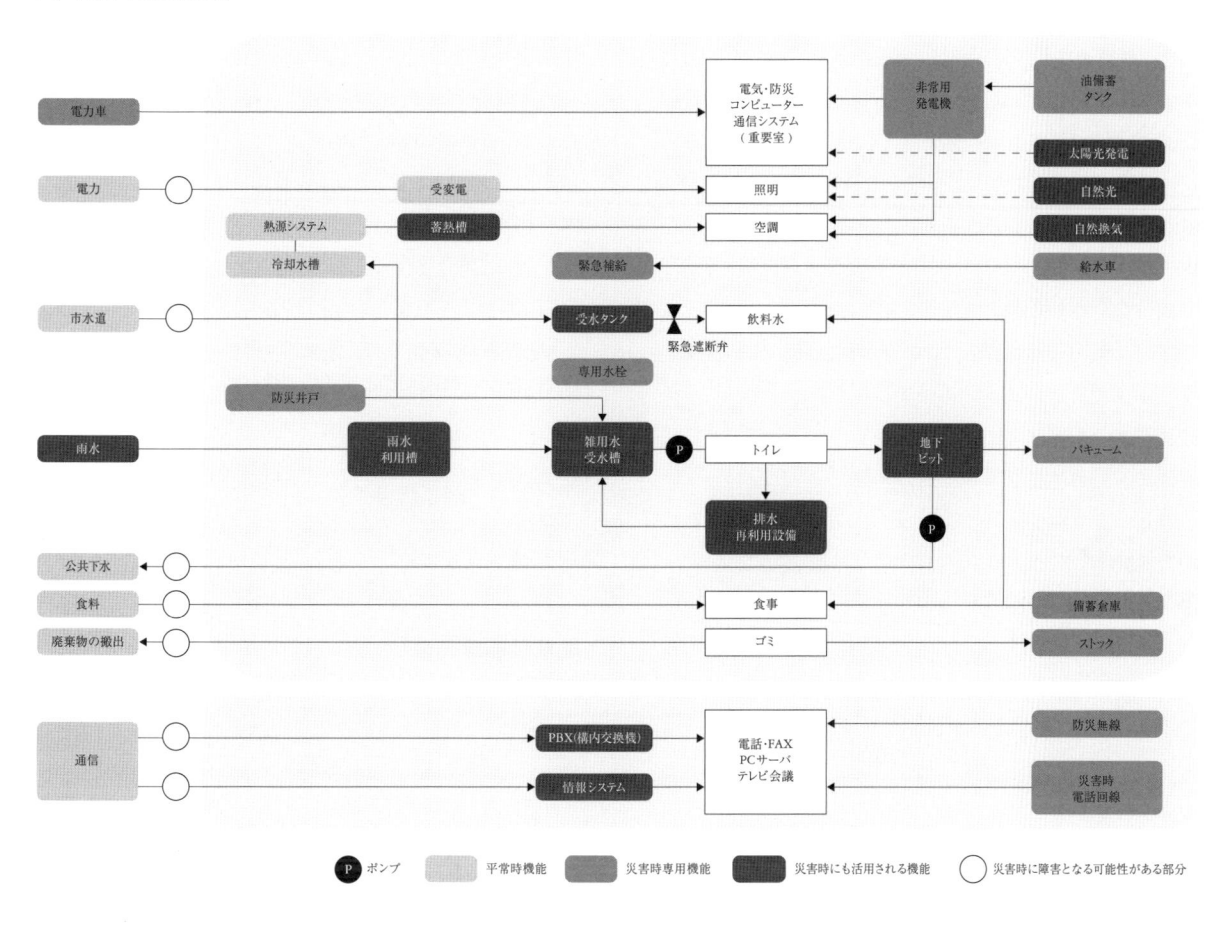

凡例：
- P ポンプ
- 平常時機能
- 災害時専用機能
- 災害時にも活用される機能
- ○ 災害時に障害となる可能性がある部分

電力車 → 電気・防災コンピューター通信システム（重要室）

電力 → 受変電 → 照明

非常用発電機 ← 油備蓄タンク

太陽光発電

自然光

熱源システム → 蓄熱槽 → 空調 ← 自然換気

冷却水槽

緊急補給 ← 給水車

市水道 → 受水タンク → 飲料水

緊急遮断弁

専用水栓

防災井戸

雨水 → 雨水利用槽 → 雑用水受水槽 → トイレ → 地下ピット → バキューム

排水再利用設備

公共下水

食料 → 食事 ← 備蓄倉庫

廃棄物の搬出 → ゴミ ← ストック

通信 → PBX(構内交換機) → 電話・FAX PCサーバ テレビ会議 ← 防災無線

情報システム ← 災害時電話回線

防災計画[1]——設計プロセス

オフィスの使い方を把握して、防災設計のルートを選択する
各種防災規定に合わせた効率的な形状・ボリュームを見極める
基準階コアレイアウトは避難計画と同時に考える

防災計画の要素
- 出火防止、発見通報、初期拡大防止、延焼拡大防止、避難、煙制御、耐火、消火・救助、維持管理等について計画する。

避難安全検証
- 建築基準法に、避難に関する性能規定が導入されている。
- 各々の計画条件と照らし合わせ、最適なルートを選択する。
- ルートA：建築基準法に定められた、防火区画、歩行距離、内装制限、排煙、避難階段の構造等の仕様規定に従う方法。
- ルートB：告示に定められた一般的な検証方法(計算)を用いて、避難の安全性を確認する方法。
- ルートC：告示に定められた以外の高度な検証方法を用いて避難の安全性を確認し、大臣認定を受ける方法。
- 上記のルートB・Cを総称して避難安全検証法と呼んでいる。
- ルートB・Cそれぞれに2通りの検証方法がある。
- 階避難安全検証法：どこで出火した場合でも、その階の全員が煙にさらされずに避難階段まで避難できることを検証。
- 全館避難安全検証法：どこで出火した場合でも、その建物内の全員が煙にさらされずに地上屋外まで避難できることを検証。

耐火性能検証
- 耐火性能に関しても、性能規定が導入されている。
- ルートA：建築基準法に定められた仕様規定に従う方法。
- ルートB：耐火性能検証法(計算)を用い、耐火性能の安全性を確認する方法。
- ルートC：上記以外の高度な検証方法を用いて耐火性能の安全性を確認し、大臣認定を受ける方法。

避難安全検証・耐火性能検証のメリットとデメリット
- 避難安全検証・耐火性能検証(ルートB・C)の採用により、一部仕様規定の適用が除外もしくは緩和され、建築の特性に応じた自由度の高い計画が可能となる[fig.1,2]。
- 竣工後に用途や間仕切り位置が変化した場合は、あらためて同様の検証をする必要がある。費用と時間がかかり、建築管理の自由度が低下する。ルートB・Cの採用に当たっては、管理運営方法の事業主への意思確認が欠かせない。
- ルートCでは大臣認定スケジュールにも注意を要する。

- 耐火性能検証では、各諸室の用途を厳密に規定する必要があり、火災継続時間が2時間以上となった場合は、間仕切りをRC造とする以外の対策がなく、変更に対する自由度が著しく低くなる。

31m、11階、15階、1,500 m^2
- 建物高さが31mを超える部分については、100 m^2 以上の室に排煙設備が義務づけられ、11階以上では面積区画が3,000 m^2 以内ではなく1,000 m^2 以内となる(ルートCでは適用除外)。
- 15階以上または地下3階以上を有する建築物には特別避難階段が義務づけられ、屋内と階段室の間にバルコニーまたは排煙設備を有する付室を設ける必要がある。
- 建物高さが31mを超える場合は、非常用エレベーターが原則必要となる。必要台数は、高さが31mを超える階の最大床面積が1,500 m^2 以下では1台、1,500 m^2 を超えると3,000 m^2 ごとに1台ずつ増加する。
- 効率の良い計画とするためには、防煙区画、面積区画、特別避難階段と付室、非常用エレベーター台数を意識した建物高さと基準階床面積を設定する必要がある。

排煙と排煙免除
- 排煙方式としては、自然排煙と機械排煙がある。
- 自然排煙は排煙ダクト等が不要で簡略だが、計画上外壁や屋上に接しない部屋があるため、機械排煙とする場合が多い。小部屋の数やその変更を考慮し、各室に機械排煙設備を設けるのではなく、間仕切り壁を天井下で構成して天井内を同一排煙区画とする天井チャンバー方式も検討する。
- 場合によっては、告示(平成12年建設省告示第1436号)による排煙免除とする室も設定して、排煙計画を行う。

直通階段までの歩行距離
- 直通階段までの歩行距離、特に重複距離の規定が平面計画に大きく影響を及ぼすため、階段の配置は最初に検討する。

賃貸オフィスのテナント区画
- 各階のテナント区画数を設定し、各区画で設備ゾーニングが完結するように、防火・防煙区画とテナント区画を整合させる。

| fig.1 | **避難安全検証による仕様規定の適用除外**

階避難安全検証法および、全館避難安全検証法により
適用除外される仕様規定(建令129条の2第1項)

廊下の幅｜直通階段までの歩行距離
特別避難階段の構造｜物販店舗の出入口の幅
排煙設備の設置・構造｜内装制限の一部

さらに…全館避難安全検証法のみで
適用除外される仕様規定(建令129条の2第1項)

竪穴区画｜11階以上の100㎡区画
異種用途区画｜避難階段の構造｜物販店舗の避難階段等の幅｜耐火構造の壁
物販店舗の屋外出口の幅｜屋外出口までの歩行距離

● ルートB・Cのいずれも上記適用除外規定は同じだが、除外程度は適用ルートや検証対象で異なる。

| fig.2 | **耐火性能検証による仕様規定の適用除外**

[耐火性能検証法](ルートB)により適用除外される仕様規定(建設省告示第1433号)

防火区画の耐火構造｜避難施設の耐火構造
排煙設置義務のある特殊建築物の耐火構造
内装制限を受ける特殊建築物の耐火構造
非常用の昇降機の耐火構造｜道路内にできる建築物の耐火構造
道路上空に設ける建築物の耐火構造等

[耐火性能検証法]を基本とし、高度な検証方法を用いた場合(ルートC)
により適用除外される仕様規定(建設省告示第1433号)(大臣認定)

CFT(コンクリート充填鋼管構造)柱やFR(耐火)鋼を用いた無耐火被覆
その他耐火被覆厚さ等の緩和
中間層免震装置の無耐火被覆
膜構造屋根の設定等

● 除外できる仕様は耐火構造の建築物にかかわる内容のみ。
● ルートB・Cのいずれも、除外程度は適用ルートや検証対象で異なる。
● 避難安全検証と異なり、建物全体を同じルートで設計する必要がある。

| fig.3 | **防災計画・設計の要点**

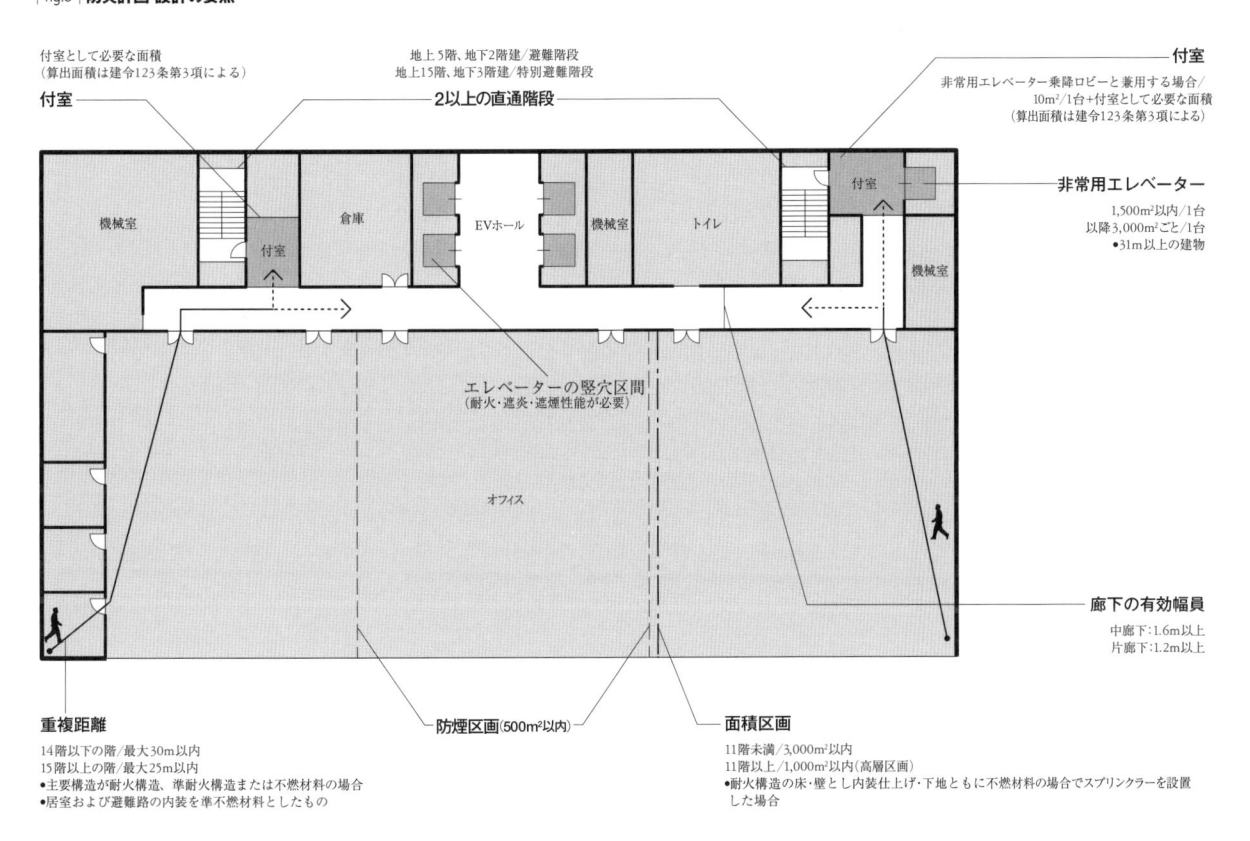

付室として必要な面積
(算出面積は建令123条第3項による)

付室

地上5階、地下2階建/避難階段
地上15階、地下3階建/特別避難階段

2以上の直通階段

付室
非常用エレベーター乗降ロビーと兼用する場合/
10㎡/1台+付室として必要な面積
(算出面積は建令123条第3項による)

非常用エレベーター
1,500㎡以内/1台
以降3,000㎡ごと/1台
● 31m以上の建物

機械室｜倉庫｜EVホール｜機械室｜トイレ｜機械室

エレベーターの竪穴区間
(耐火・遮炎・遮煙性能が必要)

オフィス

廊下の有効幅員
中廊下:1.6m以上
片廊下:1.2m以上

重複距離
14階以下の階/最大30m以内
15階以上の階/最大25m以内
● 主要構造が耐火構造、準耐火構造または不燃材料の場合
● 居室および避難路の内装を準不燃材料としたもの

防煙区画(500㎡以内)

面積区画
11階未満/3,000㎡以内
11階以上/1,000㎡以内(高層区画)
● 耐火構造の床・壁とし内装仕上げ・下地ともに不燃材料の場合でスプリンクラーを設置した場合

● 非常用進入口(建令126条の6,7)、避難上有効なバルコニー(建令121条第1項三、六、第3項)、避難器具(消令25条)、各都道府県条例にもとづく避難施設の規定についても確認が必要。
● 建令:建築基準法施行令｜消令:消防法施行令

防災計画[2]──防災設備

規模と用途に応じて必要な防災設備を想定する
基準階の設備ゾーニングと天井モデュールを定める
必要となる防災設備スペースの大きさと位置を理解する

排煙設備システムの設定

- 仕様規定に準じたシステム[fig.1]と避難安全検証法ルートB・Cを用いたシステムとでは、考え方が大きく異なる。
- ルートB・Cによるシステムの採用に当たって、避難計算とセットの場合は間仕切り変更時に再計算が必要となる場合があることがデメリットともいえるため、事業主の意思確認を行いながら具現化していく必要がある。
- ルートB・Cの排煙設備に関するメリットとしては、排煙基準風量の縮小・緩和により、ダクト・排煙機が縮小できるためコストが低減できる。また、排煙区画の面積制限が緩和される。
- ルートB・C採用時は、付室の排煙方式(給気排煙)や、第一次安全区画に該当する廊下の排煙方式の確認が必要となるほか、居室側への加圧給気を採用する場合は、気流分布の検証が欠かせない。また、排煙口位置を決定する際、もしくは天井チャンバー方式を選択する場合においても、空調排気方式、天井モデュールとの整合が取れているかを検証する必要がある。
- 消防法上の排煙設備が要求される場合は、ルートB・Cの検証で必要な排煙設備とは別の取扱いを受ける可能性があるため、所轄消防署と協議が必要である。

消火設備システムの設定

- 建物の規模に応じたコスト差が生じるため、屋内消火栓もしくは補助散水栓、またはスプリンクラーの有無や方式について、法的な必要性の確認をまず行う必要がある。
- スプリンクラーのヘッド警戒半径は、2.3m、2.6m、2.8mの各仕様があるため、天井モデュール等との整合を検討し、どのタイプが適しているかの選択を行う[fig.6]。
- スプリンクラーシステムには、湿式と予作動式がある[fig.5]。予作動式スプリンクラーはヘッド誤破損時の漏水量低減が図れるが、水損リスクに対する安全性確保の度合いとコストアップについて、事業主に確認を行いながら採否を検討する。
- その他、検証が必要な項目を下記に挙げる。
  - スプリンクラー+屋内消火栓とするか、スプリンクラー+補助散水栓とするか
  - 易操作性屋内消火栓(警戒半径25m)の採用検討
  - スプリンクラーヘッドの種類
  - アラーム弁警戒区域の設定・確認

排煙設備のゾーニング

- 空調ゾーニングや天井モデュールとの整合を図り、レイアウト変更時に改修工事が極力発生しないような配慮が求められる。
- 排煙設備ゾーニングを行うに当たり、適切な位置に排煙ダクトシャフトが確保できるか、平面計画上の検証が必要である。
- ルートC採用の場合は、検証結果により適用された防火・防煙区画との整合が取れているかを確認する。

主な防災設備機械室 [fig.2,3]

- 排煙設備や消火設備のための主な機械室は以下の通り。
  - 排煙機設置スペース：基準階排煙シャフト位置や系統との整合、ルートの確保ができているかを確認する。
  - 機械給気ファンルーム：機械給気採用の場合、地下階に配置するケースが多い。
  - 消火水槽：地下ピットに設ける場合が多い。
  - 消火ポンプ室：消火水槽直上の地下階に設ける例が多い。
  - 中間ポンプ室：高層建築の場合、連結送水管、スプリンクラー、屋内消火栓用として必要となる。

基準階の必要スペース

- 各階で必要となる排煙設備や消火設備スペースは以下の通り。
  - 排煙シャフト：居室系統、廊下系統のほか、付室系統として別途シャフトが必要である[Fig.4]。
  - 排煙口：30m以内の適切な配置となっているか、避難経路と整合が取れているか、ルートが確保できているかを検証する。
  - ルートB・Cでは、機械給気+押出し排煙の経路も確認が必要。
  - スプリンクラーアラーム弁：1〜1.5m²程度のスペースが必要。
  - 屋内消火栓もしくは補助散水栓：法に則った位置に配置が必要。
  - 連結送水管放水口：付室内や階段室周辺に配置する。

テナントニーズへの対応

- 全体的に高い仕様を求めるテナントの入居や電算室が想定される場合は、専用自家発電機とその燃料の増設スペースが必要である。
- その他、サーバー室等の特殊ガス消火設備への対応(避圧ダクトルートの確保)や、予作動式スプリンクラー等の採用による漏水回避対策等を考慮する場合がある。

fig.1 | 仕様規定による排煙設備の比較

排煙方式		特別避難階段付室	非常用エレベーター乗降ロビー	付室兼用ロビー
自然排煙	給気口	1m²以上	1m²以上	1.5m²以上
	給気ダクト断面積	2m²以上	2m²以上	3m²以上
	排煙口の開口面積	4m²以上	4m²以上	6m²以上
	排煙ダクト断面積	6m²以上	6m²以上	9m²以上
	材質	排煙口、排煙ダクト、給気口、給気ダクト、その他煙に接する排煙設備の部分は不燃材料でつくる。		

排煙方式		特別避難階段付室	非常用エレベーター乗降ロビー	付室兼用ロビー
機械排煙	給気口	1m²以上	1m²以上	1.5m²以上
	給気ダクト断面積	2m²以上	2m²以上	3m²以上
	排煙機	4m³/s以上	4m³/s	6m³/s
	排煙ダクト大きさ	規定されていない		
	材質	排煙口、排煙ダクト、給気口、給気ダクト、その他煙に接する排煙設備の部分は不燃材料でつくる。		

fig.2 | 排煙システム系統例

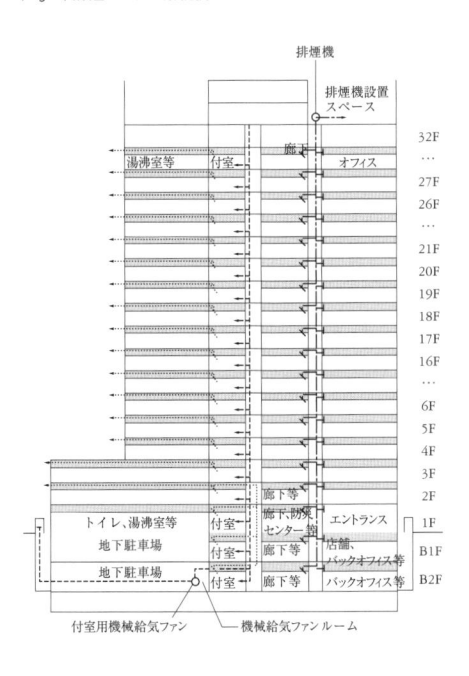

fig.3 | 消火システム系統例

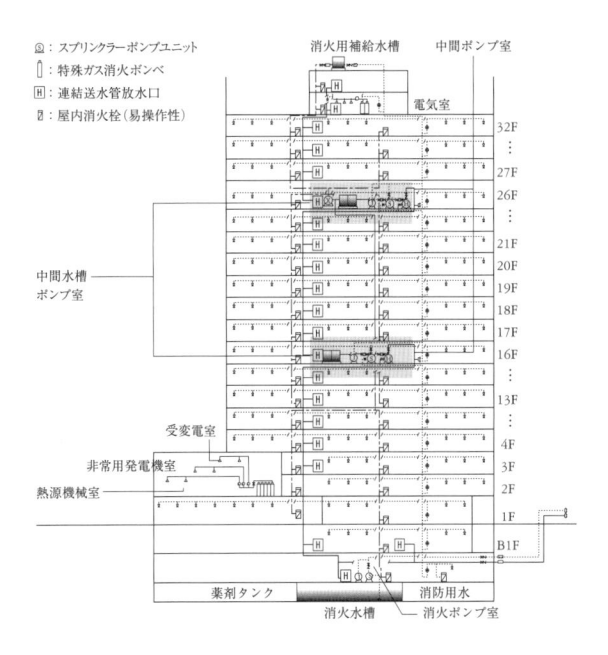

fig.4 | 排煙システム平面例――ルートCの場合

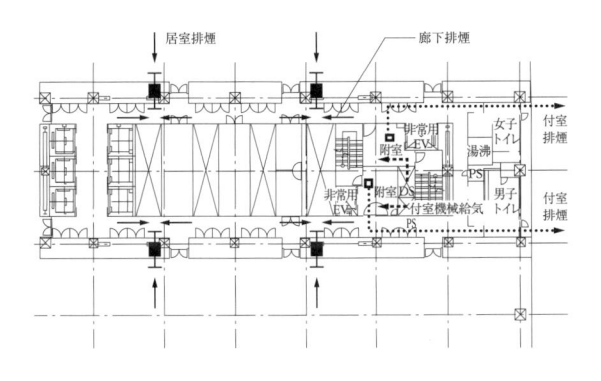

fig.5 | スプリンクラー設備の比較

湿式

一般ビル向け

配管内に水が充満している方式で、スプリンクラーヘッドの感熱部の可溶片が、熱のために溶けてシール部分が開き、湿式流水検知装置が作動して放水する。冬期に配水管の凍結の恐れのない部分に使用する。

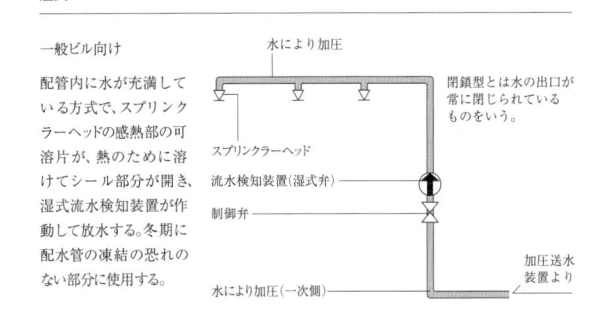

予作動式

病院、共同住宅、重要文化財建造物、電算機室等

火災感知器等により、予作動式流水検知装置が開放され、スプリンクラー配管中に圧力水を送り、さらに火熱によるスプリンクラーヘッドの作動により放水を開始する。

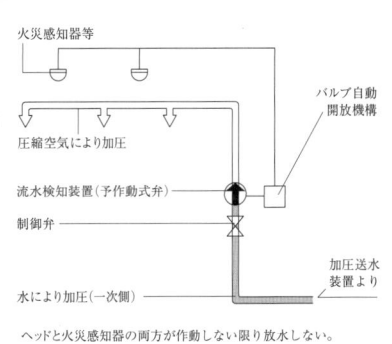

ヘッドと火災感知器の両方が作動しない限り放水しない。

fig.6 | 消火設備と天井モジュール

高感度ヘッド(警戒半径2.6m)採用例　　高感度ヘッド(警戒半径2.8m)採用例

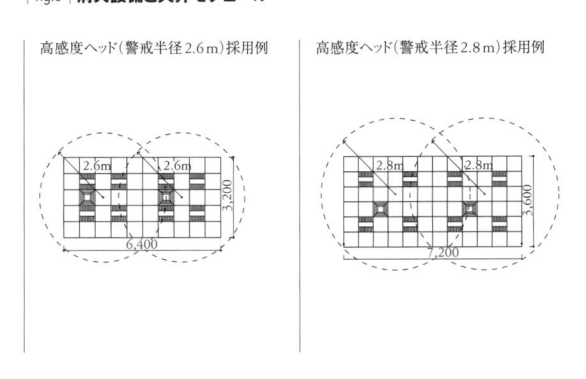

62 防犯・セキュリティ

事業プログラム | マネージメント | 条件の整理 | 全体の計画 | ワークプレイスの計画 | 各部の計画 | 環境の計画 | **構造・設備の計画** | その他の計画

計画へのフィードバックをにらみ、決定時期を定める
オフィスの使い方を想定して、セキュリティグレードの確認を行う
オフィスのカテゴリーに合わせてセキュリティゾーニングを検討する

知的生産性
経済
安全
社会性
快適性
環境
都市
コンプライアンス
技術

計画の体制とスケジュール

- 高度情報化社会の成熟、個人情報保護法の制定、不安定な国内外の治安状況を背景として、企業に求められる人的・知的財産の保護は企業義務として認識されつつあり、施設計画着手前に事業主と協議を行うべき重要な設計条件となっている。
- 大手企業の多くは防犯・セキュリティについて社内的な仕様・基準を規定しているため、設計者は基本計画段階で、設計条件として規定の抽出・協議を行う必要がある[fig.1]。
- 施設運用として民間警備会社等への外部委託が決まっている場合には、委託先との契約条件・要望・設計区分を明確にした上で、設計を進捗させることが望ましい[fig.2]。
- 防犯・セキュリティ計画、認証システム・各種センサー・監視カメラ等のセキュリティ機器について、委託契約を結んだ警備会社が計画の検証・機器設置の提案を行うケースが多い。
- テナントビルへの入居を検討する場合には、テナントビル側のセキュリティ範囲・貸し方基準等の協議を行い、ビル側との責任範囲を明確化した上でセキュリティ計画を行うことが望ましい。
- 外資系企業ではすでに取り組まれているが、今後は国内においても防犯・セキュリティ性能は定量化の方向に向かい、犯罪被害による予想最大損失(PML)評価手法にもとづき、損害保険等と関係づけられる重要な要素として位置づけられると予想される。

セキュリティのコンセプトとグレードの確認

- 防犯・セキュリティ設計の着手に当たり、計画の目標となる保護対象・脅威(リスク)対象の想定を行うことが重要である[fig.3]。想定脅威については、敷地周辺地域の状況を調査し、施設警備・管理体制を検討した上で、経済性と防犯グレードの整合性を図り目標を定める。
- 防犯グレードの向上は、同時に施設利用者の利便性・快適性を妨げることとなる場合が多いため、バランスのとれたグレード設定を検討していく必要がある。

セキュリティゾーニング・動線計画 [fig.4,5]

- 防犯・セキュリティゾーニングの基本的な概念は、保護対象物に対する想定脅威の排除を目的としている。
- ゾーニング計画は、保護対象物の重要度に応じて、段階的に警戒線および警戒域を設定することが一般的な手法である。警戒線とは、保護対象物を警戒する際に、敷地・建物・室等を施設利用者、管理形態、利用状況を勘案して、重要度に応じて区分する目的で設ける境界線であり、警戒域は、警戒線の間に含まれる区域を指す。警戒線上には、利用者の入館・入室のためのゲートが設置され、入退出管理・制限を行う。
- 基本計画段階では、計画平面に対し、警戒線・警戒域・ゲートによるセキュリティゾーニングを行い、目的としている保護対象物への想定脅威排除が今後の設計工程の中で実現できるかを検証して、平面計画へフィードバックすることが重要である。
- テナントビルや複合用途ビルにおいては、事前にビル事業主側のセキュリティ計画内容を把握し、警戒線の管理区分を明確にすることが重要である。特に複合用途ビルの場合は、施設利用者が多様化するため、アプローチ段階での動線分離、用途に応じた専用動線を確保する計画とすることが望ましい。

監視システム・入退出管理システム

- 一般的なビル施設のセキュリティに供されるシステムを大別すると、出入管理システム、防犯管理システム、防犯カメラシステム等が知られている。
- 出入管理システムはセキュリティ対策の機能のうち、犯罪や不正行為を防止する方法として、扉や壁による区画の確立、人の行動範囲の規制、施錠管理、本人照合、入退室規制等を行うものである。

防犯・セキュリティ性能と検証方法

- 防犯・セキュリティ計画は、プロジェクトにより保護対象・脅威対象が異なり、計画・選定部材・選定機器を相対的に評価することは難しいといわれている。
- 施設運用に対し、防犯・セキュリティは外部委託される場合が多く、警備会社との委託契約という形で防犯性能が完結する場合が多いが、今後は防犯設計に対する防犯性能評価は一般的なものになると予想される。
- 相対評価を行う手法の参考として、電気学会で発表されている安全性評価におけるマトリックスランク評価法(電気学会技術報告第950号)がある。

| fig.1 | **防犯・セキュリティ計画検討スケジュールの一般例**

| fig.2 | **防犯・セキュリティ計画検討体制**

| fig.3 | **想定脅威と保護対象**

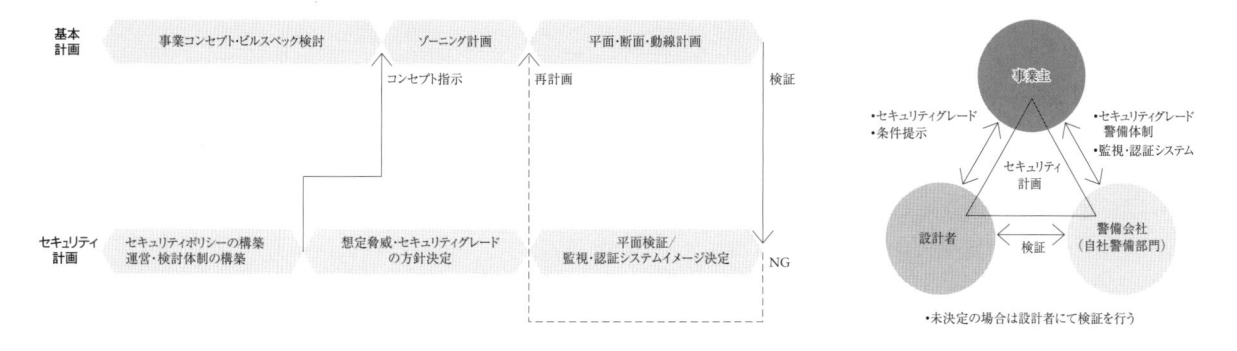

目的分類	保護対象	想定脅威
利益目的	VIP/社員/利用者	誘拐/立てこもり
	室・物品	盗難/置引き/強盗
	情報・書類	盗難/漏洩/複写/盗聴
損害目的	VIP/社員/利用者	攻撃/傷害/殺人/テロ行為
	室・物品	破壊/落書き/器物破損/放火/テロ行為
	情報・書類	改竄/破壊/書類の改竄・破棄
風紀を乱す目的	施設・敷地内風紀・秩序	不審物の放置/浮浪者の俳徊/居座り/火気遊戯/不法投棄/違法駐車・駐輪

想定脅威工具・武器	
電動工具	電動ドリル/カッター
重工具	油圧ジャッキ/大ハンマー/大バール
軽工具	ハンマー/バール/ドライバー/ガラス切り
日常工具	ナイフ/カッター
火器・銃器	拳銃/爆発物/毒ガス

| fig.4 | **本社ビルセキュリティゾーニング例**

GL：エリア間の警戒ラインを示し、それぞれの警戒ラインに想定する脅威・工具・武器に応じた防犯性能（耐久時間、耐久性能）を計画する。

[警戒線・警戒域計画例]
GL1：植栽を敷地境界に設置し、周辺エリアからの侵入を抑止すると同時に、アプローチ部分を限定する。Zone1には適宜、防犯カメラを設置する。
GL2：外壁・窓（ガラス）・扉は、5分間以上軽工具による破壊に耐えることのできる性能とし、機械警備・巡回警備との連動を図る。営業時間帯は、来訪者に対しエントランスホール等は開放できる計画とする。
GL3：セキュリティゲート・間仕切り壁等によりZone2と区画する。セキュリティゲートには認証システムを導入し、入館者を限定するとともに入館履歴を記録する。トイレ等の共用部は、Zone3内に計画することで利便性を向上させる。
GL4：原則としてZone3からのアプローチとし、セキュリティゲート・間仕切り壁等により、Zone3と区画する。認証システムは、指紋認証等GL3より高性能な設備を導入することが望ましい。

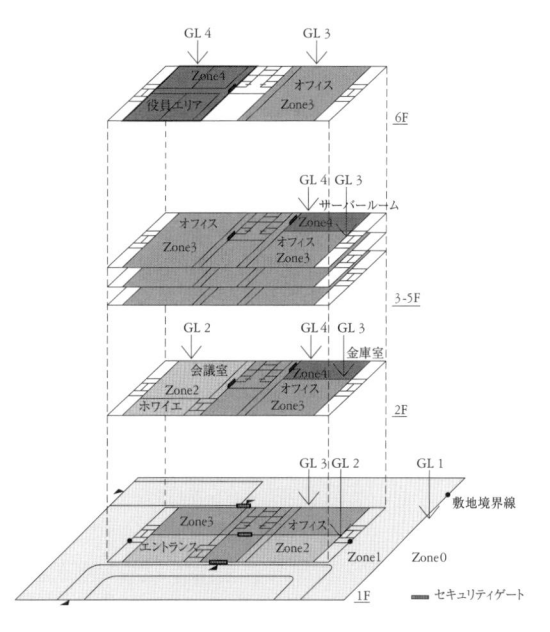

| fig.5 | **防犯セキュリティゾーニングの考え方**

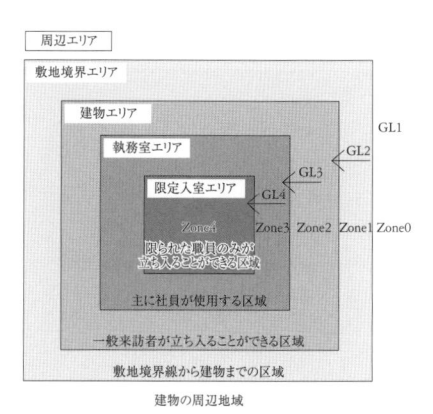

	警戒線・警戒域	略称	内容	防犯機器例
周辺エリア	建物の周辺地域	Zone0	周辺地域	
敷地境界エリア	第1警戒線（敷地外周）	GL1	塀、門	赤外線遮断検知器/防犯カメラ
	敷地境界線から建物までの区域	Zone1	構内道路、駐車場	カードリーダー
建物エリア	第2警戒線（建物外周）	GL2	玄関、窓、外壁、出入口	受動赤外線検知器/防犯カメラ
	建物内部	Zone2	エントランスホール、ショールーム、会議スペース	ガラス破壊検知器/防犯ガラス/マグネットスイッチ/スイッチストライク/カードリーダー/フラッパーゲート/非常ボタン
執務室エリア	第3警戒線（室内入口）	GL3	室内扉、間仕切り壁	受動赤外線検知器/防犯カメラ
	各室の室内	Zone3	共用部、交通部分、トイレ、エレベーター、給湯室等	カードリーダー
限定入室エリア	第4警戒線（室内入口）	GL4	室内扉、間仕切り壁	受動赤外線検知器/防犯カメラ
	各室の室内	Zone4	入室限定の室、対象物	カードリーダー/指紋認証システム/インターロックルーム/金庫

| 63 | 事業プログラム | マネージメント | 条件の整理 | 全体の計画 | ワークプレイスの計画 | 各部の計画 | 環境の計画 | **構造・設備の計画** | その他の計画 |

見落としがちな重要課題

予想しにくいトラブルを未然に防ぐ
空気、水、雪、音、振動、光、臭いなどによって引き起こされる現象を想像する
建築と各種設備での総合的な対策を検討する

- 知的生産性
- 経済
- **安全**
- 社会性
- **快適性**
- 環境
- 都市
- コンプライアンス
- **技術**

トラブルを想像する
- 建築竣工後、計画段階ではまったく予想しなかったトラブルに見舞われることがある。これらは普段目に見えないものによって引き起こされることが多い。
- トラブルを未然に防ぐためには、想像力を膨らませ、あらゆる事態を想定し、建築と各種設備を統合して計画を進めていく必要がある。

重要な事前調査
- 計画地に特有の物理的状況や、天候・災害の履歴を調査し、把握することが重要である。
- 主な項目としては、地歴、太陽高度、卓越風、降雨量、積雪量、断層、水害の歴史、標高、周辺環境、地下埋設物、土壌汚染、地下鉄、高速道路、鉄道、電波シールド等がある。

トラブルの防止
- 空気、水、雪、音、振動、光、臭い等によって引き起こされることが予想されるトラブルに対し、建築平面や断面の構成によって防げるものは、基本計画の段階から案に反映しておく必要がある[fig.1]。
- 建築ディテールや、外構計画、設備計画で対応するものに関しても、基本計画の段階から整理しておく。
- 平・断面計画での対応例:
  - 高層部からの落雪や吹降ろしの風を受ける低層部の張出し
  - 雪を載せる屋根形状
  - 水害を防ぐ断面レベル(1FL、諸室床レベル)の設定
  - 太陽光の反射による光害を防ぐガラス面の方位・形状
  - 敷地周辺で発生する振動・騒音影響を考慮した平・断面計画
- 建築ディテールでの対応例:
  - 鳥害を防ぐワイヤー
  - 風切り音防止ルーバー
  - 防音ガラリ
- 設備計画での対応例:
  - 融雪設備
  - 結露防止設備
  - 機器の消音仕様

[ドラフト対策] [fig.2-5]

ドラフト対策	ドラフトは主に冬期に、内外の温度差による室内空気の浮力により起きる自然現象である。浮力は煙突効果により高さに比例するため、建築が高層になるほど大きな問題となる。エレベーター(EV)シャフト・階段・DS・PS・EPS等の竪穴を経由して、空気が下から上へ向かう。この空気の経路そのものを理解することが、ドラフト対策を行うための基本となる。
具体的な対策	エントランスの回転扉や屋上のエアタイト扉等、入口と出口だけの対策が取られてきた例が多い。しかし、実際は窓やカーテンウォール等隙間だらけであり、出入口に抵抗をつける方法では風の流出入は避けられない。そこで、竪穴シャフトを気密化して、ドラフトの経路そのものを断つという方法が最も効果的となる。EVシャフトや階段室等の竪穴を経路ごとに気密化していく方法である。
乗用EVの対策[fig.2]	竪穴の気密化に当たっては、扉の気密化が最も重要である。乗用EVではドラフト対策扉もあるが、風を止めるためには遮煙対応扉[fig.4,5]が唯一の対策となる。最近では超高層用の遮煙対応扉も開発されており(高さの限度あり)、ドラフト対策として効果を上げている。以下の対策を組み合わせることが有効である。1:乗用EVは全扉に遮煙対応扉を使用 | 2:EV機械室の扉はエアタイト(AT)扉を使用 | 3:EV機械室の給排気ダクトは定風量装置(CAV)を取り付ける | 4:高層用バンクと低層用バンクは区画して遮断する | 5:エントランスには補助的に風除室を設置する | 6:地下駐車場部分は扉を三重化して竪穴と遮断 | 7:EVシャフトそのものをALCの隙間埋め(シール)等で気密化
非常用EV (+特別避難階段) の対策[fig.3]	非常用EV等ある程度以上の昇降行程を有するEVは遮煙対応扉の使用が難しく、EVシャフト単独での気密化ができないことがある。その場合、非常用EV・特別避難階段・付室を含めた全体を気密化する方法が有効である。方法としては、付室と廊下の間に常閉のセミエアタイト(SAT)扉を設置、屋上出入口にAT扉を設置(風除室を設置すると効果大)する等がある。*非常用EVは遮煙対応扉を設置しても、「防火設備としての遮煙戸」の認定がないので注意が必要

fig.1 | 予想されるトラブルの例

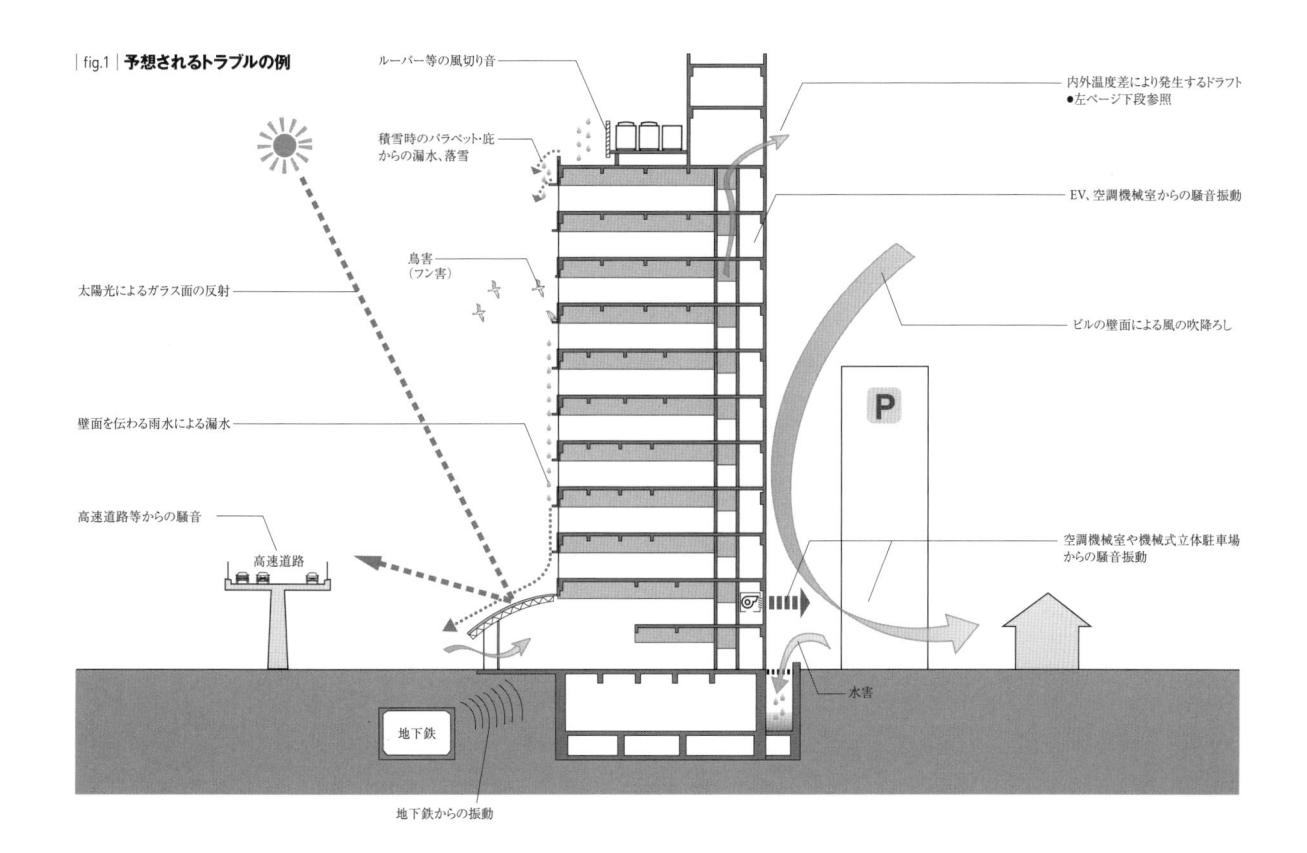

- 太陽光によるガラス面の反射
- ルーバー等の風切り音
- 積雪時のパラペット・庇からの漏水、落雪
- 鳥害（フン害）
- 内外温度差により発生するドラフト ●左ページ下段参照
- EV、空調機械室からの騒音振動
- ビルの壁面による風の吹降ろし
- 壁面を伝わる雨水による漏水
- 高速道路等からの騒音
- 空調機械室や機械式立体駐車場からの騒音振動
- 水害
- 地下鉄からの振動

fig.2 | 乗用EV系統のドラフト対策例 ─ シャフトの単独気密化

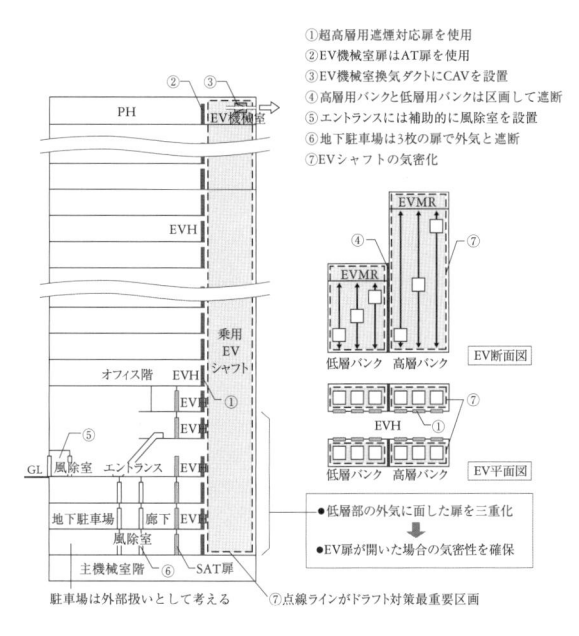

①超高層用遮煙対応扉を使用
②EV機械室扉はAT扉を使用
③EV機械室換気ダクトにCAVを設置
④高層用バンクと低層用バンクは区画して遮断
⑤エントランスには補助的な風除室を設置
⑥地下駐車場は3枚の扉で外気と遮断
⑦EVシャフトの気密化

● 低層部の外気に面した扉を三重化
● EV扉が開いた場合の気密性を確保

⑦点線ラインがドラフト対策最重要区画
駐車場は外部扱いとして考える

fig.3 | 非常用EV系統のドラフト対策例 ─ 複数のシャフトを集約して気密化

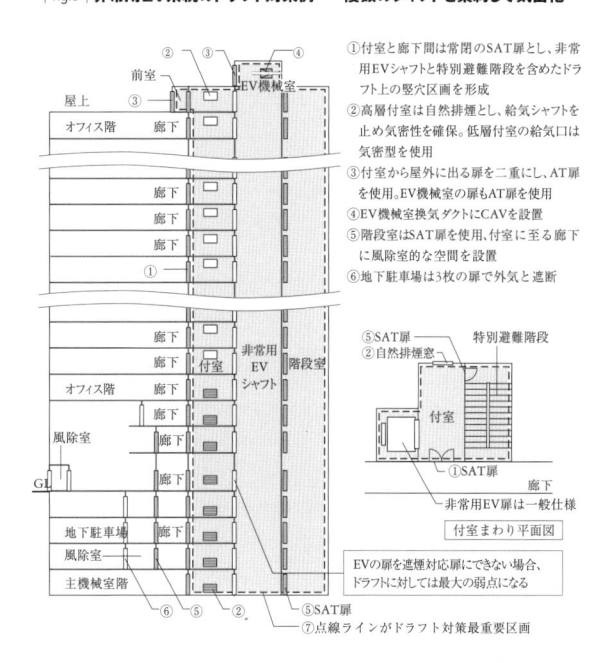

①付室と廊下間は常閉のSAT扉とし、非常用EVシャフトと特別避難階段を含めたドラフト上の堅穴区画を形成
②高層用付室は自然排煙とし、給気シャフトを止め気密性を確保。低層用付室の給気口は気密型を使用
③付室から屋外に出る扉を二重にし、AT扉を使用。EV機械室の扉もAT扉を使用
④EV機械室換気ダクトにCAVを設置
⑤階段室はSAT扉を使用、付室に至る廊下に風除室的な空間を設置
⑥地下駐車場は3枚の扉で外気と遮断

EVの扉を遮煙対応扉にできない場合、ドラフトに対しては最大の弱点になる

⑦点線ラインがドラフト対策最重要区画

fig.4 | EV扉の性能比較

項目	乗用エレベーター		
	一般扉	ドラフト対策扉	遮煙対応扉
①扉の構造	扉の隙間に特に対策なし	シャフト側の扉にモヘヤを設けて隙間の面積を減らしている	気密材（特殊ゴム）により気密性を上げている
②隙間面積比率	100%	31.2%	3.3%
③気密性（圧力差19.6Pa）	100%（約4.5m³/min·m²）	26.0%（約1.17m³/min·m²）	2.9%（約0.13m³/min·m²）

fig.5 | EV扉性能ごとのドラフトによる損失熱量の比較例

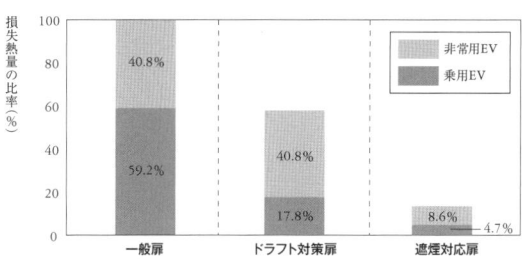

	一般扉	ドラフト対策扉	遮煙対応扉
非常用EV	40.8%	40.8%	8.6%
乗用EV	59.2%	17.8%	4.7%

● 外風圧の影響はないものとして算出
● 非常用EVは付室の扉対策（セミエアタイト）を遮煙対応扉のみに行った場合で算出
● EV台数、建物規模により異なる
● この表は延べ面積約13万m²、乗用EV台数は低層・中層・高層用各6台、非常用EV2台の場合

COLUMN 8 「建物の高さ」とは?

建築の高さのデザインが街のスカイラインをつくる。その一方で、高さに関してはさまざまな規制がある。

建築基準法による高さの規定

- 建築物の高さは、建築基準法施行令第2条1項6号により「地盤面からの高さによる」と定義されるが、一種類ではなく、「建物の高さ」「最高の高さ」「軒の高さ」等がある[fig.1]。基本的には地盤面から各部分までの垂直距離であるが、規制の対象によっては基準レベルが地盤面ではなかったり[fig.2]、どこまでの高さであるかの定義も異なる。
- 建築関連法規以外にも高さに関するさまざまな規制や規定がある。

航空法による高さの規制

- 空港等がある都市に建つ高層ビルには、航空法に基づく高さ規制がある。おおむね空港滑走路からの距離で制限表面が定まるが、仮設物や避雷針そのほか飛行の安全を害さないものは、所管航空局長の承認を受ければ制限表面を超えて設置することもできる。
- 東京では、羽田空港に近い天王洲から品川、汐留と空港から離れるにしたがって、天王洲セントラルタワーがTP126m(TP:東京湾平均海面からの高さ)、品川インターシティでTP144m、汐留シティセンターはTP215mと、オフィス群のスカイラインが変化している。
- 東京タワーや六本木ヒルズ森タワー等、特例を受けている例もある。

高さと景観

- 日本では、市街地建築物法(1919年)で建物高さの百尺(31m)制限があったため、1963年の改正建築基準法での容積率制限へと移行するまでは、街路に面する建物高さがそろった整然とした景観が形成されていた。
- 現在では高さに対する法規制のバリエーションが増えたため、都市全体として建物高さをコントロールすることは難しくなっている。
- 東京日本橋北側の中央通り沿いに位置する「日本橋三井タワー」(2005年竣工、高さ194.69m)は、すぐ隣の三井本館(1929年竣工、高さ約31m)の軒高に低層部の高さを合わせて、都市景観的に建物高さをコントロールした好例[fig.3]である。

| fig.1 | さまざまに規定された「建物の高さ」

建物の高さ	隣地斜線	H1	地盤面から建物上端(棟飾り等を除く)までの垂直距離
	道路斜線	H2	法56条1項1号、令130条の12、令135条の18の場合には前面道路の路面の中心からの高さによる。ただし、塔屋等の面積が建築面積の1/8かつh≦12mの部分は含まない(倉庫や居室等は算入する)。
	日影規制の対象の判断*1 第1・2種住居専用地域内の絶対高さ	H3	地盤面から建物上端(棟飾り等を除く)までの垂直距離 ただし、塔屋等の面積が建築面積の1/8かつh≦5mの部分は含まない(倉庫や居室等は算入する)。
	北側斜線、高度地区の北側斜線、避雷設備、天空率の算定 環境アセスメントの高さ	H3	地盤面から軒の高さまでの垂直距離 塔屋等は、規模にかかわらず含む。
	構造評定の高さ 日影規制の対象*2	H4	地盤面から建物上端までの垂直距離
	総合設計の高さ	H3	地盤面から建物上端までの垂直距離 工作物および広告物、避雷針以外の建築設備(煙突、昇降機等)も含む。
最高の高さ		H3	地盤面から建築物の最高の高さまでの垂直距離 ただし、避雷針、煙突アンテナ、開放性の高い手摺、工作物による屋上立上り壁(ファーリング)は含まない。
軒の高さ		H4	地盤面から建築物の小屋組またはこれに代わる横架材を支持する壁、敷桁または柱の上端までの高さ RC造等の陸屋根の場合は屋上床上端までとし、パラペットは含まない。

*1:第1・2種低層住居専用地域、商業、工業、工業専用地域以外 | *2:第1・2種低層住居専用地域

地盤面	高さの算定 軒の高さの算定 建築面積の算定の基準	「建築物が周囲の地面と接する平均の高さにおける水平面」 地面と接する位置の高低差が3m以上を超える場合は、3m未満ごとに設定するため、高低差が大きい敷地では、複数の地盤面が定められる。
平均地盤面	日影規制における測定面の基準	「当該建築物が周囲の地面と接する位置の平均高さ」 高低差が3mを超える場合や敷地内に2以上の建物がある場合も、平均地盤面は1つとなる。

規制を活かす

- 敷地が狭い、地域の高さ制限が強い等の場合には、道路斜線や高さ制限によって建物の形態が決められてしまうことがままあるが、その制限を逆手にとって建物をデザインしていく力も求められる[fig.4]。

- 高さを考えるときに、上ばかりを見ていてはいけない。地面側の基準レベルの位置も、斜線規制、天空率や壁面後退の基準線を建物周囲のどこに設定するかについても、規制の目的や考え方によって異なっている。[fig.1,2]

| fig.2 | **高さの基準となる地盤面**

| fig.4 | **日本橋1丁目ビルディング[2004年竣工]**
建物の外壁を特定街区の形態規制（1/5斜線）に沿った円弧状にデザインすることで、シンプルながらも特徴的な外観となっている。

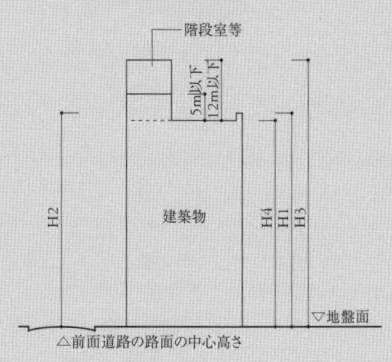

| fig.3 | **日本橋三井タワー**
中央通りに面した低層部の高さを、隣接する三井本館とそろえている

コスト計画[1]――ライフサイクルコスト：LCC

コストコントロールプロセスの第一段階として基本計画をとらえる
LCCに大きく影響する計画要素を把握する
概算結果をもとに、予算や計画内容の見直しが必要かどうかを判断する

コストコントロールのタイミング

- 設計が20%進んだ段階で、コストを決定する要因の80%が決まっているといわれている(パレートの法則)。建築物においても、性能・仕様の決定・絞り込みと同時にコストがほぼ決まり、その決定状況は、企画段階から運用段階までfig.1のように推移するものと予想される。
- 建築物の運用も含めた寿命全体の中でも、基本計画段階でのコストコントロールが最も効果的である。

ライフサイクルコスト（LCC）

- 建物の生涯にわたるトータルの費用のこと。建築物の企画設計、建設、運用管理および解体再利用の各段階にかかるコストの総計として、資本利子と物価変動の影響を加味して、想定される使用年数全体の経済性を検討するために用いる。
- LCC全体で見れば建設工事費等のイニシャルコストは氷山の一角にすぎず、水面下に隠れているランニングコストが圧倒的な割合を占める[fig.2]。
- 建設工事費のみの比較とLCCを加味した比較とでは、経済性の順位が異なる場合がある[fig.3]。

LCCコントロールのプロセス [fig.4]

- ライフサイクルの段階ごとに、計画全体の代替案をLCCで比較検討して選択する方法と、部分的な個別の代替案を比較検討して選択する方法を適用する。
- 基本計画段階では、高層・中層・低層等の建物形状(建築面積、基準階の面積と階数等)、各種設備システム等の組合せによる代替案を評価、検討することが多い。

LCCの項目

- LCC(トータルコスト)は、企画設計コスト、建設コスト、運用管理コスト、解体再利用コストの4項目に大別できる。これらのコストはそれぞれさらに細分化して体系化されており、運用管理コストには、保全・修繕・改善・運用(光熱水費等)・一般管理(税金、保険料等)のコストが含まれる。
- 建設コストのうち工事コスト(建設工事費)の各項目(建築・電気設備・機械設備等)における設計内容は、運用管理コストや解体再利用コストに直接影響する。
- これらのコストのうち、LCC全体に占める率の高い項目は、工事コスト、保全コスト、修繕コスト、運用コストであるが、工事コストは保全・修繕・運用のコストの1/2-1/4にすぎない。これらのコストは相互にトレードオフの関係にあるものが多く、トータルの最適コストを求める必要がある。
- 企画設計コストの比率はごく小さいが、企画設計の結果が比率の大きいランニングコスト(運用管理コスト)に大きな影響を与える。LCCを大きくしないためには、企画設計コストが増大することになってもここで十分に中身を詰めるべきである。

LCCの算出事例

- モデル庁舎を参考とした建築物を想定して、LCCを算定した事例を2例示す [fig.5]。
- 事例では建築物の耐用年数を65年としている。一方、設備類の耐用年数(寿命)は15-30年であり、建築物全体の耐用年数の中で1-3回更新されることになる。

LCCの削減案 [fig.6]

- LCCを削減する設計留意点としては、以下のものが挙げられる。
  - 更新性能の向上(更新用配線・配管スペースの確保、機器更新スペースの確保、躯体と設備の分離、部位・部材間の分離、システムごとの分離・独立化、修繕・更新期間の同調化等)
  - 耐久性能の向上(躯体の耐久性向上、システムの冗長性確保、耐用年数の長い材料・工法の採用等)
  - 可変性能の向上(平面・高さのゆとり確保、積載荷重・設備容量のゆとり確保、天井・間仕切りの改変性確保等)
  - 保全性能の向上(保全作業の機械化・自動化、ビルメンテナンスシステム(BMS)の導入、清掃の簡易性確保、メンテナンス通路の確保、メンテナンスフリー機器の導入、部品数・機器数の削減、故障・修理箇所の発見の容易化等)
  - 省エネルギー・省資源(建物外皮の高断熱化、日射の遮断、各種省エネシステム・高性能機器の導入、自然エネルギー利用等)
  - 解体再利用コストの削減(再利用・分別収集しやすい材料・工法の採用等)
  - 税金の節約(設備、器具・備品等のコスト項目比率向上による減価償却の短縮等)

| fig.1 | 性能とコストの決定状況

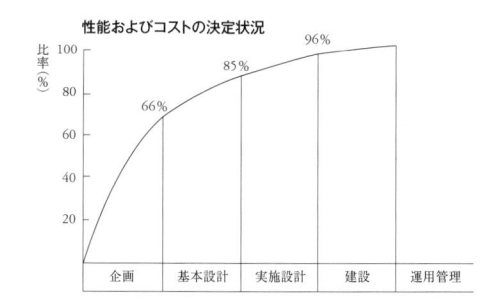

性能およびコストの決定状況
比率(%): 企画 66%、基本設計 85%、実施設計 96%、建設、運用管理

| fig.3 | LCC契約の経済性

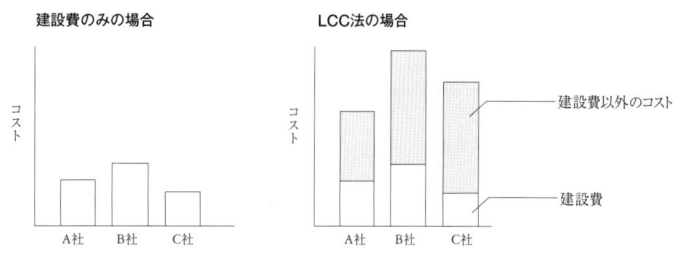

建設費のみの場合：A社、B社、C社
LCC法の場合：A社、B社、C社（建設費以外のコスト／建設費）

建設費だけ見るとC社が最小であるが、ライフサイクルコストを考えると、実はA社が最小になる。

| fig.2 | ライフサイクルコスト

企画・設計コスト、土地取得費、初期建設費、企業・団体、保全コスト、修繕コスト、その他のランニングコスト、一般管理コスト、運用コスト

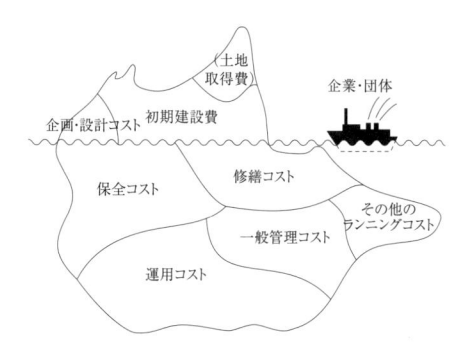

| fig.5 | LCCの算出事例

使用年数：65年
延べ面積：15,596m²
構造：鉄骨鉄筋コンクリート
階数：地上9階、地下1階

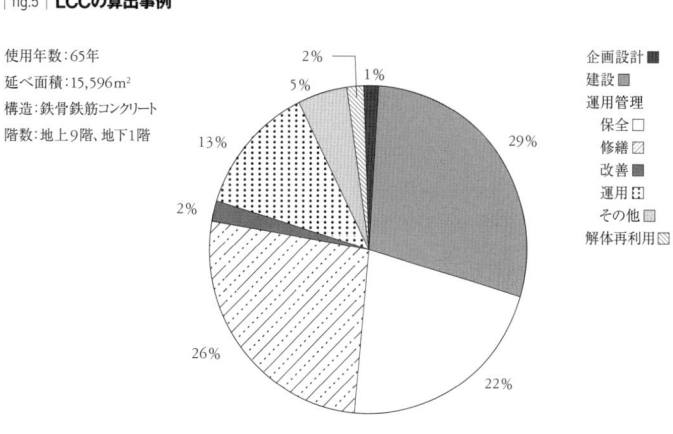

企画設計 1%、建設 29%、運用管理、保全 22%、修繕 26%、改善 2%、運用 13%、その他 5%、解体再利用 2%

使用年数：65年
延べ面積：3,444m²
構造：鉄筋コンクリート
階数：地上4階

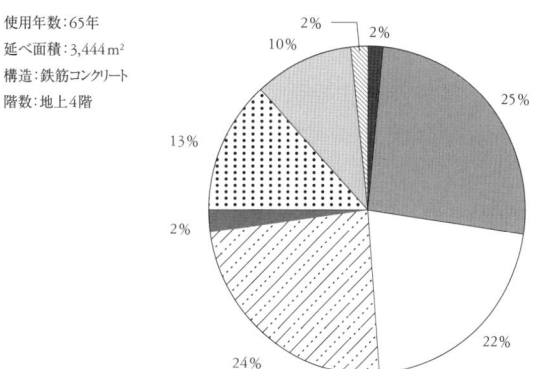

2%、25%、22%、24%、2%、13%、10%、2%

| fig.4 | LCC利用の各段階

	代替案 全体	個別
企画段階	○	
基本設計段階	○	○
実施設計段階	○	○
建設段階		
運用管理計画段階	●	
改善 基本設計段階	○	
改善 実施設計段階	●	○
改善 運用管理計画段階	●	○
運用処分段階		○

使用年数65年間で資本利子と物価変動率がお互いの影響を打ち消し合っている前提で、この期間に必要となる諸費用を現在価値として積み上げたグラフ。既存の資料、調査データ、過去の実績を勘案して算定している。これらの例では官庁建築物の保全コスト・運用コストのデータを用いており、企画設計コストが全体の1-2%、建設コストが25-29%であるのに対して、竣工後の保全・修繕・運用コストの合計は59-61%に達している。
一方、民間のデータを用いた試算では、建設コストは全体の16.3%、20.8%等と、さらに低い率になっている例もある。企画と設計により多く投資して、保全・修繕・運用コストを削減することが望ましい。また、企画設計段階では、建設コスト削減よりも保全・修繕・運用コスト削減に比重を置いて検討すべきである。

| fig.6 | LCCの削減例

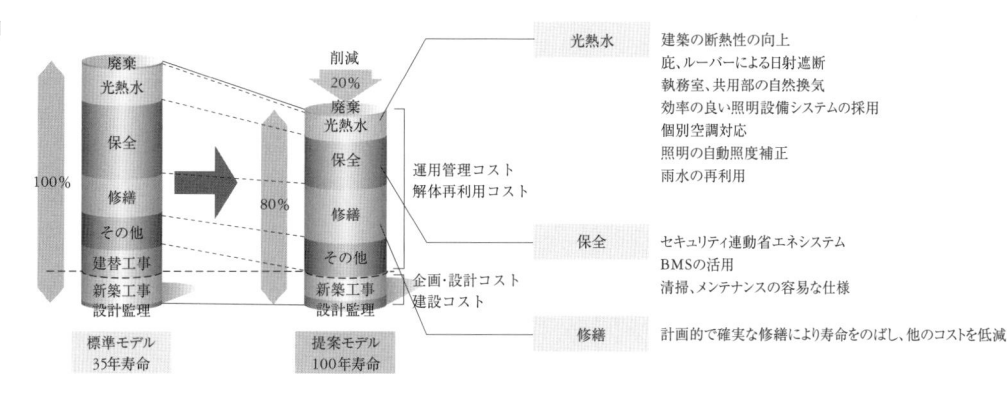

LCC（ライフサイクルコスト）

標準モデル 35年寿命 100% → 提案モデル 100年寿命 80%

廃棄、光熱水、保全、修繕、その他、建替工事、新築工事設計監理

削減 20%

光熱水：建築の断熱性の向上／庇、ルーバーによる日射遮断／執務室、共用部の自然換気／効率の良い照明設備システムの採用／個別空調対応／照明の自動照度補正／雨水の再利用

保全：セキュリティ連動省エネシステム／BMSの活用／清掃、メンテナンスの容易な仕様

修繕：計画的で確実な修繕により寿命をのばし、他のコストを低減

運用管理コスト／解体再利用コスト／企画・設計コスト／建設コスト

● 02 ファシリティ戦略→P.30 | 03 事業の目的目標→P.32 | 11 オフィス整備手法の選択→P.48 | 14 予防保全計画の重要性→P.54
15 ライフサイクルを考慮した建築計画→P.56 | 30 グレード設定→P.88 | 51 環境デザインのコンセプトと条件の把握→P.140
52 スケルトンによる基本的な環境性能の確保→P.144 | 53 環境性能を向上させる要素技術→P.148

65 コスト計画［2］——工事費の主なパラメーター

事業プログラム / マネージメント / 条件の整理 / 全体の計画 / ワークプレイスの計画 / 各部の計画 / 環境の計画 / 構造・設備の計画 / **その他の計画**

各工事項目の建設工事費全体に占める比率を把握する
基本計画の骨格が建設工事費の過半を決定することを理解する
類似事例をもとにした統計的な資料から概算を算出する

知的生産性
経済
安全
社会性
快適性
環境
都市
コンプライアンス
技術

コストコントロールプロセス

- LCCのうち、建設工事費のコントロールプロセスをfig.1に示す。このプロセスを経て決定される設計内容は、運用コスト、解体再利用コストにも直接影響を及ぼす。
- 建設工事費のコントロールとしては、企画から完成に至る各段階の中でも、事業主の要望を具体化した基本計画・基本設計段階でのコストチェック、概算が非常に重要である。
- 企画・基本計画段階では、類似例の調査（m²単価、坪単価）、社内の実績、業界専門誌・市販出版物等から収集したデータを時差補正も含めて整理し、数量は概算数量等を利用する。
- 段階ごとに、延べ床の面積単価、予算・目標コストとの整合性、コスト項目別の工事費配分をチェックしながら全体を調整する。

建設工事費の概算方法と構成比率

- 建設工事費は、Ⅰ：直接工事費、Ⅱ：共通費、Ⅲ：消費税相当額に分けて検討する。
- Ⅰの項目としては、建築は仮設／土工・地業／躯体／外部仕上げ／内部仕上げに、設備は電気／空調／給排水・衛生／昇降機／その他に配分し、外構面積が広い場合は屋外施設工事と建物に配分する。
- ⅠとⅡの合計が工事価格（税抜き）となる。
- 工事項目ごとの割合、面積・単位量当たりの単価を想定して、全体の概算を組み立てる［fig.2］。
- 実例における直接工事費の内訳の比率をfig.3に示す。

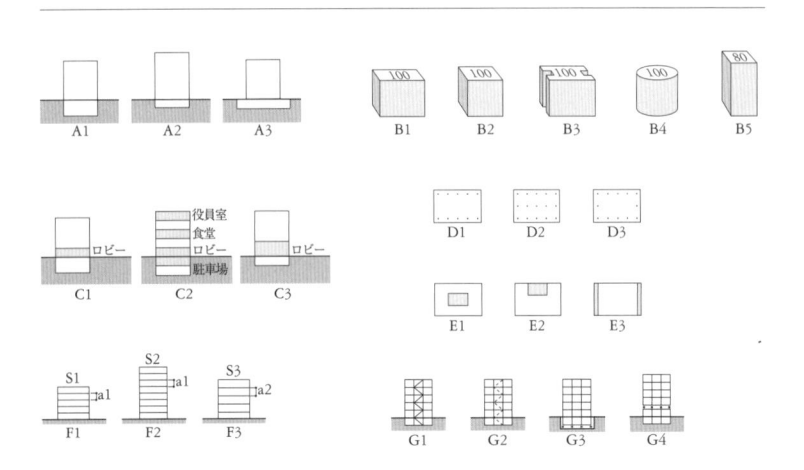

建設工事費に影響する計画要素

A｜地下
- 同一の延べ面積でも、地下比率が高いほど、土工・地業・躯体の増加が地上外壁の減少を上回る（A1≧A2）。
- 地下の深さと広がりは、支持地盤位置と基礎の関係、山留めの面積、掘削土量、構造的安定性等と密接に関連し、敷地条件に応じて工事費への影響が異なる（A1⇔A3）。

B｜外壁面積
- 延べ面積および基準階床面積が同一であったとしても、基準階の平面形状（周長）の違いにより、外壁面積に違いが出る（B4円形＜B2正方形＜B1長方形＜B3凹凸のある長方形）。
- 基準階面積が小さく階数が多くなるほど、外壁面積は大きくなる傾向にある（B1＜B5）。

C｜非執務室空間
- 食堂・役員室等が多いほど内部仕上げのコストが高く、階高に応じて、躯体・外部仕上げのコストも高くなる（C1＜C2）。
- 非執務室空間の面積が同一でも、階高が高いほど、躯体・外部仕上げ・内部仕上げのコストが高くなる（C1＜C3）。

D｜構造計画（柱スパン）
- 構造上の最も経済的なスパンとワークプレイスの使い勝手は必ずしも一致しない（D2）。
- 外周の柱スパンは、オフィスのモジュールとともに最適な寸法を検討する（D3＜D1）。

E｜構造計画（重心）
- 構造上は平面的に重心が偏らないほうが経済的となる場合が多いため、バランスの良いコア配置が求められる（E1、E3＜E2）。

F｜構造計画（アスペクト比）
- 基準階面積を小さく階数を多くする場合には、外壁面積が増えるのみならず、アスペクト比が大きくなるため経済的に不利となる（F1＜F2）。階高を大きくとる場合も同様である（F1＜F3）。

G｜構造計画（地震対策）
- 制振ブレースなどによる制振構造（G2）よりも、ブレースなどによる耐震構造（G1）の躯体費が高く、免震構造（G3,G4）はさらに躯体費がかかる傾向にある。
- 中間層免震（G4）はEVや階段など竪シャフトでの変位吸収機構が必要となるが、免震ピットや擁壁が必要な基礎免震（G3）よりも割安となる傾向が強い。

F-1：計画要素ダイアグラム

fig.1 コストコントロールプロセス

段階	企画	基本計画	基本設計	実施設計	工事契約	工事監理
工事費算出方法	[工事費の目安] 予算を立てる	[目標工事費の設定] 基本方針を固める	[目標工事費の設定] 予算に対するチェック	[設計内容の確定] 目標に対するチェック	[契約工事費の確定]	[変更工事費の確定]
算出方法の種類	・類似例で目安を立てる ・フィジビリティスタディ	基本計画概算	基本設計概算	・実施設計概算 ・実施設計積算 =数量×単価	見積書の分析・査定	・変更見積の分析・査定
算出の拠り所	企画案 類似例、過去実績	基本計画図書 類似例、過去実績	基本設計図書 類似例、過去実績	実施設計図書 メーカー見積、刊行物等	工事発注図書 施工者による見積書	変更指示書 工事内訳書等
工事費項目	全体工事費	建築は部分別 設備は工種別	建築は部分別 設備は工種別	建築は工種別 設備は工種別	建築は工種別 設備は工種別	建築は工種別 設備は工種別
数量の見方	全体床面積	概算数量	概算数量	積算基準にもとづく数量	施工者による数量	施工者による数量
工事費チェックのポイント	m²単価、坪単価(法定延べ面積)でチェックする。 →					
	発注者予算・目標コストとの整合性をチェックする。追加・変更条件(発注者要望・諸官庁指導等)との関係を整理する。 →					
		建築(構造・仕上げ):設備(電気・空調・衛生・昇降機)の工事費配分をチェックする。 →				
バリューエンジニアリング(VE)		基本計画VE	基本設計VE	実施設計VE	施工者提案VE	施工段階VE

fig.2 工事費の概算方法

項目			内容	概算方法	備考
I	直接工事費				
	1 建築工事				
		(1)直接仮設	墨出し、外部・内部足場、養生、整理清掃等	関連工事費の5-7%	工事の規模や敷地状況により変動する
		(2)土工・地業	根切り・埋戻し・建設発生土処分・山留め・排水・砂利地業・杭地業等を含む	土工は延べ面積当たり単価。地下面積がわかれば地下容積単価に置き換える。地業は地盤状況により延べ面積当たりの単価を採用	地盤状況がわかれば土工と地業を分ける
		(3)躯体	鉄筋・コンクリート・型枠・鉄骨・耐火被覆	構造形式による延べ面積当たりの各資材の歩掛りより躯体単価を算出	基礎、地下躯体、地上躯体を分ける場合もある
		(4)外部仕上げ	屋根・外壁・外部開口部・外部天井・外部雑	延べ面積当たり外装単価。外装仕上げおよび建物形状により単価を補正	複雑なカーテンウォール等は、メーカー見積により概算を補正する
		(5)内部仕上げ	内部床・内壁・内部開口部・内部天井・内部雑	延べ面積当たり単価	
	2 電気設備工事		各設備項目(中項目)の算出	m²当たりや容量当たりの単価を類似事例を用いて算出	特殊なシステム等は、メーカー見積により概算を補正する
	3 空気調和 設備工事		各設備項目(中項目)の算出	主に熱源方式、空調方式により類似事例の面積当たり単価を採用	特殊な熱源機器、システム等は、メーカー見積により概算を補正する
	4 給排水 衛生設備工事		各設備項目(中項目)の算出	類似事例による面積当たり単価	特にスプリンクラー設備等の消防設備による単価差に注意。特殊な水処理設備等は、メーカー見積により概算を補正する
	5 昇降機 設備工事			延べ面積当たり単価	高層・低層により単価差あり。建築工事に含める場合もある
	6 機械駐車 設備工事			駐車方式による台数当たり単価による	
	7 屋外施設工事		敷地内の外構	外構面積当たり単価	おおむね、外構面積=敷地面積−建築面積
II	共通費				
	1 共通仮設費		仮設事務所・工事用電力・揚重等の費用	直接工事費の3-6%程度	
	2 諸経費		現場管理費・一般管理費(本社経費)等	直接工事費+共通仮設費の10-12%程度	
III	消費税相当額				

fig.3 建設工事費の構成比率事例

凡例: ■屋外施設工事 ⊞機械駐車設備工事 ■昇降機設備工事 ⊠給排水・衛生設備工事 ■空気調和設備工事 ▨電気設備工事 ■躯体 ⊞土工・地業 ■直接仮設 ▨内部仕上げ □外部仕上げ

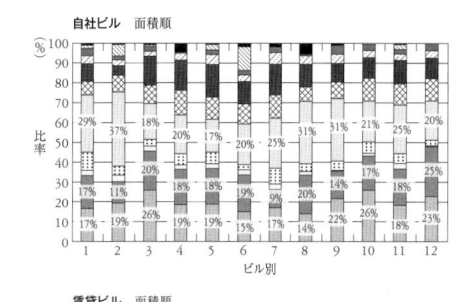

種別	ビル	階数(地上/地下)	延べ面積(m²)
自社ビル	1	5/2	~5,000
	2	9/1	
	3	7/0	
	4	5/0	~10,000
	5	7/2	
	6	9/1	
	7	10/1	~50,000
	8	4/1	
	9	25/1	
	10	12/2	
	11	12/3	
	12	15/1	~100,000
賃貸ビル	A	10/1	~5,000
	B	11/1	~10,000
	C	8/2	
	D	9/1	
	E	14/3	~50,000
	F	19/3	
	G	20/2	
	H	24/2	~100,000
	I	28/2	
	J	30/2	
	K	22/1	
	L	38/2	
	M	34/3	100,000~
	N	42/3	

概略工事工程

構造・基礎形式による工事工程への影響を理解する
基本計画の骨格が建設工期の過半を決定することを理解する
類似例をもとにした統計的な資料から概略工事工程と工期を算出する

準備工事
- 仮囲いの設置、仮設事務所の建設、工事前の各種準備等、実際の工事着手前に必要な作業。これらの作業は、基本的には確認済証を受ける前でも可能である。

山留め工事・掘削工事
- 地下部分を建設するために、まわりの土が崩れないように処置をするための工事。計画深さや地下水位によっては、掘削した場所に水が入らないような山留めが必要となる。
- 都市部での工事では既存建物の解体跡に建設されることが多く、既存建物の地下躯体を完全に除去して新築を行うのか、一部を山留め等に利用しながら行うのか等、新築躯体との関係が、地下工事の工期に大きく影響する。
- 基本計画段階で地下の取合いを詳細に検討し、工期設定に盛り込むことが必要である。
- 着工について明確な定義がないので、工事の実態に照らして判断されるべきと考えるが、一般に「根切り(山留め)工事」または「杭打ち工事」の着手時点をいう。

基礎工事
- 杭基礎を採用した場合、直接基礎に比べて杭工事期間の分だけ工期が長くなる。
- 地下が浅い場合、掘削完了よりも杭の製作期間がクリティカルになる場合もある。

躯体工事
- 鉄骨造のような乾式工法か、鉄筋コンクリート造や鉄骨鉄筋コンクリート造のような湿式工法かにより、あるいは階数によって、工期が大きく異なる。
- オフィスでは比較的大きなスパンを確保するため、鉄骨造で計画される場合が多い。通常、運搬の制限から「節」と呼ばれる約15mを1ピースとし、大規模ビルでは3層分程度ずつを3-4週間のサイクルで組まれる。
- 鉄骨造で耐火被覆を必要とする場合、鉄骨建方に引き続いて耐火被覆工事が行われる。

外装工事
- カーテンウォールの場合、床板が完成した階から外装を取り付けていくことになる。
- メタルカーテンウォールの場合、フレームとガラスを現場にて組み立てながら取り付けていくノックダウン工法と、あらかじめ工場等で組み立てたものを取り付けるユニット(ユニタイズ)工法、あるいはその組合せがある。

内装工事
- 外装が完成し、室内が外部の風雨から守られるタイミングで内装工事が始まる。

設備工事
- 工程上大きなポイントとなるのは、本設の電力を受ける「受電」のタイミング。受電設備の完成後でなければ「受電」できないため、受電設備を置く場所が工程上どのタイミングで完成するかがポイントとなる。
- 大規模プロジェクトでは、受電後の試運転調整、検査の期間は数カ月にも及ぶ。

外構工事
- 外部の仕上げ、植栽工事、外部排水工事や道路の切下げ、工事用の切下げ復旧等。
- 開発許可案件での制限解除申請を行っている場合や、総合設計等は、外構工事の完成後が検査となるため、検査スケジュールを想定する場合に注意が必要である。

完成検査
- 行政の完了検査(建築主事、消防ほか)、施工者の検査、設計監理者の検査、事業主の検査等の期間を十分に見込む。
- 大規模プロジェクトでは手直し期間も含め、引渡し前から1-1.5カ月は必要となる。

工期想定
- 全体工期は、各々の工事にどのくらいかかるかに左右される。地下の有無・深さ、杭等特殊地業の有無、地上階数、鉄骨造か鉄筋コンクリート造か等によって、工事期間に影響がある。

| fig.1 | **工事工程の例**

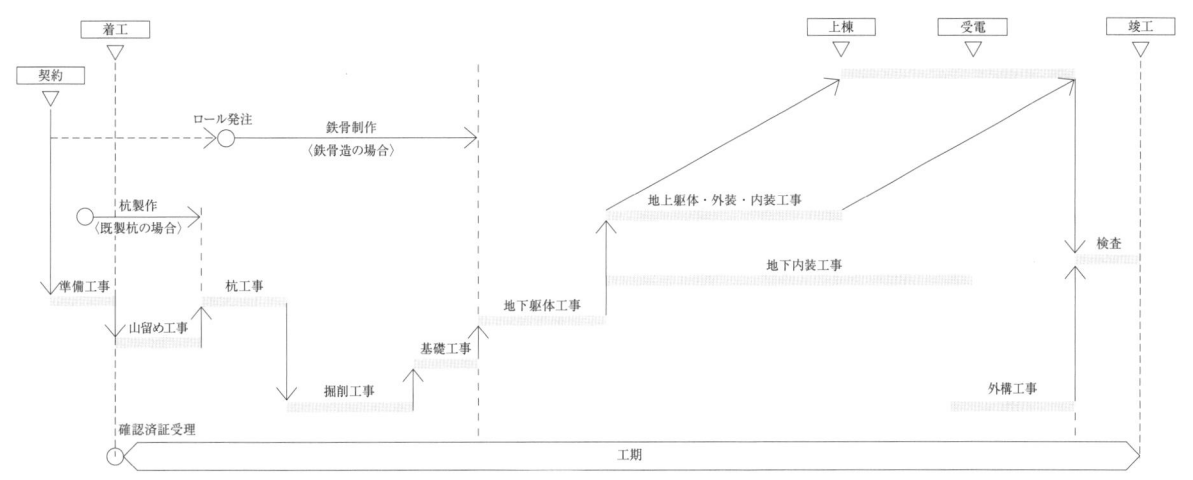

●確認申請期間や工事実態に照らして、杭工事着手時点をもって着工とする場合もある。

| fig.2 | **工事工程算定の根拠となる歩掛りの例**――これらの数値は規模や工事条件によって異なることに注意

準備工事	延べ面積 2,000㎡未満：1カ月程度　延べ面積 2,000-20,000㎡：1.5カ月程度　延べ面積 20,000㎡以上：2カ月程度
山留め工事	SMW、シートパイル：60-100㎡/(日・台)　RC連続地中壁：45㎡/(日・台)　親杭横矢板：100㎡/(日・台)
杭工事	場所打ちRC杭：0.8-1.0本/(日・台)　既製杭：3-10本/(日・台)…継ぎ本数により異なる
掘削工事	地下面積 1,000㎡未満：450㎥/日　地下面積 1,000-2,000㎡：750㎥/日　地下面積 2,000㎡以上：1,000㎥/日
地下躯体工事	地下面積 2,000㎡未満：1カ月/階　地下面積 2,000-5,000㎡：2カ月/階　地下面積 5,000㎡以上：2-3カ月/階
地上躯体工事	RC造、SRC造：0.6-1カ月/階　S造：0.5-0.7カ月/節　高層積層工法：0.5カ月/節
内装工事	躯体工事完了後4-6カ月
外装工事	躯体工事完了後4-6カ月
外構工事	全体工事 2.5-3.5カ月　外部足場解体後1.5-2カ月
検査	延べ面積 5,000㎡未満：1カ月　延べ面積 5,000-20,000㎡：1.5カ月　延べ面積 20,000㎡以上：2カ月

| fig.3 | **工事工程に影響を与える要因の例**

1：労務や資機材の供給条件	調達作業員数　調達重機台数
2：メーカー等の生産能力	月産能力　受注状況
3：1日当たりの作業時間	早出残業　夜間作業　連続作業
4：気象条件	降雨　降雪　風
5：祝祭日	週休2日・年末年始・夏期休業
6：近隣状況	交通量・交通規制　公道の使用制約・近隣工事協定
7：環境影響評価	交通量・大気汚染　地盤沈下・史跡文化財
8：仮設計画	作業エリア・上下同時施工・自動化施工
9：工事の難易度	軟弱地盤・電波遮断　近接施工・計測管理
10：事業主・監理者	発注方式・監理方式

| fig.4 | **建物規模と建設工期**

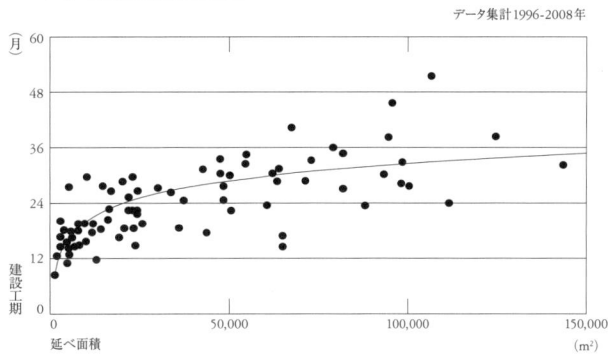

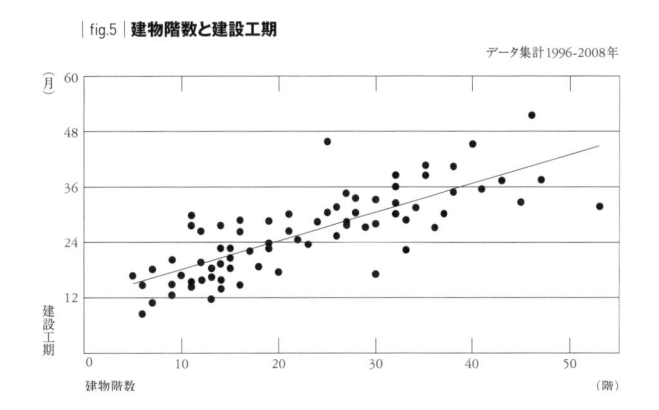

データ集計1996-2008年

| fig.5 | **建物階数と建設工期**

データ集計1996-2008年

|3| オフィスのカテゴリー別事例

- 事業プログラムや基本計画をまとめるにあたり、
  竣工事例の図面やデータをベンチマークとして利用することも有効である。
- 自社使用、自社＋テナント、テナント、複合建築（他用途との複合）の4つに分類して、
  それぞれ数点ずつ規模順に紹介する。
- 基本計画時点での検討結果が、最終的な建築や環境のありように大きく影響していることがうかがえる。

［自社使用］

TG港北NTビル［アースポート］
地球環境戦略研究機関
乃村工藝社本社ビル
マブチモーター本社棟
日建設計 東京ビル
パナソニック電工東京本社ビル
日産先進技術開発センター
日本電気本社ビル［NECスーパータワー］

［自社使用＋テナント］

大阪弁護士会館
JTビル
経団連会館

［テナント］

渋谷プレステージ
YOMIKO GINZA BLDG.
Ao〈アオ〉
東京倶楽部ビルディング
名古屋インターシティ
泉ガーデンタワー
新宿NSビル
ミッドランドスクエア

［複合建築｜他用途との複合］

住友不動産 飯田橋ファーストビル・ファーストヒルズ飯田橋
赤坂インターシティ
日石横浜ビル
パシフィックセンチュリープレイス［PCP］丸の内
TOC有明
日本橋三井タワー
新宿アイランド

01 | TG港北NTビル［アースポート］

Tokyo Gas Earth Port

所在地 横浜市都筑区茅ヶ崎町
主要用途 オフィス［自社使用］
設計 日建設計
階数 地上4階、塔屋1階
敷地面積 2,498.84m²
建築面積 1,652.76m²
延べ面積 5,633.77m²
基準階面積 905.47m²［4階］
建ぺい率 66.14%
容積率 180.36%
最高の高さ 27m
階高 4.25m
天井高 2.8-3.5m
主なスパン 3.2×13m
空調方式 インテリア：天井サプライチャンバーVAV床リターン方式、ペリメータレス（ライトシェルフ＋Low-E複層ガラス）
駐車台数 77台
開発手法 一般法規
竣工年月 1996年3月

自然エネルギーの最大利用を図りながら快適で省エネルギーな環境づくりがどこまで可能かという課題を、都市の大部分を占める中小規模のオフィスビルにおけるライフサイクル省エネルギーの視点で追求した建物である。サポートスペースを開放し、光や風の縦の道として再構築する"エコロジカルコア"を提案し、オフィスの両面採光、自然換気による自然エネルギーの最大利用を図るとともに、階ごとに分断されていたオフィスに、新しいコミュニケーションのスペースを提案している。
また、建物の部位に応じた適正な断熱性能の材料の使用、再生材の積極的使用、雨水利用等、エネルギー・資源の効率的使用を徹底している。

北西側外観｜撮影：新建築社写真部

自社使用
自社使用＋テナント
テナント
複合建築

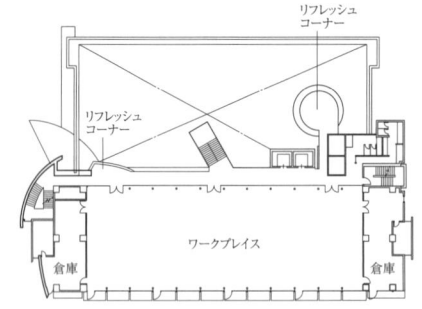

3階平面図 1/1,000

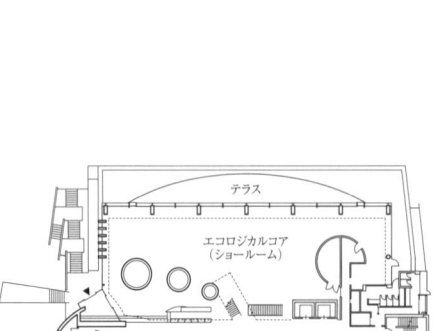

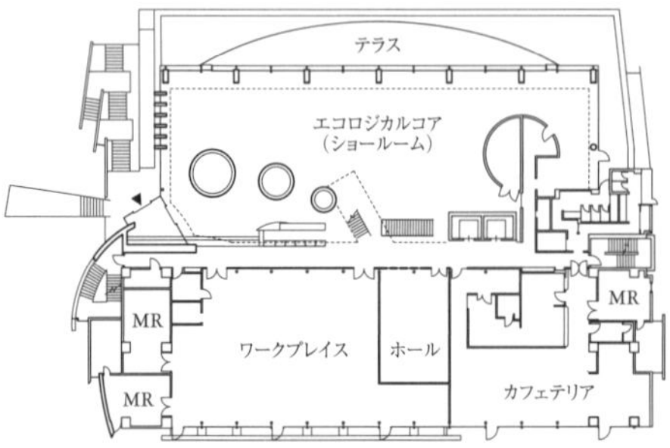

2階平面図 1/1,000

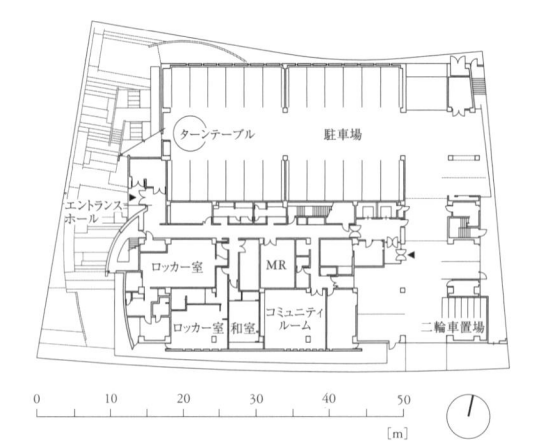

1階平面兼配置図 1/1,000

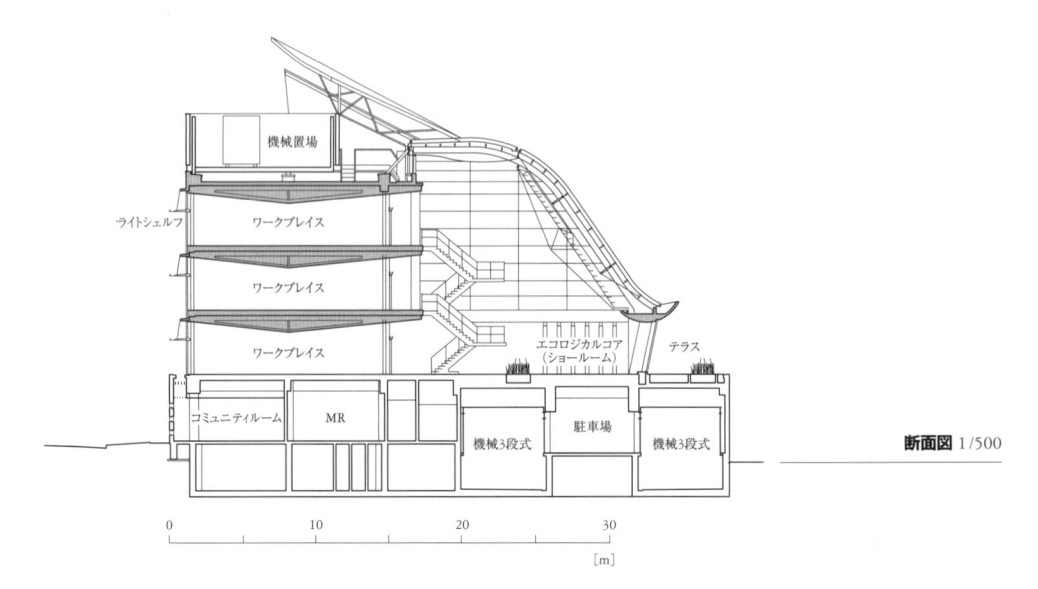

断面図 1/500

02 地球環境戦略研究機関
Institute for Global Environmental Strategies

所在地 神奈川県三浦郡葉山町
主要用途 オフィス[研究施設]
設計 日建設計
階数 地上2階、地下1階
敷地面積 20,974.49㎡
建築面積 4,404.06㎡
延べ面積 7,408.11㎡
基準階面積 2,326.44㎡[2階]
建ぺい率 20.99%
容積率 33.34%
最高の高さ 17.8m
階高 4.2m
天井高 2.7-3.4m
主なスパン 3.8×12.5m
空調方式 インテリア[研究室]：外調機+コンパクト型空調機、ペリメータレス(エアフローウィンドウ+ライトシェルフ+縦ルーバー)
駐車台数 54台
開発手法 一般法規
竣工年月 2002年4月

―

西に富士山と相模湾を臨む緑豊かな葉山の丘陵地に建設された、地球環境に関する実践的・戦略的な政策研究を行う(財)地球環境戦略研究機関の本部研究施設。
恵まれた敷地のポテンシャルを最大限活用し、高度な研究を柔軟にサポートしていける実用的で快適な研究環境をつくり、施設自体を研究内容にふさわしい環境親和型建築のプロトタイプとすることが目指された。最上階にまとめて配置された研究スペースは、西側に広がる眺望に合わせて大きく弧を描く形態となっている。窓まわりに設けられた全長130mのライトシェルフは西日を完璧に遮るとともに、柔らかな反射光を室内に導き、研究スペースの照明電力を1/4に削減している。
東側のアトリウムは、玄関ホールを兼ねた研究者同士の出会いの場であるとともに、この地域の卓越風による吸引効果によって建物全体の自然換気を効果的に行う空間として、エネルギー負荷軽減にも大きく貢献している。

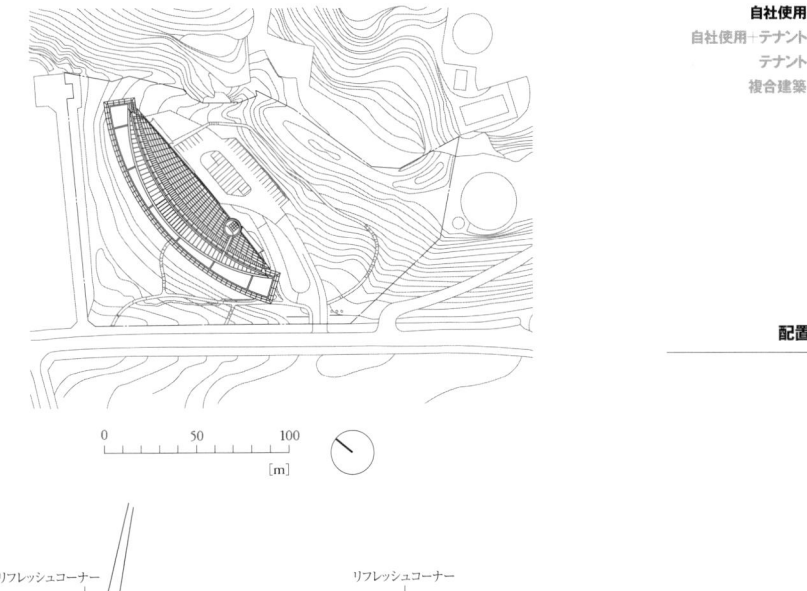

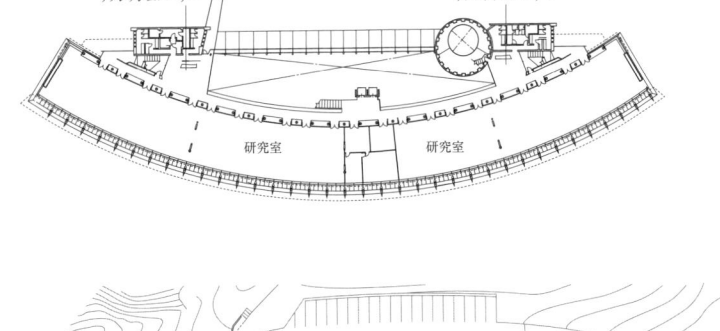

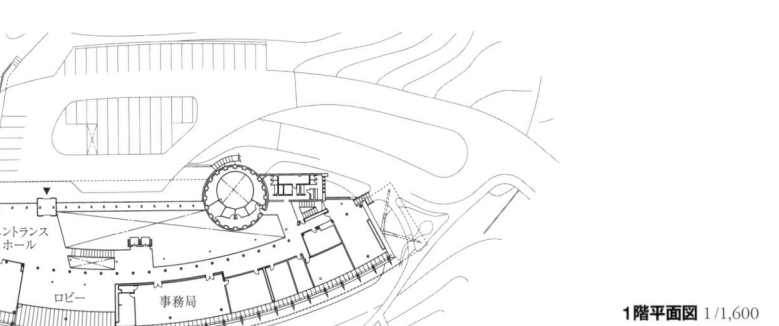

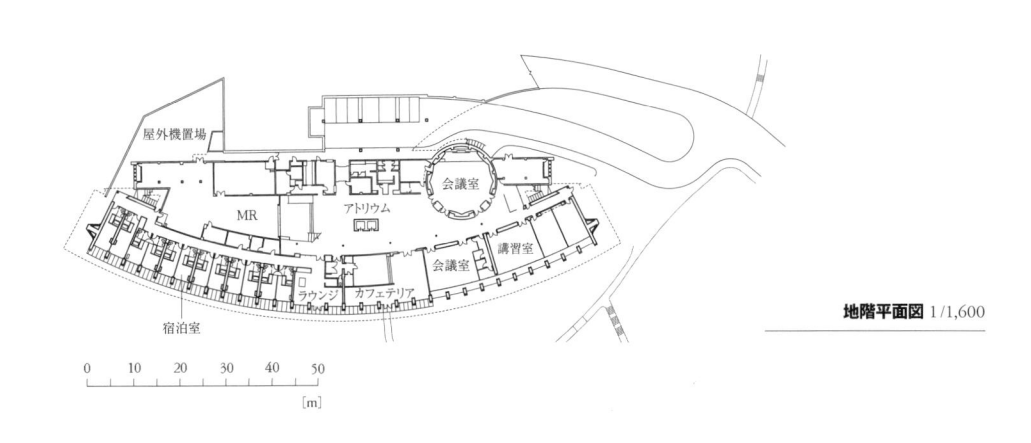

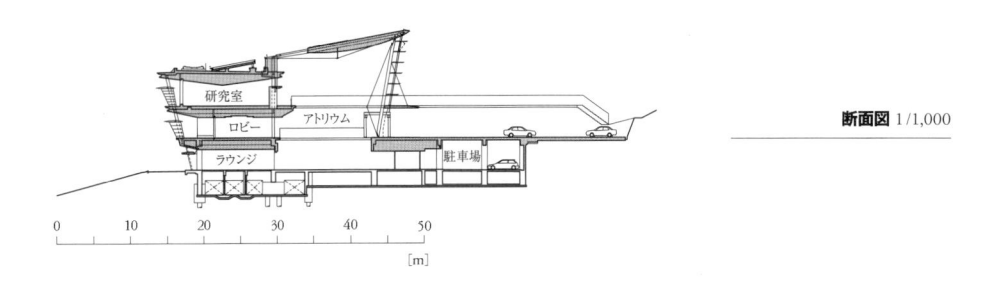

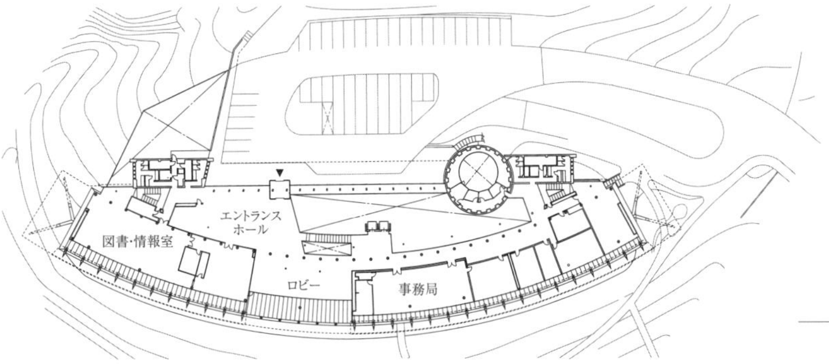

南西側外観│撮影：三輪晃久写真研究所

03 | 乃村工藝社本社ビル
Nomura Headquarters Building

所在地 東京都港区台場
主要用途 オフィス[自社使用]
設計 日建設計+大林組一級建築士事務所
+乃村工藝社
階数 地上13階、地下2階、塔屋1階
敷地面積 2,409.14m²
建築面積 1,152.21m²
延べ面積 15,780.97m²
基準階面積 奇数階:1,116.45m²、
偶数階:1,078.78m²
建ぺい率 47.82%
容積率 579.54%
最高の高さ 53.04m
階高 3.94m
天井高 2.75m
主なスパン 13×18m
空調方式 インテリア:天井吊り空調機、
ペリメータ:床吹き空調機(+エアバリア)
駐車台数 38台
開発手法 一団地認定
竣工年月 2007年12月

—

ディスプレイ業界の最大手・乃村工藝社の本社移転計画。旧本社で醸成されてきたワークスタイルを引き継ぎつつ、ワーカーの交流と情報交換を促進すべく、より連続した空間のあり方を探求している。外周部に吹抜けを設け、避難階段により全層を繋ぐことで、全体が階段の踊場のような「スキップボイド」の空間を構築し、フロアを越えた人の流れと出会いを生み出している。

屋上に芝生のルーフガーデンを設け、スロープガーデンで最上階と繋いでいる。エントランスホールにはギャラリー状の風除室やカフェ、地下からエントランスまでの吹抜け空間にスタジオを配置している。外観を特徴づける耐震要素のブレースは、ワークプレイスの流動性を阻害しないよう窓際に寄せ、外部への眺望等、内外の関係を適切にコントロールするように、構造的解析を繰り返した結果の配置である。

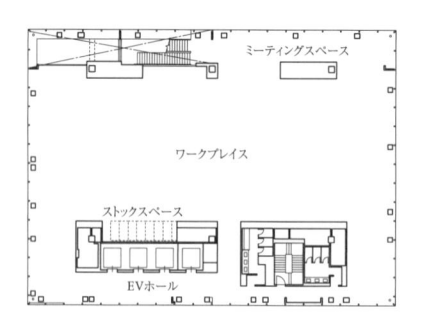

北西側外観 | 撮影 | 雁光舎/野田東徳

偶数基準階[4-12階]平面図 1/800

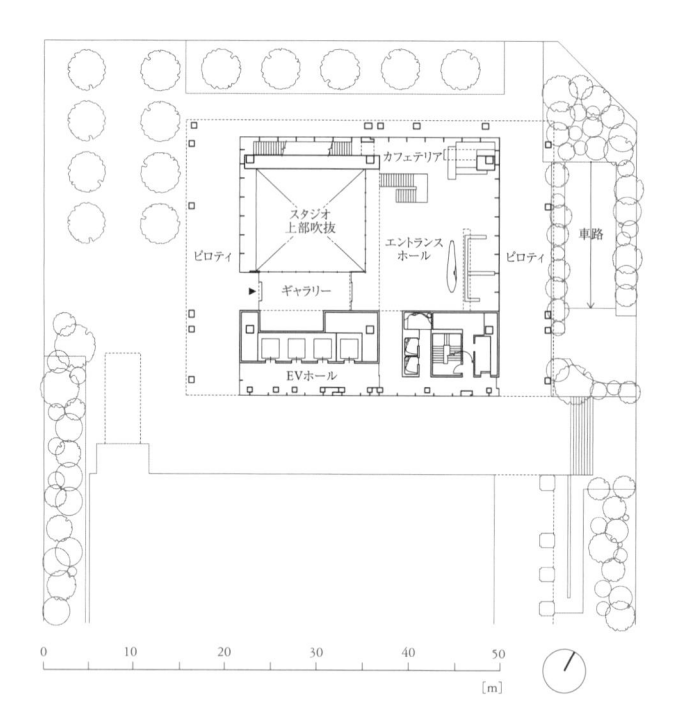

1階平面兼配置図 1/800

断面図 1/800

|04| マブチモーター本社棟
MABUCHI MOTOR HEADQUARTERS

所在地 千葉県松戸市松飛台
主要用途 オフィス[自社使用]
設計 日本アイ・ビー・エム+日本設計+フォルムインターナショナル
階数 地上4階、地下1階、塔屋1階
敷地面積 41,857.62㎡
建築面積 4,925.26㎡
延べ面積 19,418.65㎡
基準階面積 3,995.19㎡
建ぺい率 26.19%
容積率 82.20%
最高の高さ 25.81m
階高 4.3m
天井高 3m
主なスパン 4.8×33.6m
空調方式 インテリア:各階空調機(外気処理コイル内蔵+床吹出し)、ペリメータレス(ダブルスキン)
駐車台数 173台
開発手法 一般法規
竣工年月 2004年9月

―

「グローバルヘッドクォータービル」としてのあるべき姿を追求した、世界的企業の本社ビル。「信頼性」「耐久性」「環境保全性」を本社グレードの評価軸と設定し、耐震性能向上、バックアップ機能保持、サスティナビリティとフレキシビリティの確保、環境負荷低減を目指し、基礎免震、大スパン床梁一体型PC、4層連続型ダブルスキン等のさまざまな建築・環境技術を導入している。
機能性の追求に、快適な業務空間、地域貢献という視点を加えることで、人と環境にやさしい施設を実現している。アトリウムを中心に東西に配した約1,500㎡無柱空間のオフィスプレートにより、ワークプレイス全体の雰囲気が瞬時に感じ取れる一体的なオフィス環境が創出された。

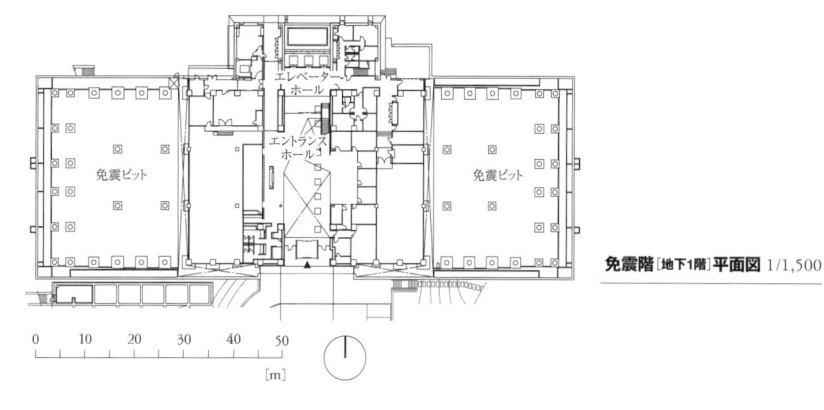

外観|撮影:畑拓/彰国社写真部

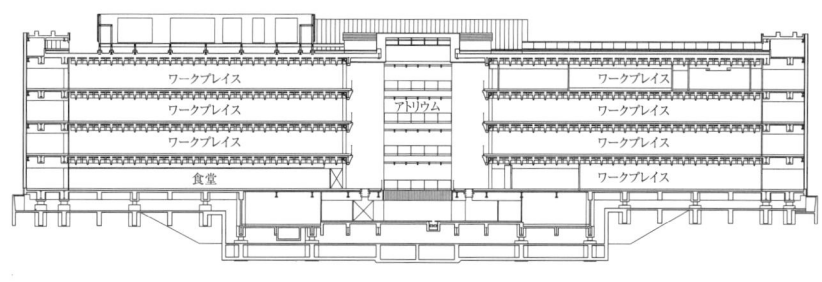

免震階[地下1階]平面図 1/1,500

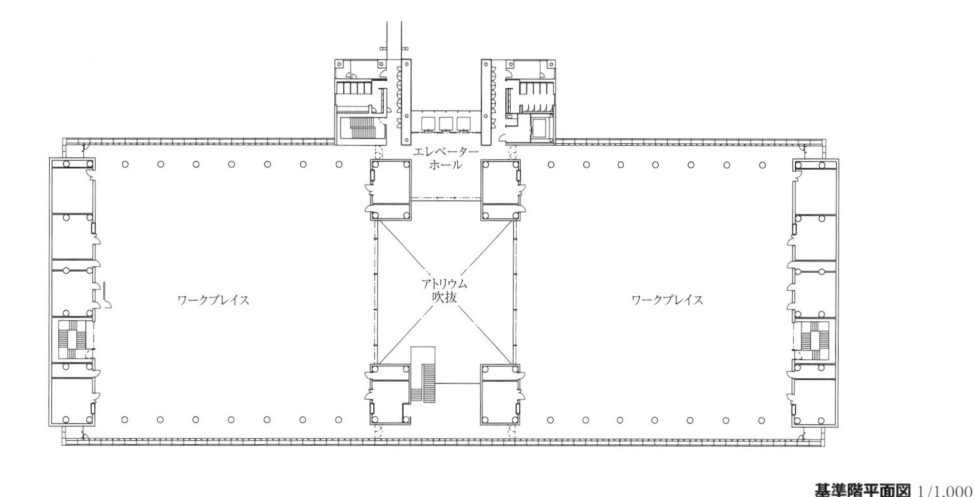

基準階平面図 1/1,000

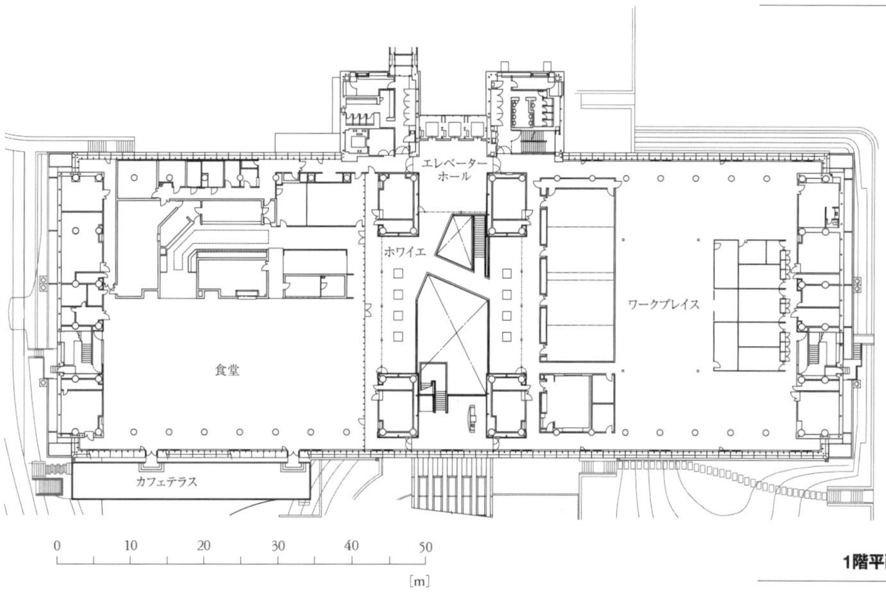

1階平面図 1/1,000

断面図 1/1,000

|05| 日建設計 東京ビル

Nikken Sekkei Tokyo Building

所在地 東京都千代田区飯田橋
主要用途 オフィス[自社使用]
設計 日建設計
階数 地上14階、地下1階、塔屋1階
敷地面積 2,853m²
建築面積 1,497.75m²
延べ面積 20,580.88m²
基準階面積 1,432.83m²
建ぺい率 52.49%
容積率 674.06%
最高の高さ 66m
階高 4m
天井高 3.75m[スラブ下]
主なスパン 6.4×17.6m
空調方式 インテリア：各階空調機+VAV方式、ペリメータレス(外付電動ブラインド+複層発熱ガラス)
駐車台数 42台
開発手法 一団地認定+総合設計制度
竣工年月 2003年3月

プランから外装、設備、ディテールに至るまで実質本位を目指した建物である。東西の窓面には、自動制御外付電動ブラインド、複層発熱ガラス、自然換気口、バルコニー庇を設置し、ペリメータ空調負荷の徹底した削減と昼光利用を図り、省エネルギーと快適な執務環境を両立させている。基準階は天井を張らず、梁・空調設備等を露出させた空間としている。空調給気には吹流し状のソックフィルタを採用し、シンプルな意匠とともに、大温度差低温給気でもドラフト感を生じないシステムとしている。
構造的には、鉄骨制振ブレースに加え、粘性体制振壁を採用し、Sグレードの耐震性能を確保するほか、中小地震・暴風時等の揺れを低減させている。また隣接するビルと一体的なランドスケープ計画や、建物高さ、壁面の統一等、整った街並づくりにも寄与している。

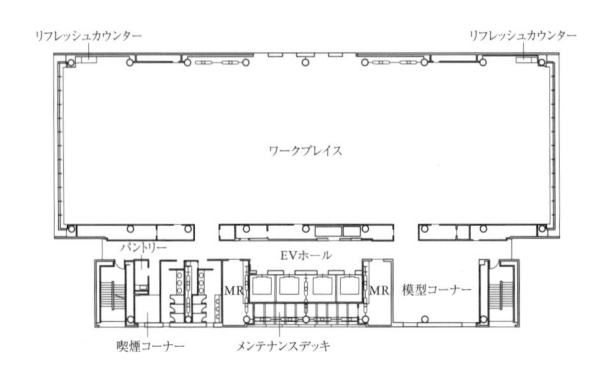

西側外観　撮影：新写真工房・堀内広治

基準階平面図 1/800

1階平面兼配置図 1/800

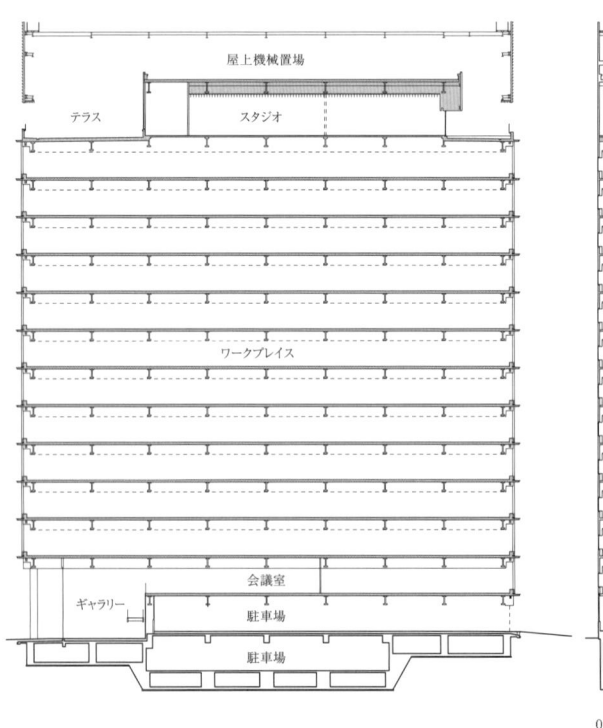

南北断面図 1/800

東西断面図 1/800

06 パナソニック電工東京本社ビル
Panasonic Electric Works Tokyo Head Office

所在地 東京都港区東新橋
主要用途 オフィス[自社使用]、ショウルーム
設計 日本設計[建築]＋日建設計[設備]
階数 地上24階、地下4階、塔屋2階
敷地面積 19,708.33㎡[街区全体]
建築面積 2,387.62㎡
延べ面積 47,274.49㎡
基準階面積 1,429.40㎡[上階]、1,665.65㎡[下階]
建ぺい率 54.38%
容積率 1,199.4%
最高の高さ 119.85m
階高 4.25m
天井高 2.8m
主なスパン 6.4×19.2m
空調方式 インテリア：各階空調機＋VAV方式
ペリメータ：各階空調機＋VAV方式（＋エアフローウィンドウ）
駐車台数 54台
開発手法 土地区画整理事業、再開発等促進区を定める地区計画、一団地建築物設計制度
竣工年月 2003年1月

すべての基準階を吹抜け空間により2層ずつ連続させてひとつのユニットを構成することにより、1,800㎡のワークスペースを一体的に形成するとともに、上下階の活発なコミュニケーションを促すワークプレイスを創出している。吹抜け外壁面のLow-Eガラスを用いたエアフローウィンドウによる大きなガラスファサードは、都心の風景をダイナミックに切り取り、十分な自然光をワークプレイスにもたらしている。最大限のショウルームを確保するためロビーはギャラリーとともに4階とし、会議室フロアと吹抜けで一体化されている。
夜はライトアップされた吹抜け天井が大きな反射板となって建物全体が浮かび上がり、夜の都市景観に活気を与えながら、照明器具メーカーの企業アイデンティティを創出している。

外観　撮影：輿水進

自社使用
自社使用＋テナント
テナント
複合建築

基準階平面図 1/1,000

4階平面図 1/1,000

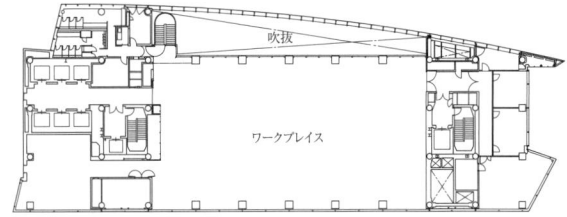

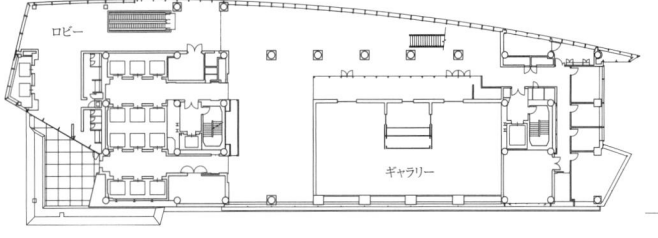

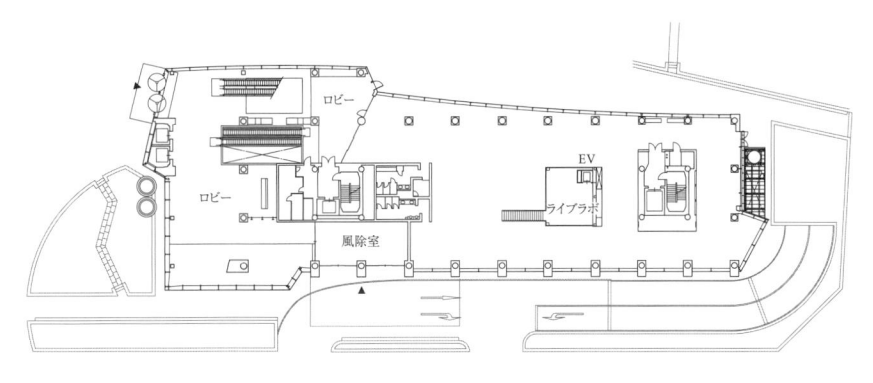

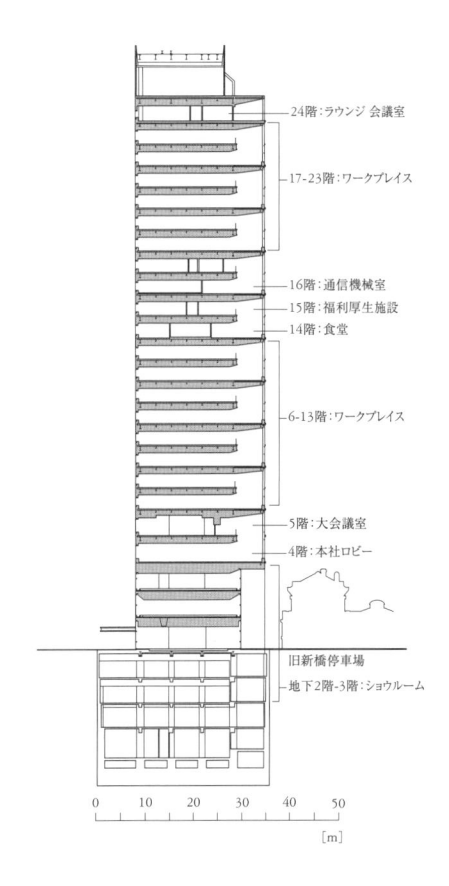

1階平面図 1/1,000

- 24階：ラウンジ 会議室
- 17-23階：ワークプレイス
- 16階：通信機械室
- 15階：福利厚生施設
- 14階：食堂
- 6-13階：ワークプレイス
- 5階：大会議室
- 4階：本社ロビー
- 旧新橋停車場
- 地下2階-3階：ショウルーム

断面図 1/1,500

|07| 日産先進技術開発センター
NISSAN ADVANCED TECHNOLOGY CENTER

所在地 神奈川県厚木市森の里青山
主要用途 オフィス[自社使用]
設計 日本設計
階数 地上7階、地下1階、塔屋2階
敷地面積 117,994.77m²
建築面積 15,988.59m²
延べ面積 69,471.9m²
基準階面積 5,660.03m²[5階]
建ぺい率 23.12%
容積率 97.28%
最高の高さ 41.46m
階高 4.5m
天井高 4.1m
主なスパン 8.55×8.55m
空調方式 インテリア:各階空調機(外気処理コイル内蔵+床吹出し)、ペリメータレス(水平ルーバー+エアバリア)
駐車台数 870台
開発手法 一般法規
竣工年月 2007年5月

研究開発に最もふさわしい建築空間とは何か——という命題に対し、独創的で新しい空間「ステップワークプレイス」によって応えた建築である。
雛壇状のワークプレイスにガラスの屋根を架けたクロス・ファンクショナルな空間構成は、クリエイティブな発想を促す自然の刺激に満ち、インフォーマルなコミュニケーションを促している。
トップライトに覆われた空間を執務可能な環境とする日射遮蔽ルーバー、雛壇状の多層空間を効率よく空調するためのさまざまな新しい環境技術、オフィスに潤いをもたらす緑の中庭「グリーンキューブ」の導入、また、既存建物の解体ガラを緑化土塁としてランドスケープに活用する等環境への配慮にも積極的に取り組んだ結果、CASBEE-Sランクを取得している。

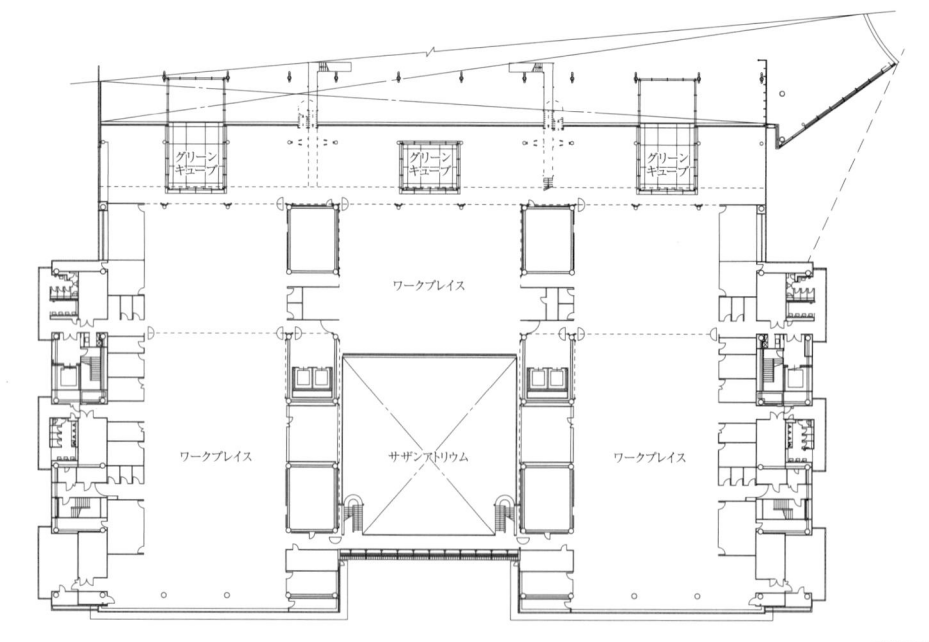

東側からの遠景｜撮影:篠澤建築写真事務所

1階平面兼配置図 1/2,000

5階平面図 1/1,000

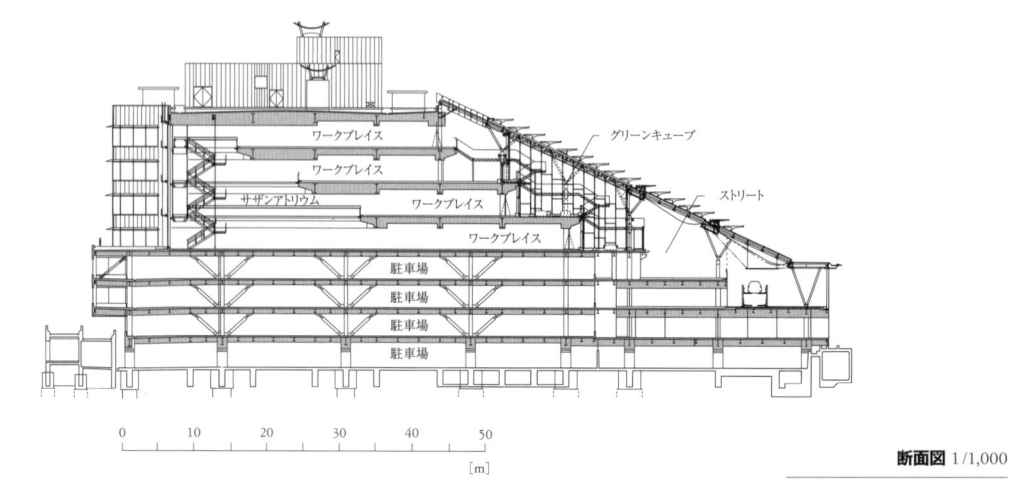

断面図 1/1,000

08 日本電気本社ビル［NECスーパータワー］
NEC Head Office Building (NEC Super Tower)

自社使用 ━━━
自社使用＋テナント ───
テナント ───
複合建築 ───

所在地 東京都港区芝
主要用途 オフィス［自社使用］
設計 日建設計
階数 地上43階、地下4階、塔屋1階
敷地面積 21,283.88m²
建築面積 6,370.53m²
延べ面積 145,100.91m²
基準階面積 高層階：1,680m²、
中層階：2,540m²、低層階：3,840m²
建ぺい率 30%
容積率 600%
最高の高さ 180m
階高 低層部：3.85m、高層部：3.75m
天井高 2.6m
主なスパン 低層部：7.2×16.2m、
高層部：7.2×10.8m
空調方式 インテリア：外調機＋天井隠蔽小型空調機、ペリメータレス（エアフローウィンドウ）
駐車台数 419台
開発手法 特定街区
竣工年月 1990年1月

周囲の街並みの高さ約50mに合わせた低層部、その上に高さ15mの空間をあけて空中に持ち上げられた中層部、さらに高層部へと3段階にセットバックした独特の形をしている。3種類の形態を積み重ね、途中に大きな開口部を設けた構造のため、スーパーフレームと呼ぶ大架構方式を採用している。低層部と中層部の間にある開口は、上空の強い風の吹下ろしが周辺に風害を起こす前に風下側へ逃がしてしまう風抜き穴の役目を果たし、同時に玄関ホールを兼ねるアトリウムを通じて低層部のオフィスへ自然光を導く高窓にもなっている。周囲には1.4haの広大な緑地を設け、地区に不足している緑と潤いをつくり出している。オフィス内で働く人々はもとより周辺の人々の生活環境や、マクロな都市環境まで含めた人々が住むための「環境」を発想の原点とした超高層ビルである。

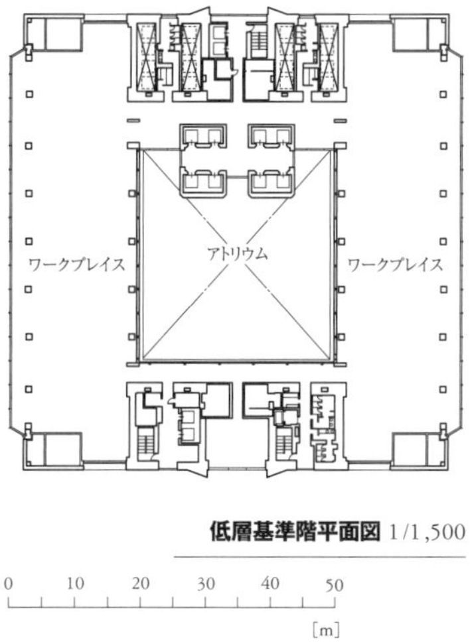

北東側外観　撮影：門馬金昭

低層基準階平面図 1/1,500

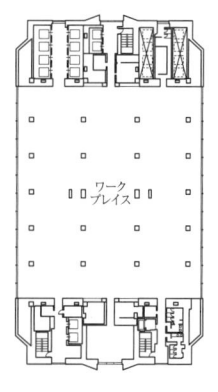

中層基準階平面図 1/1,500

高層基準階平面図 1/1,500

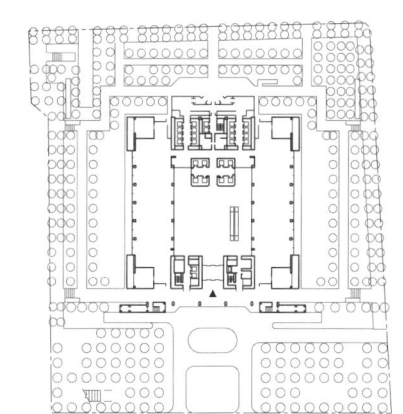

1階平面兼配置図 1/3,000

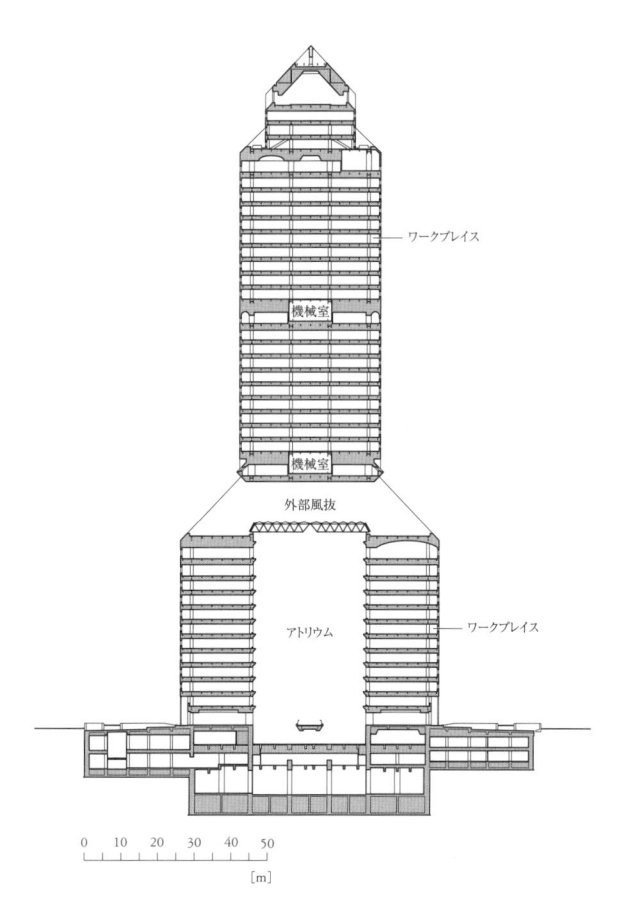

断面図 1/2,000

［窓まわり断面→P.14］

09 大阪弁護士会館
Osaka Bar Association Building

所在地所在地 大阪市北区西天満
主要用途 オフィス[自社使用+テナント]
設計 日建設計
階数 地上14階、地下2階、塔屋1階
敷地面積 5,078.06m²
建築面積 2,520.92m²
延べ面積 17,005.29m²
基準階面積 843.022m²
建ぺい率 44.3%
容積率 303.8%
最高の高さ 59.55m
階高 3.9m
天井高 2.8m
主なスパン 2.7×16.05m
空調方式 インテリア:外調機+冷暖自在ビル用マルチパッケージエアコン方式、ペリメータ:ファンコンベクタ[床下設置]
駐車台数 56台
開発手法 一般法規
竣工年月 2006年7月

中之島の堂島川と土佐堀川の広い水面、淀屋橋から中之島公園に続く濃い緑、そして古きよき時代を色濃く残した石造りやれんが造りの洋式建築——水都大阪を代表する景観との美しい調和、その景観を最大限に享受し自然の光を建物の隅々まで取り入れる静かで訪れる人に心地よい建物、そして活動の透明性・市民への開放性・組織の永続性・環境配慮という弁護士会の理念を、弁護士会のシンボルとして建物全体で表現している。
ガラスボックスを覆う構造体である柱と梁の格子表現が特徴的な外観は、高層部柱梁の大型陶板と低層部外壁のれんがとガラスで構成されている。時を経るにつれて深みを増す焼き物の陶板とれんがをシンプルに使用し、素材感を際立たせている。

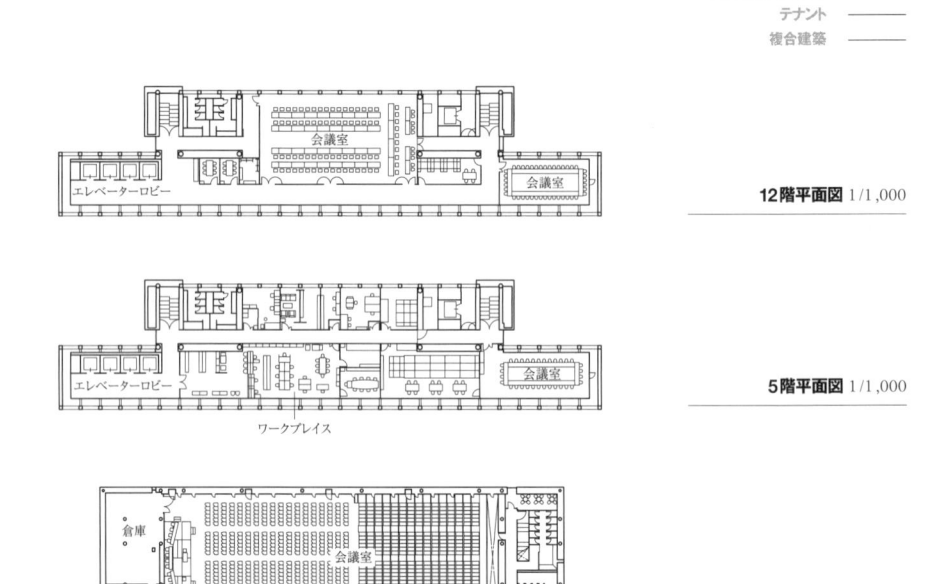

南西側外観　撮影:東出清彦

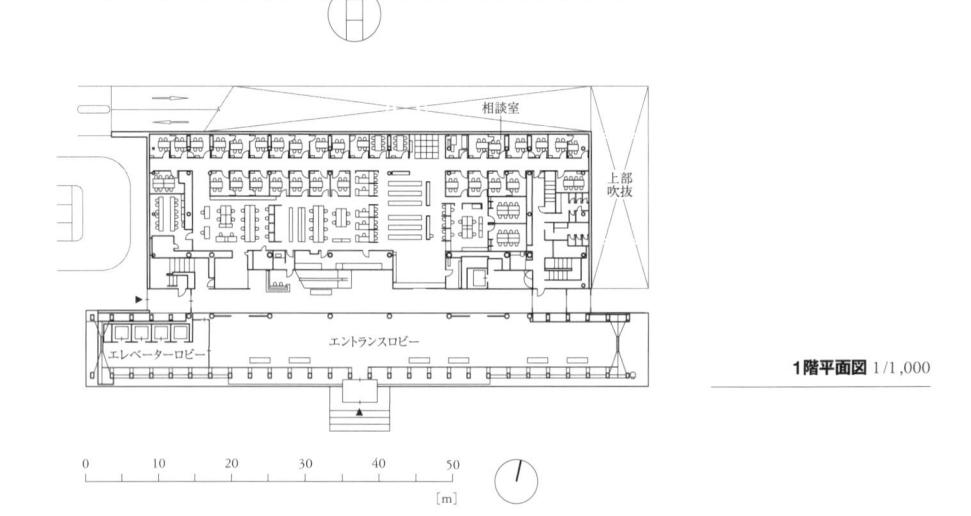

12階平面図 1/1,000
5階平面図 1/1,000 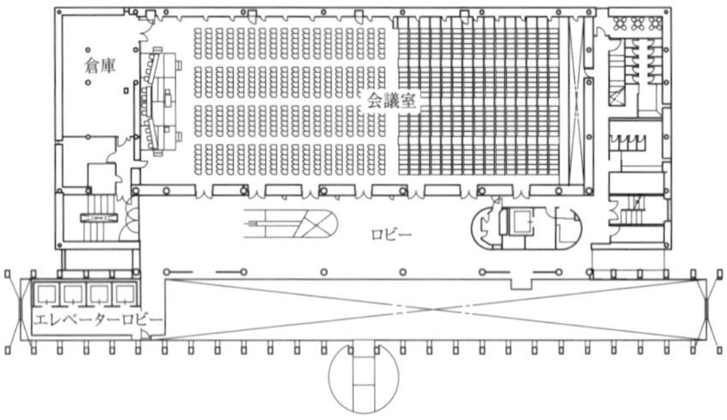
2階平面図 1/1,000
1階平面図 1/1,000 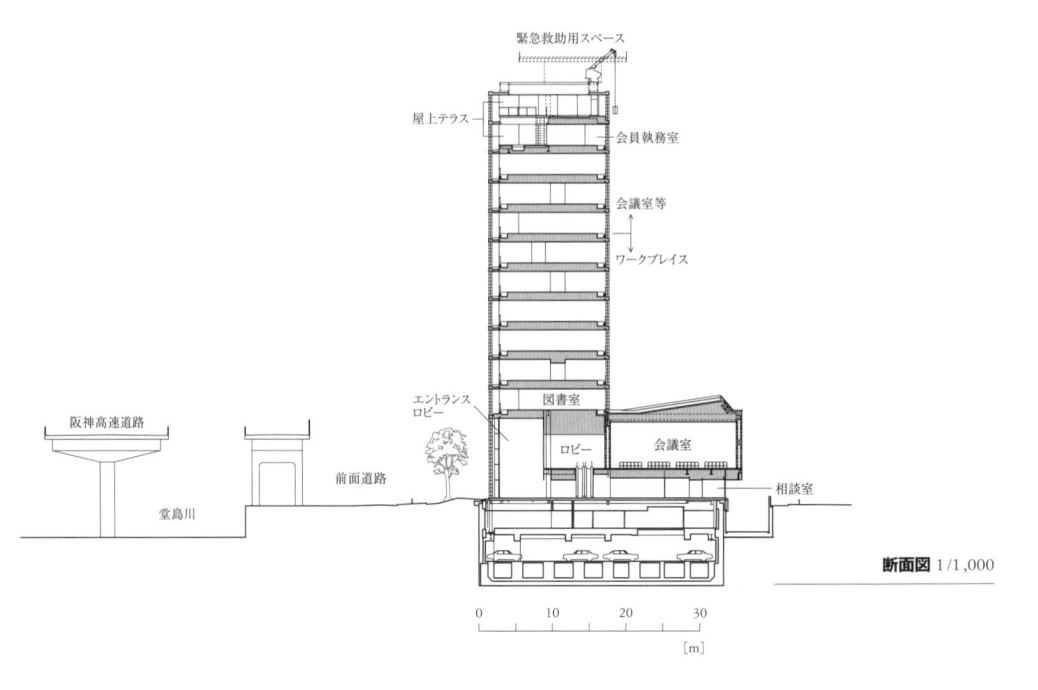
断面図 1/1,000

10 | JTビル
Japan Tobacco Inc. Headquarters (JT Building)

自社使用+テナント

所在地 東京都港区虎ノ門
主要用途 オフィス［自社使用＋テナント］
設計 日建設計
階数 地上35階、地下3階、塔屋2階
敷地面積 9,145.58㎡
建築面積 4,174.28㎡
延べ面積 66,999.11㎡
基準階面積 高層階：1,472.93㎡、低層階：1,411.42㎡
建ぺい率 51.54%
容積率 666.94%
最高の高さ 169.7m
階高 4.1m
天井高 2.6m
主なスパン 6.2×13.9m
空調方式 インテリア：各階空調機＋VAV方式、ペリメータレス（エアフローウィンドウ）
駐車台数 183台
開発手法 一般法規
竣工年月 1995年3月

アーバン・オアシスをつくる――虎ノ門の旧本社跡地に建設されたJTの本社ビルである。オフィスタワーの下層階は、テナントオフィスとして計画された。
この界隈にパブリックスペースをつくることをテーマとし、オフィス棟を4本の大柱で地上20mまで持ち上げた。その下に生まれたスペースを、隣地側は水庭を中心に商業施設とホールで囲い込まれた回遊式のアトリウムとし、前面道路側は樹木によって囲まれた緑豊かなプラザとした。この内外のパブリックスペースが相互に関連性をもった一体の空間となるよう、アトリウム、エレベーターシャフトはガラス張りとしている。頂部に設けた緊急用ヘリポートが、都市景観において特徴のあるシルエットをつくっている。

低層基準階平面図 1/1,000

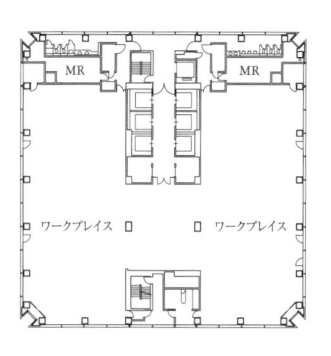

高層基準階平面図 1/1,000

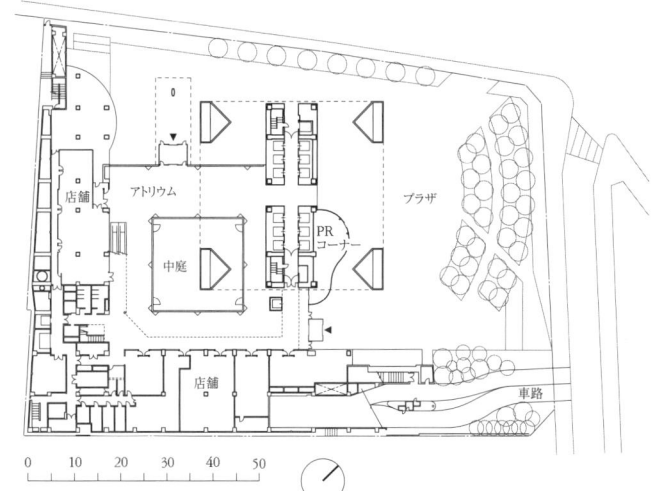

1階平面図兼配置図 1/1,600

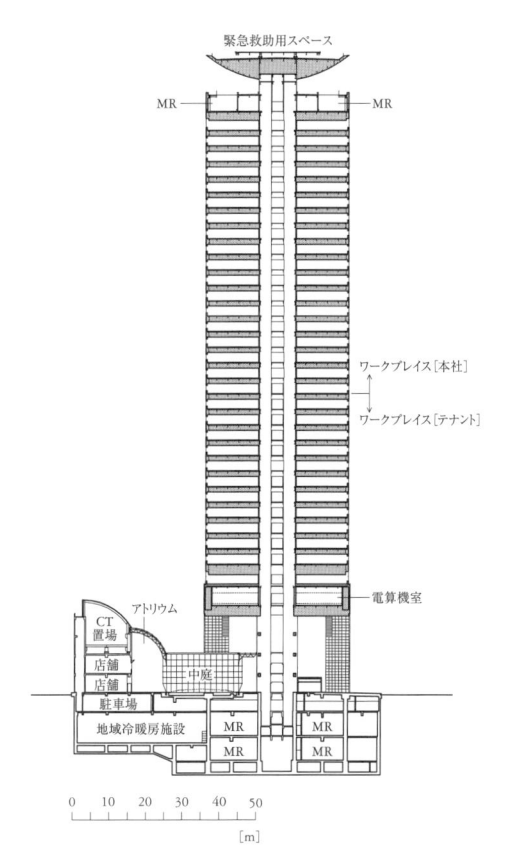

断面図 1/2,000

北東側外観　撮影：篠澤建築写真事務所

11 | 経団連会館
Keidanren Kaikan Building

所在地 東京都千代田区大手町
主要用途 オフィス［自社使用＋テナント］、集会場、店舗、地域変電所、DHC
設計 日建設計［建築・設備］＋三菱地所設計［設備］
階数 地上23階、地下4階、塔屋2階
敷地面積 13,399.08m²［街区全体］
建築面積 9,156.74m²［街区全体］
延べ面積 71,226.55m²
基準階面積 2,195.92m²
建ぺい率 68.34%［街区全体］
容積率 1,589.85%［街区全体］
最高の高さ 122m
階高 4.3m
天井高 2.8m
主なスパン 6.4×6.4m
空調方式 インテリア：各階空調機＋VAV方式、ペリメータレス（簡易エアフローウィンドウ）
駐車台数 314台［全体］
開発手法 都市再生特別地区［3棟のうち1棟］
竣工年月 2009年4月

日本経済界を代表する建物として、質実剛健を旨とし「環境」に配慮するとともに、セキュリティや制震構造による安全性にも十分な配慮を行っている。基準階はコアをすべて北側に配置し、ネット45×38m［1,710m²］という巨大なワン・プレートとしている。建物外観を特徴づける外周細柱は、1,600mmピッチに配置したH-250×250を花崗岩打込み薄肉GRCパネルでクラッディングすることで耐火被覆を免除し、最小限の見付幅を実現している。さらに、柱をガラス面から離隔し外部に配置することで、大きく連続する開放感の高い窓回りとしている。「経団連格子」と名付けられた吹寄せの縦格子と波紋・輪のモチーフが展開される迎賓、会合施設が用意されている。ガラスと金属による明るく開放的な1階のエントランスホールには、庵治石を横積みしたウォールを設置し、モダンかつ「和」のイメージを並置させている。

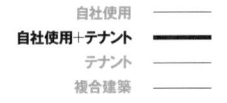

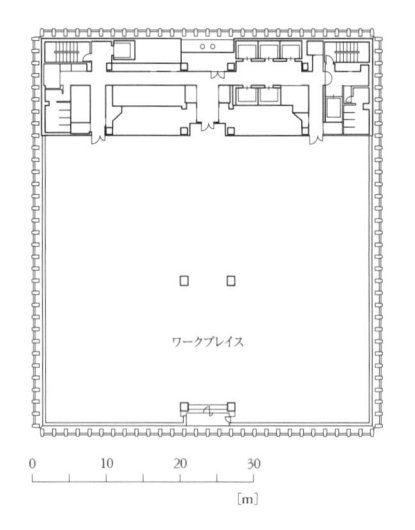

南東側外観 撮影：新写真工房・堀内広治

自社使用
自社使用＋テナント
テナント
複合建築

基準階平面図 1/1,000

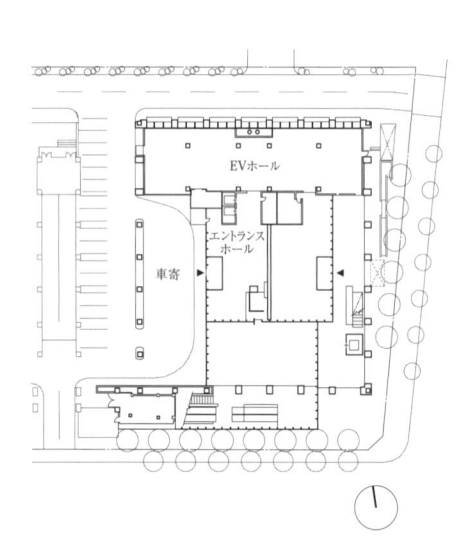

1階平面図兼配置図 1/1,500

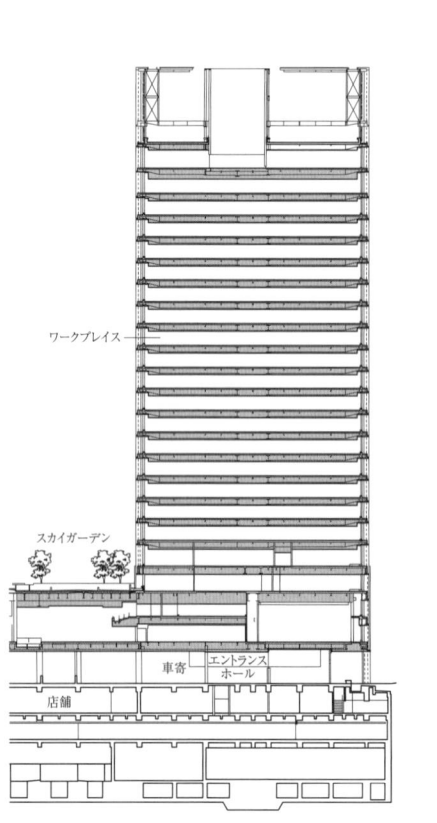

断面図 1/1,500

12 渋谷プレステージ
Shibuya Prestige Building

所在地 東京都渋谷区
主要用途 オフィス[テナント]、商業施設
設計 日本設計
階数 地上8階、地下1階
敷地面積 661.18m²
建築面積 590.4m²
延べ面積 4,782.76m²
基準階面積 552.83m²
建ぺい率 89.3%
容積率 678.4%
最高の高さ 32.868m
階高 3.9m
天井高 2.65m
主なスパン 7.7×14.4m
空調方式 インテリア:各階空調機+空気熱源ビル用マルチパッケージエアコン方式、ペリメータレス(縦テラコッタルーバー+複層ガラス)
駐車台数 14台
開発手法 一般法規
竣工年月 2004年6月

東京・渋谷駅に程近い明治通りに面した敷地に建つテナントビルである。
無機質なガラスファサードのオフィスビルに囲まれた中で、青空と並木の深緑に映える大型テラコッタ縦ルーバー付のカーテンウォールにより、金属系の素材にはない独自の存在感を主張するとともに、街並みに個性的なアクセントを与えている。
陰影のある彫りの深いファサードは高い開放性と日射遮蔽効果を両立しながら、テラコッタ独自の風合いや質感とあいまって、刻々と変化する豊かな表情を醸し出している。また、開放感ある階段室上部の自然換気窓や断熱効果もある屋上緑化等、省エネルギー効果や都市環境に配慮した手法が随所に採用されている。

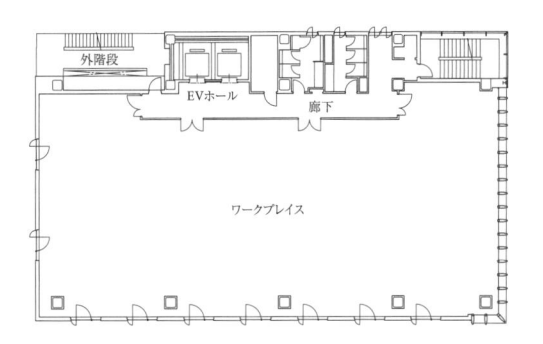

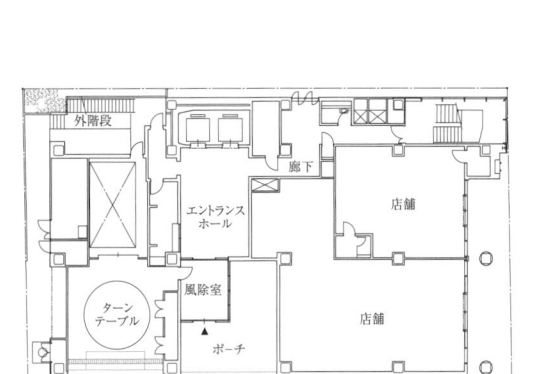

外観 撮影:川澄建築写真事務所

自社使用
自社使用+テナント
テナント
複合建築

基準階平面図 1/500

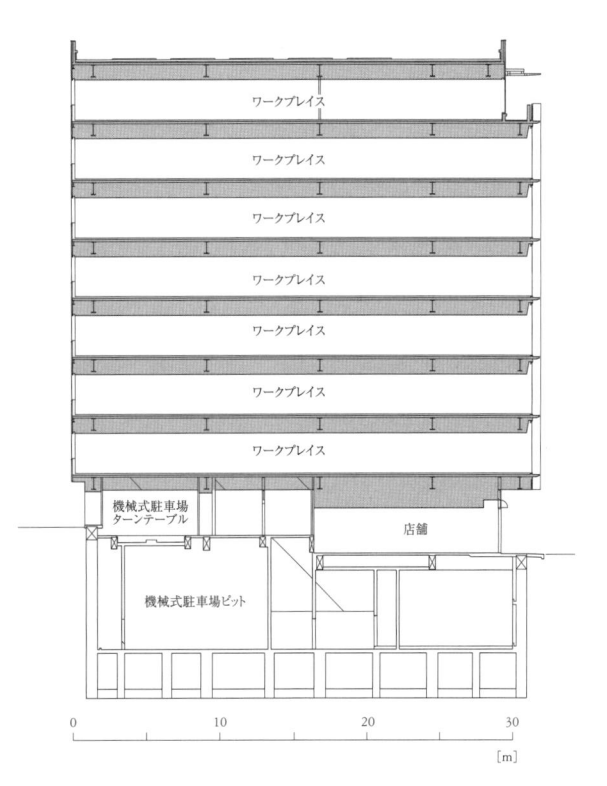

1階平面図 1/500

断面図 1/500

13 | YOMIKO GINZA BLDG.

YOMIKO GINZA BLDG.

所在地 東京都中央区銀座
主要用途 オフィス、店舗
設計 日本設計
階数 地上9階、地下2階、塔屋1階
敷地面積 578.44m²
建築面積 524.22m²
延べ面積 4,937.9m²
基準階面積 偶数階：479.84m²、奇数階：511.84m²
建ぺい率 90.62%
容積率 797.79%
最高の高さ 39.84m
階高 3.6m
天井高 2.6m
主なスパン 6.4×8.2m
空調方式 インテリア：直膨コイル付き全熱交換器＋空気熱源ビル用マルチパッケージエアコン方式、ペリメータレス
駐車台数 14台
開発手法 街並み誘導型地区計画
竣工年月 2000年8月

地下1階から2階を商業店舗、3階から9階をオフィス機能とした複合建築である。銀座一丁目の交差点に対して1、2階の店舗部分をセットバックさせ街路空間にパブリックスペースを設け、3階から上部については2層吹抜けの空間を3セット重ねながらリラクゼーションのための空間を設けることで、日本を代表する銀座通りの街並みの中で本ビルの特徴を強く印象づけている。床から天井まで大きく開いたオフィス開口部や、屋上テラスを囲むガラススクリーンが端正な外観をつくり出し、建物全体として時代を超えた気品を醸し出している。全面Low-EガラスのDPG工法によるファサードは竣工当時において先駆けの工法でもあった。

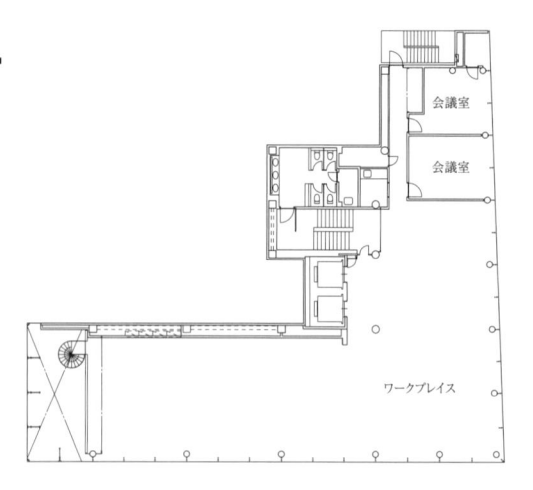

外観・撮影：彰国社写真部

自社使用
自社使用＋テナント
テナント
複合建築

基準階平面図 1/500

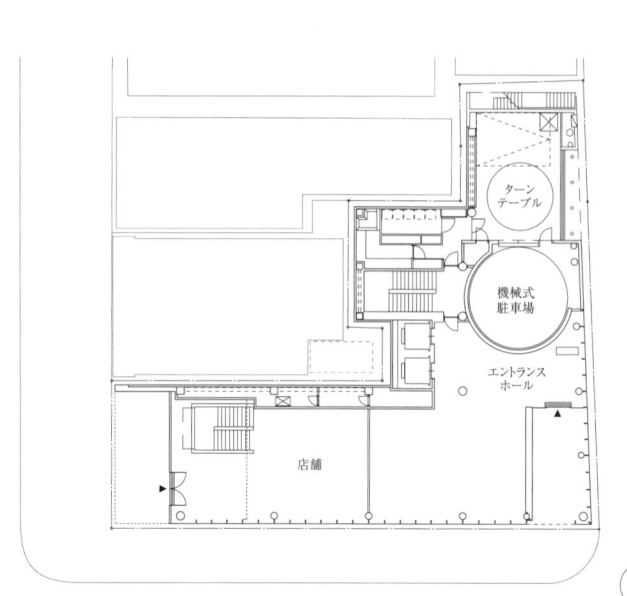

1階平面兼配置図 1/500

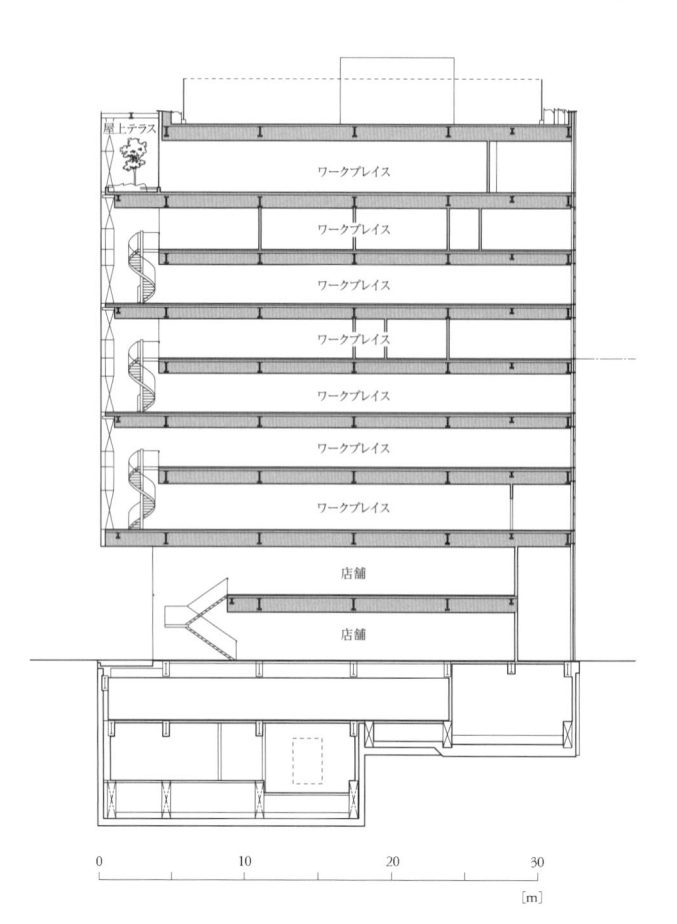

断面図 1/500

14 | Ao〈アオ〉

Ao

所在地 東京都港区北青山
主要用途 オフィス[テナント]、店舗
設計 日本設計
階数 地上16階、地下2階、塔屋2階
敷地面積 3,336.99㎡
建築面積 2,829.22㎡
延べ面積 21,855.4㎡
基準階面積 約500㎡[階により異なる]
建ぺい率 84.78%
容積率 553.61%
最高の高さ 89.79m
階高 4.75m
天井高 3m
主なスパン 6.5×6.85m
空調方式 インテリア:水熱源ビル用マルチパッケージエアコン方式、ペリメータレス(エアフローウィンドウ)
駐車台数 129台
開発手法 一般法規
竣工年月 2008年10月

さまざまなモードを先導する青山・表参道に建つ複合用途のテナントビル。
周辺の第一種住居地域に対する日影シミュレーションなどを通じて生まれた特徴的な楔形の高層タワーと緑あふれる低層のステップガーデンにより、潤いと緑陰のある新しい形のランドマークの創出を目指している。
基準階はゆとりある階高[4.75m]と床高[250mm]を確保し、オフィス、商業等さまざまな用途に対応可能な仕様となっている。
外装は都内を一望する圧倒的な眺望を活かして、全周フルハイトガラスのエアフローウィンドウ方式カーテンウォールとし、サッシ割付けやガラス透過率、演出照明によるランダムな様相を加えることで、雑多になりがちなテナントビルの表情に一定の統一感と個性を持たせている。

西側外観 撮影:木田勝久／FOTOTECA

自社使用
自社使用＋テナント
テナント ━━
複合建築

基準階平面図 1/1,000

1階平面兼配置図 1/1,000

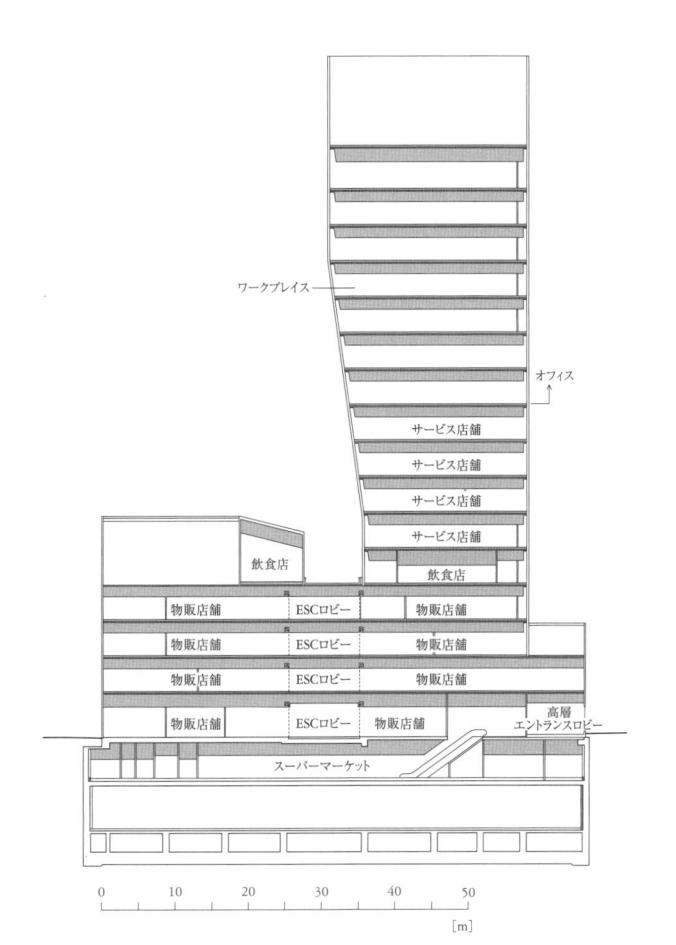

断面図 1/1,000

15 | 東京倶楽部ビルディング
TOKYO CLUB BUILDING

所在地 東京都千代田区霞が関
主要用途 オフィス［テナント］、店舗
設計 日本設計
階数 地上14階、地下1階、塔屋2階
敷地面積 4,722.71m²
建築面積 2,312.12m²
延べ面積 23,077.98m²
基準階面積 1,499.44m²
建ぺい率 48.96%
容積率 470.27%
最高の高さ 74.76m
階高 4.3m、4.5m
天井高 2.8m、3m
主なスパン 6.4×20.34m
空調方式 インテリア：各階空調機＋VAV方式、ペリメータ：［南面］各階空調機＋CAV方式（＋水平ルーバー＋エアバリア）［東西面］各階空調機＋CAV方式（＋ダブルスキン）
駐車台数 7台［附置義務分は隣接する霞が関ビルで確保］
開発手法 再開発等促進区を定める地区計画、連担建築物総合設計制度
竣工年月 2007年10月

室内の快適性と高い環境性能の両立を目指したテナントビル。
各面のファサードは、外部の景観と室内の環境とを最適化するスクリーンと位置づけられている。南面は、街区内の他の建物に合わせた縦格子の要素に各階3枚の庇を組み合わせて、高い日射遮蔽効果を獲得している。東西面は、眺望を最大限に享受しつつ窓際の熱環境を快適に保つため、ダブルスキンシステムが採用された。アウタースキンはユニット化されたMPGによるプレーンなガラス面、インナースキンは室内環境の快適性のためにフルハイトの採光窓と自然換気窓、キャビティはメンテナンス時に通過できる寸法を確保してテナントへの影響を最小限に抑えている。CASBEE-S認証取得

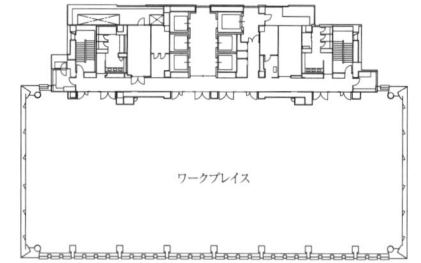

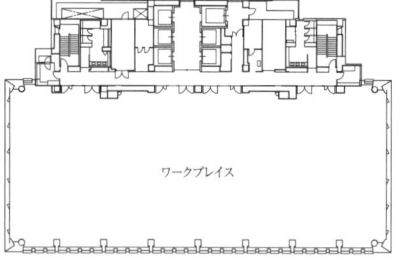

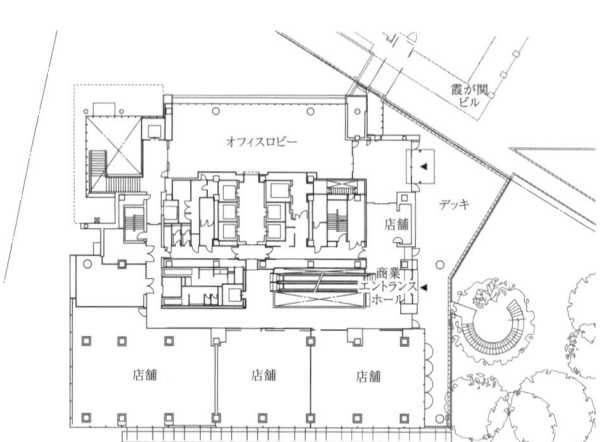

外観―撮影：小池宣夫写真事務所

自社使用
自社使用＋テナント
テナント
複合建築

基準階平面図 1/1,000

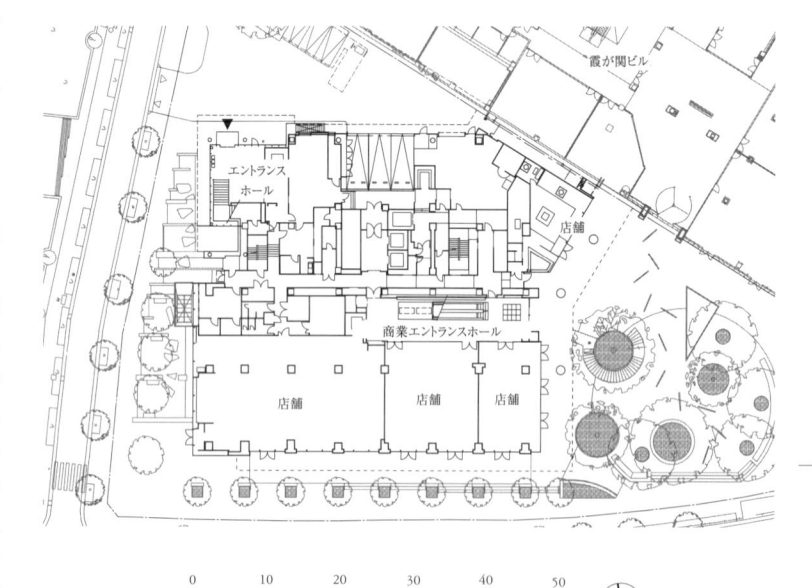

2階平面図 1/1,000

1階平面兼配置図 1/1,000

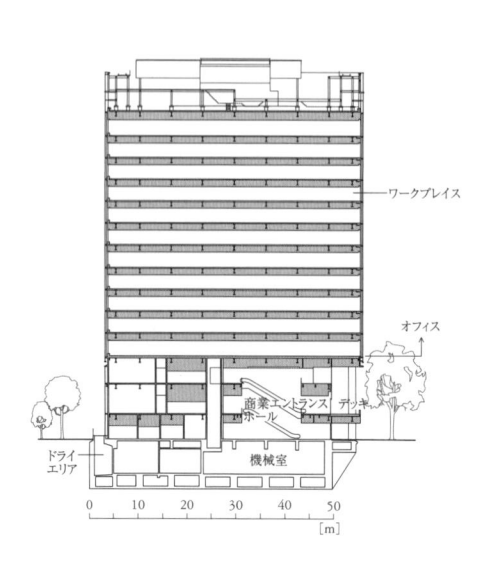

断面図 1/1,500

16 | 名古屋インターシティ
NAGOYA INTERCITY

所在地 名古屋市中区
主要用途 オフィス[テナント]、店舗
設計 日本設計
階数 地上19階、地下3階、塔屋1階
敷地面積 3,328.65m²
建築面積 2,042.05m²
延べ面積 36,851.75m²
基準階面積 1,707.48m²
建ぺい率 61.35%
容積率 999.34%
最高の高さ 93.61m
階高 4.2m
天井高 2.8m
主なスパン 6.4×18m
空調方式 インテリア：各階外気処理パッケージエアコン＋空気熱源ビル用マルチパッケージエアコン方式、ペリメータレス(ダブルスキン)
駐車台数 127台
開発手法 名古屋市総合設計制度
竣工年月 2008年9月

名古屋市のオフィス街の中心地に位置するテナントビル。
外装は高性能のダブルスキンユニットと高断熱・低コストのPCユニットとを組み合わせ、高い環境性能と経済性とを両立させている。「外部を感じる超高層を」との想いから、インナースキンは大きく開放できる内開き方式とし、超高層オフィスでも窓を開けて外の空気や気配に触れるという普通の身体感覚を実現している。
最上階には地上からも見える位置に高木を植えた屋上庭園を設け、自然のゆらぎ感をモチーフとしてユニットを配置した特徴的なファサードとともに、クライアントのCIを反映したシックで上質な外観の、新しいランドマークを創出している。

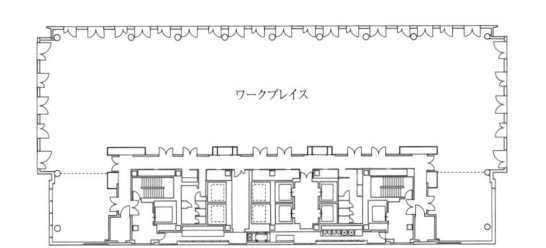

外観　撮影：エスエス名古屋

基準階平面図 1/1,000

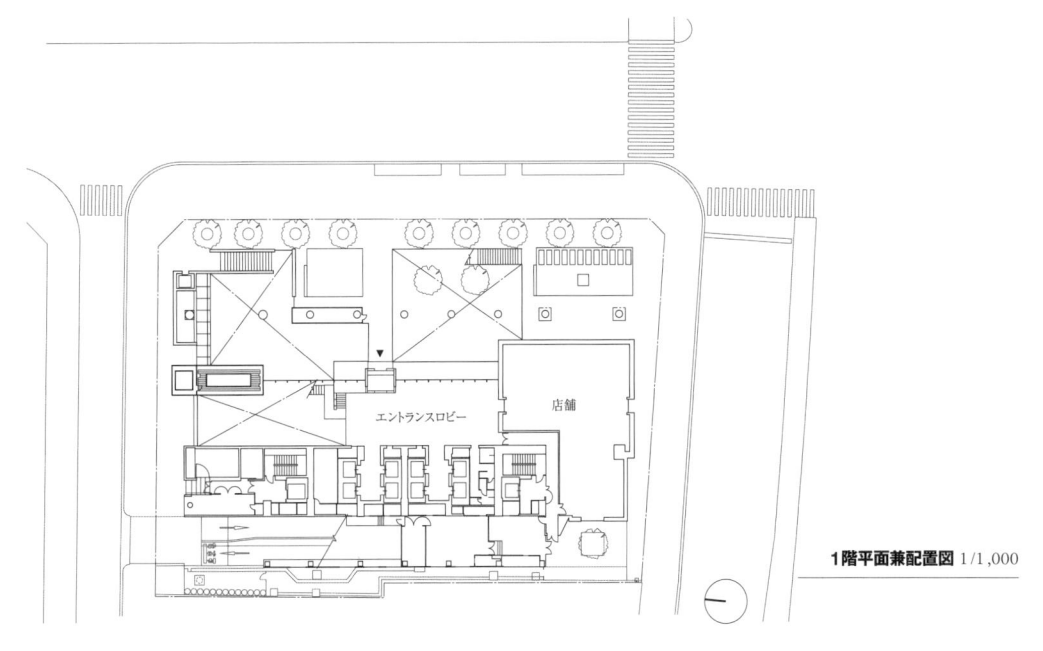

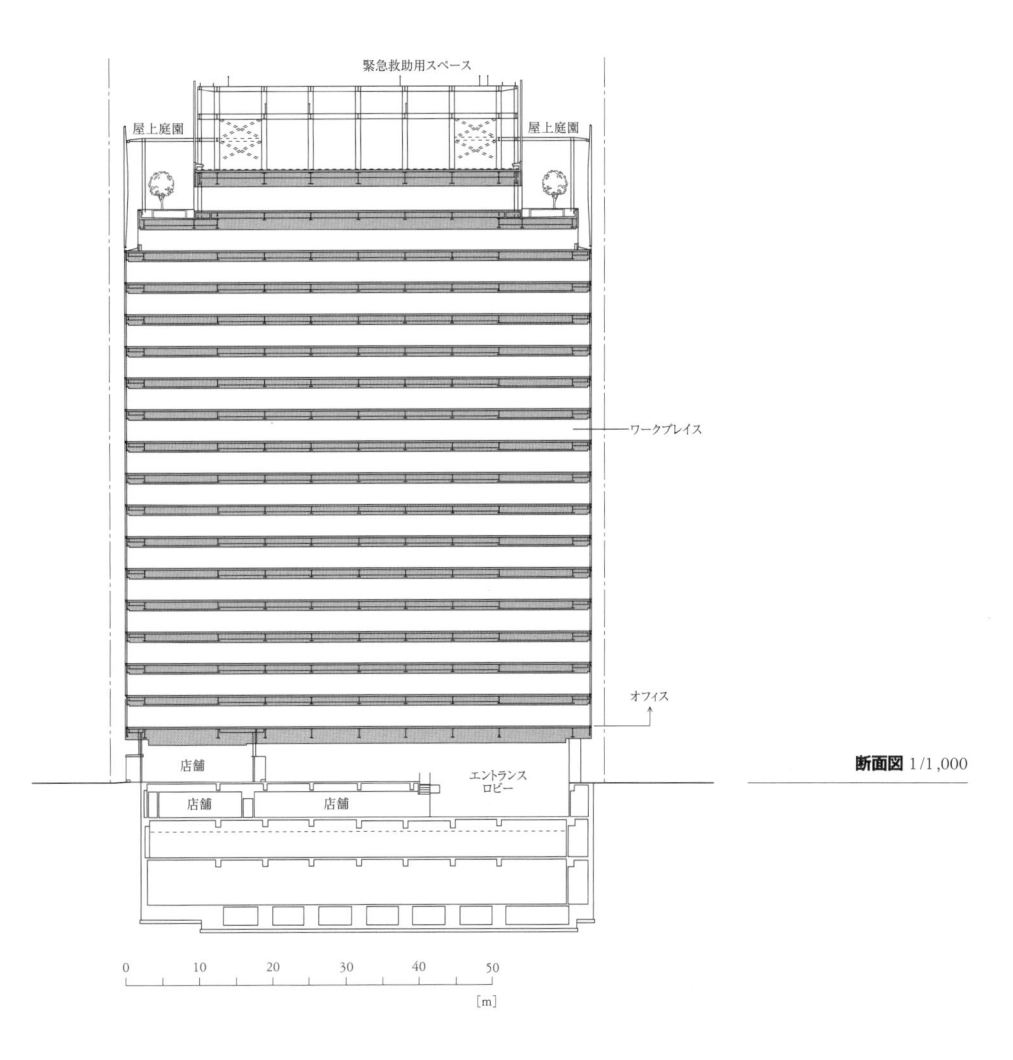

1階平面兼配置図 1/1,000

断面図 1/1,000

[窓まわり断面→P.19]

17 | 泉ガーデンタワー
Izumi Garden

所在地 東京都港区六本木

主要用途 オフィス［テナント］
［全体としてはオフィス、ホテル、店舗、公益施設、共同住宅、美術館、展示ギャラリー］

設計 住友不動産［総合監修］＋日建設計［設計］

階数 地上45階、地下2階

敷地面積 23,868.51m²［全体］

建築面積 11,989.73m²［全体］、8,995.11m²［オフィス・ホテル］

延べ面積 208,401.02m²［全体］、157,364.99m²［オフィス・ホテル］

基準階面積 高層階：3,410.31m²、低層階：3,348.45m²

建ぺい率 62.95％［B街区全体］

容積率 999.99％［B街区全体］

最高の高さ 201m

階高 4m

天井高 2.7m

主なスパン 16×16m

空調方式 インテリア：各階空調機＋VAV方式
ペリメータ：水熱源ビル用マルチパッケージエアコン方式（＋エアバリアファン）

駐車台数 367台

開発手法 再開発地区計画

竣工年月 2002年6月

自然とにぎわいをテーマとしたプロジェクトであり、旧住友会館の庭園の緑を保全し、タワー下部を大きく持ち上げ元々の斜面を残す形にしてホテルや店舗等の商業施設ゾーンを配置し、尾根道側に連続する、緑あふれるアーバンコリドールを形成している。
高速道路より高く持ち上げられたオフィス、地下鉄駅と直結するシャトルエレベーターシステム、オフィスのフレキシビリティを確保するボイドコア、眺望の良いリブガラスカーテンウォール等々を採用している。さらに各建物のボリュームを分割し上部をセットバックする形態として、周辺街並みとの調和を図っている。

北西側外観　撮影／川澄建築写真事務所

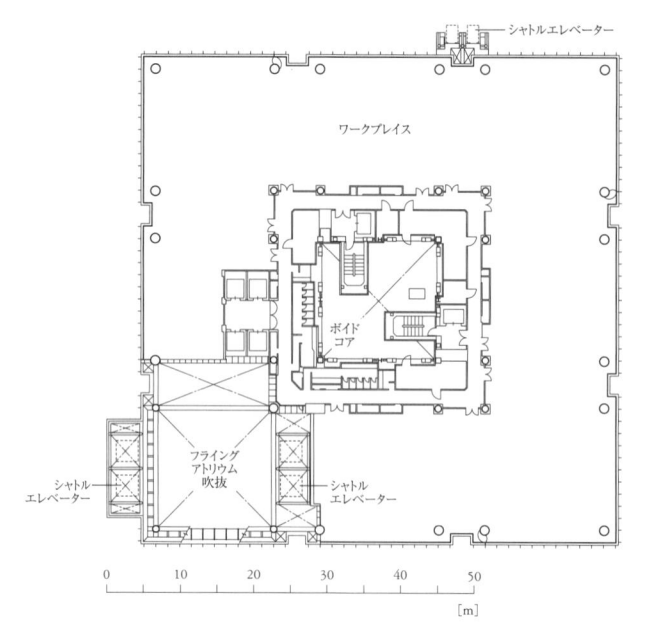

基準階平面図 1/1,000

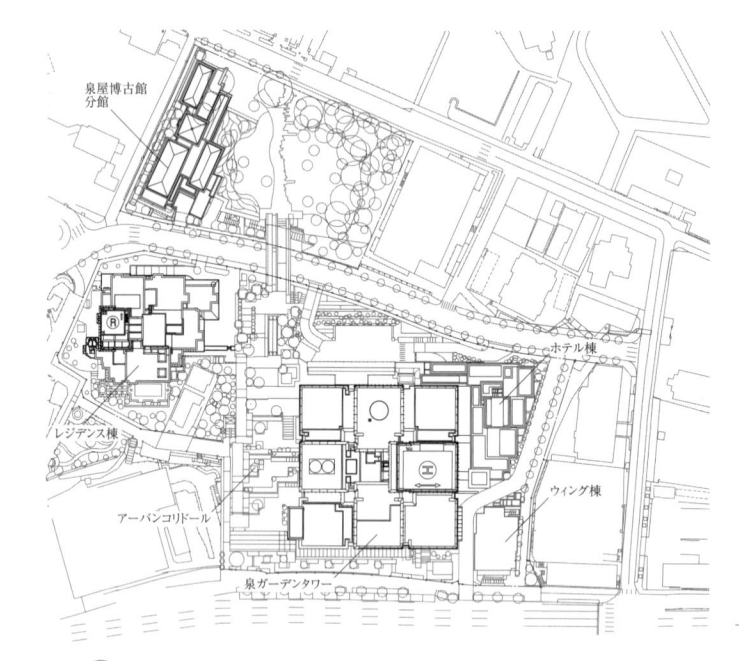

配置図 1/3,000

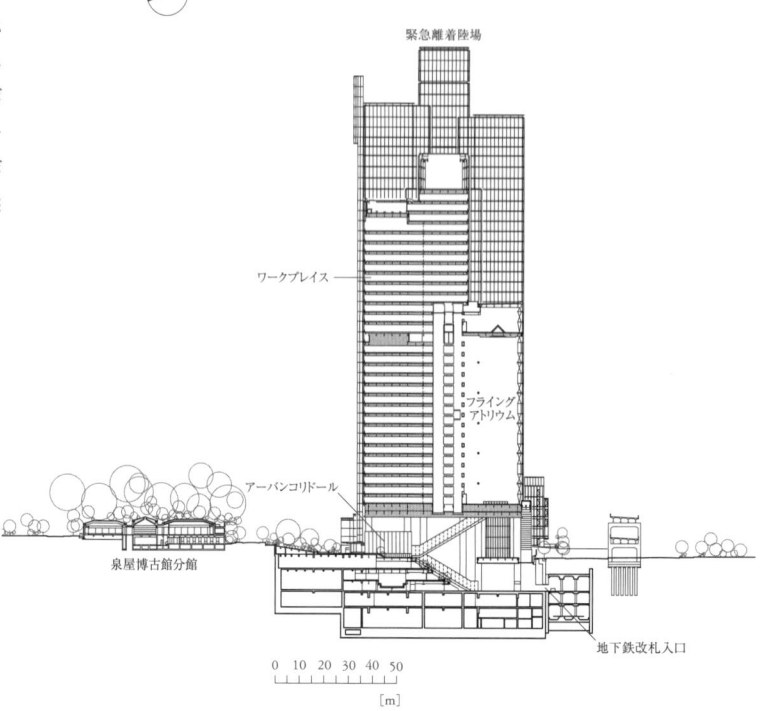

断面図 1/3,000

［窓まわり断面→P.14］

18 新宿NSビル
Shinjuku NS Building

所在地 東京都新宿区西新宿
主要用途 オフィス[テナント]、店舗
設計 日建設計
階数 地上30階、地下3階、塔屋2階
敷地面積 14,053.14m²
建築面積 10,904.67m²
延べ面積 166,767.8m²
基準階面積 低層階：4,461.22m²、高層階：4,346.02m²
建ぺい率 77.59%
容積率 1,055%
最高の高さ 133.65m
階高 3.64m
天井高 2.6m
主なスパン 3.2×12.95m
空調方式 インテリア：外調機＋ターミナル空調機、ペリメータ：各階空調機
駐車台数 488台
開発手法 特定街区
竣工年月 1982年9月

新宿副都心の超高層ビルより高くという方向とは異なり、ガラス屋根のある巨大な光庭［アトリウム］を持つ建物である。光庭は雨や風、騒音に悩むことのない快適な都市空間の核となっている。

基準階平面は2つのL形の建物を四角形の輪型に連結した形式で、連結部分に非常用エレベーターと特別避難階段が設置されている。ガラス屋根を通った自然光は130m下の広場を明るくし、吹抜けに面する基準階廊下は人工照明に頼らない省エネ効果をもたらしている。

吹抜け空間の眺めを楽しめるように、吹抜け中空を斜めに横切るブリッジを設置したり、シースルーエレベーターや巨大な振子時計を置く等の仕掛けにより、吹抜け空間に変化とスケール感を感じさせる役割を果たしている。

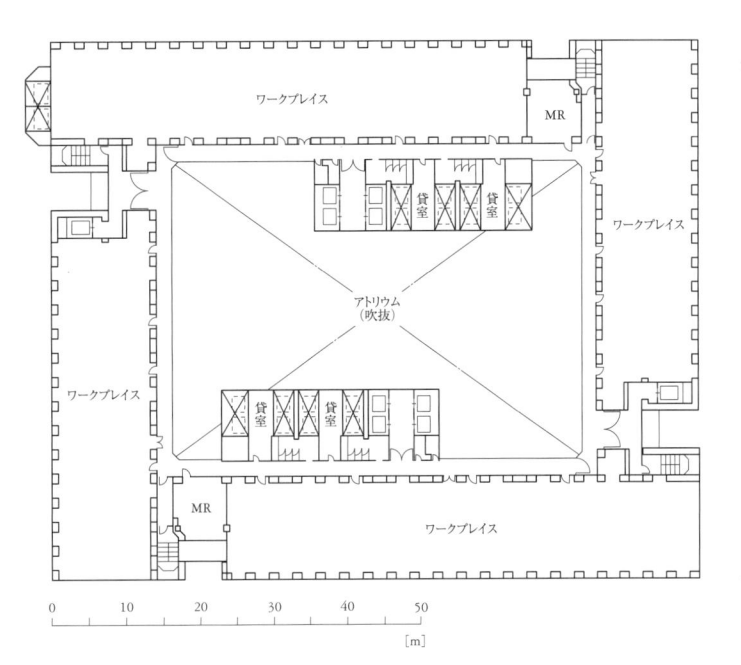

北東側外観．撮影：三輪晃久写真研究所

基準階平面図 1/1,000

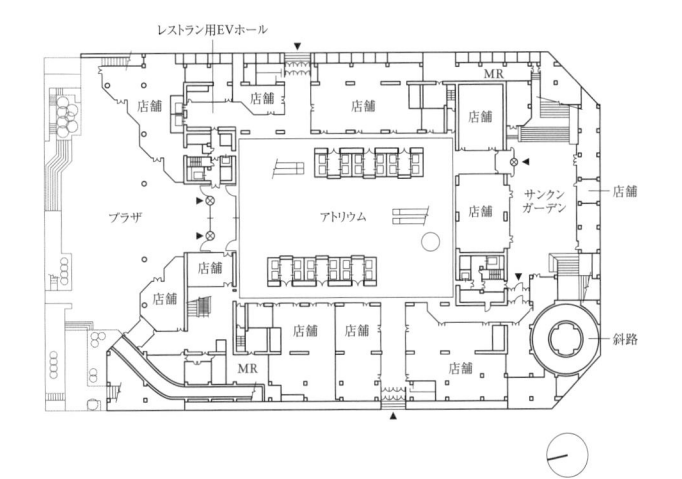

1階平面兼配置図 1/2,000

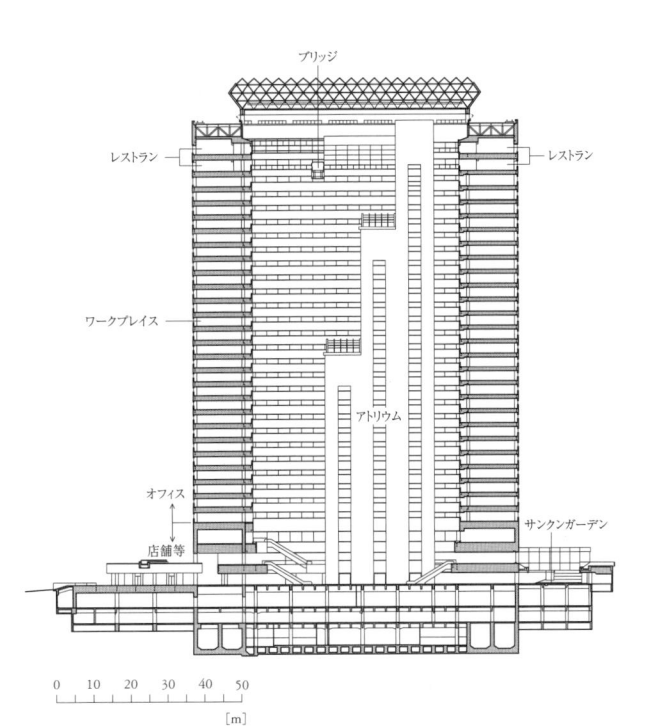

断面図 1/2,000

19 | ミッドランドスクエア
Midland Square

所在地 名古屋市中村区名駅
主要用途 オフィス[テナント]、店舗、映画館
設計 日建設計
階数 地上47階、地下6階、塔屋2階
敷地面積 11,643.15m²
建築面積 8,090.78m²
延べ面積 193,450.74m²
基準階面積 2,823.36m²
建ぺい率 69.48%
容積率 1,414.58%
最高の高さ 247m
階高 4.4m
天井高 2.9m
主なスパン 19.2×19.2m、12.8×16m
空調方式 インテリア:各階空調機+VAV方式、ペリメータ:各階空調機+VAV方式(+エアバリア)
駐車台数 437台
開発手法 都市再生特別地区
竣工年月 2006年9月

名古屋駅前に建つオフィス、商業施設、シネマコンプレックス等で構成される複合施設。外観を特徴づける世界初のシースルーダブルデッキシャトルエレベーターは輸送能力の向上とともに、都市空間に縦方向への視覚的な動きを与えている。中部地区一の高さに位置する屋外型展望施設は一般の人々に開放され、ライトアップ、水噴霧装置等により空に浮かぶ都市空間をドラマティックに演出する。オフィスは中心部にボイドコアを持ち、デスクレイアウトの自由度が高い整形なコの字形平面を採用。商業施設は5層吹抜けのアトリウム空間を中心とした回遊型施設とし、地下ではサンクンガーデンを介して、既存の地下街と連絡される。構造体には頂部と中間層の特殊階を利用した制振装置を採用することで、地震や風による振動を抑制し、長寿命化を図っている。

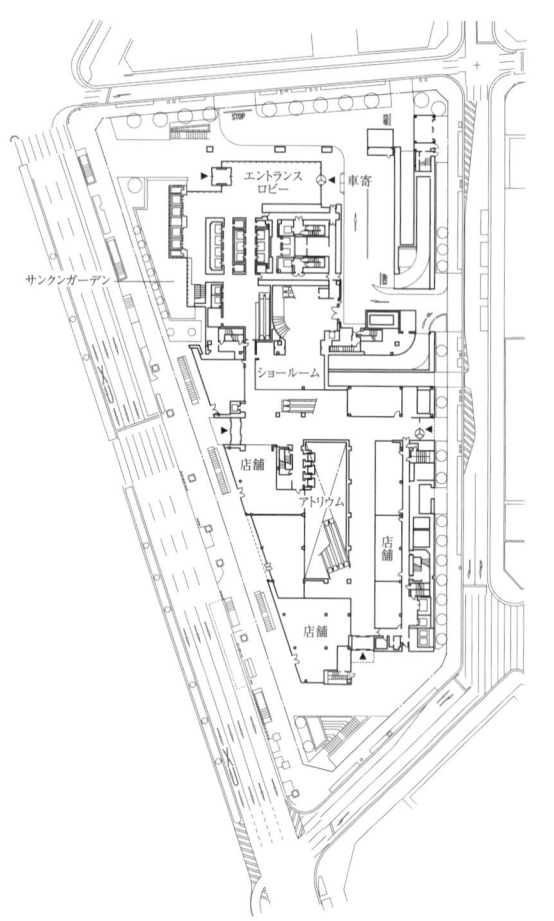

自社使用
自社使用+テナント
テナント
複合建築

1階平面兼配置図 1/2,000

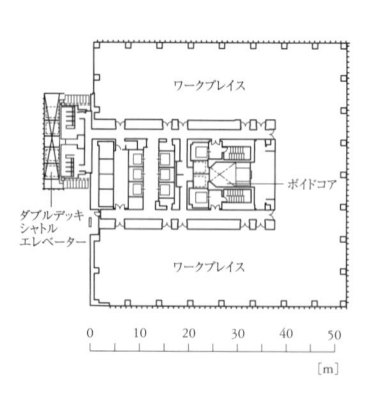

基準階平面図 1/1,500

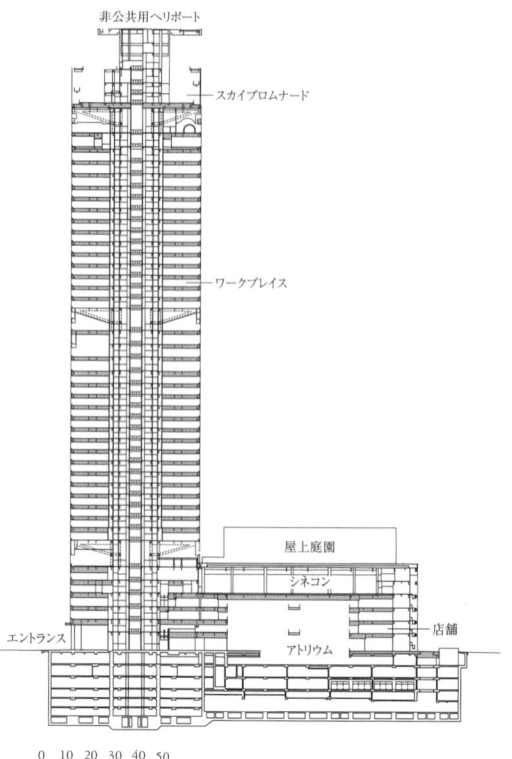

断面図 1/3,000

南側外観 撮影:新写真工房・堀内広治

20 住友不動産 飯田橋ファーストビル・ファーストヒルズ飯田橋
Iidabashi First Building, First Hills Iidabashi

所在地 東京都文京区後楽
主要用途 オフィス［テナント］、共同住宅、店舗
設計 日建設計
階数 地上14階、地下2階、塔屋1階
敷地面積 8,984.52m²
建築面積 5,405.38m²
延べ面積 62,946.87m²
基準階面積 5,273.75m²
建ぺい率 60.17%
容積率 617.6%
最高の高さ 63.2m
階高 4.1m
天井高 2.7m
主なスパン 6.4×16.35m
空調方式 インテリア・ペリメータ：水熱源ビル用マルチパッケージエアコン方式
駐車台数 156台
開発手法 再開発地区計画
竣工年月 2000年5月

地権者約50名からなる木造密集市街地の再開発事業である。プロジェクト開始から竣工まで、約10年の歳月を費やした。建物の用途は共同住宅、オフィス、店舗である。建物の構成は地下部分を機械室、駐車場、一部地権者オフィスに、1階を地権者店舗とオフィスに、2-9階をオフィスに、10-14階を共同住宅にしている。9階オフィスと10階共同住宅の間に免震層を設け、住宅は免震構造、建物全体は制震構造となっている。
10階に設けられた空中庭園は、この上に住宅を計画し都心居住のための開放感ある快適な環境を確保するとともに、防災上の避難場所ともなっている。
水回り、エレベーターを南北両端に配したオフィス階は基準階をできる限り大きくとり、大スパンかつひとつながりの4,350m²という大空間となっている。

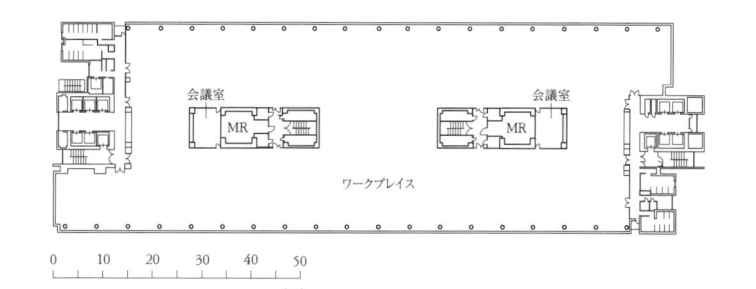

北東側外観　撮影：エスエス東京

基準階平面図 1/1,500

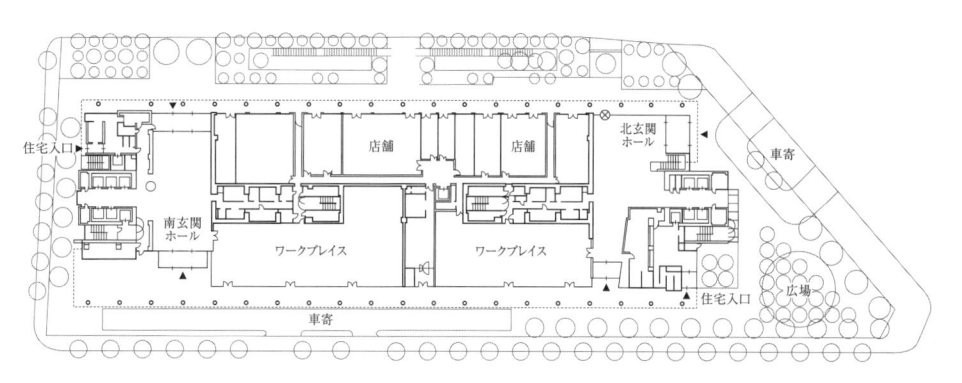

1階平面兼配置図 1/1,500

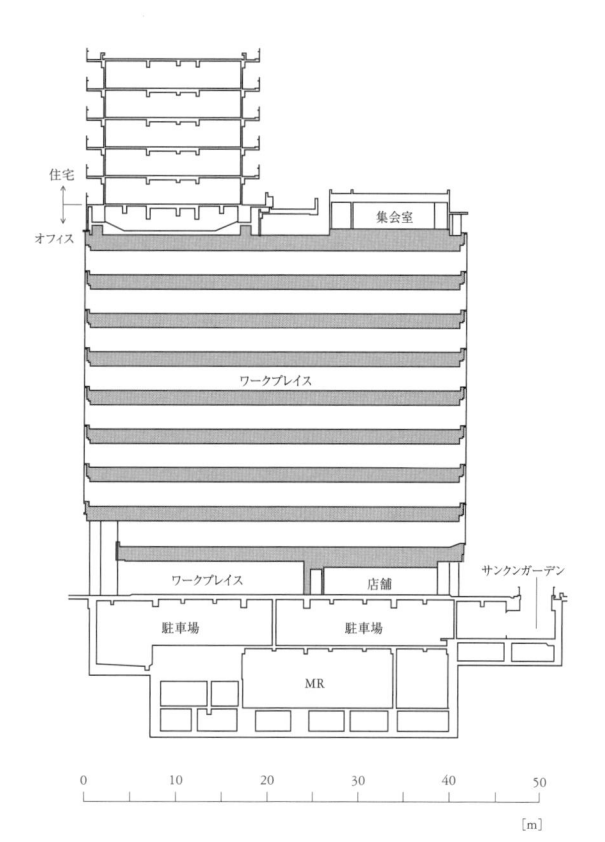

断面図 1/800

21 赤坂インターシティ
AKASAKA INTERCITY

所在地 東京都港区赤坂
主要用途 オフィス[テナント]、住宅、店舗
設計 日本設計
階数 地上29階、地下3階、塔屋1階
敷地面積 8,019.93m²
建築面積 2,628.13m²
延べ面積 74,592.86m²
基準階面積 2,376.72m²
建ぺい率 32.77%
容積率 717.91%
最高の高さ 134.77m
階高 4.3m
天井高 2.9m
主なスパン 3.2×3.2m
空調方式 インテリア:ペアダクト+各階空調機+各階外調機+DAV(CAV+VAV)方式、ペリメータ:[冷房]各階空調機(インテリア用と兼用)+VAV方式、[暖房]各階空調機(インテリア用と兼用)+CAV方式(+エアバリア)
駐車台数 オフィス用61台、住宅用85台
開発手法 東京都総合設計制度[市街地住宅総合設計]+敷地整序型土地区画整理事業
竣工年月 2005年2月

500坪を超える無柱整形空間の大規模事務所スペース、60坪を平均とする高級テナント住宅、外部空間と一体化した商業空間が複合した、ハイグレードな高層建築である。外壁は大型テラコッタパネル打込みPCと長さ1.6mのテラコッタルーバーを組み合わせた彫りの深い意匠として、エイジングに強く、時が経っても意匠の鮮度が保たれるような「タイムレス」なデザインとなっている。
国内トップランクの設備容量、構造切替え階や各種制震ダンパー・アクティブマスダンパーを採用した堅固で居住性の高い構造、時間の経過とともに味わいが増す外構等を備えた、100年を超える寿命を持つ、現代オフィスビルのプロトタイプの一つである。

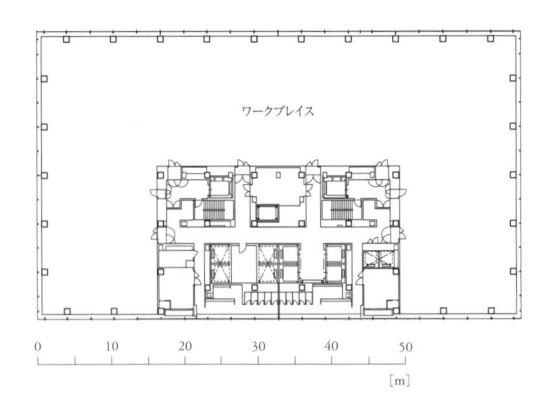

外観|撮影|川澄建築写真事務所

基準階平面図 1/1,000

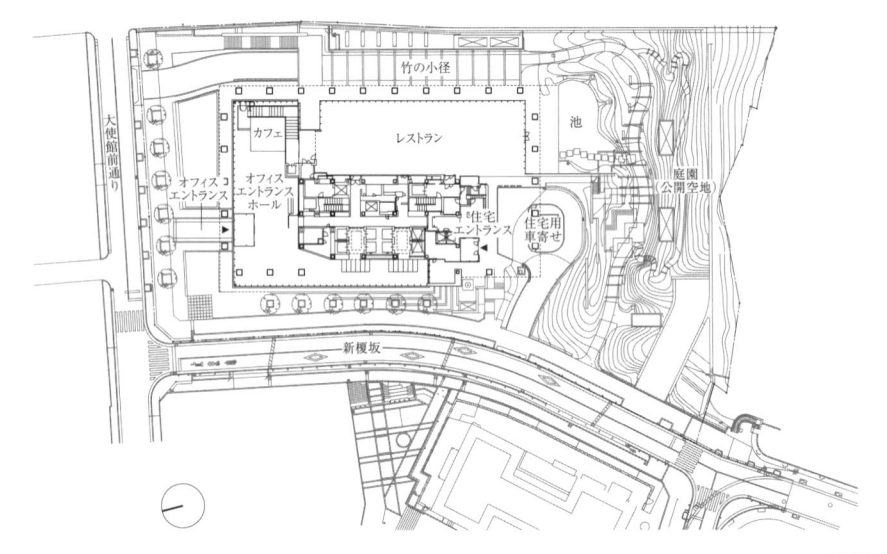

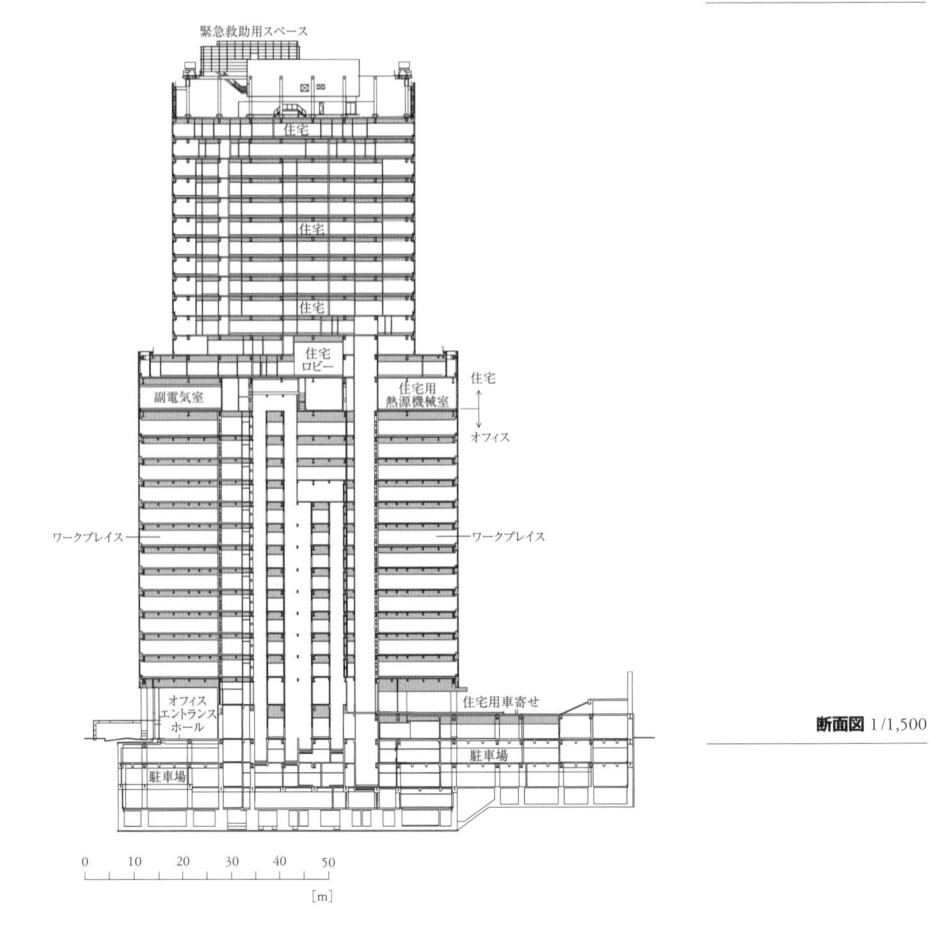

1階平面兼配置図 1/1,500

断面図 1/1,500

22 | 日石横浜ビル
NISSEKI YOKOHAMA Bldg.

所在地 横浜市中区桜木町
主要用途 オフィス［テナント］、店舗、銀行・金融計算センター、ガソリンスタンド、多用途ホール
設計 日本設計
階数 地上30階、地下2階、塔屋1階
敷地面積 6,637m²
建築面積 4,995.96m²
延べ面積 74,926.8m²
基準階面積 2,126.35m²
建ぺい率 75.3%
容積率 999.97%
最高の高さ 132.922m
階高 4m
天井高 2.7m
主なスパン 3.2×16.945m
空調方式 インテリア：外調機＋小型分散型空調機、ペリメータ：ウォールスルー＋電子式DDC制御方式
駐車台数 278台
開発手法 横浜市街地環境設計制度
竣工年月 1997年6月

みなとみらい21地区に立つ、多用途ホールやガソリンスタンド等との複合建築。
タワー部はウォーターフロントの美しい眺望を取り入れるための大きな窓と、4隅にあるフルハイトのコーナーウィンドウに特徴がある。基準階では、窓回りに備えたウォールスルーユニットで外気の導入ときめ細やかな環境設定を可能にし、コアを偏心させることで1,500m²のワークプレイスと自然光を取り入れた快適な共用部を実現している。
タワーの足元の一端はペデストリアンデッキにオーバーハングしており、傾斜したDPG工法のガラスのアトリウムが、地区全体をネットワークするこのペデストリアンデッキと、アトリウムから連続する地上の広場とを有機的に結びつけている。

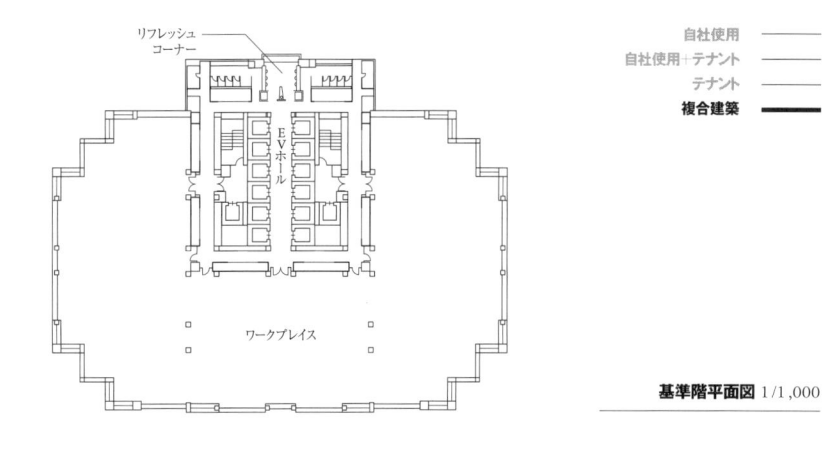

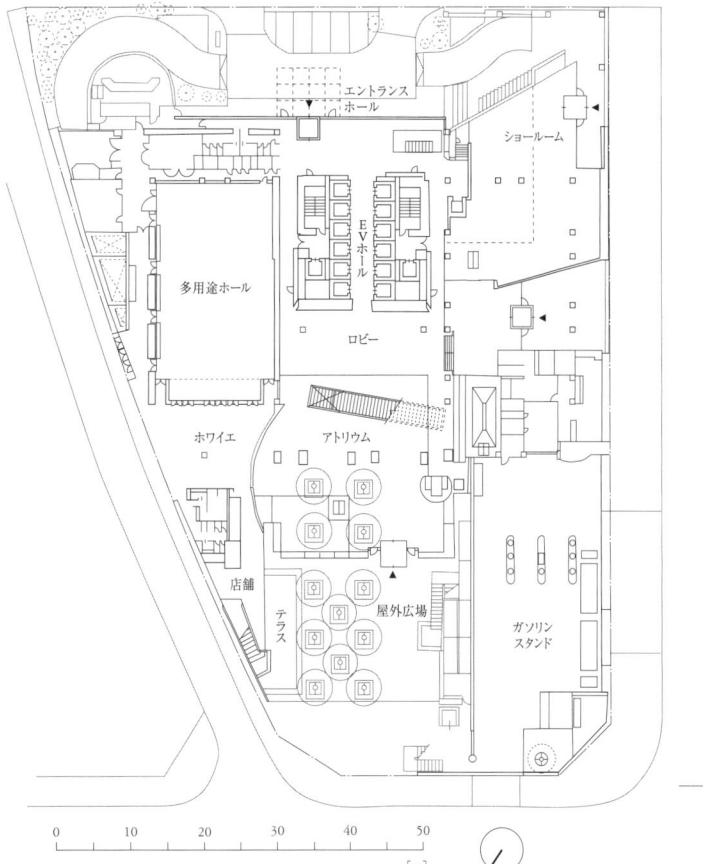

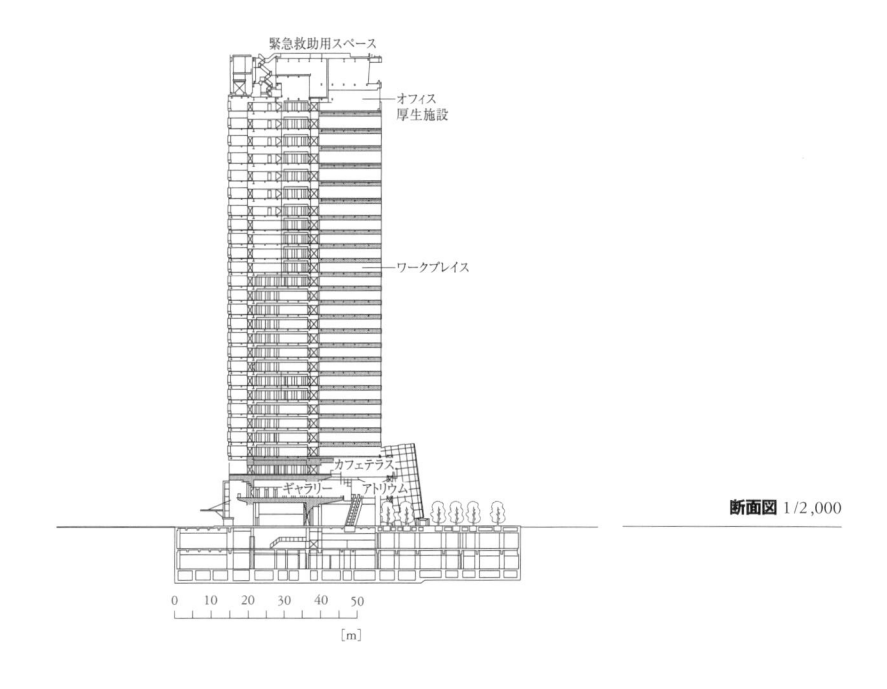

西側外観｜撮影：川澄建築写真事務所

基準階平面図 1/1,000

1階平面兼配置図 1/1,000

断面図 1/2,000

|23| パシフィックセンチュリープレイス[PCP]丸の内
Pacific Century Place Marunouchi

自社使用
自社使用＋テナント
テナント
複合建築

所在地 東京都千代田区丸の内
主要用途 オフィス[テナント]、ホテル、店舗
設計 日建設計＋竹中工務店[PCP共同設計室]
階数 地上32階、地下4階、塔屋1階
敷地面積 6,382.87m²
建築面積 2,992.79m²
延べ面積 81,692.85m²
基準階面積 低層階：2,209m²、
高層階：2,164.36m²
建ぺい率 47.81%
容積率 1,152.88%
最高の高さ 149.8m
階高 4.175-4.4m
天井高 2.8m
主なスパン 6.4×6.4m
空調方式 インテリア：各階空調機＋VAV方式、ペリメータ：各階空調機＋VAV方式(夏冬切替え型簡易エアフローウィンドウ＋高気密ブラインド)
駐車台数 204台
開発手法 一団地認定＋総合設計制度
竣工年月 2001年11月

オフィス、ホテル、商業施設からなる複合ビル。直径3.4mの4本のスーパーコラム[CFT柱]によって25層のオフィスを地上から約30m持ち上げ、その下部に既存の街並みのスケールに合わせた商業施設やホテルからなる低層部を分節化してはめ込んだ構成となっている。
ビルの足下をロビーやカフェと一体感の感じられる緑豊かな潤いのある広場として整備し、都市の中での安らぎを得られる場所を提供している。「ガラスのインゴット」をイメージした外装は、Low-Eガラスを用いたシンプルなもので時代に左右されない建築を目指している。

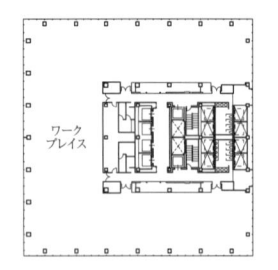

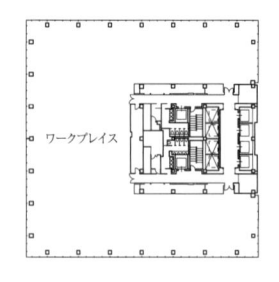

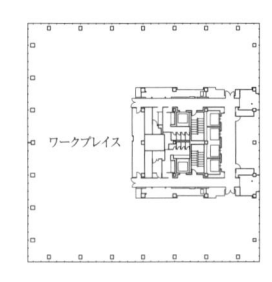

低層基準階平面図 1/1,500
中層基準階平面図 1/1,500
高層基準階平面図 1/1,500

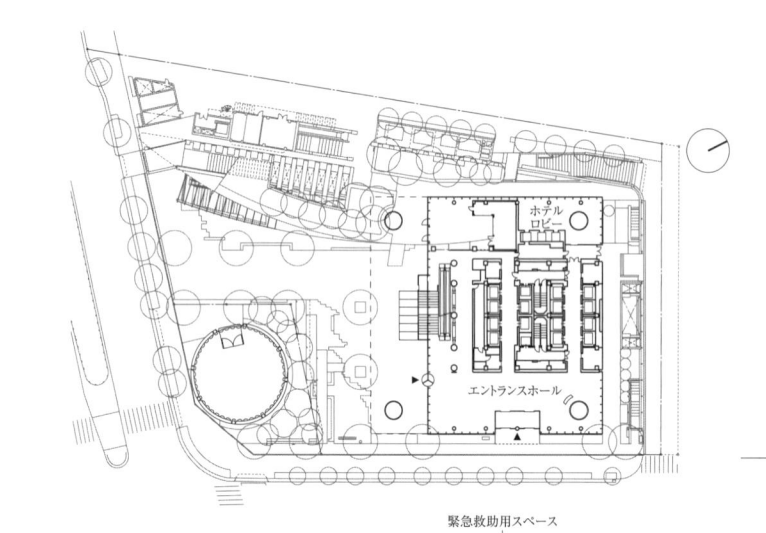

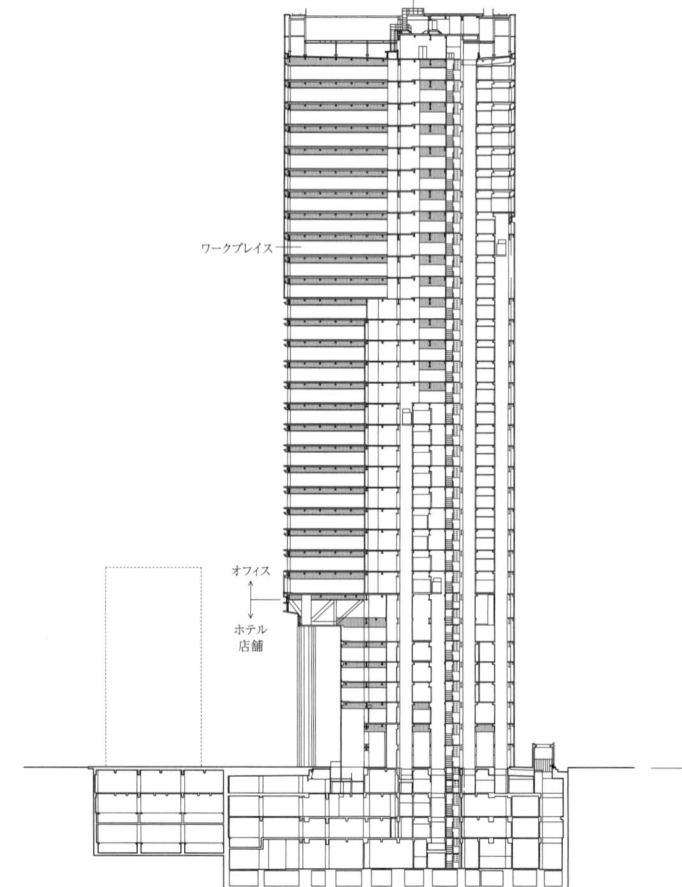

1階平面兼配置図 1/1,500

断面図 1/1,500

南西側外観／撮影：ミヤガワ

24 TOC有明
TOC ARIAKE

自社使用
自社使用＋テナント
テナント
複合建築

所在地 東京都江東区有明
主要用途 オフィス[自社使用＋テナント]、催事場、店舗、倉庫
設計 日本設計＋槇総合計画事務所[低層部インテリア設計・監理]
階数 地上21階、地下1階、塔屋1階
敷地面積 18,088.47m²
建築面積 12,128.86m²
延べ面積 111,593.85m²
基準階面積 3,694m²、3,743m²
建ぺい率 67.05%
容積率 493.55%
最高の高さ 97.6m
階高 4.2-5.15m
天井高 2.8m
主なスパン 6.4×19.2m
空調方式 インテリア:個別分散型ダブルコイル空調機(AEMS空調機方式)、ペリメータレス(エアフローウィンドウ)
駐車台数 660台
開発手法 再開発等促進区を定める地区計画、土地区画整理事業、民間都市再生事業
竣工年月 2006年7月

卸売センタービジネスの先駆けである企業が、発展著しい臨海副都心に建設した「卸売オフィスタワー」である。
広大な搬送スペースや、大規模な倉庫と駐車場を擁した物流機能を持ちつつ、純粋なオフィスビルの面も併せ持った「ロジスティクス対応オフィス」が特徴で、基準階においても搬入用エレベーターなど物流用動線の使い勝手を最適化している。6.4mのモジュール、奥行き約20mの無柱空間は、テナントの仕様に対する自由度を高くするために、床と天井の仕上げのない状態で貸し付ける「ハーフ・スケルトン」の考え方を採用している。
PC組込み式ボツ窓型エアフローウィンドウやAEMS空調機の開発、非常用発電機に蓄電池システム[NAS電池]を採用する等、環境負荷低減の新しい試みを実践している。

外観｜撮影:ナカサ アンド パートナーズ

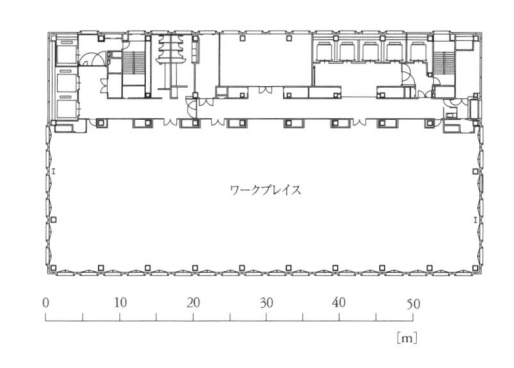

基準階平面図 1/1,000

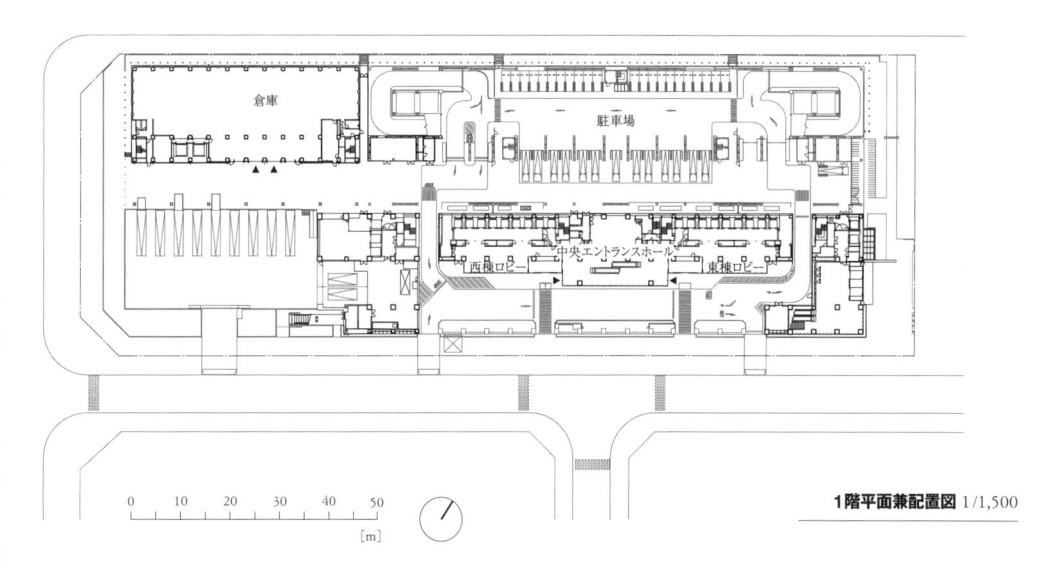

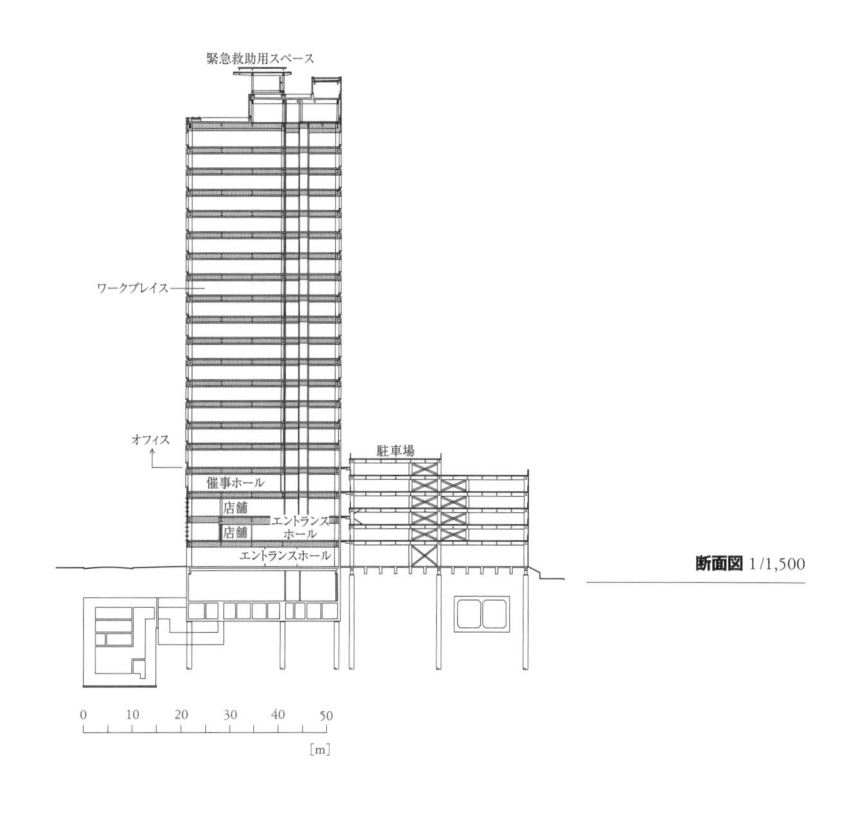

1階平面兼配置図 1/1,500

断面図 1/1,500

[窓まわり断面→P.14]

|25| 日本橋三井タワー
Nihonbashi Mitsui Tower

所在地 東京都中央区日本橋室町
主要用途 オフィス[テナント]、ホテル、店舗
設計 日本設計[設計]、ペリ クラーク ペリ アーキテクツ＋ペリ クラーク ペリ アーキテクツ ジャパン[デザインアーキテクト]
階数 地上39階、地下4階、塔屋1階
敷地面積 14,375.28m²[街区全体]
建築面積 12,503.14m²[街区全体]
延べ面積 194,309.89m²[街区全体]
基準階面積 3,006m²
建ぺい率 86.98%[街区全体]
容積率 1,217.82%[街区全体]
最高の高さ 194.69m
階高 4.25m
天井高 2.8m
主なスパン 7.2×13.5m
空調方式[オフィス部分] インテリア：各階空調機＋VAV方式、ペリメータ：各階空調機＋CAV方式一部VAV方式(＋エアバリア)
駐車台数 356台[街区全体]
開発手法 重要文化財特別型特定街区制度
竣工年月 2005年7月

超高層ビルの大規模開発と20世紀初頭の近代事務所建築である重要文化財「三井本館」の保存活用を両立させ、双方が補い合うことでより豊かな都市像をつくり上げることがテーマである。「三井本館」を活かしつつ、日本橋地域の都市機能として不足していた高機能オフィス・最高級ホテル等を供給し、歴史的文化の残る街と次世代の都市空間の共生を図っている。メインの通り側のファサードでは、「三井本館」の列柱のリズムや軒のラインといった建築的特徴を新築部分に継続させるデザインとすることで、隣接する三越本館とともに街並みの連続性をつくり出している。オフィスロビーは、ホテル機能との分離等のため2階となっている。

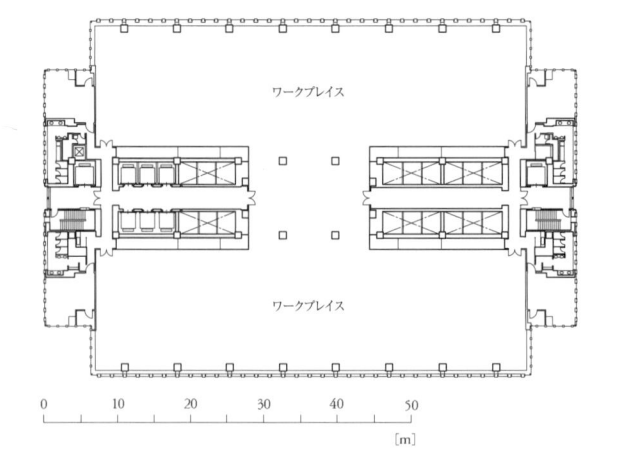

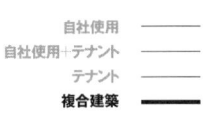

外観｜撮影：川澄建築写真事務所

基準階平面図 1/1,000

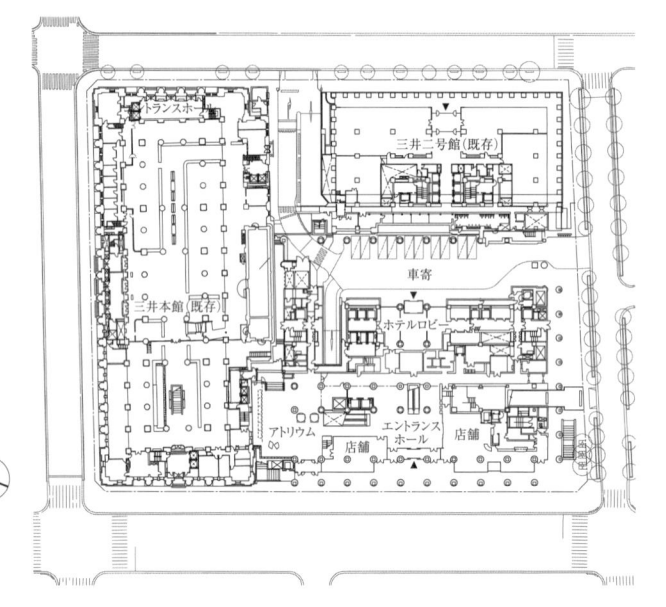

自社使用
自社使用＋テナント
テナント
複合建築

1階平面兼配置図 1/2,000

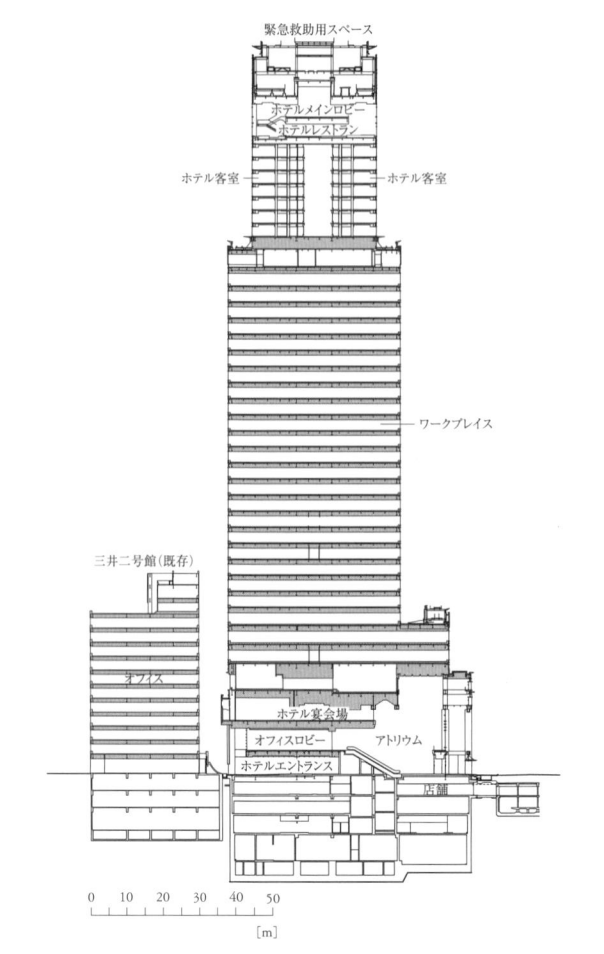

断面図 1/2,000

26 新宿アイランド
Shinjuku I-Land

所在地 東京都新宿区西新宿
主要用途 オフィス[テナント]、店舗、集合住宅、多目的ホール、展示室、地域冷暖房施設
設計 住宅・都市整備公団[現 独立行政法人都市再生機構]、日本設計
階数 地上44階、地下2階、塔屋1階
敷地面積 21,511.37㎡
建築面積 11,078㎡[施設全体]、5,206.60㎡[タワー棟]
延べ面積 240,058㎡[施設全体]、205,847.26㎡[タワー棟]
基準階面積 約3,600㎡[タワー棟]
建ぺい率 51.49%[施設全体]
容積率 968.9%[施設全体]
最高の高さ 189.55m
階高 3.95m
天井高 2.7m
主なスパン 3.2×16.4m、3.2×19.6m
空調方式 インテリア：ペアダクト＋各階空調機＋DAV[CAV＋VAV]方式、ペリメータ：各階空調機＋CAV方式(＋簡易エアフローウィンドウ)
駐車台数 約790台
開発手法 第一種市街地再開発事業
竣工年月 1995年1月

24年の歳月と266人の権利者の合意形成を経て生まれた、複合再開発。その中心となる44階建てのオフィス棟は、両端コア・片コア複合型の約3,500㎡の大型基準階を持つ。外装は平滑性を追及したアルミハニカムパネルで、表面のエンボス加工パターンによる光の陰影とグレー12階調のグラデーションによる色調の違いにより、変化に富む景観をつくり出している。広場とデッキとサンクンガーデンを組み合わせ、植栽と水と舗装パターンを秩序立てることによって多様な公共空間をつくり、オフィスと商業、アプローチ動線と賑わいを共存させている。空間と呼応した世界の一流アーティストによる彫刻群や劇的な照明等も特徴となっている。

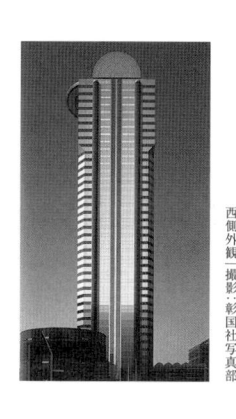

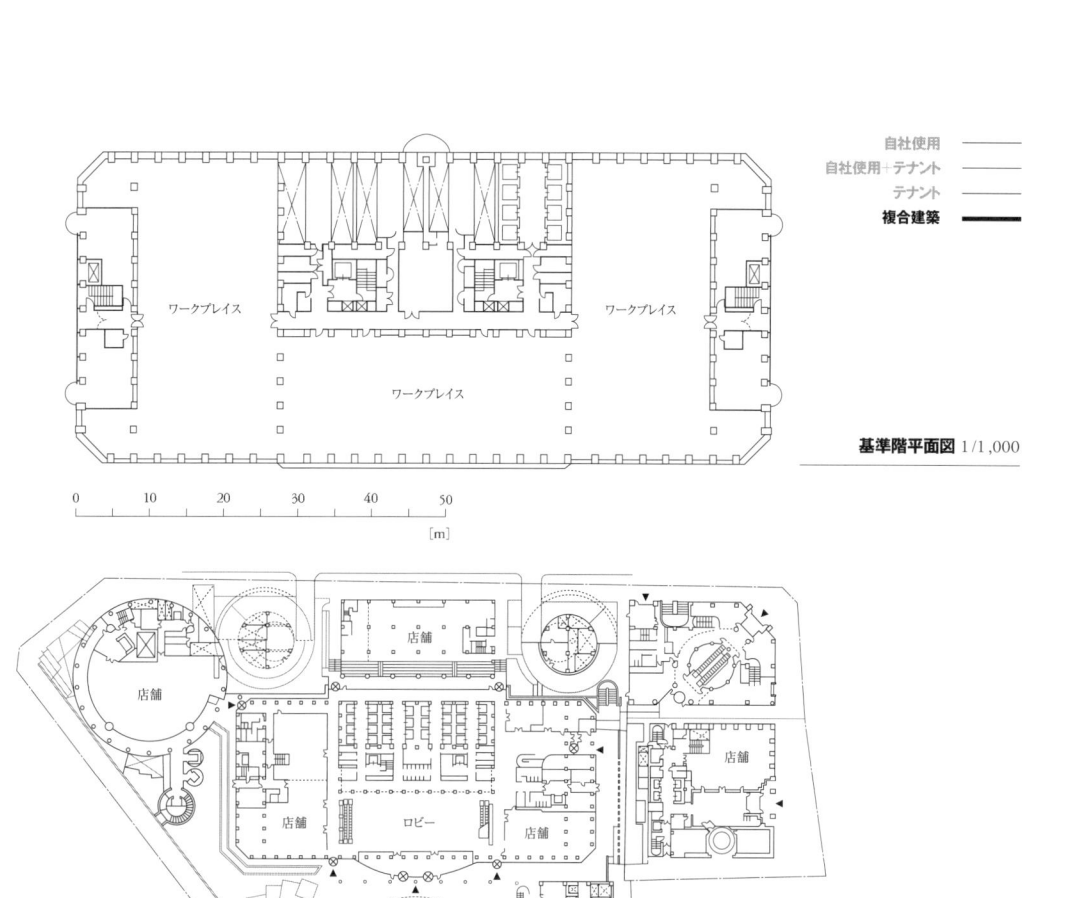

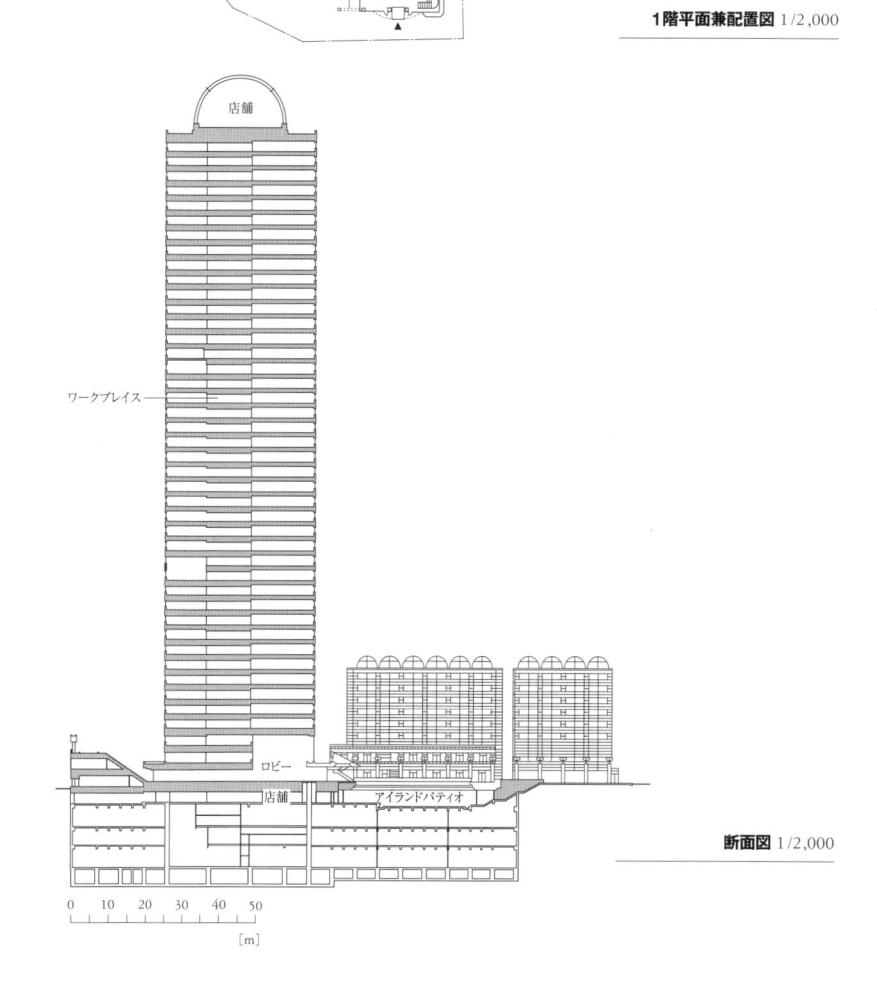

西側外観 撮影：彰国社写真部

基準階平面図 1/1,000

1階平面兼配置図 1/2,000

断面図 1/2,000

執筆協力・掲載作品設計者・写真・図版出典、資料文献

執筆協力

甘粕敦彦
荒川寛
伊庭野大輔
岩永文英
梅中美緒
大久保康路
大田裕介
笠嶋一生
柴田恵里
甚内有紀
錦織弘
平田啓介
北條豊
三沢浩二
横田雄史
―
日建設計・日本設計／50音順

掲載作品設計者

国内作品
―
- アンダーソン・ベックイズ＆ハイベル・アーキテクツ＋
大林組一級建築士事務所
「AIG大手町ビルディング」
- アーキテクトファイブ
「旧 SME白金台オフィス」
- 大林組一級建築士事務所＋Atelier Jean Nouvel, The Jerde Partnership International Inc.
「汐留電通本社ビル」
- KAJIMA DESIGN
「積水ハウス九段南ビル」「時事通信ビル」
「虎ノ門タワーズ・オフィス棟」「大阪東京海上ビルディング」
- KAJIMA DESIGN［建築設計］＋
イケア プロパティーズ エル日本支社［オフィス設計］
「イケア・ジャパン サービスオフィス」
- 久米設計
「ROKIグローバル本社」「Honda和光ビル」「赤坂サカス」
- クライン ダイサム アーキテクツ
「TBWA HAKUHODO」
- コクヨファニチャー
「コクヨエコ・ライブオフィス品川」
- 清水建設一級建築士事務所
「交詢ビルディング」
- 住宅・都市整備公団(現 独立行政法人都市再生機構)、日本設計
「新宿アイランド」
- 住友不動産［総合監修］＋日建設計［設計］
「泉ガーデンタワー」
- 大成建設一級建築士事務所
「大成札幌ビル」
- 竹中工務店
「竹中工務店東京本店新社屋」
- 谷口建築設計研究所・日本設計 設計共同体
「日本アイ・ビー・エム幕張事業所」
- 丹下健三・都市・建築設計研究所
「東京都新庁舎」
- 都市基盤整備公団東京支社＋日建設計［基本計画・基本設計］、
竹中・戸田・大林・鹿島・清水・大成 設計共同企業体［実施設計］
「晴海アイランド トリトンスクエア 東地区」
- 都市基盤整備公団東京支社＋日建設計［基本計画］、
日建設計・久米設計・山下設計 設計共同体［基本・実施設計］
「晴海アイランド トリトンスクエア 西地区」
- 日建設計
「エプソンイノベーションセンター」
「TG港北NTビル(アースポート)」「キーエンス本社・研究所ビル」
「ロックビレイビル」「ルネ青山ビル」「ホギメディカル本社ビル」
「ポーラ五反田ビル」「日建設計 東京ビル」
「日本経済新聞社 東京本社ビル」「ミッドランドスクエア」
「住友不動産 飯田橋ファーストビル・ファーストヒルズ飯田橋」
「汐留住友ビル」
「寺田倉庫(株) Harbor Executiveビル
(旧パナソニックマルチメディアセンター)」
「新宿NSビル」「パレスサイドビルディング」
「日本電気本社ビル(NECスーパータワー)」「大阪弁護士会館」
「木材会館」「千葉県自治会館」
「住友不動産三田ツインビル西館」
「TK南青山ビル・南青山ガーデンコート」
「飯田町アイガーデンエア中央街区(ガーデンエアタワー)」
「大崎 ThinkPark Tower」「地球環境戦略研究機関」
「品川フロントビル」「JTビル」
「宇宙航空研究開発機構 筑波宇宙センター総合開発推進棟」
「日比谷ダイビル」「山陽新聞本社ビル」「INAX大阪ビル」
- 日建設計＋大林組一級建築士事務所＋乃村工藝社
「乃村工藝社本社ビル」
- Murphy/Jahn, Inc.［デザインアーキテクト］、日建設計・ジェイアール
東日本建築設計事務所設計共同企業体［基本設計］
「東京駅八重洲開発［全体］」
- ジェイアール東日本建築設計事務所
「グラントウキョウ サウスタワー［実施設計］」
- 東京駅八重洲開発設計共同企業体
(日建設計・ジェイアール東日本建築設計事務所)
「グラントウキョウ ノースタワー＋グランルーフ等中央部［実施設計］」
- 日建設計＋竹中工務店［PCP共同設計室］
「パシフィックセンチュリープレイス(PCP)丸の内」
- 日建設計・東急設計コンサルタント共同企業体
「渋谷新文化街区プロジェクト 渋谷ヒカリエ」
- 日建設計＋三菱地所設計
「クイーンズスクエア横浜」
- 日建設計［建築・設備］＋三菱地所設計［設備］
「経団連会館」
- 日本アイ・ビー・エム＋日本設計＋フォルムインターナショナル
「マブチモーター本社棟」
- 日本設計
「大日本印刷 DNP五反田ビル」「日産先進技術開発センター」
「パサージュガーデン渋谷／投資育成ビル」
「日本アムウェイ本社ビル」「渋谷プレステージ」「Ao〈アオ〉」
「浜松町エクセージビル」「東京倶楽部ビルディング」
「名古屋インターシティ」「日石横浜ビル」「栃木県庁舎本館」
「パサージュガーデン渋谷／新興ビル」
「茨城県市町村会館」「川越町庁舎」
「YOMIKO GINZA BLDG.」「アルベン丸の内タワー」
「赤坂インターシティ」「赤坂ガーデンシティ」
- 日本設計＋大林組一級建築士事務所
「品川インターシティB棟」
- 日本設計＋ Kevin Roche John Dinkeloo and associates
「汐留シティセンター」
- 日本設計＋竹中工務店
「アクロス福岡」

- 日本設計+東急設計コンサルタント設計共同企業体
  「渋谷マークシティ」
- 日本設計+東急設計コンサルタント設計共同企業体[設計]、
  コーン・ペダーセン・フォックス・アソシエイツ[デザインアーキテクト]
  「日本橋1丁目ビルディング」
- 日本設計[建築]+日建設計[設備]
  「パナソニック電工東京本社ビル」
- 日本設計[設計]、ペリ クラーク ペリ アーキテクツ+
  ペリ クラーク ペリ アーキテクツ ジャパン[デザインアーキテクト]
  「日本橋三井タワー」
- 日本設計+横総合計画事務所[低層部インテリア設計・監理]
  「TOC有明」
- 日本設計+三井不動産+武藤構造力学研究所
  「新宿三井ビルディング」
- ノーマン フォスター アンド アソシエイツ+
  大林組一級建築士事務所
  「センチュリータワー」
- 富士通[総合監修]+山下設計[設計]
  「富士通ソリューションスクエア」
- 前川國男建築設計事務所
  「東京海上ビルディング」
- 横総合計画事務所
  「ロレックス東陽町ビル」
- 三菱地所設計
  「丸の内ビルディング」「丸の内パークビルディング」
  「三菱一号館」「二番町ガーデン」「三菱商事ビルディング」
- 三菱地所設計+ホプキンス アーキテクツ
  「新丸の内ビルディング」
- 三菱地所設計[全体街区マスタープラン+
  丸の内北口ビルディング・丸の内ホテル]、
  三菱地所設計・日建設計設計監理共同体
  [丸ノ内商業施設棟]、日建設計[日本生命丸の内ビル]、
  山下設計[新丸の内センタービルディング]
  「丸の内オアゾ」
- 森ビル+KPF:Kohn Pederson Fox Associates PC+
  入江三宅設計事務所
  「六本木ヒルズ森タワー」「上海環球金融中心」
- 山下寿朗設計事務所+三井不動産[霞が関ビル建設委員会]
  「霞が関ビルディング」
- 横河設計工房
  「グラスオフィスヒロシマ」
- 吉村順三記念ギャラリー(旧吉村順三設計事務所)
  「旧NCRビルディング」

海外作品
——
- Ateliers Jean Nouvel
  「アグバル・タワー」
- David Chipperfield Architects
  「BBCスコットランド支局」
- Foster and Partners
  「香港上海銀行」「コメルツバンク本社ビル」
  「セント・メアリー・アクス」「ロンドン市庁舎」
- Ingenhoven und Partner Architekten
  「RWE AG本社ビル」「アップタウン・ミュンヘン」
- Mies Van Der Rohe, Philip C.Johnson, Kahn & Jacobs
  「シーグラムビルディング」
- Murphy/Jahn,Inc.
  「ポストタワー」「ハイライト・ミュンヘンビジネスタワー」
- NBBJ
  「ボーイング社レントン工場」
- Sauerbruch Hutton Architects
  「GSW本社ビル」
- Renzo Piano Building Workshop
  「デビス本社ビル」
- Richard Rogers Partnership
  「ロイズ・オブ・ロンドン」
- Zaha Hadid Architects
  「BMWセントラルビルディング(ドイツ・ライプツィヒ)」
——
[設計者/50音順・アルファベット順]
——
本書の出版に際して取材・掲載許可等に
ご協力いただきました設計者各位に篤く感謝申し上げます。
なお、本書掲載事項に関する
建物オーナー様へのお問合せはご遠慮願います。

写真撮影[プロカメラマン]

- エスエス東京
  p075「飯田町アイガーデンエア中央街区(ガーデンエアタワー)」
  p077「大崎ThinkPark Tower」
  p121「宇宙航空研究開発機構
       筑波宇宙センター総合開発推進棟」
  p201「住友不動産
       飯田橋ファーストビル・ファーストヒルズ飯田橋」
- エスエス名古屋
  p019、p138、p197「名古屋インターシティ」
  p139「川越町庁舎」
- エスエス横浜
  p007「TG港北NTビル(アースポート)」
- 岡田泰治
  p085右「六本木ヒルズ」
- 岡本公二
  p085左「アクロス福岡」
- 小川泰祐
  p085「丸の内パークビルディング」「三菱一号館」
- 川澄建築写真事務所
  p004、p121右、p139「大日本印刷 DNP五反田ビル」

p019「東京倶楽部ビルディング」
p085、p198「泉ガーデンタワー」
p085左「六本木ヒルズ」
p085、p206「日本橋三井タワー」
p139、p202「赤坂インターシティ」
p151「品川インターシティ」
p173「日本橋1丁目ビルディング(日本橋コレド)」
p193「渋谷プレステージ」
p198「泉ガーデンタワー」
p203「日石横浜ビル」
- 雁光舎/野田東徳
  p006、p085、p114、p121、p184「乃村工藝社本社ビル」
  p017、p115、p139「木材会館」
- 木田勝久/FOTOTECA
  p085左「日産先進技術開発センター」
  p195「Ao〈アオ〉」
- 北嶋俊治/アーキフォト
  p113「茨城県市町村会館」
- 小池宣夫写真事務所
  p015、p138、p196「東京倶楽部ビルディング」
- 輿水進
  p187「パナソニック電工東京本社ビル」
- 篠澤建築写真事務所/篠澤裕
  p085右、p188「日産先進技術開発センター」
  p113「日比谷ダイビル」
  p191「JTビル」
- 彰国社写真部
  p015「パレスサイドビルディング」
  p016「東京海上ビルディング」
  p016、p138「大阪東京海上ビルディング」
  p138「宇宙航空研究開発機構
       筑波宇宙センター総合開発推進棟」
  p139「竹中工務店東京本店新社屋」
  p194「YOMIKO GINZA BLDG.」
  p207「新宿アイランド」
- 新建築社写真部
  p005「日産先進技術開発センター」
  p105「乃村工藝社本社ビル」「マブチモーター本社棟」
       「TBWA HAKUHODO」
  p138、p182「TG港北NTビル(アースポート)」
  p139「品川インターシティ」
  p149「宇宙航空研究開発機構
       筑波宇宙センター総合開発推進棟」
  p173「日本橋三井タワー」
- 新写真工房/堀内広治
  p019「千葉自治会館」
  p067、p113、p200「ミッドランドスクエア」
  p113、p186「日建設計東京ビル」
  p139「パシフィックセンチュリープレイス(PCP)丸の内」
  p192「経団連会館」

- 立川博章（作画）／日本貨物鉄道（提供）
  p075｜「飯田町アイガーデンエア中央街区（ガーデンエアタワー）」
- ナカサ アンド パートナーズ
  p004、p113｜「パナソニック電工東京本社ビル」
  p138｜「ホギメディカル本社ビル」
  p205｜「TOC有明」
- ナガノコンサルタント
  p085右｜「アクロス福岡」
- 畑拓（彰国社写真部）
  p014、p139｜「泉ガーデンタワー」
  p017、p067｜「グラスオフィスヒロシマ」
  p019、p138、p185｜「マブチモーター本社棟」
  p138｜「ロレックス東陽町ビル」「交詢ビルディング」
  p139｜「汐留電通本社ビル」「INAX大阪ビル」
  　　　「二番町ガーデン」
  p139、p149｜「パサージュガーデン渋谷／投資育成ビル」
  p149｜「アクロス福岡」
- 東出清彦
  p138、p190｜「大阪弁護士会館」
- ブレッソン／矢野勝偉
  p138｜「山陽新聞本社ビル」
- ミヤガワ
  p067｜「汐留シティセンター」
  p135、p204｜「パシフィックセンチュリープレイス（PCP）丸の内」
- 三輪晃久写真研究所
  p085、p183｜「地球環境戦略研究機関」
  p094｜「クイーンズスクエア横浜」
  p199｜「新宿NSビル」
- 門馬金昭
  p189｜「日本電気本社ビル（NECスーパータワー）」
- ロココプロデュース／林広明
  p006｜「エプソンイノベーションセンター」
- Fnacesco Radino／ECIFFO
  p124｜「BBCスコットランド支局」
- Thomas Mayer
  p095｜BMWセントラルビルディング（ドイツ・ライプツィヒ）

写真提供

- 岡村製作所
  p105｜「Honda和光ビル」
- 日産自動車
  p125｜「日産先進技術開発センター」
- 日建設計
  p014｜「シーグラムビルディング」
  　　　「日本電気本社ビル（NECスーパータワー）」
  p015｜「香港上海銀行」「ロイズ・オブ・ロンドン」
  p016｜「AIG大手町ビルディング」「大阪弁護士会館」
  p017｜「旧SME白金台オフィス」「日建設計 東京ビル」

- p018｜「旧NCRビルディング」「コメルツバンク本社ビル」
- p018、p138｜「RWE AG本社ビル」「ポストタワー」
- p075｜「住友不動産三田ツインビル西館」
  　　　「TK南青山ビル・南青山ガーデンコート」
- p079｜「みなとみらい」「丸の内街区」
- p101｜「個人作業スペース」
- p103｜「島型対向式オフィスレイアウト例／日建設計総務室」
  　　　「ユニバーサルオフィスレイアウト例／秀光本社」
- p137｜「層間防火区画の例」
- p138｜「大成札幌ビル」「ロンドン市庁舎」
- p139｜「デビス本社ビル」「日建設計 東京ビル」「GSW本社ビル」
- p90-91｜「コラム1全写真」
- p125｜「ミッドランドスクエア」
- 日本設計
  p014｜「霞が関ビルディング」「大日本印刷 DNP五反田ビル」
  p014、p138｜「TOC有明」
  p019｜「栃木県庁舎本館」
  p121左｜「大日本印刷 DNP五反田ビル」
  p146-147｜「コラム6全写真」
  p149｜「マブチモーター本社棟PCボイドスラブ」
- 三菱地所設計
  p015｜「新丸の内ビルディング」
- ニューオフィス推進協議会（NOPA）
  p101｜「行動のSECIモデル」
  　　　──『THE BEST OF NEW OFFICES 2010:
  　　　第23回日経ニューオフィス賞受賞オフィス2010』より
- JR東日本・三井不動産・鹿島 八重洲開発
  p094｜「東京駅八重洲開発」
- 東京急行電鉄
  p094｜「渋谷新文化街区プロジェクト 渋谷ヒカリエ」
- コクヨファニチャー
  p103｜「ノンテリトリアルオフィスレイアウト例／霞ヶ関ライブオフィス」
  p125｜「コクヨ エコ・ライブオフィス品川」
- YKK AP
  p139｜「新宿アイランドタワー」

──
［50音順］
──

※本書の出版に際して写真借用にご協力いただきました
各位に篤く感謝申し上げます。

図版出典

- p031｜fig.1｜『建築設計資料集成 総合編』p445
  日本建築学会編、丸善刊、2001年
- p031｜fig.3｜『ナレッジワークプレイス革命』仙石太郎著、
  富士ゼロックス社ホームページ X-Direct、2006年
- p047｜fig.1｜『ファシリティマネジメントガイドブック 第2版』
  FM推進連絡協議会編、日刊工業新聞社刊、2001年を元に作成

- p047｜fig.2・fig.3｜データ提供＝岡村製作所
  マーケティング本部オフィス研究所
- p054｜F-1、p055｜fig.1｜p057｜fig.1
  『都市・建築・不動産企画開発マニュアル2007-08』
  エクスナレッジ編・刊、2007年を元に作成
- p057｜fig.3｜『総解説 ファシリティマネジメント』
  FM推進連絡協議会編、日本経済新聞社刊、2003年を元に作成
- p077｜fig.1 模型を利用した風洞実験｜「風洞実験棟」
  UR都市機構、都市住宅技術研究所ホームページ
- p079｜fig.1-2 景観誘導イメージ・fig.1-4 色彩規準と明暗の使い
  分けのイメージ・みなとみらい地区の色彩計画｜
  「みなとみらい21中央地区都市景観形成ガイドライン」
  横浜市都市整備局
- p079｜fig.1-2 東京駅丸の内駅舎復元のイメージ｜
  「東京都景観計画概要2009年（平成21年）4月改定版」
  東京都都市整備局市街地建築部 市街地企画課
- p079｜fig.1-3 大手町の水辺緑化計画｜
  「大手町一丁目第2地区第一種市街地再開発事業
  日本橋川沿空地イメージ」
- p095｜fig.5｜『ECIFFO 53号』「融合するワークプレイス」、
  ECIFFO編集部、2009年
- p101｜fig.1｜『知識創造企業』野中郁次郎・竹内弘高著、
  梅本勝博訳、東洋経済新報社刊、1996年
- p101｜fig.2｜『クリエイティブ・オフィス・レポート 2.0』
  ニューオフィス推進協議会
- p113｜fig.3｜『建築の省エネルギー計画』日本建築学会編、
  彰国社刊、1981年
- p117｜fig.5｜『バリアフリー法逐条解説 2006（建築物）』
  日本建築行政会議編・刊を元に作成
- p119｜fig.1｜『新建築学大系 34 事務所・複合建築の設計』
  建築学大系編集委員会編、彰国社刊、1994年
- p119｜fig.4｜『建築計画チェックリスト 事務所』
  長倉康彦・平井堯・村尾成文 編集協力、彰国社編・刊、1976年
- p141｜fig.3｜「LCCO$_2$削減対策の比較評価」伊香賀俊治、
  早稲田大学理工学研究所ホームページ
  Powered by Verno 第29号1997年2月より
- p141｜fig.6｜『新訂 建築士技術全書 2 環境工学』
  木村建一編、彰国社刊、2000年
- p143｜fig.2｜『建築環境総合性能評価システムCASBEE
  ──新築 評価マニュアル2010年度版』
  日本サスティナブルビルディングコンソーシアム（JSBC）編、
  2010年を元に作成
- p143｜fig.4｜「USGBC Project profiles」
  USGBCホームページより
- p145｜fig.1｜『建築物のLC評価用データ集 改訂4版』
  建築・設備維持保全推進協会（BELCA）編、2008年を元に作成
- p145｜fig.4｜「建築物における昼光利用照明と省エネルギー」
  板ガラス協会編、2007年
- p149｜fig.4｜「大阪・中之島プロジェクト（東地区）省CO$_2$推進事業」
  朝日新聞社・朝日ビルディング、2009年、

「未利用エネルギー(河川水)を活用した地域冷暖房の概要」
関電エネルギー開発、2006年
- p151 | fig.1 | 『CASBEE──新築 評価マニュアル 2008年版』
建築環境・省エネルギー機構(IBEC)編・刊、2008年
- p151 | fig.2 | 『建築設計資料集成[環境]』p152、
日本建築学会編、丸善刊、2007年
- p151 | fig.3 | 『建物群内における流れと拡散に関する
実験的研究 その1 流れ場の測定』
孟岩・老川進『大気環境学会誌 32(2)』大気環境学会編・刊
- p151 | fig.4 | 『新建築学大系 8 自然環境』
木村建一・吉野正敏・村上周三・森山正和・荒谷登著、
彰国社刊、1994年
- p152 | fig.1 | 『シリーズ地球環境建築・専門編 3
建築環境マネジメント』日本建築学会編、彰国社刊、
2004年を元に作成
- p153 | fig.2 | 『シリーズ地球環境建築・専門編 3
建築環境マネジメント』日本建築学会編、彰国社刊、2004年、
および環境システック中原研究所のホームページ/
コミッショニングを元に作成
- p155 | fig.6 | 『JSCA性能メニュー』
(社)日本建築構造技術者協会編 を元に作成
- p159 | fig.1 | 『建築設備士 2004年12月号──
建築設備情報年鑑 2004』
建築設備技術者協会編・刊を元に作成
- p161 | fig.4 | 東京都健康安全研究センターホームページ/
建築物衛生を元に作成
- p169 | fig.5 | 『「官庁施設における防犯性能の向上に資する
施設計画手法の構築に係る検討資料作成(その2)業務」
報告書』公共建築協会編を元に作成
- p171 | fig.2-fig.5 | 『建築設備士』2008年4月号を元に作成
- p175 | fig.1 | 「図10.4 企画・計画段階での性能および
コストの決定・未決定の状況」
『建築のライフサイクルマネジメント』p79
石塚義高著、井上書院刊、1996年
- p175 | fig.2 | 『ファシリティマネジメントガイドブック 第2版』
FM推進連絡協議会編、日刊工業新聞社刊、
2001年を元に作成
- p175 | fig.3 | 「図10.2 LCC契約の経済性」
『建築のライフサイクルマネジメント』p78
石塚義高著、井上書院刊、1996年
- p175 | fig.4 | 「図10.6 LCC利用の各段階」
『建築のライフサイクルマネジメント』p81
石塚義高著、井上書院刊、1996年より抜粋
- p175 | fig.5 | 『建築物のライフサイクルコスト 平成17年版』
建築保全センター編、経済調査会刊、2005年を元に作成
──
[掲載順]

- 本書の出版に際して図版転載をご許可いただきました各位に
篤く感謝申し上げます。

資料文献

- 『建築設計資料集成 総合編』日本建築学会編、丸善刊、
2007年
- 『ファシリティマネジメントガイドブック 第2版』
FM推進連絡協議会編、日刊工業新聞社刊、2001年
- 『都市・建築・不動産企画開発マニュアル 2007-08』
エクスナレッジ編・刊、2007年
- 『総解説 ファシリティマネジメント』FM推進連絡協議会編、
日本経済新聞社刊、2003年
- 『まちづくりデザインのプロセス』日本建築学会編・刊、2004年
- 『東京都総合設計許可要綱(平成22年4月)』
- 『東京都特定街区運用基準(平成21年1月改定版)』
- 『東京都高度利用地区指定方針及び指定基準
(平成21年1月改定版)』
- 『東京都再開発等促進区を定める地区計画運用基準
(平成21年1月改定版)』
- 『建築計画・設計シリーズ22 事務所ビル』
藤江澄夫(執筆代表)、市ケ谷出版社刊、1995年
- 『建築計画・設計シリーズ37 新・事務所ビル』
藤江澄夫(執筆代表)、市ケ谷出版社刊、2000年
- 『建築計画・設計シリーズ23 超高層事務所ビル』
澁谷英爾(執筆代表)、市ケ谷出版社刊、1990年
- 『建築計画・設計シリーズ38 新・超高層事務所ビル』
三栖邦博(執筆代表)、市ケ谷出版社刊、2000年
- 『儲かるオフィス』紺野登著、日経BP刊、2008年
- 『建築物の振動に関する居住性能評価指針・同解説』
日本建築学会編・刊、2004年
- 『建築の省エネルギー計画』日本建築学会編、彰国社刊、
1981年
- 『バリアフリー法逐条解説 2006(建築物)』
日本建築行政会議編・刊、2008年
- 『建築計画チェックリスト 事務所』長倉康彦・平井堯・
村尾成文編集協力、彰国社編・刊、1976年
- 『新建築設計ノート オフィスビル』西日本工高建築連盟、
彰国社刊、1989年
- 『建築設備設計基準 平成21年版』
国土交通省大臣官房官庁営繕部設備・環境課監修、
公共建築協会編、全国建設研修センター刊、2009年
- 『官庁施設の基本的性能基準及び同解説(平成18年版)』
国土交通省大臣官房官庁営繕部監修、公共建築協会編・刊、
2006年
- 『建築設計基準及び同解説(平成18年版)』
国土交通省大臣官房官庁営繕部整備課監修、
公共建築協会編・刊、2006年
- 『建築設計・施工のための昇降機計画指針 1992年版』
日本エレベータ協会編・刊、1992年
- 『建築基準法及び同法関連法令 昇降機技術基準の解説
2009年版』国土交通省住宅局建築指導課監修、
日本建築設備・昇降機センター、日本エレベータ協会編、
日本建築設備・昇降機センター刊、2009年
- 『建築設計テキスト 事務所建築』
建築設計テキスト編集委員会編、積田洋・鈴木弘樹著、
彰国社刊、2008年
- 『新訂 建築学大系 30 事務所・銀行』
建築学大系編集委員会編、彰国社刊、1976年
- 『予防事務審査・検査基準 I、II、III』東京消防庁監修、
東京防災指導協会刊、2008年
- 『新排煙設備技術指針』建設省住宅局建築指導課監修、
日本建築センター編・刊、1987年
- 『避難安全検証法の解説及び計算例とその解説』
国土交通省住宅局建築指導課・日本建築主事会議・
日本建築センター編、防火材料等関係団体協議会
(編集協力)、海文堂出版刊、2007年
- 『空気調和・衛生工学便覧 4 給排水衛生設備編 第14版』
空気調和・衛生工学会編・刊、2010年
- 『建築のライフサイクルマネジメント』石塚義高著、井上書院刊、
1996年
- 『建設プロジェクトのコストマネジメント』佐藤隆良著、
日本能率協会マネジメントセンター刊、2000年
- 『建築物のライフサイクルコスト 平成17年版』
建築保全センター編、経済調査会刊、2005年
- 『ジャパン・ビルディング・コスト・インフォメーション
2008年全国版(JBCI 2008)』建設物価調査会編・刊、
2008年
──
- 本書の執筆に際して参考にさせていただいた文献を列記し、
編著者各位に敬意を表します。

オフィス ブック

2011年2月10日　第1版　発　行
2024年12月10日　第1版　第4刷

```
著作権者と
の協定によ
り検印省略
```

編　著　「オフィス ブック」制作グループ
発行者　下　出　雅　徳
発行所　株式会社　彰　国　社

　　　　162-0067　東京都新宿区富久町8-21
　　　　電話　　03-3359-3231（大代表）
　　　　振替口座　00160-2-173401

自然科学書協会会員
工学書協会会員

Printed in Japan

© 「オフィス ブック」制作グループ　2011年

印刷：壮光舎印刷　製本：誠幸堂

ISBN978-4-395-00817-9 C3052　　https://www.shokokusha.co.jp

本書の内容の一部あるいは全部を、無断で複写（コピー）、複製、および磁気または光記録媒体等への入力を禁止します。許諾については小社あてご照会ください。